신약교회 사관에 의한
초대교회사

| 정수영 지음 |

쿰란출판사

머리말

하나님의 크신 은혜를 감사드린다.

우리 가문에 일찍이 기독교 복음을 심어 주신 조상님들께 감사드린다. 평생을 시골 농촌에서 농부로 고생하시면서 자식을 목사로 키워 주신 부모님께도 감사드린다.

부족한 종의 미국 유학의 길을 열어 주시고 복음적인 인생을 살 수 있도록 도와주신 김장환 목사님께 감사드린다.

미국 유학 중에 과거의 신학을 수정하고 보수적인 신앙의 길을 가르쳐 주신 김창엽 박사님께도 감사드린다.

필자는 40대 초반에서 60대 중반까지 여러 신학대학과 일반 대학교에서 성경과 교회사를 가르치는 교수 생활을 경험했다. 교수 생활 30여 년 동안 줄곧 고민하며 고뇌한 문제가 있었다.

'왜 이 지상에는 이렇게도 많은 교파들이 많은가?'

'이 수많은 교파들의 모습 가운데 교인들에게 어떤 교회를 표준 삼으라고 가르칠 수 있는가?'

'수많은 교파들 중 어느 교파를 건전하다든가 또는 문제가 많다고 판단할 기준이 무엇인가?'

'주님은 이 많은 교파들 중 어떤 경향의 교파를 좋게 보실까?'

'내 남은 생애 동안 가장 자부심을 느낄 교회는 어떤 교회일까?'

이렇듯 여러 가지를 고뇌하며 교수 생활을 했다.

거기서 얻어진 결론이 '신약 교회 사관' 이었다.

필자는 1991년에 '신약 교회 사관' 에 의한 《새교회사》 Ⅰ, Ⅱ권을 저술한 바 있다.

신학교 강의 스케줄에 맞춘 신학교 교재용 교회사였다.

《새교회사》 Ⅰ, Ⅱ권은 신학 교재로 16쇄 이상 보급되었다. 그 후 신학교 교재용 교회사가 아닌 필자가 배우고 깨달은 2천 년 교회사

전체를 저술하고자 하는 욕망이 생겼다.

그러나 미국 목회 등 이유로 미루어 왔는데, 이제 남은 생애 동안 생명과 건강이 허락되는 대로 교회사 전반을 저술하려고 한다.

이번에 교회사 시리즈의 제1권에 해당되는 《초대 교회사》를 발표한다. 여기서는 기초적인 것을 다루었다.

'교회사'(敎會史)란 교회의 역사다. 그렇다면 '교회'가 무엇인가를 명확하게 규명해야 하겠다. 교회란 교회 간판을 달아 놓은 건물이 아니다. 건물 교회는 지금 유럽에서 팔려 나가고 있는 건물이 교회가 아니라는 것을 증명하고 있다. 그렇다면 교회 지도자가 있고 그 지도를 받는 조직체가 교회인가? 그것도 교회가 아니다.

한국에는 1년에 많은 지도자와 교인의 조직체가 생기는데, 또 많은 조직체가 사라진다고 한다. 그렇다면 과연 교회가 무엇인가?

우리에게 신앙을 전수해 준 과거 선각자들이 말한 교회관은 무엇인가?

그들이 말한 교회관을 따르며 교회를 이해해 보려 했으나, 그들의 교회관은 성경에서 말하는 본질적인 교회가 아니었다.

여기에서 필자는 성서적 교회관을 찾아 연구하였다.

그래서 전수받은 교회관이 아닌 성서적 교회관을 제시하였다.

물론 필자의 교회관이 완벽하다고 주장하지 않는다.

더 좋은 성서적 교회관이 나온다면 언제든지 수용할 자세가 돼 있다. 그러나 현재까지는 선각자들의 교회보다 내가 깨달은 성서적 교회관에 강한 확신을 갖고 있다.

다음으로, 역사란 무엇인가?

나도 역사가들이 말한 역사 이해를 이해하려고 했다. 그러면서 역사 이해에는 과거 사료가 중요함은 물론이고, 과거 사료를 어떻게 해석하느냐에 따라 역사를 보는 관점이 다르다는 것을 알게 되었다. 여기서 여러 사관들을 제시한 후 그 사관의 장단점을 보았다.

그후에 새로운 사관인 '신약 교회 사관'을 창안했다.

초대교회사는 1세기 안에 이루어진 역사이다. 1세기 안에 이루어진 사건 중에서 신약성경의 기록 사건보다 더 큰 사건은 없다. 그런데 신약성경에 대한 갖가지 신학적 이견들로 신약성경의 가치가 훼손된 경향이 많다. 필자는 신약성경의 가치가 잘 유지되도록 최대한 복음적, 보수적 입장에서 정돈을 했다.

그리고 신약성경의 배경들을 추적했다. 또 1세기에 만들어지지 않은 잘못된 문서들이 신약성경에 준하는 가치로 전승되는 것들도 추적해 보았다. 여기서 특히 '사도신경'의 정체를 추적하였다.

본서를 접하는 독자들은 필자와 견해가 다를 수 있다.

그렇다면 지금부터 다른 견해들을 고민해 보기 바란다.

필자 역시 문제에 대한 고민으로 본서와 같은 결과를 가져왔다. 그래서 독자들이 스스로 좋은 해답을 얻기를 권하고 싶다.

끝으로 고마운 분들을 기억하고 싶다.

필자가 여러 해 동안 미국 목회 사역을 마치고 뒤늦게 귀국하였다. 이때 마지막으로 한국에서의 사역 길을 찾아보았으나, 여의치 않았다. 그런데 수원 샘물교회 최의수 목사님께서 나를 협동 목사로 받아주셨고, 함께 협동 사역할 기회를 주셨다.

필자가 교회사를 저술할 수 있게 도와주신 최의수 목사님과 샘물교회 성도들에게 진심으로 감사를 드린다.

그뿐만이 아니다.

난필에다 정돈되지 않은 글을 기꺼이 맡아 출판해 주시는 쿰란출판사 이형규 사장님과 편집진 여러분께 감사 드린다.
　그리고 필자의 건강을 위해 항상 정성을 다하는 아내 귀영에게 감사하고, 교회사 집필의 가치를 알아 항상 격려해 주는 아들 준희와 딸 은희에게 고마운 마음을 전한다.

2012년 8월 31일
수원에서 정수영

차례

머리말   2

제1장 교회가 무엇인가?   11
  1. 전래되어 온 교회 개념   12
     1) 로마 가톨릭교회 교회관   12
     2) 개혁자들의 교회관   13
     3) 전래된 교회 개념의 문제점   17
  2. 문자적 교회 개념   19
  3. 성경적 교회 개념   23
     1) 구약의 경우   23
     2) 신약의 경우   25
     3) 내용적 교회 개념   27

제2장 역사란 무엇인가?   37
  1. 역사의 뜻   38
     1) 헤로도토스   39
     2) 요세푸스   39
     3) 어거스틴   41
     4) 토인비   43
     5) E. H. 카   44
     6) 호리고메 요조   45
  2. 사관의 종류와 내용   46

1) 순환사관　　　　　　　　　　　　47
  2) 진보사관　　　　　　　　　　　　48
  3) 유물사관　　　　　　　　　　　　50
  4) 식민사관　　　　　　　　　　　　53
  5) 민족사관　　　　　　　　　　　　56
  6) 한국 교회의 사관　　　　　　　　59
  7) 사관이 삶에 미치는 영향　　　　　70

제3장　새로운 신약 교회 사관　　　　81
 1. 신약 교회 사관의 설정 이유　　　　82
 2. 신약 교회 사관의 내용　　　　　　84
  1) 성경만을 최고의 권위로 삼는 교회　85
  2) 만인 제사장　　　　　　　　　　87
  3) 독립 개교회　　　　　　　　　　89
  4) 두 가지만의 직분　　　　　　　　91
  5) 두 가지만의 의식　　　　　　　　96
  6) 영접한 자에게만 실시하는 침례 의식　102
  7) 중생한 자로 회원이 구성되는 교회　108
  8) 핍박받는 교회　　　　　　　　　113
  9) 선교와 복음이 팽창되는 교회　　　116
  10) 형제애로 다져지는 교회　　　　118
  11) 제자가 양육되는 교회　　　　　120
  12) 종교와 세상으로부터 분리되는 교회　124

제4장 초대 교회의 배경　　　　　　　127
　1. 구약적 배경　　　　　　　　　　　128
　　1) 가나안　　　　　　　　　　　　129
　　2) 수메르　　　　　　　　　　　　131
　　3) 블레셋　　　　　　　　　　　　133
　　4) 애굽　　　　　　　　　　　　　134
　　5) 바벨론　　　　　　　　　　　　140
　　6) 앗수르　　　　　　　　　　　　148
　　7) 바사(페르시아)　　　　　　　　152
　2. 신약적 배경　　　　　　　　　　　160
　　1) 헬라 제국　　　　　　　　　　　160
　　2) 마카비 혁명과 하스몬 왕조　　　165
　　3) 헤롯 왕조　　　　　　　　　　　179
　　4) 로마 제국　　　　　　　　　　　186
　　5) 그레코-로망 시대　　　　　　　193

제5장 초대 교회의 모범　　　　　　　205
　1. 예루살렘 교회　　　　　　　　　　209
　2. 사마리아 교회　　　　　　　　　　220
　3. 안디옥 교회　　　　　　　　　　　225
　4. 룻다와 욥바 교회　　　　　　　　229
　5. 가이사랴 교회　　　　　　　　　　230
　6. 구브로 교회　　　　　　　　　　　234

7. 갈라디아 교회　　　　　　　　　238
8. 빌립보 교회　　　　　　　　　　242
9. 데살로니가 교회　　　　　　　　251
10. 베뢰아 교회　　　　　　　　　 258
11. 아덴 교회　　　　　　　　　　 260
12. 고린도 교회　　　　　　　　　 264
13. 에베소 교회　　　　　　　　　 271
14. 알렉산드리아 교회　　　　　　 282
15. 드로아 교회　　　　　　　　　 285
16. 로마 교회　　　　　　　　　　 287
17. 골로새 교회　　　　　　　　　 292
18. 서머나 교회　　　　　　　　　 296
19. 버가모 교회　　　　　　　　　 298
20. 두아디라 교회　　　　　　　　 299
21. 사데 교회　　　　　　　　　　 300
22. 빌라델비아 교회　　　　　　　 302
23. 라오디게아 교회　　　　　　　 303
24. 바벨론에 있는 교회　　　　　　307

제6장　사도들의 공헌　　　　　　311
  1. 신약성서의 기록　　　　　　　312
  2. 핍박　　　　　　　　　　　　 344
  3. 예루살렘의 함락　　　　　　　361

1) 예루살렘 함락 이전　　　　　　　362
  2) 예루살렘 함락의 과정　　　　　　368
  3) 예루살렘의 함락　　　　　　　　372
  4) 예루살렘 함락 후의 유대인들　　　375

제7장 위장된 문서　　　　　　　　　　381
 1. 외경　　　　　　　　　　　　　　382
 2. 위경　　　　　　　　　　　　　　397
 3. 디다케　　　　　　　　　　　　　400
 4. 사도신경　　　　　　　　　　　　403
  1) 사도신경의 역사　　　　　　　　405
  2) 사도신경의 내용 분석　　　　　　427
  3) 새로운 제언　　　　　　　　　　448

초대교회 형성 전후 연대표　　　　　　453

참고문헌　　　　　　　　　　　　　　457

색인　　　　　　　　　　　　　　　　461

제1장
교회가 무엇인가?

1. **전래되어 온 교회 개념**
   1) 로마 가톨릭교회 교회관
   2) 개혁자들의 교회관
   3) 전래된 교회 개념의 문제점
2. **문자적 교회 개념**
3. **성경적 교회 개념**
   1) 구약의 경우
   2) 신약의 경우
   3) 내용적 교회 개념

교회가 무엇인가? 이런 질문 자체가 너무 유치하게 들릴지도 모르겠다. 그러나 교회가 무엇인가에 대해 어느 누가 정확하게 말할 수 있을까?

신학박사라면 교회 개념을 정확하게 알고 있을까? 목회를 많이 한 목회자라면 교회 개념을 잘 알고 있을까? 아무리 생각해 보아도 교회 개념을 제대로 알기는 어려운 것 같다.

그렇다면 세상 사람들이 교회 개념을 모르고 있는가? 그렇지 않다. 주일학교에 다니는 어린아이로부터 교회를 오래 다닌 사람들에 이르기까지 대부분의 사람들은 교회를 잘 알고 있다. 문제는 그들이 알고 있는 교회 개념이 정확한 교회 개념이냐 하는 것인데, 이에 대해서는 전혀 다른 이야기다.

오늘날 수많은 사람들이 교회를 알고 있다. 그리고 그들이 알고 있는 교회 개념은 목회자로부터 전해 들은 것들이 대부분이다. 참으로 안타까운 사실은 오늘날 우리가 알고 있는 교회 개념은 대부분 누군가로부터 전해 들은 것이라는 것이다.

여기서 나는 우리가 알고 있는 전래되어 온 교회 개념을 정리해 보고 그다음에 일반적으로 알고 있는 단어적 의미의 교회 개념에는 어떤 문제점이 있는가를 고찰한 다음에 내가 깨달은 성경적 교회 개념을 피력하려고 한다.

1. 전래되어 온 교회 개념

전래되어 왔다는 말은 2천 년 교회 역사에서 교회를 이끌어 온 대표적인 교회 개념을 뜻한다.

1) 로마 가톨릭교회 교회관

로마 가톨릭교회의 교회관은 개혁자들의 교회관과 완전 다르다. 여기서는 우리에게 큰 도움이 안 되므로 간략하게 설명하고 넘어가겠다.

잘 아는 바와 같이 로마 가톨릭교회는 자기 교회를 가톨릭교회(Catholic Church)라고 한다. 그런데 가톨릭이라는 관용어가 성경에는 나오지 않는다.

가톨릭이라는 용어를 최초로 사용한 것은 안티오키아(안디옥)의 감독이었던 이냐시오(이그나티우스, 30~110)로서, 스미르나(서머나) 교회에 보낸 편지에서였다.

가톨릭이라는 말에는 여러 복합적인 개념이 내포되어 있다.

① 개체 교회가 아닌 보편적, 일반적, 세계적이라는 의미가 있다.

② 이단이나 분파가 아닌 전통적이란 의미가 있다.

③ 종교개혁 이후에는 배타적 의미에서 가톨릭만이 유일한 성스러운 사도 전래의 교회라는 의미로 쓰이고 있다.

가톨릭이 믿는 교회관은 두 가지 개념이다.

교회는 그리스도의 신비체이다. 동시에 교황을 그리스도의 대리자로 믿는 중앙집권적 위계적 조직체로서의 통일성을 믿는다. 조직의 통일성을 위해 ① 신조 ② 직제 ③ 경전이 조직의 기본이다. 가톨릭 교회 교회관은 성경에 근거하지 않은 교회관이다. 가톨릭교회는 조직체가 교회라고 믿는다.

2) 개혁자들의 교회관

(1) 루터의 교회관

루터는 교회의 뜻을 분명하고 원만하게 나타내 줄 만한 용어를 찾기가 매우 어렵다고 했다. 루터는 교회 개념을 성경에 쓰인 단어에서 찾아보려고 하였다. 우리가 잘 아는 바와 같이 신약성경에 쓰인 교회라는 단어는 '에클레시아' (εκκλησια)이다.

에클레시아란 '~으로부터' 라는 'ἐκ' 와 '불러냈다' 는 뜻의 'καλὲω' 가 합쳐진 단어이다.

신약성경에는 약 114회 정도 '에클레시아' 라는 단어가 나온다. 그런데 이 단어가 신약성경에 쓰인 용례를 보면 모두 다 같은 뜻으로만 사용되지는 않았다는 사실이다. 여기서 루터가 고심한 몇 가지 사례를 생각해 보자.

신약성경에서 '에클레시아' 라는 말을 가장 많이 사용한 것은 사실이다. 그리고 신약성경의 '에클레시아' 는 구약성경에서 이스라엘 민족을 '회중' 또는 '총회' 라고 언급한 히브리어 '카할' (קהל)을 헬라어로 번역한 단어이다.

그런데 '에클레시아' 는 '~으로부터 불러냈다' 는 뜻이라고 했다. 구약의 이스라엘 회중이 과연 불러냄을 받은 구원받은 자들인가? 70인역 성경에서는 구약의 '카할' 을 '에클레시아' 라고 번역해 놓았으나 그 의미가 정확하게 전달되지 않는 모호한 점이 있다.

우리가 지금 '에클레시아' 라는 개념을 가지고 신약성경을 읽어 봐도 '에클레시아' 라는 개념이 꼭 교회를 가리키는 개념만은 아닌 것을 알 수 있다. 에베소서 5장 23절의 "그리스도께서 교회의 머리 됨"이라는 표현이나, 디모데전서 3장 15절의 "이 집은 살아 계신 하나님의 교회요" 라는 표현들에는 '에클레시아' 가 쓰였으나, 그 의미는 '불러냈다' 는 의미가 아니다.

우리가 지금 사용하고 있는 영어의 'church' 도 그렇다.

'church' 는 헬라어 '퀴리아콘' (κυριακόν)에서 비롯되었다. 그런데 헬라어 '퀴리아콘' 은 '주님께 속한 자' 라는 뜻이다.

교회와 주님은 한 몸인데 교회가 주님께 속했다고 하면 교회가 주님께 예속되었다는 뉘앙스를 풍기기 때문에 적당한 개념이 아니니다.

루터는 '교회'의 의미에 맞는 적당한 단어를 찾기에 많은 고심을 하였다. 그래서 이 문제에 대한 대답을 제시하지 못하였다.

그는 1524년에 헬라어 '에클레시아'를 영어의 'church'에 해당되는 독일어 키르헤(kirche)라고 하지 않고 회중(congregation)이라는 뜻의 독일어 '게마인데'(gemeinde)라고 번역하였다.

이렇게 '교회'의 개념을 단어에서 찾아보려던 루터는 교회를 '보이는 교회'(visible church)와 '보이지 않는 교회'(invisible church)로 표현하였다. 이는 두 가지의 다른 교회가 있다는 뜻이 아니라 동일한 교회에 두 가지의 속성이 있다는 뜻이라고 루터는 설명했다.

교회가 보이지 않는다는 것은 교회가 세상 철학, 과학, 역사 같은 지식이나 경험에 의해서 인식될 수 있는 것이 아니라 오직 믿음으로만 인식할 수 있는 믿음의 교회라는 뜻이다.

그렇다면 볼 수 있는 교회란 어떤 교회인가?

신앙으로 이루어진 보이지 않는 교회는 하나님의 말씀을 선포하고 성례를 집행하는 보이는 교회를 요구한다. 보이지 않는 교회 회원들은 보이는 교회의 복음 선포와 성례 집행을 통해서 나타난다. 이렇게 교회가 현존해 있는 것을 증명하는 방법이 하나님의 말씀과 성례로, 이것이 교회의 표지로 나타난다. 이것을 볼 수 있는 교회라고 하였다. 그래서 루터는 교회의 표지로 ① 하나님 말씀의 전파 ② 성례의 집행 ③ 성도의 교제를 들었다.

(2) 칼빈의 교회관

칼빈(John Calvin, 1509~1564)은 루터(Martin Luther, 1483~1546)보다 26년 늦게 태어났다. 그렇기 때문에 칼빈은 루터보다 한 세대 이상 격차가 있다. 칼빈이 루터보다 한 세대 이상 차이가 난다는 것은 칼빈이 루터의 사상에서 많은 영향을 받았다는 의미가 된다.

칼빈의 교회관은 루터의 교회관 이상을 벗어나지 못하였다.

루터가 교회를 '보이는 교회'와 '보이지 않는 교회'라고 말한 것처럼 칼빈도 교회를 '유형의 교회'와 '무형의 교회'라는 말로 달리 표현했을 뿐이다. 칼빈의 교회론은 그의 《기독교 강요》 제4권에서 다루어지고 있다.

칼빈이 말하는 '무형의 교회'란 하나님의 비밀스런 선택에 근거한다. '유형의 교회'란 지상에 존재하는 보이는 교회를 뜻하고, 하나님에 의해 양육되고 성장하는 것을 특징으로 한다.

또한 교회의 양육과 성장을 위해서 목사와 교사를 임명하고 성례를 제정하는 등의 은혜의 수단을 주셨다. 지상 교회는 연약하고 불완전하며, 종종 그리스도의 교회인지 아니면 적그리스도의 교회인지 구별하기 어렵다. 지상 교회는 이름과 외형만 있기 때문에 누가 구원받은 하나님의 자녀인지 알 수가 없다.

구원에 대한 작정은 비밀스런 하나님의 고유 영역이다. 그러므로 하나님의 비밀스런 판단을 인간이 이해하려고 할 것이 아니라 참된 그리스도의 교회와 사탄이 만든 모조품을 구별하는 데 그쳐야 한다.

칼빈은 거짓된 교회와 참된 교회를 구별하는 표지로 두 가지를 제시하였다. 즉 하나님의 말씀을 순수하게 전파하며 듣고, 그리스도께서 제정하신 대로 성례를 지키는 곳에 하나님의 교회가 있다고 했다.

칼빈은 루터처럼 말씀 전파, 성례 집행이 곧 교회의 표지라고 하였다. 아울러 말씀이 전파되고 성례가 집행되는 교회가 설사 비 본질적인 문제로 의견이 다르다고 해도 분열하거나 분리되어서는 안 된다고 하였다.

칼빈은 또한 무형의 교회를 단순한 세속적 기관이나 개개의 신자들이 모인 집단이 아니라 역사의 전 과정을 통하여 하나님의 뜻을 성취해 나가는 언약 백성들의 총수로 이해하였다.

루터가 말한 "보이는 교회"와 "보이지 않는 교회"는 칼빈이 주장하는 "무형의 교회"와 "유형의 교회"라는 개념과 다 똑같은 뜻이다.

이들 개혁자들이 주장하는 교회 개념을 보면 "유형의 보이는 교회"가 있다는 것이다. 이들이 말하는 유형의 교회란 보이는 건물과 사람들이 교회라는 잘못된 교회개념을 남겨 주게 되었다.

3) 전래된 교회 개념의 문제점

앞서 살펴본 것을 통해 우리는 가톨릭 교회의 교회 개념이나 개혁자들의 교회 개념이 무엇인가를 알 수 있다.

이 세 가지의 교회 개념에는 한 가지 공통점이 있다.

가톨릭이나 루터나 칼빈이 정의한 조직된 교회, 보이는 교회, 유형의 교회라는 교회 개념 이해의 밑바닥에 외형적 교회를 교회로 보고 있다는 사실이다. 그래서 교회의 표지로 말씀이 선포되고 성례가 집행되는 것이 곧 교회라고 했다.

이렇게 눈에 보이고 겉으로 나타나는 말씀 선포와 성례가 집행되는 것이 교회라고 하니까 가톨릭교회의 일사불란한 조직 체계가 떠오르고, 예배당에서 설교와 예배가 이루어지는 건물과 사람들이 교회라는 인식으로 바뀌어 버렸다.

이 같은 사실은 현대 교인들에게나 세상 사람에게 물어보면 금방 알 수 있는 일이다. 교회를 40~50년 다닌 장로, 권사들에게 물어보라. "교회가 무엇입니까?"

그들 대부분이 알고 있는 교회 개념은 교회 건물이거나 교회 조직이거나 예배 행위로 나타나는 외형적 형태를 교회라고 알고 있다.

왜 현대 교인들은 성경적인 교회 개념을 인식하지 못하고 있는가? 왜 교회를 수십 년씩 다니며 목사가 되고, 사모가 되고, 장로가 되고, 권사가 되고, 안수집사가 되었는데도 여전히 종교인일 뿐이고 거듭난 그리스도인이 못 되고 있는가? 그 원인을 거슬러 올라가 보면 바로 잘못된 교회 개념을 가르쳐 준 지도자들 때문이라는 결론이 나온다.

로마 가톨릭교회는 성경관이 다르기 때문에 열외로 제쳐 놓는다고 하자. 그러나 루터나 칼빈은 성경을 최상의 권위로 삼은 선각자들이었다. 이 둘 중에서 칼빈보다는 루터가 훨씬 더 많이 교회 개념을 이해하려고 노력한 흔적을 찾아볼 수 있다.

칼빈의 교회 개념의 불확실성은 그의 선택과 예정 사상으로 이어지고 있다. 그에 대한 비판은 칼빈 신학을 취급한 제4권 《종교개혁사》에서 살펴보고자 한다.

필자는 여기서 확실하게 인식하고 넘어가야 할 사항을 강조하는 바, 그것은 과거 이래 지금까지 수많은 교회의 무질서와 혼란이 신약성경에서 강조되고 있는 교회 개념이 개혁자들에 의해 희석되어 버렸기 때문이라는 사실이다.

루터가 말한 '보이는 교회', 칼빈이 말한 '유형의 교회' 개념은 교회의 속 내용을 근거로 한 관찰이 아니라 교회의 겉모양인 외형에 근거한 표현이었다. 따라서 루터나 칼빈이 타계한 지 500여 년이 지난 지금 우리는 과거의 낡은 유물을 붙잡고 매달릴 것이 아니라, 다시금 생명을 소생시키는 성경 말씀에서 새로운 창조적 에너지를 발굴해 내야 한다고 믿는다.

2. 문자적 교회 개념

전래된 교회 개념에는 분명히 문제가 있다. 그렇다면 교회 개념을 어디에서 찾아야 할 것인가? 웬만큼 교회를 오래 다닌 사람들은 교회가 곧 '에클레시아'(εκκλησια)라는 것 정도는 알고 있다. 더구나 기초적인 신학 교육을 받은 대부분의 목회자들도 그렇게 알고 있다. 그렇다면 '에클레시아'라는 단어에 대한 성경적 고찰을 해 볼 필요가 있는 것이다.

킷텔의 《신약성서 신학 사전》에서는 '에클레시아'를 '집회' 또는 '교회'로 정의한다.

그러나 '에클레시아'가 교회 회중이라고 번역되는 것에는 항상 문제가 따른다고 했다.

70인역 성경은 히브리어 구약을 헬라어로 번역한 성경이다. 70인역에서는 구약의 '카할'(קהל)을 헬라어 '에클레시아'(εκκλησια)로 번역하였다. 구약의 '카할'은 '집회, 회중'이라는 의미이고 '불러내다'라는 뜻의 '에클레시아'가 아니다.

여기서 우리는 구약성경의 '카할'이 구약의 여러 곳에서 '회중'으로 번역된 것을 성경을 통해 확인할 수 있다.

먼저 영어 번역 성경 중 최고의 권위가 있는 킹제임스역(KJV, 1611)에는 다음 구절들을 '회중'이라고 번역하였다. 출 12:19,

35:1; 레 4:21, 24:14; 민 15:25, 16:21, 19:20, 20:2, 11; 수 22:18; 대하 6:3, 23:3; 시 1:5, 22:22, 25, 40:10, 74:2, 89:5, 149:1; 잠 21:16 등.

그런데 1901년의 미국 표준역본(The American Standard Version)에서는 KJV와 다르게 번역한 곳이 나타난다. 민수기 20장 11-12절을 KJV는 '회중'으로, ASV는 '총회'로 번역했다. 신명기 23장 2절을 KJV는 '회중'으로, ASV는 '총회'로 번역했다. 욥기 30장 28절, 시편 111편 1절, 예레미야애가 1장 10절을 KJV는 '회중'으로, ASV는 '공회'로 번역했다. 또 시편 82편 1절, 107편 32절을 KJV는 '회중'으로, ASV는 '회'로 번역했다.

여기서 우리가 알 수 있는 것은 구약성경 히브리어의 '카할'을 영어로 번역할 때 '회중'으로 번역한 KJV 성경이 있는가 하면 '총회'로 번역한 ASV 성경도 있다는 것이다.

한 단어를 놓고 왜 이렇게 번역이 다른가? 번역자의 신학적 배경이 어떠하느냐에 따라서 많이 좌우된다고 할 수 있을 것이다.

필자는 위와 같이 같은 단어라도 번역이 다르다는 사실을 예로 들면서 우리가 알고자 하는 '에클레시아'라는 단어도 마찬가지임을 설명하고자 한다.

신약성경에 쓰인 '에클레시아'는 구약성경의 '카할'이라는 단어를 번역했으나 단어의 의미는 전혀 다르다. '카할'은 회중이란 뜻이고, '에클레시아'는 불러냈다는 뜻이다. 이 같은 혼동 때문에 신약성경에 쓰인 '에클레시아'를 영어 성경에서도 각각 다르게 번역하였다.

신약성경 헬라어 원문에는 '에클레시아'가 약 114회 정도 쓰였다. 그중에서 사도행전 19장 32절의 '에클레시아'를 KJV에서는 '모인 무리'라고 번역했고, 유진 피터슨은 '여러 파당들'이라고 번역했다. 또 사도행전 19장 39절의 '에클레시아'를 KJV에서는 '집회'라고 번역했는데, ASV에서는 '민회'라고 번역했다. 또 사도행전 19장 40절의 '에클레시아'를 KJV에서는 '모임'이라고 번역했는데, ASV에서는 '집회'라고 번역했다.

이상에서 살펴본 것처럼 신약성경에서 '에클레시아'라고 쓰여졌다고 해서 그 뜻이 다 '불러냈다'의 의미는 아니라는 것이다.

그리고 다음 성경 구절들은 '에클레시아'라고 쓰였으나 그 의미가 '불러내다'의 의미로 쓰이고 있지 않다. 에베소서 5장 22절의 '에클레시아'나, 디모데전서 3장 15절이나 히브리서 12장 23절에 쓰인 '에클레시아'도 '불러내다'의 의미가 아니다. 이렇듯 신약성경의 '에클레시아'는 그 의미가 통일되어 있지 않다.

우리에게 가장 혼란을 주는 것이 사도행전 7장 38절의 '에클레시아'이다.

여기에 보면 스데반이 과거 이스라엘 민족의 광야 생활 40년을 '광야 교회' 시대라고 말하고 있다. 원문은 "$\dot{\epsilon}\nu$ $\tau\eta$ $\dot{\epsilon}\kappa\kappa\lambda\eta\sigma\iota\alpha$ $\dot{\epsilon}\nu$ $\tau\eta$ $\dot{\epsilon}\rho\acute{\eta}\mu\omega$"(in the assembly in the wilderness)다. 영어 성경(KJV, ASV, RSV, NIV)은 이 구절을 다 똑같이 '광야 교회'라고 번역하고 있다.

그렇다면 과거 광야 40년 생활 때 정말로 신약성경에서 말하고 있는 '불러내다'의 '에클레시아' 같은 구원받은 자가 있었단 말인가?

우리가 아는 바와 같이 출애굽한 이스라엘 무리는 광야 40년간 반역하고, 불신하고, 우상 숭배한 노예 근성의 무리가 아니었던가? 어떻게 해서 광야의 난민들을 교회라고 말할 수 있겠는가?

여기서 필자는 사도행전 7장 38절의 '에클레시아'는 '교회'로 번역할 것이 아니라 사도행전 19장 32절처럼 '모인 무리'라고 번역해야 맞다고 본다.

굳이 구약 시대 때에도 신약성경의 '교회' 개념이 있었다고 주장한다면 이것은 심각한 신학적 혼란을 가져오게 된다.

잘 아는 바와 같이, 계약 신학자들은 구약과 신약을 차별이 없는 다 같은 계약의 연장선에서 보고 있다. 그 같은 신학 이론에 의하면 광야에 교회가 있을 수 있다.

그 같은 계약 신학 이론대로 한다면, 광야 시절에도 교회가 존재했었다. 그런데 에베소서 1장 20~23절에 보면 예수 그리스도께서 죽으셨다가 부활하시고 하늘에 오르신 후에 만물 위에 교회의 머리가 되셨다. 우리가 믿는 바 예수님이 교회의 머리이시다. 그러기에 광야 시대에도 교회가 있었다고 가정한다면 그 교회는 머리가 없는 교회였다는 이론이 성립된다.

따라서 어떤 신학에 얽매여 성경을 억지로 푼다면(벧후 3:16) 스스로 멸망에 이른다는 경고를 생각해야 한다. 그러므로 사도행전 7장 38절의 '에클레시아'는 '광야의 무리'라고 번역하는 것이 맞다고 본다.

지금까지 '에클레시아'라는 단어를 놓고 신약성경상의 여러 가지 사실을 살펴보았을 때, 우리는 교회 개념을 '에클레시아'라는 단어에서 찾는 것은 무의미한 일임을 알 수 있다.

교회의 의미는 전래된 개념에서나 단어적 의미에서 찾을 수 없다. 우리는 내 영혼을 위하고, 나의 사역 터를 위하고, 더 나아가 우리의 후손들을 위해서 성경적인 교회 개념을 찾아야 한다.

여기서 필자는 성경적 교회 개념을 찾으려 고심한 노력의 결과를 조심스럽게 제시해 보고자 한다. 필자가 제시하는 교회관에 자극되어 더 완전한 교회관이 나오기를 기대한다.

3. 성경적 교회 개념

여기서 필자가 제시하는 것은 신·구약성경 속에서 하나님의 영인 성령의 사람으로 하나님께 인정받은 사람들이라는 것을 염두에 둔 제안이다. 다시 말해, 교회란 하나님의 영을 받은 하나님의 사람, 영생을 얻은 사람, 구원 얻은 사람이라는 뜻이다. 이 같은 개념으로 신·구약성경의 몇 가지 용어를 살펴보고자 한다.

1) 구약의 경우

(1) 의인(차디크, צדיק)

창 6:9 "노아는 의인이요 당대에 완전한 자라."
창 18:23 "주께서 의인을 악인과 함께 멸하려 하시나이까."
시 1:5 "죄인들이 의인들의 모임에 들지 못하리로다."
시 37:25 "의인이 버림을 당하거나."
잠 4:18 "의인의 길은 돋는 햇살 같아서."
잠 11:21 "의인의 자손은 구원을 얻으리라."
잠 15:29 "여호와는……의인의 기도를 들으시느니라."
합 2:4 "의인은 그의 믿음으로 말미암아 살리라."

이렇게 수없이 사용되고 있는 의인은 하나님의 영을 받은 하나님께 인정받은 사람인 것을 말하고 있다.

(2) 하나님의 사람

신 33:1 "하나님의 사람 모세."

왕상 12:22 "하나님의 사람 스마야."
왕하 5:8 "하나님의 사람 엘리사."
대하 8:14 "하나님의 사람 다윗."

이 같은 표현들 역시 하나님의 영을 받은 하나님의 사람을 뜻한다.

(3) 선지자(나비, נָבִיא)

창 20:7 "그는 선지자라."
신 34:10 "모세와 같은 선지자."
삼하 7:2 "선지자 나단."
왕상 18:36 "선지자 엘리야."
왕하 14:25 "선지자 요나."
왕하 19:2 "선지자 이사야."
대하 36:12 "선지자 예레미야."

이렇게 하나님께 쓰임 받은 하나님의 사람들은 구원받은 사람들이다. 이런 사람들은 과거 구약 시대 때 하나님의 영에 의해 하나님께 쓰임 받았고 지금은 천국에 살고 있으나 장차 우리가 만날 사람들이다. 이렇게 구약 시대에도 구원받아서 하나님의 사람으로 쓰임 받다가 죽어 천국에 가 있는 사람들이 바로 '교회'이다.
'교회'란 조직도, 예배 장소도 아니고 하나님의 영을 받은 영생 얻은 자들이다.

2) 신약의 경우

신약의 경우에는 교회 개념이 더 확실하게 밝혀지고 있다. 신약의 수많은 교회 개념 중에서 몇 곳만 예를 들어 보겠다.

(1) 영생 얻은 자(아이오니오스 조에, $ai\omega\nu\iota o\varsigma\ \zeta\omega\eta$)

요 3:15 "그를 믿는 자마다 영생을 얻게 하려 하심이니라."
요 5:24 "나 보내신 이를 믿는 자는 영생을 얻었고."
요 6:51 "사람이 이 떡을 먹으면 영생하리라."
요 10:28 "내가 그들에게 영생을 주노니 영원히 멸망하지 아니할 것이요."
롬 5:21 "우리 주 예수 그리스도로 말미암아 영생에 이르게 하려 함이라."
갈 6:8 "성령을 위하여 심는 자는 성령으로부터 영생을 거두리라."

이 모든 표현은 성령의 감동 감화로 예수 그리스도를 믿고 죽지 않는 영원한 생명, 즉 영생을 얻은 사람을 뜻한다.

(2) 구원 얻은 자(소테리아, $\sigma\omega\tau\eta\rho\iota a$)

행 2:47 "주께서 구원받는 사람을 날마다 더하게 하시니라."
행 4:12 "다른 이로써는 구원을 받을 수 없나니."
롬 10:10 "사람이 마음으로 믿어 의에 이르고 입으로 시인하여 구원에 이르느니라."

딤후 3:15 "믿음으로 말미암아 구원에 이르는 지혜가 있게 하느니라."

이런 표현들은 예수 그리스도를 믿는 자들은 사망에서 영생의 자리로 옮겨진 구원받은 자임을 설명한다.

(3) 성령의 사람(프뉴마, $\pi\nu\epsilon\upsilon\mu\alpha$)

요 3:5 "사람이 물과 성령으로 나지 아니하면 하나님의 나라에 들어갈 수 없느니라."

고전 3:16 "너희는 너희가 하나님의 성전인 것과 하나님의 성령이 너희 안에 계시는 것을 알지 못하느냐."

고후 1:22 "우리에게 인치시고 보증으로 우리 마음에 성령을 주셨느니라."

갈 3:5 "너희에게 성령을 주시고 너희 가운데서 능력을 행하시는 이."

이런 표현은 하나님의 영인 성령이 믿는 자 속에 들어가셔서 능력을 행하게 하시는 성령의 사람들이 곧 교회임을 깨우쳐 주고 있다.

이렇게 구약과 신약 전체를 통해 볼 때 '교회' 라는 개념이 어떤 성격을 띠어야 하는지를 깨닫게 된다.

교회가 무엇인가? 말씀이 선포되고 성례가 집행되는 것은 교회되게 하고 교회 된 성도를 양육하는 한 수단에 불과하다. 말씀과 성령의 역사로 이미 하나님의 사람이나 성령의 사람으로 거듭난 성도가 곧 교회이다.

이 같은 깨달음에 의해서 필자는 교회 개념을 다음의 세 가지로 요약한다.

3) 내용적 교회 개념

우리는 앞에서 전래된 교회 개념을 살펴보았다.

가톨릭이 말하는 조직과 구조의 개념이나, 루터가 말한 보이는 교회 개념이나, 칼빈이 말한 유형의 교회란 결국 겉모습에 의한 교회 개념임을 알 수 있다.

그런데 이와 같은 외형적 교회 개념으로 교회를 설명한다면 누가 구원받은 성도이고, 누가 구원받지 못한 사람인지 알 수가 없다.

칼빈은 구원에 대한 작정은 하나님의 고유 영역이기 때문에 누가 구원받은 하나님의 자녀인지 알려고 해서는 안 된다고 하였다.

필자는 이 같은 주장을 하는 칼빈이 진정 거듭난 그리스도인이었는지 매우 의심이 된다.

요한일서 5장 13절에 "내가 하나님의 아들의 이름을 믿는 너희에게 이것을 쓰는 것은 너희로 하여금 너희에게 영생이 있음을 알게 하려 함이라"고 했고, 또 요한복음 3장 8절에도 성령으로 난 사람은 성령으로 거듭난 것을 알 수 있다고 했다. 즉, 다른 사람이 구원받았는지 못 받았는지는 혹 모를 수 있다 할지라도 자기가 구원받았는지 못 받았는지는 누구보다도 그 자신이 가장 잘 알 수 있는 것이다.

이런 점에서 구원의 작정이 하나님의 영역이기 때문에 알 수 없다는 칼빈의 주장은 그의 구원 상태가 의심되는 부분이다.

필자는 전래된 기존 교회 개념들로는 성경에 설명되어 있는 교회 개념을 파악할 수 없다고 믿는다. 그래서 성경 전체에 흐르고 있는 교회 개념을 세 가지 용어로 집약해서 설명하려고 한다.

(1) 생명체(生命體)

이 단어를 구약성경에서 찾는다면 '네솨마'(נשמה)에 해당되고 신약성경에는 '조에'(ζωη)로 표현된다. 이 생명이란 일평생 육신으로 살다가 죽을 때 생명이 끊어지는 육체적 생명인 '프쉬케'(ψυχη)와 다른 생명이다. 이 생명은 죄악 세상에서 살던 죄인이 성령의 감동 감화로(고전 12:3) 성령을 모신(롬 8:11) 자로, 사망에서 생명으로 옮긴 자(요 5:24)임을 뜻한다.

많은 사람들은 육신의 생명인 '프쉬케'가 살아 있는 것을 생명이 있다고 착각하고 살아간다. 그러나 사람 속에 성령이 들어가 있지 않은 자는 이미 죽은 자이다(마 8:22). 여기서 말하는 '죽은 자'(네크루스, νεκρούς)는 육신적으로는 살아 있으나 그리스도를 모셔들이지 않았기 때문에 영적으로는 생명이 없는 죽은 자들이다.

요한복음 5장 24절을 보자.

"내가 진실로 진실로 너희에게 이르노니 내 말을 듣고 또 나 보내신 이를 믿는 자는 영생을 얻었고 심판에 이르지 아니하나니 사망에서 생명으로 옮겼느니라."

"나 보내신 이를 믿는 자는 영생을 얻었고"라는 말에서 '얻었고'라고 한 '에케이'(ἔχει)는 과거형이 아니라 현재 시제이므로 계속해서 영생을 소유하고 있는 현 상태를 말한다. 그러므로 인간이 예수 믿는 순간 영생이 계속된다.

또 "사망에서 생명으로 옮겼느니라"라고 했다. 여기서 '옮겼느니라'는 '메타베베켄'(μεταβέβηκεν)이다. 이 단어는 '메타바이노'

($μεταβαίνω$)의 완료 시제이다. 이 시제는 이미 과거에 완료된 상태가 현재까지 지속되고 있음을 뜻한다. 그러므로 예수 믿는 자는 예수 믿는 순간 이미(already) 사망의 권세에서 벗어나게 되었으며, 그 상태가 지금까지 계속 유지되고 있는 것이다. 그렇기 때문에 구원받은 자는 자기가 구원받은 것을 알 수 있다.

예수 믿고 구원 얻은 자는 죽음에서 영생을 얻은 생명의 소유자다. 예수 믿고 구원 얻은 자에게 생명이 있음을 성경은 계속해서 가르쳐 주고 있다. "인자의 살을 먹지 아니하고 인자의 피를 마시지 아니하면 너희 속에 생명이 없느니라"(요 6:53)고 하였는데, 이 때의 생명이 '조에'($ζωή$)이다.

요 10:10 "내가 온 것은 양으로 생명을 얻게 하고 더 풍성히 얻게 하려는 것이라."

요 11:25~26 "예수께서 이르시되 나는 부활이요 생명이니 나를 믿는 자는 죽어도 살겠고 무릇 살아서 나를 믿는 자는 영원히 죽지 아니하리니."

요 20:31 "오직 이것을 기록함은 너희로 예수께서 하나님의 아들 그리스도이심을 믿게 하려 함이요 또 너희로 믿고 그 이름을 힘입어 생명을 얻게 하려 함이니라."

롬 5:18 "한 의로운 행위로 말미암아 많은 사람이 의롭다 하심을 받아 생명에 이르렀느니라."

롬 8:2 "이는 그리스도 예수 안에 있는 생명의 성령의 법이 죄와 사망의 법에서 너를 해방하였음이라."

롬 8:6 "육신의 생각은 사망이요 영의 생각은 생명과 평안이니라."

고후 4:10 "우리가 항상 예수의 죽음을 몸에 짊어짐은 예수의 생명이 또한 우리 몸에 나타나게 하려 함이라."

요일 3:14 "우리는 형제를 사랑함으로 사망에서 옮겨 생명으로 들어간 줄을 알거니와 사랑하지 아니하는 자는 사망에 머물러 있느니라."

이렇듯 성경은 수없이 많은 곳에서 예수 믿는 자는 죽음에서 생명으로 변화된 새 생명체임을 가르쳐 주고 있다.

교회는 이처럼 과거에 죽을 인생이 예수를 믿음으로 영원한 생명을 얻은 상태로 생명이 계속되는 생명체임을 뜻한다.

루터나 칼빈이 말한 것처럼 말씀이 선포되고 성례가 집행되는 예배에 수십 년을 참여했다고 해서 그 사람이 영생을 얻은 자는 아니다. 개인적 경험으로나 목회 40~50년 경험을 통해서 볼 때 현대 교회는 그 속에 생명이 있느냐에 대한 확인보다는 교회의 시스템 속에서 연륜이 쌓여 가기만 하면 직분을 주고 세련된 종교인을 만들어 가고 있을 따름이다.

현대 교회와 앞으로의 교회가 중점을 두고 주력해야 할 사역이 무엇인가? 목회자 자신이 성령으로 거듭나서 생명을 소유한 자인가 하는 신학 교육이 바로 되어야 하고, 그다음에 목회자는 세련된 종교인 만드는 교회 프로그램보다는 한 사람 한 사람의 영혼의 상담을 통해 거듭난 그리스도인들인가를 확인한 후에 교회 회원을 삼아야 한다.

목회자가 거듭난 체험이 없다면 그곳은 종교적인 집단은 될 수 있어도 생명이 번져 가는 교회는 아니다. 교회는 생명으로 시작해서 생명 운동이 확산되고 생명체들끼리 어우러진 축제가 예배 속에 이루어져야만 교회의 미래에 희망이 있다.

(2) 공동체(共同體)

여기에 해당되는 단어로 봉사라는 뜻의 헬라어 '디아코네오' ($διακονεω$)를 생각해 본다. 이 말과 비슷한 뜻을 지닌 영어 단어 'association, union, cooperation'도 생각해 본다.

이 개념은 이렇다.

새 생명을 얻은 생명체들은 개체 생명으로 머물러 있을 수가 없다. 생명체는 자기와 똑같은 다른 생명체들과 함께 어우러져야 생명력이 활발해진다. 새 생명을 얻은 생명체들이 교회라는 공동체 안에 들어와서 다른 생명체들과 유기적인 봉사 활동을 펼쳐 나갈 때 생명력이 강하게 활동한다.

성경은 이 같은 유기적 봉사 관계를 몸과 지체로 설명했다. 고린도전서 12장 12절에서는 "몸은 하나인데 많은 지체가 있고 몸의 지체가 많으나 한 몸임과 같이 그리스도도 그러하니라"라고 했다. 구원받은 그리스도인은 예수 그리스도를 머리로 한 그리스도의 몸이요, 지체의 각 부분인 것이다(고전 12:27).

성경에는 구원 얻은 생명체들이 홀로 머물러 있지 않고 그리스도와 더불어 연합적 공동체를 이루어야 함을 여러 곳에서 말씀하고 있다.

요한복음 15장에는 포도나무와 가지의 비유가 있다. 이것은 그리스도인은 그의 생명이 그리스도와 공동체로 연합되어야 함을 말해 준다. 그런데 성경은 그리스도와의 연합만이 아니라 또 다른 생명체인 다른 성도들과의 연합도 설명하고 있다.

고린도전서 12장 4~11절에서는 한 성령께서 각 사람에게 다른 은사로 나타나신다고 했다. 에베소서 1장 23절에서는 교회를 그리스도의 몸으로 비유했고, 에베소서 2장 20~22절에서는 주 안에서 성전을 건축해 가는 과정 속에 성도들이 함께 봉사하는 공동체임을 설명했다. 또 에베소서 5장 22~23절에서는, 남편과 아내가 서로 연합해서 가정을 꾸려 가는 것처럼 교회도 그리스도와 더불어 사랑의 공동체를 이루어 가야 함을 설명하였다.

교회가 무엇인가?

교회는 예수 그리스도의 새 생명을 얻은 생명체들이 지역을 근거로 해서 함께 그리스도의 몸을 완성해 가는 공동체이다. 성경에 보면 수많은 지역 교회 이름이 소개되고 있다. 예루살렘 교회(행 2:14), 사마리아 교회(행 8:5), 가이사랴 교회(행 10:1), 안디옥 교회(행 11:19~30) 등 지역을 중심으로 한 공동체가 뻗어 나간다.

오늘날 전 세계에 산재해 있는 지역 교회들은 그 기초가 생명체에서 번져 간 지역 공동체들이다. 이 지역 공동체는 단순하게 모이는 데 의미가 있는 것이 아니다. 지역 공동체는 그리스도께서 맡겨 주신 사명(마 28:18~20)을 완성해 가는 머리 되신 주님의 뜻을 성취해 가야 하는 사명이 있다.

지역 공동체인 지상의 교회들은 그리스도의 사명 완수를 위해 "해산하는 수고"(갈 4:19)를 감당해야 한다. 지상의 교회들이 그리스도께서 주신 사명을 이루기 위해 얼마만큼 봉사하고, 얼마만큼 희생하느냐에 따라서 지역 공동체의 영향력이 달라진다.

이 부분은 우리 모두가 공감하는 바이다.

여기서 한마디를 더 하고 넘어가려고 한다.

지역 공동체가 건강한 교회가 되고 왕성한 교회가 되려면 어떻게 해야 하는가?

성경적 원리는 분명하다. 공동체의 구성 원칙이 있어야 한다.

그것은 반드시 거듭난 그리스도인으로, 즉 새 생명을 가진 자로 공동체 회원을 삼아야 한다는 사실이다. 생명을 얻지 못한 죽은 시체를 생명 공동체에 섞어 놓으면 다른 생명체를 병들게 할 따름이다.

누가 생명 얻은 자인가? 그것은 앞서 생명체에서 설명했다.

(3) 연합체(聯合體)

이 단어에 해당되는 말은 '천국'(天國)이다. 헬라어로 '헤 바실레이아 톤 우라논'($ἡ\ βασιλεια\ Τῶν\ οὐρανων$)이다.

성경에는 천국 또는 하나님 나라에 관한 기록이 많이 있다.

천국 즉 하나님의 나라($ἡ\ βασιλεια\ Τοῦ\ θεοῦ$)는 하나님의 통치가 미치는 영역을 뜻한다. 하나님의 나라는 각 사람의 마음에서 시작된다. 예수 믿고 구원받은 자는 마음속에 하나님의 다스림이 시작되므로 마음의 천국이 이루어진다. 이와 같은 마음의 천국을 성경은 '심령의 천국'(마 5:3)이라고 하였다.

이와 같은 '마음의 천국'은 마태복음 13장에서 점점 넓게 확대되는 것으로 설명된다. 마음의 천국은 가정 천국으로, 교회 천국으로, 직장 천국으로, 사회 천국으로 확대된다.

지금 우리는 마음의 천국을 소유한 자들이 각 영역으로 천국을 확장해 가는 과정 중에 있다.

이와 같은 천국은 이 지상으로 끝나는 것이 아니다. 장차 주님의 재림 때에는 구약 시대에 구원 얻은 성도들과 신약 시대에 구원 얻은 성도들이 다 함께 연합을 이룬 영원한 하늘나라 백성이 된다. 이것을 나는 미래에 있을 우주 연합체라고 표현한다.

성경에는 이 같은 우주 연합체에 관한 표현이 많이 있다.

고린도전서 15장 22~24절에 보면 그리스도께서 재림하실 때에는 부활의 열매인 그리스도께서 주인공이 되시고 그다음에는 그리스도에게 속한 자(호이 투 크리스투, οἱ Τοῦ χριστοῦ)가 부활한다. 그리고 그다음에는 '마지막'(토 텔로스, Τὸ Τελος)이라고 했다. 여기서 '마지막'은 이 세상의 마지막 종말이 온다는 뜻이다.

데살로니가전서 4장 14~17절에 보면 주님께서 공중으로 강림하실 때 휴거에 참여하는 자들이 소개되고 있다.

주님이 오시고, 천사장의 나팔소리와 함께 천사장이 나타난다. 그때 그리스도 안에서 죽은 자들이 먼저 일어난다. 다시 말하면, 예수 믿고 죽은 자들이 지금은 영적 상태로 낙원에 가서 영적 천국 상태로 지내지만 주님 강림하실 때는 그들이 다 부활의 몸으로 나타난다. 그리고 그 후에 세상에서 예수 믿고 구원받은 성도들이 돌연히 강제적으로 변화되어 공중으로 끌려 올라간다.

장차 죽은 자들, 살아 있는 자들이 주님을 만날 곳은 공중이다. 여기서 말하는 공중, 즉 '아에라'(άερα)는 지구상의 대기권을 지칭한다.

천국은 여기에서 끝나는 것이 아니다.

주님께서는 천상에서 7년간 어린양의 혼인 잔치 기간(계 19:1~10)을 보내고 지상으로 재림하신다(마 24:29~30).

지상에 재림하신 그리스도는 천국 백성들과 함께 지상에서 천년 왕국(계 20:1~10)을 보내신 후 전 인류의 최후 심판인 백보좌 심판(계 20:11~15) 후에 새 하늘과 새 땅(계 21:1~22:5)에서 영원한 천국이 계속된다.

우리가 믿어야 할 미래의 천국은 어떤 곳인가?

그곳은 민족의 차별이 없고, 피부색의 차별이 없고, 가진 자와 못 가진 자의 차별도 없고, 미운 것과 고운 것의 차별도 없는 곳이다. 구원받은 모든 그리스도인들이 다 함께 더불어 사는 영원한 곳이다. 그 천국을 나는 우주 연합체라는 말로 표현한다.

나는 위에서 모든 그리스도인들이 다 함께 공감할 수 있는 성경적 교회관을 제시하였다.

교회란 예수 그리스도를 믿음으로 새 생명을 얻은 생명체들이 각 지역을 중심으로 한 공동체에서 그리스도의 사명 완수를 위해 봉사하다가 장차 하늘나라에 가서 한 아버지를 정점으로 신랑 되신 그리스도와 연합체를 이루는 천국 백성이 되는 것이다.

이와 같은 필자의 교회관이 완벽하다고 주장하지는 않는다. 필자의 교회관보다도 더 훌륭하고 완벽한 교회관이 나와서 지금처럼 혼란스런 교회를 바로 세울 수만 있다면 필자는 그 의견을 기꺼이 따르겠다. 필자는 좀 더 성경에 가깝고 하나님의 뜻에 맞는 교회관이 탄생되기를 갈망할 따름이다.

제2장
역사란 무엇인가?

1. 역사의 뜻
   1) 헤로도토스
   2) 요세푸스
   3) 어거스틴
   4) 토인비
   5) E. H. 카
   6) 호리고메 요조
2. 사관의 종류와 내용
   1) 순환사관
   2) 진보사관
   3) 유물사관
   4) 식민사관
   5) 민족사관
   6) 한국 교회의 사관
   7) 사관이 삶에 미치는 영향

나는 앞 장에서 전래되어 오는 교회관을 수용하지 않고 성경적인 교회관을 제시했다.

교회사는 또 역사의 법칙에 따라 설명되어야 한다.

여기서도 나는 일반적으로, 대중적으로 알고 있는 역사 서술 방법을 따르지 않고 나의 독자적인 역사 서술 방법에 의해 교회 역사를 설명하려고 한다.

내가 왜 대중적인 역사 서술 방법을 따르지 않는가? 그 이유는 역사를 공부해 보니 역사를 보는 안목을 사관이라고 하는데, 바로 이 사관의 각도에 따라 역사 서술이 완전히 달라지는 것을 알게 되었기 때문이다.

나는 일반적으로 알고 있는 역사 이해가 무엇이며, 오늘날 잘 알려진 사관은 어떤 성격이며, 사관이 다를 경우 역사 서술이 어떻게 달라지는가를 추적해 보고자 한다. 그리고 내가 기존 사관에 의한 역사 서술에 만족하지 않고 새로운 사관을 창안해서 역사를 새롭게 서술해야 하는 이유를 설명하고자 한다.

나는 1991년에 '신약 교회 사관' 이라는 새로운 사관을 제시한 《새 교회사》 I 권을 저술해서 발표하였다. 그 이후 《새 교회사》 I 권은 16쇄를 거듭하며 수많은 독자들에게 보급되었다. 이제 또다시 신약 교회 사관을 근거로 새로운 역사를 서술하려 한다.

1. 역사의 뜻

역사란 무엇인가?

여기에 대한 이해는 각양각색으로 다르다.

과거 역사 속에는 역사에 대한 수많은 깨달음들이 있었다. 수없이 많은 이들이 그들 나름대로 크게 보람을 느꼈던 소중한 깨달음들을 살펴보는 것은 의미가 있다고 생각한다. 왜냐하면 현재 우리의 역사 인식은 과거 선배들의 깨달음에 의한 단편적 편린들이 모아진 것이기 때문이다. 고대에서부터 현대에 이르기까지 다양한 사람들의 견해를 살펴보도록 하자.

1) 헤로도토스(Herodotos, 주전 484?~425?)

헤로도토스는 고대 그리스의 역사가로 키케로에 의해 '역사의 아버지'라고 불렸다.

그는 고대인치고는 대단한 여행가였다. 동으로는 메소포타미아의 바벨론을, 서로는 남이탈리아를, 북으로는 흑해 북안을, 남으로는 이집트 나일 강 등을 여행하였다.

헤로도토스는 각지에서 목격한 일과 전해 들은 소문과 구할 수 있는 자료들을 탐구하여 《히스토리아》를 9권으로 기록하였다.

헤로도토스는 수없이 계속되는 전쟁을 경험하면서 현재에 대한 위기 의식에서 과거사를 알게 되므로, 현재를 해결하는 데 도움을 얻기 위해 과거사를 기록하였다.

헤로도토스는 누구나 역사를 만들 수 있지만 역사의 기록은 위대한 사람만이 할 수 있다고 믿었다.

2) 요세푸스(Flavius Josephus, 37?~100?)

유대인 역사가인 요세푸스는 제사장의 가문에서 태어났다. 그는 16세 때 바리새파에 입문하였고 그 후 사두개파, 에세네파의 학교들을 섭렵한 후 19세 때 바리새파에 정착한다.

청년기에 로마 제국에 저항하는 반란군에 가담하여 제1유대인 전쟁(66~69) 때 유대인군 갈릴리 지구 사령관으로 활동하였다. 그런데 그가 거점으로 삼고 있던 '요타파타'가 로마군 총사령관이며 후에 황제가 된 베스파시아누스(Wespasianus)에게 함락되자 그에게 항복한다.

요세푸스는 70년부터 로마군의 앞잡이가 되어 예루살렘을 함락시키는 데 협조한다. 그 후 베스파시아누스 가문의 성을 따라 플라비우스(Flavius)라는 성으로 로마 시민권과 연금을 받으면서 저작활동을 한다.

요세푸스는 《유대인 전기》라는 유대인 전쟁사 7권을 기록했는데 처음에는 유대 민족 입장에서, 다음에는 로마 제국의 점령군 입장에서 자기를 변명하는 역사를 기록했다. 다음으로 《유대인 고대사》 20권이 있다. 이 책에는 창세기에서부터 시작하여 족장 이야기, 출애굽 이야기, 가나안 정복과 왕정 시대 이야기, 포로 시대 이야기, 유대인의 반란이 있었던 주후 66년까지의 이스라엘 민족 전체의 역사를 기록했다.

그 내용은 구약의 내용과 많이 중복되어 있다. 그러나 그가 알렉산드리아 학파의 문헌과 유대인들의 전승인 할라카, 학가다, 이집트 전승 등을 자기 임의대로 서술했기 때문에 구약과 많이 차이가 나는 이스라엘의 역사서다.

특히 구약과 신약 사이의 중간사 속에 다루어진 마카비 전쟁사는 다른 이가 취급하지 않은 내용으로 귀중한 사료가 되고 있다.

그 외에 조국을 배반한 자기 변명의 자서전 1권과 히브리 민족이 헬라 민족보다 우수함을 주장한 《아피온》(Apion) 2권이 있다.

요세푸스는 진실을 추구하는 양심적이고 공정한 탐구가는 아니었다. 그는 유대인 옹호에 편견이 심했고, 유대인에게 호감을 갖도록 진실된 것을 임의로 삭제하고 첨가하며 역사를 서술하였다.

요세푸스는 역사 서술이 사람들의 관념을 바꿀 수 있는 자료라고 믿었다. 그래서 그는 사람들에게 과거를 알려 주어 그들이 미래를 판단할 수 있게 해주는 것이 역사라고 믿었다.

요세푸스가 이 같은 목적 의식을 갖고 기록한 역사 서술은 그 후 교회사가의 원조인 에우세비우스(Eusebius of Caesarea, 260~339), 라틴 교부인 제롬(Jerome, 340~420) 등에 의해서 더 크게 확대되고 발전되었다.

3) 어거스틴(Augustine, 354~430)

로마 제국은 330년에 이탈리아 로마에서 콘스탄티노플(현재 이스탄불)로 수도를 옮긴다. 그 후 황제가 없는 로마 시는 수많은 외적들의 침략을 받는다. 410년의 고트족(Goths), 455년의 반달족(Vandal), 476년의 도이치족에 의해 서로마 제국은 멸망된다.

사실 로마 제국은 아우구스투스 황제 이래 수많은 황제들이 최상의 번영을 누리며 역사를 계승해 왔다. 그런데 대로마 제국이 일개 야만족들에게 시달리게 되었다. 그 원인이 무엇인가?

로마 원로원을 비롯한 로마의 지성인들은 로마 제국의 무기력을 313년 콘스탄티누스 황제가 도입한 기독교의 로마 국교화에서 비롯된 것으로 보았다. 즉 과거 수백 년의 로마 제국은 다신교의 허용으로 모든 신들이 고루 존재하여 섬김을 받아 왔다. 그런데 313년 이후부터는 기독교 외에 다른 신들이 금지되었다. 이로 인해 수많은 다신들의 진노가 로마 제국의 무력화를 가져왔다는 것이다. 이 같은 시민들의 여론을 불식시키려고 어거스틴이 412~426년에 24권의 《하나님의 도성》(The City of God)이라는 역사서를 저술했다.

이 책에서 어거스틴은 기독교적 역사를 서술한다. 어거스틴은 인류의 첫 조상 아담의 두 아들 가인과 아벨을 역사의 기원으로 삼는다. 힘과 무력으로 살아간 가인의 후손이 오늘날 '국가'를 만들었다. 아벨은 제사와 희생으로 살아갔고 그의 후손이 오늘날 '종교'를 만들었다. 이 두 세력은 역사를 거듭하면서 전혀 동떨어진 결과를 만들어 놓았다.

가인의 후손을 보자.

그는 힘과 무력으로 자신의 목적을 이루려고 하였다. 가인의 후손들은 힘과 무력으로 왕국을 만들어 군주가 되고 제왕이 되었다.

이들이 만든 국가는 더 큰 힘과 권력으로 생명을 이어가기 때문에 국가는 정의도, 공의도 존재하지 않는다.

이와 같은 국가가 힘이 있고 권력이 있을 때는 큰 제국을 건설하고 큰 도시를 건설하는 등 위대한 공적을 나타낼 수 있다. 그러나 국가라는 속성이 권력과 힘에 의해 존재하기 때문에 하나님의 심판에 의해 무너지기도 하고 없어지기도 한다. 그 같은 증거가 구약 속에 나타나는 여러 제국들의 모습이다.

로마 제국이 비록 기독교 국가라 할지라도 공의가 실천되지 않으면 망할 수 있다.

그러나 아벨의 후예인 교회는 어떤가?

아벨은 처음부터 경배와 희생의 생활로 출발했다.

교회는 이 땅에서 시작되지만 교회가 목표하는 곳은 천성이다.

교회는 천성을 향해 가는 순례자들이다.

교회는 이 땅에 존재하기 때문에 지상에서는 수난을 당하고 시련을 당한다. 그러나 교회의 최종 목표는 천상의 천국이기 때문에 지상에서 수난을 당하고 시련을 당한다 할지라도 교회는 천상까지 영원히 계속된다.

이처럼 로마 제국은 국가이기 때문에 외적들의 침략을 받으면 위험해 보이지만 천성을 향해 가는 교회는 국가의 흥망과 상관없이 영원하다. 이 같은 기독교 역사 철학이 반영된 책이 《하나님의 도성》이다. 어거스틴은 이 책으로 당시 들끓는 기독교에 대한 비난을 잠재웠다. 어거스틴은 역사를 하나님께서 이끌어 가시는 구속사라고 보았다.

4) 토인비(Arnold J. Toynbee, 1889~1975)

영국의 역사가인 토인비는 국제 정치학자로, 문명 비평가로 유명하다. 그는 옥스퍼드 대학을 졸업하고 연구원으로 지내다 외무부 정치 정보국에서 활약했다. 1919년에 그는 런던 대학 킹스 칼리지 교수로 그리스 관계를 강의하다가 1925년부터 이 대학의 국제사 교수 및 왕립 국제 문제 연구소 연구 주임이 되었다.

그는 대학에서 그리스사와 현대사 사이의 두드러진 유사성을 발견하고 비교 문명적 세계 사상을 구축하는 실마리를 얻게 된다. 그래서 1934~1961년간 27년에 걸쳐 《역사의 연구》 12권을 저술한다.

그는 역사상에 나타난 여러 문명의 생성, 발전, 붕괴의 과정을 비교 연구함으로써 문명 형성의 일반 법칙을 체계화했다.

그는 서유럽의 몰락이라는 위기를 체험하고(제1차, 제2차 세계대전) 현대 세계가 구제되려면 새로운 세계사학이 필요함을 역설하였다. 그리고 만년에 이르러서는 문명을 '독립 문명'과 '위성 문명'으로 나누고 28개의 문명을 설정하여 앞으로의 문명론 전개의 방향성을 강하게 시사하였다. 그의 문명사학은 여러 가지 결함을 가지고 있다.

그의 사상은 처음 주장과 뒤의 주장이 일치되지 않는 단점이 있다. 그러나 서양 중심적인 전 세계 역사관이 시정되어야 한다는 그의 주장은 현실로 나타나고 있다. 그 예가 남미나 아시아에서 일어났다.

토인비는 문명사적 역사관을 만드는 데 기여하였다.

5) E. H. 카(Edward H. Carr, 1892~1982)

E. H. 그는 영국의 역사가요, 국제 정치학자로 케임브리지 대학의 트리니티 칼리지를 졸업하고 1916~1936년 외교관 생활을 했다.

그리고 1936~1947년 웨일스 대학에서 국제 정치학 교수로 재직하면서 1941~1945년 〈Times〉지의 논설위원을 겸했다. 1948년부터는 국제연합(UN)의 세계인권선언의 기초 위원장을 역임한 후 옥스퍼드 대학에서 교편을 잡다가 1955년 이후에는 모교인 트리니티 칼리지의 고급 연구원으로 만년을 보냈다.

외교관 시절에 도스토옙프스키, 카를 마르크스 등 사회 혁명 사상에 관한 저술이 있고, 국제 정치에 관한 저서로 《평화의 조건》, 《내셔널리즘의 발전》, 《서유럽 세계에 대한 소비에트의 충격》, 《두 세계대전 사이의 국제 관계사》 등이 있다.

그가 쓴 역사에 관한 책으로는 《새로운 사회》, 《역사란 무엇인가?》가 있다. 《역사란 무엇인가?》(*What is History?*)에는 자신이 수십 년 외교관과 교수 활동을 한 후에 깨달은 바를 진술하였다.

E. H. 카 박사에 의하면, 역사란 과거와 현재의 대화이다. 따라서 역사라는 말을 이해하려면 두 개의 의미를 이해해야 한다.

① 추상적 실재로서의 역사

추상적 실재로서의 역사란 우리가 과거사를 전부 다 알 수는 없지만 우리가 상상을 통해 '이렇게 했을 것이다, 저렇게 했을 것이다' 하고 상상하는 과거들이 존재한다는 것이다.

② 구체적으로 인식된 역사

우리가 현재 알고 있는 과거사는 거의 모든 것이 특정한 역사가가 기록해 놓은 근거들을 토대로 하고 있다.

과거의 역사적 사건은 수없이 많다. 그런데 그 수많은 역사적 사건과 소재 중에서 특정한 사람이 특정한 관심과 그의 개인적 소양(인생관, 가치관, 사생관)에 근거하여 서술해 놓은 것이 우리가 접한 기록들이다. 우리는 그 기록 정도만 이해하고 실제 있었던 더 많은 사실들은 알 수가 없다.

여기서 우리는 깨닫는 바가 있다.

추상적 실재로서의 역사는 무한대로 많이 있었다. 그런데 우리는 그 많은 역사 중에서 특정인이 기술한 규모 정도의 과거사만 알고 있다. 실제 있었던 역사 속에서 우리가 알고 있는 역사란 매우 제한적이다.

그뿐만이 아니다. 과거 역사를 기록한 기록자가 어떤 사람이었는가? 그는 어떤 신앙을 가졌고, 어느 정도의 인품을 갖추었으며, 어느 정도의 표현 능력이 준비된 사람인가? 앞서 요세푸스처럼 조국을 배반하고 자기 입지가 난처한 것을 여러 가지 자기 변명으로 역사를 만들어 갔는가? 또 어거스틴처럼 당대의 필요에 의해서 기독교를 변증할 목적으로 역사를 기록했는가?

역사를 기록한 역사가의 진실성이 매우 중요한 관건이다.

6) 호리고메 요조(堀米庸三, 1913~)

동양인이 보는 역사 이해는 어떤가?

호리고메 요조는 일본 동경 대학의 문학부 교수로 오랫동안 일본 NHK 방송에서 교양 기획물로 "역사를 보는 눈"을 방송했다. 그의 방송 원고가 책으로 출판되자 64쇄를 거듭했다.

요조가 본 역사는 무엇인가?

그는 한자로 그 의미를 설명했다. 역사의 '歷' 자는 '지날 역'이다. 또 역사의 '史' 는 '사기 사'이다. 사기 '史' 는 사람(人)이 책[口]을 받쳐들고 있는 형상이다. 역사란 이미 지나간 사물이나 사건을 글(책)로 기록해서 남기는 사람인 것이다.

사람들은 이미 지나간 사물이나 사건을 왜 글로 기록해 남기려고 하는가? 그 까닭은 세계에 대한 위기 의식으로 과거를 되돌아봄으로써 현재에 대한 해답을 얻으려는 것이다.

그렇기 때문에 역사 의식은 현재에 대한 위기 의식에서 출발한다. 또 현재에 대한 위기 의식은 과거의 사건에서 해답을 찾으려고 한다. 이러한 동기에서 기록된 역사는 기록자의 주관성이 강하고, 과거사에 대한 기록은 항상 새로운 주관성에 의해 다시 쓰여진다고 했다.

2. 사관의 종류와 내용

필자는 역사가 무엇인가에 대해 몇 사람의 글을 통해 어느 정도 이해해 보려고 했다. 그런데 실제 역사가들의 역사 기록을 보면 기록자들마다 각기 다른 입장에서 역사를 기록해 놓았다.

사가들의 기록 성향을 보면 공통된 하나의 법칙 유형들이 있다. 사가들이 역사를 공통된 하나의 유형으로 서술하는 특성을 사관(史觀)이라고 말한다. 지금까지 사관으로 분류해서 그 사관의 성격을

'○○사관'이라고 명명하게 되었고, 그 내용에는 공통된 법칙이 있음을 보게 된다.

여기서 사관의 종류와 내용을 살펴보자.

1) 순환사관(循環史觀)

순환(circulation)이란 주기적으로 되풀이해서 돌아간다는 뜻이다. 인류 역사를 거시적 안목으로 볼 때 거개의 모든 일들이 똑같은 일로 반복을 거듭해 가고 있다는 관점이다. 역사 속에 나타난 시간과 이름만 다르고 사건의 시작과 결말은 똑같은 사건들이 계속 반복해서 돌아간다는 것이다.

고대 중국의 전한(前漢) 시대에 사마천(司馬遷, B.C. 145~87)이라는 사가가 있었다. 그는 한 무제의 분노를 사서 궁형(宮刑 : 생식기를 없애는 형벌)을 받았다. 후에 관직에 복직하여 신체적, 정치적 타격에 굴하지 않고 통사 저작에 전념하여 사기《史記》 130권을 완성하였다.

사마천은 중국 왕조 2천 년 제왕들의 생성과 몰락을 연구한 결과 하나의 공통점을 발견했다고 한다. 그것은 청렴한 왕조는 수명이 길지만 부도덕한 왕조는 단명한 공통점이었다.

사마천은 역사를 기록하면서 청렴한 왕조라야만 수명이 길게 된다는 교훈적 성격의 역사를 서술하였다.

인도의 힌두교나 불교는 윤회(輪廻, samsara)를 믿는다.

현재의 이생은 과거 전생의 업에 의해서 이루어진 결과이다. 그리고 현재의 이생을 살면서 행하는 업에 의해 내세로 이어진다.

이생에서 죽으면 업에 따라 6도(六道)로 갈라진다. ① 지옥 ② 아귀(굶주린 귀신) ③ 축생(짐승) ④ 아수라(싸우기 좋아하는 귀신) ⑤ 인간

으로 환생 ⑥ 극락 세계

이 같은 6도를 끝없이 반복해서 돌아간다는 것이다.

이런 주장 외에도 플라톤의 영혼 불멸 사상이나 니체(Friedrich W. Nietzche, 1844~1900)의 하나님 없는 초인이 될 때 가장 인간다운 인간으로 회귀한다는 주장 등 모든 역사를 순환으로 설명하는 역사적 관점이 순환사관이다.

2) 진보사관(進步史觀)

진보(progress)사관은 모든 것이 갈수록 점점 발전한다는 사관이다. 진보사관은 18세기 계몽주의 사상에서 나타난다.

진보사관을 제창한 이들이 내세운 계몽(啓蒙)이라는 말 자체가 과거 중세시대 암흑의 역사 속에서 지식 수준이 낮거나 전통적인 인습에 젖어 있는 사람을 가르쳐서 깨우친다는 의식을 담고 있다.

이와 같은 계몽주의 운동은 주로 영국과 프랑스에서 발전하였다. 유럽의 독일과 북반구는 종교개혁 후 신교와 구교 간에 30년전쟁(1618~1648)을 통해 엄청난 수의 국민들이 죽어 갔다.

이 같은 어리석은 전쟁은 로마 가톨릭이든 프로테스탄트든, 성경을 하나님이 주신 계시라고 믿고 맹종한 데서 비롯되었다고 본다. 그래서 계시 대신 인간의 이성이 최고의 신뢰 기준임을 깨우쳐 준다는 것이 소위 계몽주의(Philosophy of the Enlightenment) 운동이었다.

계몽주의에는 세 가지 기본 정신이 있었다.

① 기존의 모든 개념들에 대해서 아무 선입관을 갖지 말고 정확하게 비판하자.

② 확실하게 경험해서 믿어지지 않는 것은 모조리 회의를 갖자.

③ 기존 세계의 모든 것은 부정을 통해서 끝까지 확인한다.

이 같은 계몽주의자들이 보는 역사는 지금보다 앞으로가 더 좋아진다는 진보사관에 입장을 같이했다.

진보사관에 공헌한 몇 사람을 살펴보자.

영국의 흄(David Hume, 1711~1776)은 인성론, 도덕 및 정치학, 인간 지성에 관한 철학론집들을 저술했다. 흄은 문명의 초점은 계시가 아니고 법과 질서라고 했다.

뉴턴(Isacc Newton, 1642~1727)은 만유인력의 법칙, 미적분법, 빛의 스펙트럼 등의 연구로 인과의 법칙을 내놓았다. 또한 그는 사람이 경험한 것 외에는 믿지 말아야 한다는 경험주의를 주장하였다.

로크(John Locke, 1632~1704)는 인간 지성론, 통치론, 교육론 등을 저술하였다. 로크에 의하면 인간의 마음은 백지 상태다. 지식이란 백지 상태의 마음에 경험에 의한 관념이 유입된 것이다. 지식의 재료는 외적 감각과 내적 깨달음에서 비롯된다. 이렇게 경험을 강조한 로크를 경험론의 창시자라고도 한다.

프랑스에도 유명한 계몽가들이 있었다.

루소(Jean-Jacques Rousseau, 1712~1778)는 《사회 계약론》에서, 인간의 불평등과 사회의 불평등이 어떻게 시작되었는가를 살펴보며 불평등을 해소하는 방법으로 시민 불복종 운동을 제시했다. 이 책은 프랑스 혁명과 쿠바 혁명에 영향을 미친 작품으로 알려졌다.

또 그는 여자와 23년간 동거하여 아이 다섯을 낳아 키우면서 인간이 자립하며 살아가려면 어떤 교육이 주어져야 하는가를 《에밀》에서 다루었다. 《에밀》은 일종의 교육 지침서였으나 그는 자신이 낳은 아이들을 모두 고아원에 보냈다.

그는 "자연으로 돌아가라"고 제창했는데, 이때의 자연(自然)은 우주 만물이 창조품이 아니라 저절로 만들어졌다는 주장이었다.

또 볼테르(Volltaire, 1694~1778)는 《캉디드》(*Candide*, 1759), 《콩도르세》(*Condorcet*, 1794)라는 작품에서 특권 계급만 우대하는 프랑스 사회를 신랄하게 비판하고, 국민 의무 교육 정책 제시로 국민의 의무 교육을 실천하게 되었다.

콩트(Auguste Conte, 1798~1857)는 경험에 의해 확증할 수 있는 사실만을 주장하며 인류의 지적 발달을 3단계로 예언했다.

제1신학의 단계는 각종 신앙이 미신의 단계이고, 제2형이상학적 단계는 사물의 내재적 본질을 규명하는 철학의 단계이고, 제3의 실증의 단계는 모든 사물, 사상을 실험하고 검증하는 과학적 실증적 단계라고 했다.

이처럼 계몽주의 사상으로 활동하던 이들은 과거 중세시대를 암흑시대로 단정하고 인간의 이성주의, 합리주의, 경험주의 때에는 과거보다 훨씬 진보된다는 신념들을 피력하였다. 미래의 세계가 점점 좋아진다고 보는 이들의 유토피아적 진보사관은 전 세계로 보다 넓게 뻗어 나가려는 식민 제국주의에 영향을 주었다. 그런데 진보사관을 주장한 그들의 낙관론은 제1차, 제2차 세계대전을 통해 그것이 하나의 환상에 불과했음이 증명되었다.

3) 유물사관(唯物史觀)

유물사관(The materialistic view of history)은 경제적, 물질적 생활 관계가 이 세상 모든 역사 발전의 궁극적 원동력이 된다는 주장이다. 유물사관은 잘 아는 바와 같이 마르크스(Karl Marx, 1818~1883)에 의해 제창되었다.

마르크스의 부친은 유대인이었고, 모친은 네덜란드 출신이었다. 그는 부친이 변호사였으나 칸트와 볼테르에 심취하여 정치적,

사상적으로 반동적인 가정 문화 속에서 자라났다. 그는 고등학교 때부터 경찰로부터 감시를 받았고, 대학에 입학한 후 술과 결투를 즐김으로 감옥 생활도 했다.

그는 반동적인 운동에 가담하여 혁명적인 정부를 세우는 데 집중했기 때문에 그의 가정은 비참한 생활이 계속되었다. 정규적인 수입이 없었기 때문에 6년여를 빵과 감자로 연명하기도 했다.

마르크스는 충성스런 하녀와 동거하며 7명의 자녀를 낳았으나 세 딸만 남고 모두 다 어려서 죽었다.

이런 어려움 속에서 엥겔스가 재정적 지원을 해주고 아내의 친척이 물려준 유산으로 마르크스는 차츰 생활의 안정을 얻게 된다.

마르크스가 사회에 알려지기 시작한 것은 미국 〈The New York Tribune〉지의 유럽 특파원이 되면서부터이다. 이 신문의 편집인이 공산주의를 지지하는 사람이었다. 1851~1862년에 500편에 가까운 논설과 사설을 기고함으로 마르크스의 명성이 알려지게 되었다. 마르크스는 이때 인도, 중국, 영국, 스페인의 사회적 운동을 분석하면서 전 세계의 정치적 문제를 계속 신문에 발표했다.

이 같은 신문의 덕으로 1864년에 '국제노동자연맹'을 결성하였고, 5년 후인 1869년에는 약 80만 명의 회원을 확보한다.

1870년에는 프랑스와 프러시아 간에 보불전쟁이 발발했다. 이때 마르크스는 프랑스 노동자 편에 선다. 그래서 그의 이름이 유럽에서 급부상하게 되지만, 마르크스의 프랑스 노동 운동 지지는 성공하지 못한다.

그러나 러시아 혁명주의자 미카엘 알렉산드로비치가 마르크스의 노동 운동을 지원한다. 이에 힘입은 마르크스는 '국제노동자연맹'의 이름으로 러시아의 황제 체제를 전복시키고 노동자들에 의한 정치적 혁명에 테러로 행동하도록 고무시킨다.

1848년에 마르크스는 엥겔스와 '공산당 선언'을 발표한다.

1895년에는 레닌에 의한 '일원론적 역사' 개념이 등장한다.

1917년에는 레닌에 의한 '러시아 혁명'이 이뤄진다.

레닌 사후에 스탈린에 의해 공산주의가 완성된다.

공산주의 사상을 기초한 마르크스의 사상은 크게 세 부분에 영향을 미쳤다.

① 마르크스-레닌주의로 알려진 변증법적 유물론.

② 부르주아와 자본주의 계급을 투쟁으로 제거할 수 있다는 프롤레타리아 계급 이론 수립. 그것은 곧 국제노동자기구, 노동조합, 노동 조건 개선 등을 말한다.

③ 정치적으로 자본주의냐, 사회주의냐? 세계 정치 구도를 갈라 놓은 이론.

이 같은 마르크스 사상은 전 세계 모든 나라들에게 심각한 문제의 이론들을 제기해 놓았다.

예컨대 변증법적 유물론은 더 나은 발전을 위한 법칙으로,

① 통일과 대립 투쟁의 법칙 : 모순이나 대립되는 것은 투쟁을 통해 더 좋은 것으로 발전한다는 이론.

② 양에서 질로의 변화의 법칙 : 물질은 정체되어 있지 않고 끊임없이 움직인다. 세상의 모든 물질은 화학적, 생물학적, 사회적 운동을 통해서 변화한다. 이렇게 끊임없이 변화되는 과정은 보다 높은 단계로의 질적 변화이다.

③ 부정의 부정의 법칙 : 변화는 직선적 과정이 아니라 계속된 부정의 부정에 의한 변증법적 나선형으로 발전한다.

이 같은 변증법적 유물론으로 대립과 투쟁을 더 나은 발전 수단으로 미화시켰다.

또 다른 예는 변증법적 유물론처럼 역사도 물질에 의해 진행된

다고 믿는 유물사관을 만들었다. 유물사관은 사회가 나에게 어떤 의식을 주느냐? 즉 사회가 주는 의식이 나의 행동을 규정한다는 것이다.

이들이 보는 사회는 어떤 사회인가?

과거 고대 사회는 노예 사회였고, 중세기는 봉건주의 사회였으나 현대는 소수인 자본가가 주축이 된 자본주의 사회다. 현대 자본주의의 불공평한 사회를 평등하게 만들려면 소수의 가진 자들인 부르주아 계급을 혁명을 통해 파괴하고 절대 다수의 프롤레타리아가 공평하게 잘살 수 있는 공산 사회를 만들어야 한다는 것이다.

이처럼 선동적이고 투쟁적인 유물사관에 의해 공산사회 주의가 만들어졌다. 그래서 모두가 공평하게 잘살겠다던 공산주의 국가들은 지난 한 세기 동안에 전 세계에서 가장 못사는 나라들로 전락했다. 마르크스의 유물사관은 가장 실패한 이론이었음이 현실로 증명된 것이다.

그러나 아직도 전 세계는 마르크스의 이론을 교묘하게 이용하여 정치적으로 패권을 잡는 변형된 마르크스주의자들이 계속 득세하고 있는 현실이다. 그들은 마르크스주의자라고 자처만 안 할 뿐 그의 이론과 수단을 그대로 사용하고 있다.

그런 점에서 유물사관에 대한 정확한 이해가 반드시 필요하다.

4) 식민사관(植民史觀)

식민(colonization)이란 개념은 고대에서부터 중세기 현대에 이르기까지 다양하게 발전되어 왔다.

고대 그리스인과 로마인은 자기들이 정복한 땅에 백성들을 이주케 하고 본국 식으로 도시를 만들고 본국 법대로 통치하는 것을 식민(colonia)이라고 했다. 그러나 근대에 와서는 식민 개념이 달라졌다.

16세기 신대륙 발견 후 중남미에서는 참담한 수탈의 역사가 식민의 이름으로 계속되었다. 에스파냐(스페인)가 아프리카 흑인 노예들을 연간 4천 명씩 공급함으로 이들이 근대 최초 식민사의 기원이 된다.

포르투갈도 노예 식민에 가담한다. 17세기에는 네덜란드, 프랑스, 영국이 노예 무역에 가담한다.

18세기가 되자 식민지를 점령한 국가들 간에 독점 점유를 위한 투쟁이 벌어진다. 북아메리카에 진출하여 네덜란드가 선취한 땅을 영국이 빼앗고 프랑스가 선취한 땅도 영국이 빼앗는다. 영국과 프랑스 사이의 7년전쟁(1756~1763) 후 영국의 압도적 승리로 북아메리카 전역이 영국의 세력하에 들어갔다. 영국 산하의 13개 식민주가 미국의 독립 투쟁을 거쳐 미국으로 탄생한다. 영국은 인도와 버마를 식민지화하였고, 중국도 아편전쟁으로 반식민지화했다.

19세기에 뒤늦게 일본이 식민 지배에 눈을 뜬다. 일본은 조선, 만주, 중국, 필리핀 등을 식민지화하였다. 한국, 만주, 중국은 일본에 의해 30~40년간 식민 통치에 수탈을 당하였다.

19세기 후반부터 남미에는 새로운 형태의 식민지 정책이 등장한다. 남미 브라질의 커피, 쿠바의 설탕, 멕시코의 목화 등은 그 나라의 특정 주종 산물이다. 그런데 이런 각 나라의 주 산업을 미국과 영국이 장악해서 집약 판매하게 됨으로 그들이 형식적으로는 독립국이지만 경제적으로는 강대국에 종속되어 있는 현대적 식민지 상태로 달라진 것이다.

과거의 식민지 정책에는 네 가지 유형이 있었다.

① 종속주의
② 동화주의
③ 자주주의
④ 협동주의

그런데 과거의 식민 지배로 인해 현재까지 가장 심각한 후유증을 갖고 있는 나라가 세 곳이 있다. 그것은 남아공(Republic of South Africa)과 인도(Republic of India)와 한국(The Republic of Korea)이다.

특별히 한국에서 일본의 강제 점거를 합리화시키는 식민지화에 크게 영향을 끼친 식민사관 학자들이 있었다. 이병도, 이선근, 유홍열, 이홍직, 신석호 등이 그들이다.

그런데 이 식민사관이 왜 문제가 되었는가?

과거 1940~1960년대까지 이병도와 그를 추종하는 자들이 '진단학회'를 창설하여 문헌 고증 사학 또는 실증 사학이라는 이름으로 일본인 학자들이 한국인을 왜곡되게 서술한 그대로 한국 역사를 보급하였다.

이들은 구체적으로 무엇을 하였는가?

① 만선사(滿鮮史)를 성립시키려 한 점

만주와 조선은 하나였다는 주장을 펼친 일본인 '이나바'(稻葉岩吉)의 주장으로 조선의 독립성을 부정한 이론이었다.

② 일선동조론(日鮮同祖論)

일본과 조선의 조상이 같다는 주장인데, 최남선이 이것을 주장했다.

③ 정체성 이론

한국은 과거 수백 년간 붕당 정치에 의해 정체된 민족이었는데, 일본의 지배로 철도, 공장, 산업 등 근대화에 기여했다는 이론.

④ 부정적 민족성

조선 민족은 당파성 체질이고 열등한 문화인이라는 것이다. 이 씨가 장기 집권한 이 씨 조선, 세조의 반정은 당파의 산물이라는 등, 조선인의 민족성을 부정적 시각으로 보게 하였다.

이 같은 식민사관은 한국뿐 아니라 아프리카, 동남아, 과거 소련의 위성 국가들이 그 피해를 입었다. 이런 식민사관을 극복하기 위해 나타난 것이 민족사관이다.

5) 민족사관(民族史觀)

민족사관을 이해하려면 민족에 대한 이해가 바르게 되어야 한다. 과거에는 인종학적, 언어학적, 지역적, 역사적, 문화적으로 기원이 동일한 사회 집단을 민족(ethnic group, ethnic unit)이라고 했다. 그러나 자본주의의 발전과 함께 국민 경제에 의해서 근대 국가가 형성되면서부터는 민족의 개념이 달라진다.

영국, 네덜란드, 프랑스, 이탈리아에서는 혁명을 통해 부르주아 계급을 무너뜨리고 중앙 집권적 단일민족 국가를 수립하였다. 그에 반해 러시아, 오스트리아, 헝가리 등은 다민족으로 하나의 국가가 형성되었다. 러시아는 라트비아, 리투아니아, 우크라이나, 그루지야, 아르메니아 등 여러 민족들이 하나의 국가를 이루었다. 또 오스트리아는 독일, 체코, 폴란드 등과 같은 다민족으로 한 국가가 되었다. 헝가리는 독일, 크로아트 민족이 한 국가가 되었다.

그런데 자본주의가 제국 시대로 강대해지면서 민족의 개념이 또 달라진다. 제국주의자들이 약소민족을 식민통치하면서 식민 지배국에 대한 약소 민족들의 저항 운동이 민족(nation)이라는 개념으로 바뀐다.

이와 같은 과거 역사를 통해 똑같이 민족주의(Nationalism)라는 용어를 사용하지만 식민 통치를 경험해 본 나라와 경험하지 못한 나라 사이에는 그 개념의 차이가 크다.

예컨대, 영국이나 미국처럼 남의 나라의 식민 지배를 받아 본 경험이 없는 나라들은 민족주의를 국가의 독립성, 통일성에 중점을 두고 국가의 이익을 개인의 이익보다 절대적으로 우선시하는 사상이나 원리나 정책을 국가주의라는 개념으로 'Nationalism' 이라고 한다.

그에 반해서 한국, 인도, 중국, 아프리카 등 식민 지배에 의해 억압과 탄압을 받은 나라들은 자기를 지배하는 국가나 민족의 지배 구조를 벗어나 해방과 독립성을 주장하는 사상이나 운동을 민족주의(Nationalism)라고 한다.

영어로 말하면 두 경우 다 똑같은 'Nationalism' 이다.

그러나 내용상으로 전자는 국가주의를 말하고, 후자는 민족주의를 뜻한다. 그래서 다 똑같은 'Nationalism'을 말해도 전자는 자민족의 우월성을 강조하고 타 민족의 의견을 무시하는 국가주의적 개념을 뜻하고, 후자는 강대국들에 의해 침략과 수탈당한 것을 다시 회복하고 되찾겠다는 반어적 의미의 민족주의를 말한다.

이런 민족주의의 개념이 20세기 초에는 또 새롭게 달라진다.

영국의 수상 로이드 조지와 미국의 대통령 T. W. 윌슨이 제창한 '민족 자결주의' (Principle of National Self-Determination)가 등장한다.

이 주장은, 각 민족은 자신의 정치적 운명을 스스로 결정하는 권리를 가져야 하고 타 민족의 간섭은 허용되지 않는다는 것이다. 이 같은 민족 자결주의 주장에 제1차 세계대전 후 미국, 영국, 프랑스 등이 주동이 되어 러시아, 독일, 오스트리아, 터키 등이 새로운 민족 국가들로 독립하였다.

민족 자결주의는 제2차 세계대전 후 국제연합(UN)을 탄생시켰다. 유엔은 1945년에 51개국으로 시작되었다. 그런데 그 후 민족주의가 전 세계로 고무되어 2000년 현재 198개국으로 늘어났다. 아시아에서 인도, 미얀마(버마), 필리핀, 인도네시아, 말레이시아, 한국이 독립되었고, 근동과 아프리카에서 이란, 이라크, 시리아, 레바논, 이집트, 튀니지, 모로코, 케냐, 남아공 등이 제2차 세계대전 후 민족 해방 운동으로 독립국이 되었다.

그렇다면 한국인이 이해하고 있는 민족사관이란 무슨 뜻인가?

우리나라는 과거 수백 년 동안 거대한 중국에 예속된 소 조선국이라는 관념을 벗어나지 못하고 살아왔다.

과거 고려는 34대로 475년 만에 망했다(918~1392). 그런데 고려 역사 475년 중에서 100여 년(1351~1374)을 원나라의 지배를 받고 살아갔다. 고려 25대 충렬왕부터 마지막 공민왕 때까지 몽고의 여자를 왕비로 맞이해야만 살아남을 수 있었다.

조선 왕조는 27대로 519년 만에 망한다(1392~1910). 조선 왕조 519년은 명(明)나라 청(淸)나라의 예속국으로 지냈다.

이렇게 중국에 예속된 소 중화국이라는 지배적 관념을 벗어나서 한국이 독자적 민족국가임을 일깨워 준 역사 의식을 민족사관이라고 한다.

이 같은 민족의식을 일깨워 준 제1세대가 신채호, 박은식이었다. 이들이 한국으로 하여금 독자적 민족 국가라는 의식을 일깨워 주었다.

그 뒤로 정인보(1893~1950), 안재홍 등이 제2세대로 한민족의 얼을 《조선사 연구》로 강조했다. 정인보는 최현배, 홍명희, 백남운에게 국학으로 한글의 정신을 일으켜 세웠고 또 민영규, 홍이섭, 손보기 등은 민족주의 사상의 제3세대로 한민족의 주체적 사상을 제대로 볼 수 있도록 역사적 관점을 일깨워 주었다.

그 이후 한국의 민족사관은 한국의 주체적 사관으로 등장하여 오늘에 이르렀다.

6) 한국 교회의 사관

지금까지는 과거 역사 속에서 역사를 이해하고 우리에게 직, 간접으로 영향을 미친 여러 사관 중 우리에게 익숙한 사관들을 살펴보았다. 이제는 시선을 돌려 120여 년의 역사를 가진 한국 교회의 역사 의식을 살펴보도록 하겠다.

이렇게 여러 사관들을 살펴보는 데는 분명한 목적이 있다. 그것은 우리의 역사 의식이 곧 나의 삶과 행동에 직접적으로 영향을 미치는 중대한 것이기 때문이다.

한국 교회 120여 년의 역사에서 바로 다음에 설명하려는 세 가지 역사의식이 지나간 시대를 굴러가게 한 핵심 주체 세력이었다고 본다.

(1) 선교사관(宣敎史觀)

한국 교회에 선교사관을 소개한 분은 백낙준(白樂濬, 1895~1985) 박사이다.

그는 평북 정주에서 태어나 1922년 미국 파크 대학에서 역사학을, 1927년 프린스턴 대학에서 신학을 공부하고 예일 대학에서 "한국 개신교사"(1832~1910) 연구 논문으로 철학 박사 학위를 받았다.

그리고 연희전문학교 교수 활동을 하다가 1946년 연세대학교 총장, 1950~1952년 문교부 장관, 1956년 대한교육연합회장, 1960

년에 참의원 의장 등을 지냈다.

그의 저서로는 박사 학위 논문인 《한국 개신교사》, 《한국의 현실과 이상》 등이 있다. 백 박사는 그의 《한국 개신교사》에서 교회의 본질을 선교라고 했다. 아울러 교회의 역사는 곧 복음을 전해 준 선교자들의 역사라고 했다.

교회는 우리 주님의 죽으심으로부터 시작되어 주님이 다시 오실 때까지 존재하는 중간적 존재다. 중간적 존재인 교회는 철두철미하게 복음 선포의 선교가 이루어져야 한다. 아울러 지나간 2천 년의 기독교 역사는 선교사들의 선교 역사로 설명되어야 한다는 것이다.

한국 교회는 해외에서 선교사들이 한국에 선교를 시작함으로써 시작되었다. 따라서 한국 교회는 선교사의 선교 과정으로 해석할 것이 아니라 선교사에 의해 이루어진 교회의 역사로 이해해야 한다는 것이다.

백 박사는 이 같은 신념으로 한국 최초의 선교사들을 열심히 소개한다.

1592년 임진왜란 때 일본 침략군의 지휘관 고니시 유키나개(小西行長)는 천주교 신자로 종군 신부 그레고리오 데 세스페데스(Gregorio de Cespedes)를 대동하여 한국 경상도에서 2~3개월 머물렀던 것을 한국 최초의 기독교 접촉으로 본다.

또 영국 런던 선교회 소속의 중국 선교사 토머스(Robert J. Thomas)가 미국 상선 제너럴 셔먼(General Sherman) 호를 타고 대동강에 상륙했다가 1866년 9월 2일에 27세로 순교한다.

그리고 1885년 최초의 한국 선교사로 미국 감리교 선교사 아펜젤러(Henry G. Appenzeller, 1858~1902)와 미국 북장로교 선교사 언더우드(Horace G. Underwood, 1859~1916)가 한국으로 올 수 있었던 미국 두 개 선교 본부의 자료와 한국에서 실시된 선교 정책, 방법, 문서, 사업 등의 자료를 제공한다.

이와 같은 백 박사의 선교 사관은 1940년부터 1960년대 중반까지 크게 영향을 미쳤다.

백 박사의 선교 사관에 의해 선교사들이 우월감을 갖고 한국 교회에 두드러진 선교의 효과를 내는 데 크게 공헌을 하였다.

우리가 잘 아는 바와 같이, 전 세계 선교 역사에서 유례를 찾아볼 수 없을 정도로 빠른 속도로 많은 국민들을 기독교인으로 만들고 전국에 수많은 예배당을 세웠다.

뿐만 아니라 미개한 한국 땅에 교육 기관을 세워 국민 의식을 깨우쳤고, 의료 기관 사회 사업, 문서 사업, 신학 교육 등으로 괄목할 만한 효과를 거두었다.

그런데 1960년대 후반부터 선교사들에 대한 배척 운동이 일어났다. 그것은 때마침 민족적 민주주의, 한국적 민주주의를 주장했던 박정희 대통령의 정치 철학에도 이유가 있었다. 그러나 그보다는 수십 년간 고자세로 선교해 온 선교사들에 대한 감정적 문제도 있었다. 그런데 필자가 보기에는 백 박사의 선교 사관이 성경적, 주경학적 지지를 얻을 수 없는 내면적 문제가 있었기 때문이라고 본다.

교회가 무엇인가? 필자는 죽을 죄인이 예수님을 영접함으로 새 생명을 얻은 생명체가 교회라고 했다. 그런데 백 박사는 선교사들이 들어와서 교인들을 모으고 예배당을 세운 눈에 보이는 형상들을 교회라고 했다.

교회는 눈에 보이는 교인들이나 예배당 건물이기 전에 성령의 역사에 의한 새 생명체들이다. 그 같은 새 생명체가 어느 때 시작되었는가?

필자가 보기에는 선교사들이 들어온 그 시점이 아니라, 선교사들의 새 생명 운동에 의해서 한국 교회에 성령에 의한 부흥 운동이 일어난 때가 아니었을까 추측해 본다. 이 같은 새 생명 운동의 시작은 선교사들이 한국에 들어온 후 가정에서 가정 교회로 예배드리며 한국에서 첫 전도로 새 생명이 태어난 때가 아니었을까 생각해 본다.

한국인으로서 선교사에 의해 새 생명으로 거듭난 그 사람이 누군지는 알 수 없다. 그러나 그 사람은 선교사에 의해서 새 생명으로 태어난 후 한국 땅에 또 다른 새 생명을 전도해 나갔을 것이다. 그 최초의 사람이 한국 최초의 세례자인 이승훈(1756~1801)일 수도 있고, 독립협회 지도자였던 이상재(1850~1927)일 수도 있고, 그 외의 다른 이일 수도 있다. 한국 교회에 대대적으로 생명 운동이 전개된 것은 1907년의 평양 장대현교회에서의 대회개 운동이었다.

필자가 강조하고자 하는 것은 한국 교회의 시작이 선교사들이 이 땅에 발을 딛은 그 시점이 아니라는 것이다.

아울러 선교사들은 자기 것을 선교하는 것이 아니다. 예루살렘에서 시작된 생명의 진리를 선교사들이 소개하고 설명해 주는 데 기여는 했으나 그들이 생명체를 탄생케 하지는 못하였다.

백 박사의 선교 사관은 교회관에서 빗나갔다. 그리고 생명을 낳게 해주시는 성령님을 교회 형성자로 보지 않고, 마치 선교사들이 출중해서 교회를 만든 것처럼 선교사들을 미화시킨 것은 큰 오점이었다고 본다.

그럼에도 불구하고 선교 사관이 어느 기간 동안에는 효력을 발휘했다. 그러나 정치적 바람과 한국인들의 각성과 부실한 주경신학적 받침으로 인해 선교사관은 1960년대 후반부터 사라졌고, 지금은 흘러간 한 유행으로 기억되고 있다. 이 같은 선교사관을 더욱

더 무기력하게 만든 것이 민족사관이라고 하는 것이다.

(2) 민족사관(民族史觀)

한국 교회에 민족사관을 소개한 이는 민경배 박사다.

그는 1956년 연세대학교 신과 대학을 졸업하고 대학원에서 교회사를 연구했다. 그는 백낙준 박사의 제자로 교회사에 관심을 갖고 스코틀랜드 에버딘 대학에서 한국 교회사 연구로 박사 학위를 받았다. 그 후 모교인 연세대 신과 대학 교수로 재직하면서 1968년에 《한국의 기독교회사》를 발표하였다.

민 박사는 백 박사의 선교사관을 거부하고 새로운 교회 역사의 주체자로 민족을 내세운다. 그래서 그를 '민족사관' 학자라고 부른다.

민 박사가 주장하는 민족사관의 내용은 무엇인가?

민 박사의 이론적 동기는 전 세계 선교의 실태가 직접적 이유가 된다. 민 박사가 근거로 내세우는 세계 선교의 실태와 민족사관의 논리는 새로운 사관으로 놀라운 통찰력을 제시했다.

여기서 필자는 그가 주장한 핵심 내용에 동의하면서 필자가 이해한 대로 그의 주장을 변형해서 설명해 보고자 한다.

인도의 경우를 보자.

인도는 약 200여 년을 영국의 식민 지배를 받다가 1947년에 독립되었다. 오늘날 인도 인구는 10억을 넘어 11억에 육박하고 있다. 인도의 종교는 인도인의 76%가 힌두교이고, 11%가 모슬렘이다. 또 인도에는 카스트라는 5계급이 존재한다. 브라만, 크샤트리아, 바이샤, 수드라, 불가촉 천민이 있다. 또 인도에는 15개의 언어가 있다.

인도에는 4세기경에 사도 도마가 선교했다는 전설과 함께 15세기에 포르투갈이 인도 항로를 개척한 후 기독교를 강요했다가 선교가 이루어지지 않는 결과를 가져온다.

그 후 16세기에 예수회 선교사가 선교 활동으로 북부의 한 황제의 환심을 샀다. 노빌리(Nobili, 1577~1656)는 42년간 인도 선교 사역을 했다. 또 영국이 1857~1858년에 세포이 항쟁 후 인도를 식민지로 만든 후에는 영국 성공회 선교사나 개신교 선교사들이 계속 선교하였다.

인도의 선교는 400년 전 예수회 선교로 시작하여 200년 전 성공회, 개신교 등 수백 년 동안 선교가 계속되었다. 지금도 전 세계에서 가장 많은 5천여 명의 선교사들이 활동하고 있다.

그렇게 선교한 결과가 어떠한가? 가톨릭은 전 국민의 1.55%, 개신교는 전 국민의 1.79%로 두 종파를 다 합쳐도 4%가 안 된다.

400년 전부터 이어져 온 선교의 노력이 왜 이토록 부진한가? 그 이유가 앞서 말한 선교사관으로는 설명이 안 된다. 오히려 인도 국민의 계급 구조와 종교 속에 형성된 인도 민족의 특성에서 그 원인을 찾아야 할 것이다. 고로 인도 교회사를 선교사 위주로 서술해야 한다는 백 박사의 주장은 설득력이 없다.

인도 교회사는 인도 민족의 특성에 근거해서 써야 한다. 이런 면에서 민 박사는 민족사관의 당위성을 설명한다.

인도네시아(Republic of Indonesia)를 보자.

인도네시아는 자바, 수마트라, 보르네오(칼리만탄), 셀레베스(슬라웨시), 발리 섬, 몰루카 제도 등 크고 작은 1만 7천 개의 섬으로 이루어진 세계 최대의 군도국이다. 인구는 2억 중 90%가 이슬람 교도들이다. 그리고 약 600~700만의 기독교도들이 있다.

인도네시아는 16세기에 포르투갈, 영국, 네덜란드 등이 이곳에 진출하여 서로 장악하려고 각축전을 벌이다가 네덜란드의 전면 승리로 끝났다. 이 나라도 1945년 8월 17일에 독립되기까지 370여 년을 유럽 세력의 침략 아래 짓밟혔다.

네덜란드와 영국은 인도네시아를 지배욕에 의한 결투장으로 삼은 동시에 300여 년간 선교라는 이름으로 그들을 포섭하려 했다.

그런데 그 결과 인구 2억 중 개신교 10%, 가톨릭 4% 정도가 선교되었다. 그뿐만 아니라 전 세계 모든 나라 중에서 기독교 세력을 가장 강렬하게 배척하는 이슬람 국가가 인도네시아다.

인도네시아는 기독교 선교사들이 많은 세월 선교했고, 또 가장 잔혹한 수난을 당한 나라이다. 그런데 왜 선교가 잘 이루어지지 않고 있는가?

그것은 선교사의 노력이 부족해서가 아니라 예로부터 토속 신앙으로 전승되어 오고 있는 애니미즘(Animism), 즉 모든 생물에는 영혼이 들어 있다는 신앙을 믿고 있고, 또한 '섬의 인도'라는 뜻의 인도네시아는 힌두교의 강한 영향을 받고 있기 때문이다.

인도네시아는 선교사에게 문제가 있는 것이 아니라 그들 국민들에게 문제가 있다. 이 같은 사실에서 선교사 중심의 교회사를 쓸 수가 없다. 인도네시아의 교회사는 그 민족의 특성을 고려한 역사로 서술되어야 한다. 이런 면에서 선교사관이 맞지 않다.

이웃 일본은 어떤가?

일본은 인구 1억 3천만의 세계 경제 제2위 국가다. 일본은 영국, 미국, 중국과의 이해가 맞지 않아 제2차 세계대전을 일으켰으나 패전하였다.

과거 400년 전에는 일본에 가톨릭이 왕성했다 사라졌고, 개신교는 200년 전부터 선교를 시작하여 선교사 수가 1천여 명에 이른다. 그런데 일본의 기독교는 개신교가 0.44%, 가톨릭이 0.34% 등 두 종파 모두 합쳐도 전 국민의 1%도 안 된다.

일본 국민은 오랜 세월 전승되어 온 자연 신앙에다 불교가 일본화된 것에다 예도를 중히 여기는 의리 문화, 사에서 공을 중히 여기는 공론 정신 등이 복잡하게 얽혀 있다.

섬나라이므로 수많은 것을 수용해서 일본화시킨 일본 민족은 단순하지가 않다. 그래서 복합 문화인 인도나 일본은 선교가 간단하지 않다. 일본 역시 그 민족성을 염두에 두어야 이해가 된다.

그런데 한국은 어떤가?

1885년에 시작된 한국 선교는 100년이 넘었다. 그런데 한국의 기독교는 한때 전 국민의 25%에 육박했다가 지금은 18% 정도로 후퇴했다고 한다.

한국 선교는 왜 이토록 단기간에 성공하게 되었는가? 한국은 5천 년 역사 속에 외적에게 시달림은 받았으나 대부분이 순결하고 모든 것을 좋게 보려는 선량한 성품을 가진 민족이다. 한국에서의 선교가 성공적으로 빨리 이루어진 것은 한국인의 민족성이 큰 원인이 된다.

이와 같은 선교의 양상을 통해 볼 때 각 나라와 각 민족의 특성이 선교나 기타 문화에 결정적 영향을 준다는 것을 알 수 있다. 그래서 민족을 주체 원인으로 보고 역사나 문화를 설명하는 민족사관이 형성되었다. 한국 교회에 민족사관은 1960년대 후반부터 사회적 공감대를 형성한 일반 사학자들의 민족사관과 함께 절묘하게 호흡이 잘 맞았다. 그래서 이전까지 선교사를 영웅시(?)하던 시대적 관념이 사라지고 내 것을 소중히 여기는 민족학이 크게 발전하게 되었다.

아울러 사회나 교회에 한민족 공동체라는 용어가 크게 감동적으로 다가왔다. 한민족 공동체라는 민족 의식으로 햇볕 정책이 등장하였고, 스포츠에는 남한, 북한이 없는 한반도가 통일된 국기로 등장하였다.

지금도 남한에서는 한민족 공동체를 어떻게 처리하느냐 하는 실천 문제를 놓고 정치적 견해 차로 대립하고 있다.

한민족 공동체 이념은 대단히 좋다. 우리가 남은 생애에 해결해야 할 과제가 민족의 문제다. 그러나 현실은 한민족이라는 사실보다는 두 개의 상반된 국가가 그 개성을 전혀 달리하고 있다. 여기서 민족 공동체 운운하는 이념만이 아니라 민족사관은 두 국가가 하나 될 수 있는 방안을 내놓아야 할 과제를 안고 있다.

필자는 민족사관이 식민사관에서 각성되는 큰 공헌을 했으나, 아직까지 많은 문제가 산적한 현실을 통해 볼 때 민족사관 역시 한계가 있는 불완전한 사관이라고 본다. 그래서 한민족 운명 공동체를 주장하는 종북주의적 민족주의자들에게 묻고 싶다.

오늘날 남한이 이 정도로 잘살 수 있는 이념이 과연 민족주의의 공헌인가? 지금 배타적 민족주의로 민족 지상주의를 고집하는 북한의 실상을 동족이라는 이름으로 무엇이든지 다 용납해야 하는가? 우리는 동족이면서 핵무기의 심각한 공포를 느끼는 현실감을 어떻게 소화해야 하는가?

이런 많은 문제들이 민족사관이 풀어야 할 과제라고 본다. 따라서 민족사관 역시 불완전 사관, 불안한 사관이라고 할 수 있다.

(3) 민중사관(民衆史觀)

민중사관은 1970년대 한국의 정치 상황에서 만들어진다.

당시 정치 상황은 박정희 대통령이 10년을 집권하고도 양이 차지 않자, 장기 집권을 위해 유신 헌법을 만들어 변측적인 강압 정책을 썼다. 이때 장기 집권을 반대하는 세력들이 여기저기서 일어난다.

평화시장의 노동자 전태일이 구조적 고용주의 착취에 반항하여 분신 자살로 자기 불만을 표현한다. 김지하, 장일담 등 저항 시인들이 시로 사회적 억압을 풍자적으로 고발한다. 여기에 각 대학 교수들이 또 이론을 내세워 저항 운동에 참여했다. 연세대학교 서남동, 한신대학 안병무 등 신학자와 서울대의 한완상, 이화여대의 서광선, 숭실대의 고범서, 숙대의 이만열 등의 일반 대학 교수들도 저항 운동에 가세했다. 그 외에 작가, 신문 기자, 학생, 노동자, 노동 단체 등이 계속 가세했다.

안병무, 서남동 등 신학 교수가 제시한 민중신학(民衆神學)이 있다. 이들은 신정통주의 신학을 그대로 수용한 기초 위에 또 다른 논리를 전개하였다.

신정통주의에서는 전통적 성경 해석을 거부한다. 그래서 하나님 나라란 하나님 나라가 실제로 존재하는 것이 아니고 당시 유행하던 유대교의 무지 문학의 표현이라고 본다. 그리고 예수의 부활 또한 역사적 사실이 아니라 예수가 생명이라는 것을 깨우쳐 주기 위한 문학적 표현이라고 한다.

그들은 2천 년 전 예수의 주된 관심 사항에서 현대의 예수의 현재성을 파악할 수 있다는 기초 위에서 새로운 신학 논리를 만들어 냈다.

과거 2천 년 전 예수께서 가장 많이 접촉하고 관심을 가졌던 대상이 누구인가? 그들은 예루살렘 도시민이 아니라 갈릴리 어부들, 나사렛 촌의 빈민들, 예루살렘 도시 밖에 사는 가난한 자, 병든 자들이었다.

예수가 상대한 대다수의 평민들은 가난한 서민층 민중이었다. 예수가 상대한 대다수의 민중은 곧 예수의 관심의 대상이었다. 이 민중(오클로스, ὄκλος)은 신약성경 도처에 설명되고 있다.

역사 속의 예수는 오클로스(ὄκλôς), 즉 민중 속에서 찾을 수 있다. 한국의 과거 역사 속의 3·1운동이나 4·19혁명 때 군중 속에서 예수가 나타났다. 오늘의 민중은 누구인가? 공업단지 속의 노동자들, 빈민촌의 농부들, 큰 군중이 궐기하는 민중의 운동 속에서 예수가 나타나고 있다.

과거 구약 시대 모세가 압제당하는 이스라엘 군중을 출애굽시킨 것처럼, 예수가 압제당하는 군중을 위해 십자가를 진 것처럼, 오늘날에도 민중의 편에 서서 현실적 해방 운동을 실현해 주는 것이 곧 구원이다.

민중신학은 이처럼 예수의 관심을 민중들에게 맞추어 설명했다. 민중신학은 하나님의 관심이 오로지 민중들에게만 있는 것으로 이론을 만들었다.

이 같은 이론은 성서신학적 관점에서 편견에 불과하다. 하나님은 창조물 전체에 관심이 있으시다.

하나님은 가난하고 병든 민중에게 관심을 가지시지만 또 잘못된 신앙으로 잘못된 열심을 강조하는 잘못된 종교인들에게도 관심을 가지신다.

복음서를 보면 예수님은 가난하고 병든 자들만 상대하지 않으셨다. 수많은 논쟁과 교훈이 잘못된 종교에 빠진 바리새인, 사두개인에게도 관심을 가지셨다. 사도들도 꼭 어려운 군중들만 찾아다닌 게 아니었다. 천국 복음은 부한 자나 가난한 자, 높은 자나 낮은 자 모두에게 필요한 것이다.

민중신학은 성서를 주해(註解, exegeses)하지 않고, 자기들의 특정한 주장을 펼치기 위해서 성경 중 이곳저곳을 자기들 마음대로 끌어들이는 자기 해석을 주입(注入, eisegeses)하였다.

이 같은 민중신학의 기초 위에 성경을 활용한 신학들이 부지기수로 많은 게 현실이다.

이와 같은 민중신학은 1970년대 같은 정치적 소용돌이 속에서는 대중들을 설득할 수 있는 논리였다. 그러나 정치가 안정되면서 이 같은 논리는 빛을 잃어버렸다. 현재에도 민중신학을 말하는 이는 매우 제한된 계층이다.

이처럼 민중신학은 한국에서 만들어져 해외로 수출되기까지 했다. 그러나 민중신학은 수많은 현대 신학의 하나로 유행처럼 나타났다가 잠잠해졌다. 이와 같은 민중사관 역시 민중신학과 함께 특수한 부류들이 말하고 있는 실정이다.

필자는 이상에서 1940~1960년대 한국 교회를 이끌어 간 선교사관, 1960년대 중반의 시대 상황과 함께 태동된 민족사관, 1970년대 한국의 독특한 정치 상황에서 만들어진 민중사관 등 여러 가지 사관을 직접 체험하고 그들의 활동 상황들을 목격하였다.

필자는 이렇게 한시적이고 특별 계층에만 통하는 제한된 사관에 깊은 회의와 한계성을 느끼게 되었다. 그래서 한국 교회만이 아닌 전 세계 교회가 공감할 수 있는 새로운 세계적 교회관이 반드시 필요하다는 문제 의식을 갖기 시작했다. 그래서 만들어진 것이 '신약 교회 사관'이다.

7) 사관이 삶에 미치는 영향

지금까지 필자는 여러 종류의 사관들에 대해 설명했다. 필자가 설명한 것 외에도 더 많은 사관들이 있다. 그러나 여기서 사관의 종류를 다 설명하는 것이 저술의 목적은 아니다. 이미 존재해 온 사관 중 어떤 사관이 우리에게 어떤 영향을 미쳤는가를 파악해 볼 수 있도록 몇 가지 사관을 예로 든 것뿐이다.

이제는 좀 더 구체적으로 사관이 어떻게 형성되며, 사관이 다를 때 어떤 현상들이 생기는가에 대해 국내외의 예를 들어 설명해 보고자 한다.

(1) 사관은 어떻게 형성되는가?

사관이 형성되려면 두 가지 자료가 갖춰져야 한다.
① 과거 사료에 대한 바른 이해
역사란 과거 사료를 근거로 해서 특정인의 해석을 통해 교훈을 얻는 것이다. 사관이 형성되려면 과거에 기록된 문헌, 유물, 유적 등의 사료가 있어야 한다.
② 특정인의 해석이 있어야 한다.
특정인이란 각각 다른 유형의 사람들을 뜻한다.
각 사람은 각각 다른 인생관, 가치관, 사생관, 세계관을 갖고 있다. 인간은 하나님이 창조한 창조물이냐, 진화된 동물이냐? 이러한 인생관에 따라 사료 해석이 달라진다. 또 무엇이 가치 있는 것이라고 믿고 살아가는가? 죽은 다음의 문제에 대해 어떤 대답을 갖고 살아가는가? 세계와 우주는 어떤 것이라고 믿는가?

이런 내용의 차이에 따라 똑같은 사료에 대한 해석이 판이하게 달라지는 것이다.

필자는 사관이 다름으로 해석이 다르고, 삶이 다르고, 세상의 처신이 다른 모습을 수없이 많이 보아 왔다. 따라서 사관이 다름에서

오는 갖가지 현상들을 설명해 보고자 한다.

(2) 똑같은 사료를 다르게 본 사관

A. 고구려 제19대 광개토대왕의 비문

지금 중국의 길림성 집안현에는 고구려의 광개토대왕 비가 세워져 있다. 이 비는 414년 고구려 장수왕 2년에 세워졌다.

비석의 높이는 639cm, 너비는 195~135cm의 녹회색 응회암이다. 비석 전면에는 "국강상 광개토 경평안호 태왕"(國岡上廣開土境平安太王)이라고 쓰여 있다. 그리고 비석의 옆면 뒷면에 모두 1,775자의 예서체 글이 기록되어 있다.

오랜 세월 비바람에 씻기고 이끼와 잡초로 약 280자 정도가 훼손되었다. 비문의 전체적 내용은 고구려의 건국 내용, 광개토왕의 영토 확장 사업과 치적, 묘의 관리에 관한 규정 등이다.

이것이 과거 역사의 사료이다.

그런데 이 비문을 놓고 한, 중, 일 세 나라가 서로 다른 해석을 하고 있다.

일본인 학자는, '4세기경 한반도 남쪽에 일본의 식민지가 있었다. 신묘년(391년)에 왜(倭)가 바다를 건너와 백제와 신라를 쳐부수고 신민을 삼았다' 는 해석으로 일본의 식민사를 내세운다.

그에 반해 한국인 학자 정인보, 이진희는 일본인이 보는 왜(倭)를 후(後)로 보고 다르게 해석한다. 즉 백제와 신라는 본래 고구려에 조공을 바쳐 왔는데, 신묘년부터 조공을 바치지 아니하므로 백제, 신라, 왜구를 쳐서 신민으로 삼았다고 해석하였다.

한편, 중국의 왕건군이 1984년에《호태왕 비 연구》라는 책을 출판해 광개토대왕 비문은 조선이 중국의 영토였다는 증거라고 주장했다.

광개토대왕 비문은 하나다. 그런데 일본인, 한국인, 중국인은 그들의 입장에 따라서 각각 다른 해석을 하였다. 사관의 차이는 이처럼 전혀 엉뚱한 결과를 가져온다.

B. 로마 제국에 관한 역사서

로마 제국에 관한 역사서는 서양인이 쓴 것과 동양인이 쓴 것이 있다. 로마 제국이라는 역사적 사료는 똑같은데 서양인이 쓴 로마 제국의 역사와 동양인이 쓴 로마 제국 역사 기록이 각각 다르다.

로마 제국의 역사를 먼저 기술한 것은 영국의 기번(Edward Gibbon, 1737~1794)이다. 그는 옥스퍼드 대학을 졸업한 성공회 신자였으나 로마 유적들을 보고 로마사 집필을 하다가 가톨릭으로 개종하였다.

그는 트라야누스(Trajanus, 98~117) 황제 때부터 시작해서 서로마 제국이 멸망한 476년까지의 로마 제국 흥망사와 또 유스티아누스(Ustianus, 361년 즉위)의 동로마 제국 수립과 카를 대제의 신성 로마 제국과 투르크족의 침입으로 동로마 제국이 멸망한 1453년까지의 약 1,300년 동로마 제국의 흥사를 기록했다.

그는 《로마 제국의 흥망사》(*The History of the Decline and Fall of the Roman Empire*, 1776~1788)를 전 6권으로 출판하였다.

기번은 이 책 속에서 고대 로마 제국의 건설, 발전, 멸망 등에 관계된 수많은 정보를 주고 있다. 이 속에는 기독교의 국교화, 게르만 민족의 대이동에 의한 서로마 제국의 붕괴, 이슬람 세력의 침략, 몽고족의 서침, 십자군전쟁, 투르크족의 동로마 정복 등 광범위한 내용들이 설명되고 있다. 오늘날 로마 제국에 관한 대부분의 정보는 기번의 저서에서 비롯되고 있다.

기번은 로마 제국의 멸망의 원인을 무엇으로 보는가? 기번은 기독교를 국교로 삼았던 로마 제국의 정치 지도자의 타락과 국민들의 정신이 기독교 정신을 이탈한 데서 그 원인을 찾는다. 이것은 기번의 인생관, 가치관, 사생관, 세계관에 의한 해석의 결과다.

우리는 지금까지 기번의 해석을 그대로 답습해 왔다. 그런데 최근에 전혀 새로운 로마 제국 이야기가 나왔다. 그것이 시오노 나나미라는 일본인 여자의 이야기다.

일본인 여자 시오노 나나미(塩野七生, 1937~) 가 쓴 《로마인 이야기》(Roma-Jin no monogatar, 1993~2006)는 15권으로 발표되었다.

나나미는 1964년부터 로마에 살면서 그의 일생 동안 《로마인 이야기》를 저술했다. 그는 고대 한니발의 전쟁에서부터 율리어스 시저와 아우구스투스의 로마 제국 건설에서부터 서로마 제국의 멸망(476)과 동로마 제국의 멸망(1453)사를 저술하였다.

나나미 역시 로마 제국의 기초가 기독교 정신이었다는 것은 인정한다. 그러나 로마의 멸망 원인에 대해서는 기번(Gibbon)과 견해를 달리한다.

앞서 기번은 종교라고 하면 당연히 기독교를 연상하고 다른 내용을 설명한다. 그러나 나나미는 일본인 대다수가 믿고 있는 다신교 신앙을 종교라고 믿는다. 그래서 로마 제국의 멸망에 대한 해석이 달라진다.

나나미가 믿는 종교는 무엇인가?

그녀는 종교란 영혼의 문제이고, 개인의 문제로 국한될 때 건전한 종교가 된다고 믿는다. 로마 제국은 기독교를 국교로 도입한 후 점차 국가의 필요에 따라 종교의 영역을 뛰어넘는다.

로마 제국은 조직이 필요했고, 조직은 더 큰 세력이 필요했다. 로마 제국이 기독교 국가였으나 국가로서 더 큰 힘과 세력을 얻기 위해서는 종교보다는 정치에 더 큰 비중을 두어야만 했다.

종교가 정치에 관여하면서 종교는 본연의 영역을 잃어버리게 되었다. 종교와 정치란 각각 다른 영역으로 분리되어 있을 때 서로에게 건전한 영향을 주고받을 수 있는 것이다. 종교와 정치가 혼합되면 그것은 종교가 타락되고 정치도 단명하게 된다. 우리는 그 같은 실례를 중세 로마 가톨릭에서 엿볼 수 있다.

다 같은 로마 제국이라도 단명한 서로마 제국(476)과 세계사에 드문 긴 역사를 가진 동로마 제국(1453)의 차이점이 무엇인가?

기독교냐, 로마의 다신교냐? 둘 중에 기독교만을 강요함으로 투쟁적 색채가 강했던 서로마 제국은 500년 미만으로 끝이 났다. 그에 반해서 기독교 제국이면서도 이슬람 세력을 인정하고 다른 민족의 장점을 포용해 주던 동로마 제국은 1,300년이라는 긴 세월을 장수하게 되었다. 그리고 현대 세계 여러 나라들 중에서 최강대국이 된 미국 또한 다민족을 수용해서 하나의 거대한 국가를 만들려는 정치 철학이라고 분석했다.

로마 제국에 관한 사료는 다 똑같다.

그런데 그것을 해석하는 사람이 기독교 배경의 서양인이냐, 다신교 배경을 가진 동양인이냐에 따라서 역사를 서술한 내용이 달라졌다. 여기서 똑같은 사료라도 해석자에 따라 내용이 달라지는 사실을 알 수 있다.

C. 일본의 역사 왜곡

해마다 8월 15일이 되면 한국과 일본은 상반된 감정에 고무된다.

한국은 1945년 8월 15일이 36년간 일제의 압박에서 해방을 맞은 광복의 기쁜 날이다. 그에 반해 일본은 제2차 세계대전의 마지막 히로시마 원자 폭탄이 떨어짐으로 8월 15일에 천황이 무조건 항복한 슬픈 날이다. 일본 정치가들은 이날 조국 수호 전쟁에서 희생된 호국 영령들을 '야스쿠니' 신사에 참배하고 의분을 되새기는 날이다. 일본인의 이 같은 야스쿠니 신사 참배를 보는 한국, 중국, 필리핀은 적개심에 분통을 터뜨리는 날이다. 왜 똑같은 8월 15일인데 일본인이 보는 감정과 한국, 중국인이 보는 감정이 서로 상반되고 있는가?

이것 역시 과거사에 대한 해석이 다르고 입장이 다르기 때문이다. 일본은 현재 유엔 국제 분담금 세계 제2위의 선진국이다. 그러나 그들은 유엔의 상임 이사국이 되지 못하고 있다. 그 원인은 국제 사회에서 그들이 인정받지 못하기 때문이다. 전 세계 수많은 곳에 일본 제품이 선두를 달리고, 전 세계 모든 이가 일본 제품의 우수성을 인정하면서도 국제 사회에서는 인정을 받지 못하고 있다.

그 원인이 무엇인가?

그것은 자신들은 천황의 후손이며, 천황은 신이기 때문에 절대로 잘못을 저지르지 않는다는 황국 사상이 일본인의 역사 인식이기 때문이다.

일본은 조선에 임진왜란(1592~1598)을 일으킨 도요토미 히데요시(豊臣秀吉, 1537~1598), 도요토미를 타도한 도쿠가와 이에야스(德川家康, 1542~1616) 등이 집권하던 바쿠한[幕藩] 체제로 전 일본은 군대 세상이었다. 그러나 서양에 문호를 개방해야 한다는 신흥 세력에 의해 지금까지 명목상의 군주였던 천황을 왕정 복고 형식으로 새로운 집권자로 내세운다. 그가 제122대 천황인 메이지[明治] 천황(1852~1912)이었다. 이때의 정치 변혁을 메이지 유신이라고 한다. 박정희 대통령의 유신 헌법이란 용어가 여기서 비롯되었다고 한다.

일본은 과거사를 메이지 유신 이전과 이후로 달리 해석한다.

과거 도요토미나 도쿠가와 시절의 바쿠한 체제 때는 침략과 정복이 거듭되었으나 가난하고 실패한 시대였다. 그러나 메이지 유신 이후 천황이 다스리기 시작하면서 혁명적 부강국이 되었다. 오늘의 일본이 부국강병국이 된 것은 천황의 절대적 은총이다.

천황은 하늘에서 내려온 신이므로 절대 실수가 없는 완전한 신이시다. 만일 조선 침략 같은 과거사의 잘못을 인정한다면 그것은 조선 침략을 결정한 천황도 실수하는 신이라는 것을 인정하는 것이 된다. 따라서 일본인의 역사 왜곡은 황국 사상을 근간으로 믿고 사는 한 고쳐질 수가 없다. 그래서 한국과 중국이 수많은 침략과 약탈 행위의 증거를 제시해도 일본은 전혀 수용하지 않고 있다. 이것은 역사의 사료 문제가 아니라 과거사에 대한 해석의 문제다.

D. 사회주의의 건재

사회주의 국가인 러시아, 중국, 북한은 사회주의의 실패를 겪고서도 왜 아직까지 사회주의를 고집하고 있는가?

사회주의의 이론은 1848년 마르크스와 엥겔스에 의한 '공산당 선언'에서 시작된다. 과거 러시아는 제국의 힘을 잃고 1917년 소비에트 연방이 이루어진다. 공산 사회주의는 그동안 소련의 반체제인 숙청, 한국전쟁의 지원 등 많은 부작용을 낳다가 1991년 70년 만에 무너졌다. 그 후 러시아는 부정부패가 극심하고 가난한 나라로 전락했음이 드러났다. 그런데도 중국, 북한, 베트남, 쿠바, 아프가니스탄 등 여러 나라들이 사회주의를 고수하고 있다. 그 이유가 뭘까?

공산사회주의자들은 자기들의 이념에 문제가 있음을 인정하면서도 자기들과 다른 자본주의자들에게서 본받을 만한 매력을 느끼지 못하고 있다. 공산주의자들은 역사의 주체를 신이 아닌 유물사관으로 보고 있는데, 자본주의자들이 말로는 역사의 주인공을 하나님이라고 하면서도 행동은 물질만능의 황금주의로 살아감을 보기 때문에 자본주의자들에게서 자기들을 변화시킬 자극을 받지 못하고 있는 것이다. 이것도 역사 인식에 대한 이론과 현실이 맞지 않는 증거라고 본다.

E. 동학혁명에 대한 관점의 차이

동학(東學)은 조선 왕조 철종 11년(1860)에 경주 사람 최제우(崔濟愚, 1824~1864)가 시작한 정신 운동이었다.

최제우는 당시의 상황에 커다란 위기의식을 느꼈다. 그는 외세에 의해 무기력하게 된 정치 상황에서 국민을 계도할 정신 운동을 시작한다. 그는 토착 신앙 위에 서양에서 전래되어 온 서양 종교 서학을 배척하고 유, 불, 선(儒, 佛, 仙) 동양의 3대 종교를 융합하여 시천주(侍天主) 사상을 핵심으로 삼고 인내천(人乃天) 교리를 완성하여 동학을 만들었다.

이 같은 동학은 철종 14년(1863)에 교인 3천여 명, 접소가 14개에 달하였다. 그러나 정가에서 그는 주문, 칼춤, 부적을 팔아 빈곤해방과 영세 무궁의 거짓 종교를 주장하는 사악한 자로 판결받고 1864년(고종 1년)에 대구에서 처형당했다.

최제우가 죽자 제2대 교주로 최시형(崔時亨, 1827~1898)이 대를 이어 동학사상을 더 발전시킨다. 최시형은 '인내천'(人乃天 : 인간이 하늘이다), '천심즉인심'(天心卽人心 : 하늘의 마음이 곧 인간의 마음이다)이라는 주장과 함께 인간의 주체성을 강조하여 만민 평등을 주장하였다.

그는 만민평등 원리로 양반 제도 타파, 노비 문서 소각, 7종의 천인들에 대한 처우 개선을 내세웠다. 이로 인해 많은 서민들과 농민들이 이 운동에 가담하였다. 최시형이 동학 재건에 힘쓰던 고종

8년(1871)에 이필재가 최시형의 허락 없이 교조 최제우의 억울함을 풀어 달라는 운동을 전개하였다. 이로 인해 정부의 탄압이 심해졌다.

최시형은 고종 30년(1893)에 왕에게 직접 교조 신원을 탄원하며 대궐 앞에서 밤낮 사흘을 애원하였다. 선처하겠다는 약속이 시행되지 않자 교조 신원 운동은 정치 항쟁으로 이어진다.

전북 고부에서 접주인 전봉준이 고종 31년에 교조의 신원, 종교의 자유, 부패 관리의 처단을 요구하며 농민에 의한 혁명을 일으킨다. 이들은 전국 각지에서 관아를 습격하여 무기를 탈취하고 관군과 충돌하였다.

전봉준은 1천 명의 농민을 이끌고 관아를 습격하여 행정관이 착복한 쌀 창고를 열어 백성들에게 나눠 주고 만석보 저수지를 파괴하였다. 이 같은 농민군의 폭동은 백산, 전주, 무장, 영광 등으로 확산되었다. 조정은 사태의 시급함을 깨닫고 원나라의 원세개에게 다급한 원군을 요청한다. 때를 같이하여 일본군 1만 명이 인천에 상륙해 왕궁을 점령한다.

드디어 조선 땅에서 서로 다른 야심을 가진 청나라와 일본 간의 청일전쟁(1894~1895)이 벌어져 일본이 승리한다.

전쟁에서 승리한 일본군은 조선의 관군과 합세하여 동학군 진압에 나선다. 이때 전봉준의 10만 호남군과 손병희의 10만 호서군이 논산에서 일본군과 격전을 벌인다. 그러나 근대식 장비를 갖춘 일본군을 이길 수는 없었다. 여기서 일본군 관군에 의해 동학군 30~40만 명이 희생당한다. 그리고 2대 교주 최시형이 처형당한다.

제3대 교주인 손병희 때 동학은 천도교(天道敎)와 시천교(侍天敎)로 분열된다. 손병희(孫秉熙, 1861~1922)는 동학군이 일본군에 의해 실패하자 지하에 숨었다가 일본을 경유 상해로 탈출하여 교세 확장에 힘쓴다.

그리고 광무 10년(1906) 동학을 천도교로 개칭하고 출판사 보성사를 창립한 후 보성, 동덕학교를 인수하여 교육 사업을 시작하였다. 그는 1919년에 민족 독립 대표 33인 중 한 사람으로 서명하여 체포당해 3년의 옥고를 치르고 병 보석으로 출감했다 사망한다.

우리는 120여 년 전의 동학 운동을 어떻게 봐야 하는가?

1950년대 필자가 중·고등학교를 다닐 때는 진단학회가 이끄는 식민사관 학자들의 영향으로 '동학난'이라고 배웠다. 과거 1940~1950년대 한국 역사의 기초를 세운 대부분의 사학자들은 대부분 일본인 교수들의 영향을 받아 그대로 동학난이라고 가르쳤던 것이다. 서울대 총장을 지낸 이병도, 자유당 정권 때 문교장관을 지낸 이선근, 고려대 교수였던 김상기, 신석호, 연세대 교수였던 유흥열, 이상백 등이 다 식민사관 사학자였다.

그런데 60년대 후반에 일어난 민족사관 학자들에 의해 '동학난'이 '동학혁명'으로 바뀌었다. '동학'이란 사건은 똑같으나 사관이 다른 해석자에 따라 성격이 완전 달라진 것이다.

이것이 사관의 차이가 미치는 직접적 영향이다.

제3장
새로운 신약 교회 사관

1. 신약 교회 사관의 설정 이유
2. 신약 교회 사관의 내용
    1) 성경만을 최고의 권위로 삼는 교회
    2) 만인 제사장
    3) 독립 개교회
    4) 두 가지만의 직분
    5) 두 가지만의 의식
    6) 영접한 자에게만 실시하는 침례 의식
    7) 중생한 자로 회원이 구성되는 교회
    8) 핍박받는 교회
    9) 선교와 복음이 팽창되는 교회
    10) 형제애로 다져지는 교회
    11) 제자가 양육되는 교회
    12) 종교와 세상으로부터 분리되는 교회

필자는 앞에서 교회가 무엇인가에 대해 다루며 전래되어 온 교회관과 더불어 성경적 교회관을 살펴보았다. 또 역사가 무엇인가에 대해 다루며 사료보다 해석자의 해석이 더욱더 중요함을 설명했다.

왜 필자는 이처럼 남다른 특별한 주장을 한단 말인가? 그 원인은 필자의 인생이 직접적 이유가 된다.

나는 120여 년 전 한국에 최초로 복음이 선교되었을 때 첫 선교를 받아들였던 증조부로부터 신앙을 전승받았다. 조부께서 장로님으로 계셨고, 부친도 장로님이셨다. 필자는 4대를 계속한 장로교 집안에서 태어나서 장로교 목사가 되었다.

그러다가 1978~1982년까지 미국 침례교 신학대학원에 유학 가서 교회사를 공부한 후 침례교 목사가 되었다. 그 후 1982년부터 2002년까지 한국 내 여러 신학교에서 교회사 강의와 저술을 하였다. 그리고 2002~2008년까지 미국 이민 교회 목회와 신학교 강의를 계속했다.

신약 교회 사관은 이 같은 필자의 인생 과정에서 터득하고 확신을 얻은 것이다.

1. 신약 교회 사관의 설정 이유

필자는 한국 내에서 사는 동안 38세까지(1978년) 조상으로부터 전승받은 장로교 외에는 알지 못했다. 그 후 미국 침례신학대학원에 유학 가서 침례교를 알게 되었다.

미국 유학 중 필자가 속해 있던 장로교를 비롯해서 모든 교파들을 객관적으로 공부할 수 있었다. 그때부터 비로소 기독교 전체의 역사적 출생 시기와 첫 창시자를 알게 되었다. 전에는 가톨릭교회에 대해서 아는 것이 거의 없었으나, 교회사를 공부하면서 최초의 교황 제도 창시자가 그레고리 1세(Great Gregory)라는 것을 알게 되었다.

또 1517년에 종교개혁을 일으킨 루터는 수많은 고난과 핍박을 이겨내고 1530년 아우구스부르크(Augusberg) 의회 앞에서 발표한 신앙고백서가 인정됨으로 루터교가 합법적으로 성립된 것을 알았다. 또 1533년에 영국 왕 헨리 8세가 자신의 정통성을 세우기 위해 가톨릭과 결별하고 성공회를 시작한 것도 알게 되었다.

또 조상으로부터 전승받아 4대째 믿어 온 장로교가 1541년 스위스 제네바에서 칼빈에 의해 시작된 것을 알게 되었다. 성공회 목회자였던 존 웨슬리가 1729년에 성공회에서 분리하여 감리교회 운동이 전개된 것도 알게 되었다.

성결교는 일본에 선교하던 길 보른에 의해 1902년부터 시작된 것도 알게 되었다. 한국 교회를 요란하게 만든 순복음 오순절 계통의 교회들이 1950년대에 시작된 것도 알게 되었다.

그 후 한국의 장로교가 1953년 기독교장로회로 1954년 예장 고신 장로회와 1959년에 예장 합동과 통합으로 분열된 것을 알게 되었다. 또 1968년에 대신 측이 생긴 것도 알게 되었다.

이 외에도 수많은 군소 교단들이 계속 만들어지고 있다.

그런데 모든 교파들마다 자기 주장에 대해 전혀 양보하지 않고 계속 분열을 거듭해 가고 있다. 이렇게 서로의 주장을 내세우는 한 기독교가 하나 되도록 기도하신 예수님의 중보 기도(요 17장)가 아무 효력을 발휘할 수 없겠다고 판단했다.

여기서 필자는 전 세계 모든 교회가 각자의 특징을 강조하지 않고 하나의 모범적 모델 교회의 정신을 추구해 나간다면 언젠가 서로가 만날 수 있는 접촉점에 도달할 것이라는 희망적 역사 의식이 필요하다고 깨달았다.

필자는 필자의 희망을 믿는다.

지금 우리의 서로 다른 것들이 계속 고쳐지지 않는 한 그리스도 안에서 한 형제 자매라는 말은 피상적 관념에 불과하다. 그러나 신약 교회 사관에 의해 우리의 의식을 하나로 이해하고 한 가지로 적용해 나가도록 노력하다 보면 먼 훗날 우리 모두가 함께 만날 날이 있을 것이다.

신약 교회 사관은 이처럼 수많은 실패를 겪고 난 후 미래에 대한 희망을 보고 1991년에 처음 출발하였다.

2. 신약 교회 사관의 내용

신약 교회 사관이란 무슨 뜻인가?

앞서 신약 교회 사관을 설정하게 된 이유를 설명했다.

그 후 필자는 신약성경 안에 소개된 약 24개의 교회들을 연구해 보았다. 이들 교회 중에는 문제가 많은 교회들도 있고, 본받아야 할 교회도 있다. 우리가 신·구약성경을 통해 신앙과 행위를 결정한다면 성경 내용에 기초를 둔 교회관 수립이 바람직하다.

각 교파의 모습을 보면 역사적 산물에 의해 생성된 각 교파의 특징을 성경 이상으로 주장하고 강조함으로 신앙적으로 탈선하고 있다. 각 교파가 형성된 역사적 과정은 목회자가 되는 신학교 교육에서 배울 따름이고 성도들에게는 오로지 성경만을 가르쳐야 한다. 그래서 지상에 있는 모든 교파들은 성경적 기준에서 이미 탈선한 교파들이라는 사실을 기본적으로 인정해야 한다.

정상 궤도를 탈선한 모든 교파들은 자기들이 성경에서 이탈되었다는 사실을 인정하고 신약성경의 기준대로 신앙과 행위를 결단하는 것이 신약 교회 사관이다. 필자는 제5장 "신약교회의 모범"에서 신약성경에 소개되는 24개 교회를 통해 배워야 할 점을 발췌하였다.

필자는 신약교회에서 우리 모두가 꼭 본받아야 한다고 믿는 12가지 항목이 모든 교회가 본 받아야 되는 핵심 내용이라고 제시한다.

독자 중에서 여기에 제시한 12가지 항목보다 더 중요한 내용이 신약 성경 안에 있다고 고언해 준다면 필자는 기꺼이 검토해 볼 것이다. 이제 필자가 깨달은 신약성경을 통한 핵심적 모델 사항을 제시해 보고자 한다.

1) 성경만을 최고의 권위로 삼는 교회

이렇게 말하면 너무 진부한 말이라고 생각할 사람이 있을 것이다. 성경만을 최고의 권위로 삼지 않는 교회가 어디 있느냐고 할 수도 있다.

그러나 현실적으로 볼 때, 성경을 최고 권위로 삼는 것은 예배당에서 예배드리고 설교할 때만 적용되는 원리일 뿐이다. 예배가 아닌 목회자들의 모임인 총회나 노회나 지방회의에서는 성경이 최고 권위가 아니다. 또 먹고 자는 가정이나 물건을 사고 파는 매점이나 힘들게 일하는 일터에서도 성경은 최고의 권위로 나타나지 않는다.

신약 교회는 예배당에서 예배드릴 때나, 많은 지도자들이 모여서 회의하는 총회에서나, 잘못한 형제를 책망하는 징계 때나, 교회의 중대한 문제를 결정할 때 항상 성경과 성령님의 지시대로 판단하고 행동했다. 이제 그 몇 가지 사례를 설명해 보고자 한다.

마태복음 18장 15~20절에는 교회 내에서 범죄한 형제에 대한 처리 지침이 나온다.

목회를 하다 보면 교회 내에서 상습적으로 문제를 일으키는 고질적인 신자가 있다. 이 같은 문제 신자를 어떻게 처리해야 하는가? 성경은 이런 경우 1차로 단둘이 만나서 사랑으로 권고하고, 그래도 안 들으면 2차로 두세 증인과 함께 그의 잘못을 깨닫게 해주고, 그래도 안 들으면 구원받지 못한 이방인처럼 취급하라고 했다.

우리 목회자들이 이와 같은 사랑의 교정을 위해 실천한다면 교회는 지금보다 훨씬 더 향상될 것이다.

사도행전 13장 1~3절에서는 안디옥 교회가 설립된 지 오래되지 않았는데 지도자들을 해외 선교사로 파송하기 위한 제직회의를 열었다. 오늘날 개교회의 제직회는 찬송과 기도로 시작하고 말씀 속에서 시작된다. 그러나 회의가 진행되면 말씀과 기도는 완전히 사라지고 만국통상법이 나오고, 규칙 발언이 나오고, 말 잘하는 사람이 순간 포착을 잘해서 회의가 결정된다. 이것은 전혀 성경을 권위로 삼는 교회의 모습이 아니다.

안디옥 교회는 회의를 시작한 후 회무 진행의 주체자인 성령님께 의존하고 있다. 모든 교회들이 교회 제직회를 이렇게 실천할 때 교회가 달라질 것을 믿는다.

사도행전 15장 6~29절의 예루살렘 총회를 보라.

사도들이 할 말을 한다. 장로들도 말을 하다가 논쟁을 한다. 베드로의 개인적 발언, 바나바와 바울의 증언 등 말하고 싶은 사람은 다 말하게 해준다. 그 후에 어떻게 결론이 나는가? 결론은 야고보가 성경 말씀에 근거해서 결론을 내린다.

필자는 이 같은 신약성경의 모범과는 너무 달리, 총회 때 벌어지는 목회자들의 무례하고 비도덕적인 행동을 보면서 한없이 실망하고 좌절을 느낀 사람이다.

성경을 최고의 권위로 삼는 것은 예배당 내에서 예배 때만이 아니라 가정에서, 직장에서, 모임에서……, 어디든지 적용되어야 하는 기초라고 믿는다.

이 같은 원칙이 모든 것에 다 적용되어야 한다는 것이 필자의 소신이다.

2) 만인 제사장

'만인 제사장' 하면 루터의 개혁 사상을 연상하게 된다.

전에는 잘 모르던 것을 루터가 처음으로 발표했는가? 결코 그렇지 않다. 신약성경의 복음서에서부터 서신서에 이르기까지 만인 제사장에 대한 사상이 이미 흐르고 있었다. 루터는 신약성경에 있는 사상을 좀 더 두드러지게 드러내는 데 공헌했을 따름이다.

여기서 신약성경에 흐르는 만인 제사장 사상을 살펴보자.

그것은 신약 전체에 흐르고 있는 '형제, 자매'의 사상이다.

신약 전체에 흐르고 있는 '형제, 자매'에 관한 내용을 눈여겨볼 필요가 있다.

마태복음 23장 8~9절에 보면 "너희는 랍비라 칭함을 받지 말라 너희 선생은 하나요 너희는 다 형제니라 땅에 있는 자를 아버지라 하지 말라 너희의 아버지는 한 분이시니 곧 하늘에 계신 이시니라"라고 했다.

이 말씀을 보면 땅에서 신앙생활하는 동안에는 모두가 다 형제, 자매로 호칭하는 것이 성경의 가르침이다. 심지어 지도자라는 칭함도 받지 말라고 했다. 성령 충만하여 최초의 예루살렘 교회 문을 열기 전이나(행 1:16) 후에(행 2:29) 한 호칭은 모두 '형제'였다. 그리고 아나니아가 교회를 핍박하고 적대하던 사울을 만나 부른 첫 호칭도 형제였다(행 9:17). 바울이 전도자가 되어 비시디아 안디옥에 가서 그곳 사람들에게 부른 호칭 역시 형제였다(행 13:38).

바울은 그의 서신서에서 상대방을 부르는 대표적 호칭이 형제였다(롬 1:13, 7:1, 4, 8:12, 10:1, 11:25, 12:1, 15:14, 30, 16:17; 고전 1:10, 2:1, 3:1, 4:6, 7:24, 10:1, 11:33, 12:1, 14:6, 15:1, 16:15; 고후 1:1; 갈 1:11, 3:15, 4:12, 5:11, 6:1, 18; 빌 1:12; 골 1:1; 살전 1:4, 2:1, 3:7, 4:1, 5:1, 4, 12, 14, 25; 살후 1:3, 2:1, 13, 15, 3:1, 6, 13; 히 2:11, 3:1, 12, 10:19, 13:22; 약 1:2, 2:1, 3:1, 4:11 등 신약성경 전체에서 같은 성도들에 대한 호칭은 형제, 자매였다).

이 같은 평등사상이 곧 만인 제사장의 기초가 되고 있다.

루터는 이 같은 신약의 만인 평등사상을 근거로 하여 베드로전서 2장 9절로 만인 제사장이라는 가톨릭의 사제직에 저항하는 구호를 만들었다고 본다.

루터의 공적에 의해서가 아니라 신약성경에 근거한 만인 평등사상은 드디어 수천 년을 이어온 로마 가톨릭의 신분 제도를 무너뜨리게 된다.

그러나 아직도 신분 제도를 고집하는 가톨릭교회에서는 주의 만찬 때 신도들에게 포도주는 주지 않고 떡만을 주고 있다.

이렇게 신약성경에 근거한 만인 평등의 만인 제사장 신앙이 오늘날 실천되고 있는가? 필자는 그렇지 않은 모습을 너무 많이 보아 왔다.

성경에서 신앙과 행위를 찾지 않고 전통과 교황을 그리스도의 대리자로 믿는 가톨릭교는 직분에서 그 직위를 구분하고 있다. 또한 종교개혁을 했다고 하는 개신교도 불완전한 개혁이어서 개신교 안에 변형된 계급 구조가 만들어져 있는 것을 보게 된다.

예를 들어 보자.

장로와 평신도는 다른 신분인가? 같은 신분인데 직분만 다른가?

한국의 수많은 교회들을 보면 주일날 장로들이 앉는 장로석이 따로 있고 평신도석이 따로 있다. 또 목사나 장로가 서는 강단이 따로 있고, 집사나 평신도가 서는 하단이 구별되어 있다.

장로, 목사, 집사 등 모든 제직은 주님을 섬기는 직분이 되어야 하는데 한국 교회 직분은 완전히 직위를 말하는 서열로 인식되어 있다. 그래서 평신도에서 차츰 직위가 올라가서 장로나 권사쯤 되어야 교회에서 인정받는 직급으로 이해하고 있다.

이렇게 교회가 계급화되어 가고 있는 한 교회의 본래 목적을 달성하기가 매우 어렵고 많은 문제점들이 생겨난다.

이제라도 이 같은 문제점을 해결하기 위해서 모든 직분이 섬기는 직분에 불과하고 성도들 모두가 형제, 자매라고 부르는 만인 제사장 정신이 실현되어야 할 것이다.

그리고 직분은 한시적으로(6년 정도 한 다음 물러나는) 적용될 뿐 직분이 결코 계급이 아니라는 것으로 의식이 바뀌어야 이 문제가 해결될 것이다.

3) 독립 개교회

전래된 교회 개념이 아닌 성경적 교회관에 의하면, 교회는 ① 생명체요 ② 공동체요 ③ 연합체라고 했다.

여기서 말하는 독립 개교회란 생명체로서 개개인의 신앙의 자유가 독립적인 것이고, 또 지역 공동체로서 개교회가 지역의 특성상 독립적인 개교회라는 뜻이다.

우선 개인 생명체로서의 개교회를 보자.

하나님께서는 모든 성도 하나하나를 개별적인 생명체로 구원해 주셨다. 하나님은 모든 생명을 개별적으로 독특하게 창조하셨다.

그렇기 때문에 구원받은 성도라 해도 각각 개별적인 사명이 있고 은사가 있다.

목회자는 모든 교인들이 개별적 은사를 제대로 발휘할 수 있도록 최대한 동기부여와 기회를 만들어 주어야 하고, 그럴 때 교회는 건전하게 자란다. 하나님께서 개별적으로 독특한 생명을 주셨으니 지도자도 하나님 따라 성도들이 갖고 있는 개별적 은사를 개발해 주어야 할 의무가 있다. 그런데 현실은 목회자가 목회하기 편리한 대로 성도들을 도매금으로 몰아가는 상황이다.

또 지역 공동체로서의 교회 모습을 보자.

신약성경에 나오는 모든 교회들은 그 지역의 특성에 맞게 개교회의 개성이 펼쳐지는 교회였다.

사도행전 2장에 나오는 예루살렘 교회는 구제를 열심히 하는 특성이 있었다. 사도행전 13장에 나오는 안디옥 교회는 선교에 열정을 쏟는 교회였다. 데살로니가 교회는 종말론에 관심이 많은 교회였다. 고린도 교회는 은사가 풍부한 교회였다. 에베소 교회는 교육 목회로 특성을 드러내는 교회였다. 로마 교회는 목회자가 없어도 평신도 중심의 교회가 이끌어져 가는 교회였다. 빌립보 교회는 목회자를 물질로 잘 섬기는 교회였다. 요한계시록 2~3장에 나오는 아시아의 일곱 교회는 각기 다른 특성들이 있었다.

이 모든 신약 교회들은 독자적인 특성과 행정으로 독립된 개교회들이었다. 그렇기 때문에 다양하면서도 견고하고 빠르게 성장해 갈 수 있었다.

이러한 지역적 특성이나, 구성원들의 성향이나, 목회자의 지도 이념에 따라서 독립된 개교회가 신약 교회였다. 그런데 현대 교회는 어떤가?

대다수의 많은 교회들이 잘되어 가는 교회를 모방하거나 제도적 틀 안에서 고착되어 있는 형태를 볼 수 있다. 각 교단마다 예배 순서나 진행이 거의 대동소이하다. 또 교회의 유행이 시대마다 비슷하다. 그뿐만 아니라 총회, 노회, 지방회 등 상부 조직이 협조 기관, 돕는 기관의 기능을 벗어나 통제하고 관장하는 쪽으로 가고 있다.

이렇게 제도화되어 가는 교회로서는 생명력이 신장되기 어렵고, 부패하기 마련이다. 현재 각 교단마다 연례 행사인 총회 모임에서 총회장에 나서는 이들이 뿌리는 재정적 부패는 이제 썩을 대로 썩어서 악취가 나고 있다.

이 같은 제도를 극복하려면 독립 개교회가 가장 존중되어야 하는 교회이고, 제도권의 조직은 옳은 것이 아니라는 지도자들의 의식이 있어야 할 것이다.

4) 두 가지만의 직분

우리는 교회 직분이라고 하면 현재 모든 교회에서 시행되고 있는 현상적인 교회 직분을 연상한다. 그러나 교회 역사를 거슬러 올라가 보면 지금부터 500여 년 전에는 목사라는 직책도, 장로라는 직책도 없었다. 500여 년 전에는 로마 가톨릭과 동방 희랍 정교회만 있었다. 이들은 교황, 추기경, 대주교, 주교, 신부 등 완벽한 계급 제도만 있었다.

오늘날 개신교들이 사용하고 있는 목사(minister)라는 호칭은 1552년 영국 에드워드 6세(Edward 6, 1537~1553) 때 발행된 '제2의 기도서'(The Second Prayer book, 1552)에서 비롯되었다.

그렇다면 현재 모든 개신교에서 일반화된 직분 제도는 어느 때부터 시작되었는가? 여기에 대한 교회사적 연구가 현상을 이해하는 데 도움이 될 것이다. 이를 역사적으로 살펴보자.

(1) 장로 제도

A. 구약 시대의 장로 제도

구약에서 맨 처음으로 장로 제도가 언급되는 곳은 창세기이다. 창세기 50장 7절에 보면, 애굽 바로 궁의 장로들이 요셉의 부친상의 문상하는 기록이 나온다.

성경에서 맨 처음에 소개되는 장로는 이방 나라 애굽의 장로들이다. 이스라엘 민족은 애굽에서 400년간 기거하면서 애굽의 영향을 받았을 것이다. 그 후 출애굽한 이스라엘 민족이 애굽에서 체험한 장로 제도를 도입한다(출 3:16, 18).

또 출애굽한 이스라엘은 모세의 장인의 권면을 듣고 천부장, 백부장, 오십부장, 십부장 제도를 만든다(출 18:21).

그 후 모세는 광야 40년 생활을 할 때 여러 가지 일을 백성들의 장로들과 의논한다(출 19:7; 레 4:15; 신 5:23, 21:2, 22:15~18, 25:7~9, 29:10, 31:28).

모세 사후에 새로운 지도자 여호수아 역시 모세 때 만든 장로 제도를 그대로 지속시킨다(수 8:33, 9:11, 23:2). 이런 전통은 다윗 왕 때(삼상 30:26), 아합 왕 때(왕상 20:7), 예레미야 때(렘 26:17), 에스겔 때(겔 8:1, 11~12) 그대로 계승된다.

이와 같은 장로란 한 가문의 어른이나(창 10:21), 한 지파의 장이나(레 4:15), 연장자(욥 32:4)에게 사용되었다.

이처럼 구약적 장로는 복음서 시대에도 그대로 존재한다. 복음서 시대의 장로(elder)는 회당의 관리와 재판을 주관했고(마 5:21), 전국에서 뽑힌 71명의 대표 장로는 공회 또는 산헤드린 의회를 구성했다.

복음서 시대의 장로들은 예수님을 공격하고 비판했다. 그리고 가야바 제사장과 합세하여 예수 죽이는 일에 앞장섰다(마 26:3, 57, 27:1, 3, 12, 20, 41; 막 14:53, 15:1; 눅 22:52 등).

B. 신약 시대의 장로

사도행전 11장 26절에 안디옥 교회 성도들을 부를 때 그리스도인이라고 해서 과거 구약 때처럼 이스라엘 민족이라는 개념과는 다른 호칭이 시작된다.

또 신약성경에 쓰여진 장로라는 용어는 'presbyter'라고 하며 사도행전 11장 30절부터 장로 개념이 달라진다.

이렇게 구약의 'elder'와 다른 장로 개념인 '$\pi\rho\varepsilon\sigma\beta\upsilon\tau\acute{\varepsilon}\rho o\upsilon\varsigma$'(프레스뷔테루스)가 사도행전 11장 30절 이후에는 각 교회들에서 쓰인다. 그러므로 복음서와 사도행전 10장까지는 유대인들의 'elder'와 교회의 '$\pi\rho\varepsilon\sigma\beta\upsilon\tau\acute{\varepsilon}\rho o\upsilon\varsigma$'(프레스뷔테루스)가 다 똑같은 용어로 혼용되었다. 그런데 사도행전 11장 30절의 안디옥교회에서 쓰인 '$\pi\rho\varepsilon\sigma\beta\upsilon\tau\acute{\varepsilon}\rho o\upsilon\varsigma$'(프레스뷔테루스)는 구약의 장로가 아니라 신약교회의 목회자 개념으로 바뀌었다는 사실이다.

신약 교회들은 구약의 'elder'가 아닌 새로운 목회자 개념으로 '프레스뷔테루스'를 사용하고 있다. 안디옥에서 시작된 '프레스뷔테루스'는 갈라디아 교회에 쓰이고(행 14:23), 에베소에 쓰이고(행 20:17), 계속 다른 교회에서도 쓰인다.

장로 직분을 가진 자는 교회를 다스리고(딤전 5:17), 교회를 감독하고(행 20:17; 딛 1:5~7), 장로 회의에서 목회자를 안수했다(딤전 4:14). 베드로 자신이 장로라고 했고(벧전 5:1), 사도 요한 역시 자신을 장로라고 했다(요삼 1:1).

이렇게 해서 신약성경을 보면 장로와 감독은 한 사람이었다. 여기에 대한 확실한 증거가 사도행전 20장 17절과 28절에서 증명되고 있다. 또 디도서 1장 5절과 7절도 한 직분임을 암시한다.

디모데전서 3장 1~7절에서는 감독과 집사의 직분만을 말하고, 빌립보서 1장 1절에서는 감독, 집사, 성도들이 교회를 구성하고 있음을 말하고 있다.

C. 교회사에서의 직분

신약 교회가 기초가 되는 1세기 때의 교회 직분은 감독과 장로가 한 사람인 감독직과 집사직뿐이었다.

그런데 2~3세기가 지나면서 교부들 때 직분의 개념이 달라진다. 그래서 개교회 목회자는 장로(presbyter)라고 하고, 지역을 대표하는 행정 책임이 따른 목회자를 감독(bishop)이라고 한다. 니케아(Nicea, 325년) 회의 때는 장로와 감독이 동시에 참석했다. 그 후 감독직이 점점 더 부상하여 중세 교회 1천여 년 동안 감독직은 모든 행정과 목회를 겸한 지방 통치자로 군림하였다. 그래서 중세 교회 때는 감독이라면 공포의 상징, 혐오의 상징이 되었다.

이것을 칼빈이 목회 장로와 치리 장로로 구별해 놓은 것이 1541년 제네바 헌법이었다.

그리고 영국의 제2기도서에서 가톨릭이 사용하는 제단(altar)을 강대상(table)이라고 고치고, 사제(priest)를 목사(minister)라고 고친다. 오늘날 교회에서 목사와 장로를 구분한 것은 칼빈에게서 비롯되었고, 권사 제도는 감리교회에서 비롯되었다.

필자는 신약 교회 사관을 믿는 사람이다. 교회 직분도 신약 교회 때의 직분만이 성경적으로 근거 있는 직분이다. 교회사 속에서 사람들의 편리를 위한 새로운 해석에 의해 만들어진 직분은 이미 권위를 잃은 직분이다. 왜냐하면 직분의 시작이 성경이 아니고 사람이기 때문이다.

이 같은 역사성을 정확히 알고 직분 제도에 대해 겸손해질 때 신뢰가 따르지만, 현상적 직분이 애당초 처음부터 있었던 것인 양 만용을 부린다면 그런 이를 무지하다고 할 것이다.

(2) 집사직

신약성경에서 봉사하고 섬기는 직분으로는 오직 집사직뿐이다. 집사란 헬라어로 '디아코누스'($διακονους$)다.

이 단어는 '던지다'(throw)란 뜻의 '디아'($δια$)와 '먼지'(dust)라는 뜻의 '코'($κο$)와 '진흙'(mud)이란 뜻의 '누스'($νους$)가 합쳐진 단어다. 집사란 먼지 구석이나 진흙탕에 먼저 몸을 던져 섬기는 자다.

사도행전 6장에 최초의 집사를 세우는 동기가 설명되어 있고, 디모데전서 3장 8~13절에 집사의 자격이 설명되어 있다. 그리고 디모데전서 3장 12절에서는 집사가 남자로 국한되어 있다.

성경에서는 섬기는 직분으로 유일하게 집사직이 소개되고 있다. 우리의 신앙과 행위는 오직 성경에서 비롯되었다고 말한다. 그렇다면 집사의 직분이 매우 엄격하고 소중하게 세워져야 마땅하다. 장로 직분은 엄격하고 소중하게 여기면서 집사직은 소홀히 취급되는 현실이 매우 안타까울 뿐이다.

오늘날 집사 직분을 자기 교회 교인으로 얽어매기 위한 선심용 감투(?)로 남용하고 있는 교회들을 보면서 오히려 집사 못 되는 것이 비정상적으로 인식되고 있음을 본다.

권사(勸師) 직분은 성경적 근거가 없다.

굳이 근거를 유출한다면 사도행전 4장 36절에 보면 키프러스 지방 출신의 '요셉'이 위로를 잘해 주고 권면을 잘하는 사람이라는 뜻으로 '바나바'란 별명을 주었다. 권면하고 위로해 주는 스승이라는 뜻이 여기서 비롯되었으리라 추정한다.

한국 교회에서 집사 직분은 누구나 다 할 수 있는 것이다. 그러나 교회 생활을 오래 한 이가 계속 집사로 남아 있는 것은 신앙생활에서 인정받지 못하는 증거다. 권사쯤 되어야 교회에서나 사회에서 인정받는 신자라고 믿는다. 이것 역시 집사나 권사가 직분이 아닌 직위라고 생각하는 잘못된 현상이다.

이처럼 장로 직분이나 권사 직분이 교회의 직위로 인정되고 있는 한국 교회에는 앞서 말한 만인 평등주의나 만인 제사장 제도가 실현될 수 없다.

세상의 모든 사회에 만인 평등에 의한 민주주의 원칙이 통용되고 있는데도 오직 교회만은 신앙과 신념으로 굳어져 있는 직위 의식으로 민주주의 실현이 전혀 불가능한 것이다. 교회에 민주주의가 실현되려면 목사, 감독, 장로가 목회자에게만 적용되도록 신약 교회 원칙이 회복되어야 한다. 아울러 집사 위에 권사가 있다는 계급 의식도 타파되어야 한다. 그러기 위해서 섬기는 직분으로서의 집사만 있어야 한다.

장로, 목사, 감독이 한 사람에게 적용되고, 섬기는 직분으로 집사만 있어서 목사와 집사 직분만이 시행되는 것이 신약 교회의 모델이었다.

이 땅에 목사와 집사 두 가지 직분만으로 목회를 크게 성공해 보여줌으로 쓸데없는 직위 선심 목회가 사라지는 날을 고대해 본다.

5) 두 가지만의 의식

신약 교회에서 시행된 의식은 침례와 주의 만찬 두 가지뿐이었다. 오늘날 개신교와 가톨릭교회에서 시행되고 있는 세례 의식은 교회 역사 속에서 변형된 약식 의식의 유물이다.

침례든 세례든 의식임에는 틀림이 없다. 그러나 의식의 형태에 담겨 있는 의미는 전혀 다르다. 그러므로 신약 교회 원형인 침례 의식이 세례로 바뀌게 된 역사적 과정을 아는 것은 신약 교회 회복을 위해 의미가 있다고 본다.

여기서는 침례가 세례로 바뀌는 역사적 과정을 살펴보자.

(1) 침례 의식의 배경

신약의 침례 의식은 구약의 할례 의식의 배경을 갖고 있다.

잘 아는 바와 같이 구약의 이스라엘 민족은 할례를 종교 의식으로 실시했다.

하나님께서는 아브라함을 선택하셨다. 그리고 하나님과 아브라함 사이에는 언약이 성립된다. 하나님은 아브라함에게 언약의 표시로 할례를 실시하게 하셨다(창 17:10~14). 사실 할례 의식 자체는 이스라엘 민족에게만 있는 고유한 의식이 아니다. 할례는 애굽인, 가나안 원주민, 폴리네시아인, 아메리카인, 아프리카인, 오스트레일리아 토인들도 행하고 이슬람도 할례를 행한다.

다른 종족에서는 할례를 성인식으로, 건강을 위해서 등의 다른 이유로 실시했다. 그러나 이스라엘은 하나님과의 언약의 징표로 할례를 실시했다.

이스라엘 사람은 낳은 지 8일 만에 유아 할례를 실시했다. 그러나 이방인이 유대교로 개종하면 성인 할례가 실시되었다. 그리고 할례 후 상처가 아물면 그를 데리고 강물 속에 들어가서 계명 준수를 약속받고 침례를 시행했다.

신약의 침례는 이와 같은 구약적 침례가 그 배경이 된다.

(2) 사도들이 시행한 침례

잘 아는 바와 같이 예수님은 침례 요한에게 침례를 받으신 후에 공생애로 공식 출발하신다(마 3:16). 그리고 그의 공생애 때 제자들과 함께 침례를 주셨다(요 3:22). 또한 예수님의 최후 명령 속에 침례를 주라는 명령이 주어진다(마 28:19~20).

예수님이 부활 승천하신 후 초대 교회에서 교인이 되는 첫 번째 조건으로 신앙 고백과 함께 그리스도와의 연합의 의미로 침례가 요구되었다(행 2:41). 바울 사도는 침례가 그리스도와 함께 죽고 함께 장사되었다가 함께 다시 사는 그리스도와의 연합이라고 했다(롬 6:3~5).

사도들은 주님의 지상 명령에 따라 침례를 실시했다.

사도행전 10장 48절에 베드로가 이방인 고넬료의 가정에서 침례를 베풀었다. 사도행전 8장 12절에 빌립 집사가 사마리아 교인들에게 침례를 베풀었다. 사도행전 16장 15절에 바울이 빌립보 시의 루디아 가족에게 침례를 실시했고, 빌립보 감옥의 간수의 가족에게도 침례를 실시했다(행 16:33). 고린도전서 1장 14~16절에서는 바울이 그리스보와 가이오 가정과 스데바나 집 사람들에게 침례를 베풀었다.

(3) 잘못된 지도자들의 그릇된 가르침

사도 시대가 지나고 다음 세대에는 교회 지도자들이 교부였다. 이들 교부들 중 많은 이가 잘못된 길로 오도하는 그릇된 길을 안내

했다. 필자는 다음 교회사 2권에서 사도들의 정확한 가르침을 잘못된 길로 오도하고 그릇되게 가르친 교부들의 변질의 역사를 소개하겠다. 여기서는 침례에 대해 잘못된 가르침을 준 몇 명의 지도자를 예로 들어 보겠다.

이그나시우스(Ignatius, 30~110)는 최초로 가톨릭교회(Catholic church)라는 말을 사용한 사람이다. 그는 안디옥 교회 감독을 지내다가 트라야누스(Trajanus) 황제(98~117) 때 로마 대형 극장에서 맹수의 밥으로 순교당하였다.

그가 안디옥에서 압송되어 로마까지 간 후에 순교 직전에 써보낸 7통의 편지가 전해져 오고 있다. 이 편지 속에는 당시 기독교인을 잡아 죽이는 핍박이 두려워 기독교와의 관계를 두려워하는 자들에게 격려 차 써보낸 내용이 있다. 그중 '침례는 죄를 씻어 내는 거룩한 효력을 지니고 있다. 주의 만찬은 죽을 사람의 독을 해독해 주는 약효가 있다' 라는 말이 침례와 주의 만찬을 그릇 이해하는 길을 열어 주게 된다.

유스티누스 또는 저스틴(Justin Martyr, 114~165)은 마르쿠스 아우렐리우스(Marcus Aurelius, 161~180) 황제 때 순교를 당하였다. 그가 쓴 세 종류의 변증서가 전해져 오고 있다. 여기서 침례는 영적 할례와 같다고 하면서 할례와 침례의 유사성을 설명했다. 또 독신 생활의 모범을 찬양하였다.

이런 교부들의 그릇된 가르침이 시간이 흐를수록 정당한 가르침으로 등장한다.

오리겐(Origen, 185~254)은 알렉산드리아 출신으로 70여 년간 수많은 저술과 강연으로 명성을 떨쳤다.

그의 성서 해석법은 우화적 해석법으로 명료한 성경을 모호하게 만들었다. 그가 주장한 사후 연단장(Training School) 이론은 죽은 자가 사후에 불에 의해 깨끗하게 된 다음 천국으로 승급해 올라간다고 했다. 이 이론이 가톨릭교회의 연옥설을 만드는 기초가 된다.

테르툴리아누스 또는 터툴리안(Tertullian, 150~220)은 기독교 변증에 관한 책들과 기독교 교리에 관한 저술을 남겼다.

그는 삼위 일체라는 용어와 구약, 신약이라는 용어를 만들었다. 또 침례받으면 거듭난다는 '침례 중생론'(Baptismal Regeneration)도 주장했다.

이처럼 사도 이후 제2의 지도자인 교부들의 그릇된 가르침이 순수한 신약 교회를 철학과 변증이 첨가된 변질된 교회로 만든다. 침례 의식도 이와 같은 그릇된 가르침에 의해서 신앙 고백에 근거한 성인 침례가 유아 세례로 바뀐다.

매우 안타까운 것은, 신앙이 뭔지도 모르는 유아에게 부모 믿음에 근거해 유아 세례를 주는 것이 당연한 전통인 양 오해하고 있는 지도자들이 너무 많다는 사실이다. 유아 세례 문제는 뒷 부분에서 다시 취급할 것이다.

(4) 가톨릭교회가 제정한 세례 의식

유아 세례의 시작은 4세기 이후 6세기경으로 추정된다.

유아 세례가 시작된 데는 여러 상황적 요인이 있다.

즉 콘스탄티누스 황제가 침례를 미루다가 결국 임종세례로 죽는다(336년). 여기서 황제만 아니라 유아 세례 가능성이 제기되고, 더구나 전염병으로 죽어 가는 유아들에게 '침례 중생론'에 근거해서 죄를 씻고 천국 가게 하는 구제 차원에서 유아 세례가 통용된다.

유아 세례가 성인 세례로 바뀐 것은 가톨릭교회에서였다. 지금도 가톨릭교회에서는 영세를 통해 구원이 가능하다는 '세례 중생론'을 믿고 있다. 과연 세례받으면 구원받은 것인가 하는 사실 확인은 뒷전이고 교리상으로 그렇게 믿고 있다. 그리고 개신교들은 가톨릭이 제정한 세례 의식을 시행하고 있다.

세례가 무엇인가?

가톨릭교회에서 주교가 축복한 거룩한 성수는 죄인의 죄를 씻어 주는 효력이 있다고 믿는다. 그래서 주교가 축성한 거룩한 성수를 물통으로 옮겨다 사용하고 있다. 개신교는 세례식에서 목사가 수세자에게 물을 뿌리면 죄가 해결되고 하늘나라 백성으로 입적된다고 믿는다. 이것은 가톨릭이나 개신교나 미신적인 신앙이다. 세례든, 침례든 의식으로는 사람을 변화시킬 수 없다.

침례는 이미 회개에 의해 과거는 죽고 새 생명이신 예수 그리스도가 마음속에 새로운 주인으로 거듭난 자가 그리스도와 함께 죽고 함께 살겠다는 신앙 고백적 의식일 따름이다.

세례 의식이든, 침례 의식이든 의식이 중요하지 않고 중생이 중요하다. 이 같은 중생에 대한 상징적 의식은 당연히 침례가 맞다. 따라서 신약 교회 원형을 따르려면 침례 의식이 시행되어야 한다.

주의 만찬(Lord Supper)은 예수님 자신이 직접 제정하셨다(마 26:26~30). 그리고 사도들이 그대로 계승하였다(고전 11:23~29).

주의 만찬에 대한 견해 차로 루터와 츠빙글리가 결별한 것은 잘 아는 얘기다. 지금 주의 만찬은 몇 가지로 나뉘어 시행되고 있다.

먼저 로마 가톨릭교회, 희랍 정교회 등에서는 몇 시간 전의 떡과 포도주가 사제의 축성과 함께 2천 년 전 예수 그리스도의 몸과 피로 변화된다는 화체설(化體說 : Transubstantiation)을 믿고 있다. 이들은 예수님의 몸으로 변화된 성체(聖體)이므로 이 의식을 성만찬식이라고 한다.

다음으로 루터교에서는 믿음을 가지고 먹으면 예수 그리스도의 몸과 피가 된다는 동체설(同體說: : Consubstantiation)을 믿고 있다. 사실 루터교의 성례전 신학은 가톨릭과 같은 것이다.

그리고 개신교 대부분이 기념설을 믿고 있다.

아직도 주의 만찬을 성찬식, 성만찬식이라 하는 것은 가톨릭 신앙의 잔재라고 할 수 있다.

이렇게 서로의 입장을 달리함으로 오늘날 전 세계에서 그리스도교라는 이름 아래 각종 의식이 어떻게 달라지고 있는가?

로마 가톨릭교회에는 7가지의 거룩한 성례식이 있다. 그것은 ① 영세 ② 견진 ③ 고해 ④ 미사 ⑤ 결혼 ⑥ 종유 ⑦ 서품이다. 루터교회에서는 ① 세례 ② 성찬식 ③ 고해가 있다. 그 외의 대부분의 개신교들은 ① 세례(유아 세례) ② 성찬식이 있다. 그러나 신약 교회에서는 ① 침례(유아 세례가 없는 성인 침례)와 ② 주의 만찬을 실시했다.

여기서 우리는 유아세례 문제를 다른 항목으로 살펴보아야 하겠다. 신약 교회는 주님을 구세주로 영접한 성인들에게 침례를 실시했다. 자신이 죄인임을 자각하지도 못하고 주님의 대속의 죽음을 깨닫지 못하는 어린 유아들에게는 그 어떤 의식도 주어지지 않았다. 이 문제를 따로 살펴보자.

6) 영접한 자에게만 실시하는 침례 의식

신약 교회는 본인이 신앙을 결단하고 주님과 함께 죽고, 주님과 함께 살겠다는 확고한 의지를 가진 자를 교회 회원으로 받아들였다. 신앙에 대한 자의식이 없는 유아에게는 세례를 줄 수 없고, 또한 이미 죽어서 생명이 끝난 자를 위한 세례도 있을 수 없었다.

여기서 두 가지 잘못된 의식을 살펴보자.

(1) 유아 세례

여기서 유아 세례가 성경적 근거가 있다는 주장과 성경적 근거가 없다고 하는 두 견해를 살펴보자.

A. 유아 세례 찬성자

이들이 주장하는 성경적 근거는 다음 몇 곳이다.

사도행전 10장 44~48절에 보면, 가이사랴 백부장 고넬료의 집을 찾아간 베드로는 그들에게 복음을 전한다. 고넬료의 집에서 고넬료의 친척과 가까운 친구들이 모여 베드로의 복음을 들을 때 성령이 임하였다. 이 광경을 본 베드로는 그곳에 모여든 "모든 사람"(44절)들에게 침례를 베푼다. 여기서 침례를 받은 사람들 중에는 어린 유아도 끼여 있었을 것이다. 고로 유아세례가 가능하다고 주장한다.

그러나 이곳에 모인 사람들은 베드로의 설교를 듣고 성령의 체험을 한 사람들이었다. 복음을 듣지도 못하고 성령의 체험을 할 수도 없는 어린 유아가 이 속에 끼여 있었을 것이라는 추측은 그 확률이 불확실하다.

사도행전 16장 30~34절에 보면, 빌립보 감옥의 간수가 밤중의 이변을 통해 회개한다. 그리고 그 밤에 바울과 실라에게 "어떻게 하여야 구원을 받을 수 있느냐?"고 묻는다. 바울과 실라의 복음을 듣고 '간수와 그 온 가족'이 다 침례를 받는다. 여기서 그 '온 가족' 속에 어린 유아도 포함되었을 것이라고 본다.

사도행전 18장 8절에 보면, 고린도 교회의 회당장 그리스보가 온 집안과 더불어 주를 믿고 수많은 고린도 사람도 믿고 침례를 받았다. 여기서 그리스보의 온 집안 속에는 어린 유아도 있었을 것이라고 추측한다.

유아 세례가 성경적 근거가 있다는 사람들의 말을 들어 주면 그들이 제시하는 성경적 근거가 너무 희미하고 불분명함을 알 수 있다. 여기에 반해 유아 세례 반대자들의 의견은 훨씬 더 분명하다.

B. 유아 세례 반대자

여기에 대한 논쟁은 500년 전 스위스 취리히에서 재 침례교도들과 츠빙글리 간에 '유아 세례'에 관한 논쟁이 있었다. 그 내용을 근거로 반대자들의 주장을 살펴보자.

츠빙글리는 구약 시대에 어린 유아들(낳은 지 8일 되는 유아)에게 할례를 베풀었기 때문에 신약의 유아들에게 할례와 유사한 유아 세례가 가능하다고 주장했다. 여기에 대해 재 침례교도들은 구약의 할례는 택한 백성이라는 언약의 기호(창 17:10~14)로 시행되었다고 반박했다.

신약 시대에는 하나님께서 선택하신 선택 민족이 없다. 신약 시대에는 누구든지 그리스도를 영접한 자는 침례가 가능하다. 따라서 구약의 할례와 신약의 침례는 유사성이 없다.

구약의 할례는 남자에게만 실시했는데 신약의 침례도 남자에게만 실시해야 하는가? 츠빙글리의 주장이 맞지 않다.

앞서 보았듯이 유아 세례 찬성자들은 사도행전 10장 44~48절, 사도행전 16장 30~34절, 사도행전 18장 8절을 예로 들면서 "온 가족", "온 집안"이라고 하였으니, 그 속에는 어린 유아도 끼여 있었을 것이라고 주장한다.

하지만 사도행전 10장 48절의 고넬료 가정의 침례 전에 베드로의 말씀을 듣는 일이 먼저 있었다(44절). 사도행전 16장 33절에 간수와 그의 온 가족이 다 침례를 받기 전에도 먼저 주의 말씀을 그 사람과 그 집에 있는 모든 사람에게 전하는 일이 먼저 있었다(32절). 사도행전 18장 8절의 그리스보 집안도 침례 받기 전에 먼저 복음을 듣고 주를 믿는 일이 먼저 있었다.

예수님이나 사도들 그 누구도 어린 유아에게 침례를 준 일이 없다. 이것이 스위스 재 침례교도들의 의견이었다.

츠빙글리는 고린도전서 7장 14절을 근거로 부모들은 자녀들을 거룩하게 해야 하는 의무가 있다고 했다. 부모가 자녀를 거룩하게 하는 의무는 일찍이 유아 때부터 유아 세례를 줌으로 그들이 거룩해질 수 있다는 것이다. 여기에 대해 재 침례교도들은 부모가 자녀를 거룩하게 하는 것은 주의 교양과 훈계로(딤후 3:16~17) 모범을 보임으로써 가능한 일이지 유아 세례로 거룩해지지 않는다고 반박했다.

츠빙글리는 예수께서 어린아이들을 축복하셨으므로(마 18:3) 유아들에게 유아 세례를 주면 더 축복이 된다고 했다.

재 침례교도들은 예수께서 어린아이들을 축복하셨다면 그보다 더 큰 축복은 있을 수 없다. 제아무리 훌륭한 이가 어린아이를 축복한다 해도 예수님의 축복보다 더 큰 축복이 될 수 없다고 했다.

위에서 유아 세례 찬성 주장과 반대 주장을 살펴보았다.

유아 세례는 성서적 근거가 뚜렷하지 않은 추측성 제도로, 많은 부작용을 양산한다. 중생의 체험이 없는 종교적인 신자에게 중생한 것처럼 거짓 약속을 주고 있다. 유아 세례를 받고 후에 입교 문답을 함으로써 교회 회원이 되게 하는 것은 자신의 회개가 없는 자를 교회 회원으로 만들어 교회 회원의 질을 저하시키는 일이다.

성경적 근거 없는 전통적 유아 세례는 조속히 청산되어야 한다.

(2) 죽은 자를 위한 세례

오늘날 죽은 자를 위한 세례는 로마 가톨릭교회에서만 실시하고 있다. 또 일부 기독교 이단에서도 죽은 자를 위한 의식이 시행되고 있음을 볼 수 있다. 가톨릭교회와 불교에서는 이미 죽은 자를 위해서 미사도 드리고, 예불도 드리고, 또 죽은 자들끼리 결혼하는 사후 결혼식도 거행한다.

이렇게 죽은 자를 위한 사후 영세나 사후 결혼식, 사후 추도식 등이 버젓이 신앙 행위로 용납되고 있다. 이런 성경적 근거가 없는 사후 의식들이 개신교에도 영향을 주고 있다.

본인의 신앙과 상관없이 부모를 보고 유아 세례를 주는 것이나 교회에 오래 다닌 사람을 신앙이 깊은 사람으로 보고 직분을 주는 것 등은 성경에 근거 없는 관습적 사건들이다.

여기서 '죽은 자를 위한 세례'의 유래를 살펴보자.

'죽은 자를 위한 세례'의 근거는 고린도전서 15장 29절에서 비롯된다. 고린도 교회에서는 그 당시 주변의 영향을 받아 죽은 자를 위한 세례가 시행된 것을 알 수 있다. '죽은 자를 위한 세례'가 의미가 있는가? 그 효과의 여부는 관계없이 이 문제가 고린도에 있었던 것 같다.

고린도전서 15장 29절의 "죽은 자들을 위하여 세례를 받는 자"란 원문은 '호이 밥티조메노이 휘페르 톤 네크론'(οἱ βαπτιζόμενοι ὑπερ τῶν νεκρῶν)이다.

여기서 "죽은 자들을 위하여"(ὑπερ τῶν νεκρῶν)란 말이 무슨 뜻인가? 이에 대한 해석이 30~40종류로 다양하다. 이에 대한 다양한 해석 중 그럴듯한 해석 한두 가지를 살펴보자.

① 위하여(ὑπερ)는 '~위에'라는 장소적 개념이다.

이 주장은 크리소스톰(Chrysostom, 347~407)이라는 콘스탄티노플의 감독이었던 이가 내린 해석이다.

2세기의 이단으로 정죄 받은 마르시온주의자들은 죄를 해결하는 침례를 못 받고 죽은 자를 위해 세례를 베풀었다고 한다. 이때 침례 못 받고 죽은 이는 보이도록 침상 위에 올려놓고, 침상 아래에는 살아 있는 사람을 보이지 않게 숨겨놓는다. 시세자가 죽은 시체를 향해 침례 문답을 하면 침상 아래 숨어 있는 자가 죽은 자를 대신해서 대답을 한다.

이렇게 살아 있는 자를 감춘 채 실시하는 침례가 있었다고 한다.

② 위하여(ὑπερ)는 '~대신하여'라는 대행적 의미가 있다.

이것은 글자 그대로 침례 받지 못하고 죽은 이를 대신해서 산 사람이 침례 받는 대행적 관습이 있었다는 것이다.

예컨대 자기와 가장 가까운 친척이나 친구가 침례를 못 받고 죽었다. 침례는 죄를 씻는 효력이 있다고 믿는데 침례 없이 죽었으니 죄를 해결 못한 채로 죽은 것이다. 그에게 죄를 해결해 주는 수단으로 산 사람이 죽은 사람을 대행해서 침례 받으면 죽은 자의 죄가 해결된다고 믿었다.

이런 해석 역시 잘 납득되지 않는 해석이다.

이는 아무리 좋게 해석을 하려고 해도 해석이 석연치 않다. 이런 애매모호한 성경을 근거로 살아서 예수 믿지 않고 죽은 자에게 영세를 주면 그의 죄가 해결되어 구원받을 수 있다고 하니, 이것은 정상적 신앙이 아닌 미신적 광신이라고 할 수 있다. 이런 미신 행위가 기독교 안에 실시되고 있으므로 기독교 전체가 큰 오해를 받고 타격을 받는 것은 자명한 사실이다.

신약 교회는 성경에 명확한 근거가 없는 것은 시행하지 않는 교회였다. 그러나 가톨릭교회에서는 영세로 구원받는다, 종유로 죽은 자의 죄가 해결된다, 죽은 자에게 세례가 효과가 있다고 믿는다. 또 개신교가 부모 신앙에 의해서 유아 세례를 줄 수 있다, 유아 세례는 사도들이 모범을 보였다고 주장하는 것도 성경에 근거 없는 주장이다.

성경에 근거 없는 것은 믿지도 말고, 행하지도 말아야 한다. 오늘날 모든 교회가 신약 교회 원리대로 믿고 실천하려고 할 때 하나님께서 크게 축복하실 것이다.

지금 우리는 하나님이 원하시지도 않는 것들을 시행하고 있는 것을 요시아 왕의 회개처럼 결단을 내려야 한다.

7) 중생한 자로 회원이 구성되는 교회

신약 교회는 반드시 중생이 확실한 자만이 교회 회원이 되었다. 여기서 초기 신약 교회가 어떻게 구성되었는가 몇 곳의 성경을 찾아보자.

먼저 사도행전 2장 41절을 보자. "그(베드로) 말을 받은 사람들은 침례를 받으매 이날에 신도의 수가 삼천이나 더하더라."
원문은 "호이 멘 운 아포덱사메노이 톤 로곤 아우투 에밥티스데산, 카이 프로세테데산 엔 테 헤메라 에케이네 프쉬카이 호세이 트리스킬리아이"(ὁι μεν οὖν ἀποδεξαμενοι Τὸν λογον αὐτοῦ ἐβαπτισθησαν, και προσετεθησαν ἐν Τη ἡμερα ἐκεινη ψυχαι ὡσει Τρισχίλιαι)이다.

여기서 중요한 단어는 '받아들인다' (ἀποδεξάμενοι)란 말이다. 이는 영어로 'gladly received' 즉 '주님을 영접한 자'를 뜻한다. 주님을 영접한 자를 '제자', 즉 '프쉬카이' (ψυχαι)라고 했다. '프쉬카이' (ψυχαι)는 '생명, 목숨, 영혼'을 뜻하는 명사 '프쉬케' (ψυχή)의 복수형이다.

베드로의 설교를 듣고 주님을 영접한 새 생명, 새 영혼은 과거 죄악 세상에서 죽어 있던 영혼들이 새 생명으로 하나님께 돌아온 것을 뜻한다. 이렇게 새 생명으로 달라진 영혼들이 교회 회원에 더해졌다. 이때 유월절 오순절을 지키러 왔던 전국 각지에서 모여든 사람들 중 3천여 명이 교회 회원이 되었다.

여기서 말하는 3천 명은 단 하루 만에 생긴 것이 아니고 여러 날 가입된 전체 숫자가 이 정도 되었을 것임을 원문이 암시하고 있다.

초대 교회는 질서가 생기지 않고 원칙이 통용되지 않을 수 있는 시기였다. 그러나 교회 회원이 되는 것만큼은 구원받은 사실이 확실한 사람들로 구성되었다.

또 사도행전 2장 47절을 보자.

47절 후반절에 "주께서 구원받는 사람을 날마다 더하게 하시니라"라고 했다. 원문은 '호 데 퀴리오스 프로세티데이 투스 소조메누스 카드 헤메란"(ὁ δὲ κύριος προσετίθει τοὺς σωζομένους καθ ἡμέραν)이다. 여기서 '구원받은 사람'은 '소조메누스' (σωζομένους)이다.

이것은 현재 분사형으로 특정 시간에 제한되지 않고 날마다 수시로 회개하고 돌아오는 사람이 계속되었음을 뜻한다.

구원받게 하는 주체는 사람이 아니라 'ὁ κύριος', 즉 주님이시다.

개인의 구원과 교회 부흥의 주체가 주님이라는 뜻이다.

신약 교회는 반드시 구원받은 사람만 회원에 더해졌다.

오늘날처럼 교회만 나오면 자동으로 회원이 되고, 교회를 오래 다니기만 하면 저절로 직분을 주는 교회가 아니었다.

또 사도행전 5장 14절을 보자.

"믿고 주께로 나아오는 자가 더 많으니 남녀의 큰 무리더라."

원문의 '프로세티덴토'($προσετίθεντο$)는 '나아온다' 는 뜻이 아니라 '더하여졌다' 는 뜻이다. 다시 말하면, '믿는 남녀의 큰 무리가 주께로 더욱 더하여지고 있었다' 는 뜻이다. 과거 죄악된 길에서 돌이켜서 주님께로 전향한 남녀들이 주님의 사람으로 더해져 갔다는 것이다.

주님의 사람은 그의 인생 방향이 완전하게 달라진 중생한 사람이어야 한다. 이렇게 주님께로 인생 방향이 달라진 사람과 그렇지 못한 사람 사이에는 어떤 차이가 있는가?

신약성경에 나오는 몇 사람의 예를 보자.

먼저 가룟 유다를 보자. 가룟 유다는 예수님의 12제자 중 하나였다. 그는 3년간 예수님을 따라다니면서 수많은 설교를 들었고, 예수님이 행하시는 기적을 생생하게 체험했다. 가룟 유다가 예수님의 제자(직분자)였고, 예수님의 설교를 수없이 들었고, 예수님의 기적을 체험했기 때문에 구원받은 사람이었는가?

그렇지 않다. 그는 예수님을 따라다니는 종교인이었으나 거듭난 신자는 아니었다.

가룟 유다는 제자들 속에 함께 섞여 살았으나 그가 성령으로 거듭난 사람이 아니었음을 그와 동행했던 그의 동료들이 증언한다. 마태복음 26장 14~16절에 보면, 가룟 유다는 예수님의 제자들과 함께하면서 예수를 배신할 기회를 노렸던 것을 증언한다. 누가복음 22장 3~6절에서는 가룟 유다에게 사탄이 들어가서 그가 사탄의 지배를 받으며 기회를 노렸던 것을 증언한다. 요한복음 6장 70절에서 예수님은 유다에게 마귀라고 하셨다. 요한복음 12장 6절에서는 가룟 유다를 도적이라고 했다.

가룟 유다는 처음부터 사탄이 지배하는 마귀의 존재였다. 그래서 3년 후에는 큰 일을 저지른다.

오늘날 교회에서 큰 문제를 일으키는 사람이 누군가? 그들은 물과 성령으로 거듭난 사람들이 아니다. 교회만 오래 다녔고, 연보 좀 하고, 사회적 지위가 있으니까 중생의 사실을 확인 하지도 않은 채 집사 직분을 받고, 장로 직분을 받은 이가 문제를 일으킨다. 이렇게 거듭나지도 않은 직분자가 교회를 수라장으로 만들기 때문에 교회가 큰 상처를 받고 하나님 영광을 가린다.

필자가 알고 있는 서울의 한 교회는 교회가 세워진 지 30~40년 동안 목사가 교체되는 일이 반복되어, 15~20명의 목사가 그 교회를 거쳐갔다. 과연 그 교회 직분자들은 거듭난 그리스도인일까? 오랜 세월 동안 마당만 밟고 지나가는(사:12) 습관적 종교인이 아닐까? 주님은 그 내막을 아실 것이지만 겉으로 볼 때는 의심이 많이 된다.

그리고 니고데모가 있다.

니고데모는 나이 30까지 율법 학교에서 훈련받은 바리새인이었다(요 3:1). 또 유대인의 관원이었고(요 3:1, 7:50), 백성을 가르칠 수 있는 랍비였다(요 3:10). 니고데모는 성경도 잘 알고, 종교적 관습에도 익숙하고, 세상의 정치도 잘 아는 관원이었다.

이런 사람을 현대적 용어로 표현한다면 그는 모태 신앙인이었고, 신학 공부도 한 지성인이고, 세상 사람으로 존경받는 인격자였다. 그러나 그는 거듭나지 못한 종교인이었다.

오늘날 교회 안에는 니고데모처럼 교회를 오래 다녀 장로, 집사가 되고, 공중 기도도 청산유수처럼 잘하고, 세상에서는 인정받는 사람이 있다. 그런 이가 구원받은 그리스도인일까?

신앙은 오랜 전통이나 믿음의 가문과 아무 상관이 없다. 개인적으로 주님을 만나는 신앙적 체험이 있어야만 한다.

마지막으로 베드로는 어떠한가?

베드로는 예수님의 수제자였다.

그는 가이사랴 빌립보 도상에서 예수님의 마음에 드는 신앙 고백을 함으로 크게 칭찬받았다(마 16:16).

하지만 예수께서 가야바 대제사장의 군속들에게 체포되어 가셨을 때는 멀리서 구경만 했고, 예수를 모른다고 저주하며 부인했다(마 26:74). 그는 예수님의 부활을 목격하고도 디베랴 호숫가에 가서 고기를 잡는 어부로 되돌아가기로 했다.

이 같은 베드로가 언제 달라지는가?

그는 사도행전 2장에서 오순절 성령 강림 때 성령 충만의 체험 후 완전히 달라진다. 베드로가 성령 체험을 하기 전에는 예수님을 지식적으로 아는 종교인 상태였다. 베드로가 달라진 것은 성령 체험 후이다.

오늘날도 베드로처럼 교회 생활에 익숙한 사람이 있을 수 있다. 그래서 직분도 갖고 큰일도 할 수 있다. 그러나 성령의 사람이 아니면 다른 영혼을 구원해 낼 수가 없다.

필자 또한 38살이 될 때까지 지식적 종교인이었다. 그래서 모태 신앙을 자랑하고 4대째 믿는 전통적 가문을 자랑했다. 그리고 신학 공부도 했고, 목회도 한 후 목사까지 되었다.

그러나 필자는 거듭난 그리스도인이 아니었다. 필자는 1978년 미국 유학 중에 거듭남을 체험했다. 거듭남을 체험한 후에는 인생관, 가치관, 사생관이 다 바뀌었다.

필자가 거듭나지 못한 상태에서 지식적 종교인으로 기능적 목회를 했던 뼈아픈 체험이 항상 가슴 아픈 과거로 떠오른다. 그리고 지식적 종교인 상태에서 수없이 많은 실수와 범죄와 시행착오와 잘못을 저지른 뼈 아픈 추억이 항상 중압감을 주고 있다. 따라서 이 세상에서 거듭나는 것처럼 중요한 것은 없다고 믿는다.

8) 핍박받는 교회

신약성경 전체에 흐르고 있는 공통점은 하나님 뜻대로 살려고 하는 이들에게는 한결같이 핍박이 있다는 사실이다.

세상에서 살면서 정신병자가 아닌 한 그 누가 핍박을 좋아하겠는가? 그러나 이 세상에 살면서 삶의 목표를 하나님의 뜻에 맞추며 살다 보면 핍박이 자연적으로 따르게 됨을 알 수 있다.

우리의 생명을 구원해 주시고 하나님의 뜻을 가르쳐 주신 예수님 자신이 핍박을 받으셨고, 우리에게 주님의 말씀과 삶을 계시로 기록해 준 사도들 역시 핍박을 받았다. 이렇게 주님과 사도들의 모범을 따라 믿음으로 살아간 제2세대 지도자들 역시 핍박을 받았다.

그런데 오늘날 현대 그리스도인들은 핍박을 외면하고 축복과 번영을 추구하는 번영 신앙이 판치고 있다. 성경을 믿는다고 하나 성경을 아전인수격으로 왜곡되게 믿고 있다.

우리 신앙을 원래대로 복원하려고 하면 신약 교회 성도들이 모범을 보인 핍박받는 교회가 되어야 한다.

신약성경에서 핍박받은 모범을 보자.

대표적인 모범은 예수 그리스도시다. 예수님은 그의 생애 전체에 걸쳐 핍박을 받으셨다.

성경에 기록은 없으나 그가 공생애를 시작하기 이전 사생애 30년 동안은 어려운 가정과 부모를 섬기기 위해 많은 고난을 겪으셨을 것이다. 많은 학자들은 그의 육신의 부친 요셉이 여러 형제자매들을 남겨 놓고 일찍이 세상을 떠난 것으로 추측한다. 장남이신 예수님은 어머니와 동생들을 위해 많은 어려움을 겪으셨을 것이다.

공생애를 시작하면서도 어려움이 계속된다. 함께 자란 형제들로부터 이상한 사람으로 오해받고 배척을 당하셨다(요 7:3~5).

또 예수님 당시 종교적 전문가라는 이들로부터 핍박을 받으셨다. 사두개인에게는 부활이 없다는 이유로 핍박을 받으셨고(마 22:23), 바리새인에게는 율법의 파괴자라는 이유로 핍박을 받으셨다(요 5:18). 또 로마 관리들로부터는 혹세무민하고 백성을 선동하는 자라는 이유로 핍박을 받으셨다(요 19:16).

예수님은 특정한 소수의 사람들을 빼고는 대다수의 많은 사람들로부터 핍박을 받으셨다. 예수께서 핍박받을 만한 원인이 있어서 핍박당했다면 우리는 예수님의 핍박을 동경하지 않을 것이다. 그러나 예수님의 핍박당하심은 바르게 믿음으로 살려고 할 때 따르는 핍박이었다. 우리도 이 점을 본받아야 한다.

사도들도 핍박받은 생애였다.

베드로 사도가 예수 그리스도께서 죽으셨다가 살아나심을 목격한 체험담을 전할 때 제사장과 사두개인들이 베드로와 요한을 옥에 가두었다(행 4:3). 베드로는 여러 차례 감옥에 갇혔다(행 5:18, 12:3~4).

야고보 사도는 헤롯 아그립바 1세(Agrippa 1, 37~44)에게 칼로 죽임을 당했다. 빌립, 안드레, 바돌로매, 맛디아 등 모든 사도들이 핍박당하다가 순교한 것으로 전해지고 있다.

사도 중에서 가장 많은 핍박을 받은 이가 바로 바울 사도다. 그는 사도가 되어서 죽는 날까지 핍박의 연속이었다(고후 11:23~28).

이렇게 핍박받는 것은 사도들 이후의 지도자인 교부들도 마찬가지였다.

교부들 중 안디옥 교회 감독이었던 이그나티우스(Ignatius, 30~110)가 트라야누스 황제 때 순교당했고, 서머나의 감독인 폴리캅(Polycarp, 69~155)이 피우스(Pius) 황제(137~161) 때 순교당하였다. 저스틴(Justin, 114~165)은 아우렐리우스(Aurelius) 황제 때 순교당했다. 이레니우스(Irenaeus, 115~202)는 세베루스(Severus) 황제 때 순교당하고, 오리겐(Origen, 185~254)은 데키우스(Decius) 황제의 박해로 악형과 고문을 당한 후 숨진다. 키프리안(Cyprian, 200~258)도 데키우스 황제 때 순교당하였다.

교부들에 대한 탄압과 핍박은 4세기 때 기독교가 로마의 국교가 되면서 사라진다. 교회엔 핍박 대신 영광이 찾아왔다. 그러나 교회가 정치와 결탁해 달콤한 영광을 누리는 영광을 맛본 중세 교회는 적반하장이 되어 세상을 지배하기 시작하였다.

그래서 중세 교회는 1천여 년간 세상을 지배하는 지배자로 세상 군주들과 싸웠다. 종교개혁은 이들 세속화된 중세 교회를 탈피하고자 일어난 각성 운동이었다.

그런데 아이러니한 것은 세속화된 가톨릭교회를 벗어나 순수한 교회로 돌아가자던 종교개혁 운동이 변형된 지배자로 탈바꿈하였다. 루터가 시작한 종교개혁으로 독일과 북반구에 루터교라는 국교가 만들어졌고, 영국 황실에서 시작된 종교개혁은 영국 성공회라는 국교를 만들었으며, 스위스 제네바의 개혁 교회는 신정 도시라는 명목으로 시민들을 예속시켰다.

현대 교회는 어떠한가?

대형 교회로 특색을 이루는 현대 교회는 섬기는 종의 모습이 아닌 기복 신앙에 의한 목적을 달성하는 변형된 지배자로 등장하였다. 현대 교회 어느 곳을 봐도 핍박받는 교회의 모습은 찾아볼 수 없다. 이렇게 핍박을 외면한 현대 교회는 맛 잃은 소금처럼 사회로부터 외면당하고 있는 실정이다.

여기서 다시금 본래적 교회로 환원하려면 핍박받는 신약 교회상을 회복해야 한다고 믿는다.

9) 선교와 복음이 팽창되는 교회

신약 교회는 분명 핍박받는 교회였다.
어떤 주경신학자는 사도행전 전체를 핍박의 행적으로 설명했다.
행 2:1~8:3 종교적 편견에 의한 박해
행 8:4~40 문화적 편견에 의한 박해
행 9:1~31 공회 공문에 의한 박해
행 10:1~11:30 인종적 장벽의 박해
행 12장 정치적 박해
행 13:1~20:12 지리적 환경적 박해
행 20:13~28:31 제도와 선취권에 의한 박해

이 같은 해석은 상당한 설득력이 있는 견해다.
우리가 관심을 가져야 할 사항은 이렇게 길고 장구한 핍박이 계속되었다면 교회가 계속 위축되고 약화되었어야 한다는 것이다. 그런데 사도행전은 교회가 핍박받을수록 선교와 복음이 팽창되어 갔음을 보여준다. 신약 교회는 핍박받을수록 선교가 팽창되고, 교회가 정화되어 갔다. 그 사실이 사도행전에 나타난다.

우리가 아는 바와 같이 최초의 예루살렘 교회는 120명으로 시작되었다(행 1:15). 그런데 오순절 성령 강림 후 3천 명으로 늘어난다(행 2:41). 이렇게 시작된 예루살렘 교회는 앉은뱅이 치유의 사건으로 남자만 5천 명이 되는 기하급수적 팽창이 이루어진다(행 4:4). 그 후에는 너무 숫자가 많아 셀 수가 없어 남녀의 큰 무리라고 한다(행 5:14).

사도행전 1장에서 5장까지는 몇 년이 걸렸을까? 정확한 것은 알수 없어도 4~5년이 걸렸을 것이다. 이렇게 짧은 기간에 몇만 명 교회로 성장한 것이 초대 교회였다.

성령님이 주인 되시고 핍박을 두려워하지 않을 때 초대 교회는 짧은 시간 안에 급성장하였다.

크게 팽창된 초대 교회는 자연스럽게 선교가 이루어진다.

예루살렘 교회는 자체 교회로 만족하고 안일을 탐할 때 아나니아와 삽비라 사건(행 5장)이 터지고 헬라파, 히브리파의 파벌이 생긴다(행 6장).

이때 성령님은 스데반 집사 사건을 일으켜(행 7장) 사마리아와 에티오피아에 복음을 전하게 하신다(행 8장).

이렇게 복음이 열려진 후 안디옥(행 13장), 가이사랴(행 10장), 구브로(행 13장), 비시디아 안디옥(행 13장), 이고니온과 루스드라(행 14장), 빌립보(행 16장), 데살로니가, 베뢰아, 아덴(행 17장), 고린도(행 18장), 에베소(행 19장), 마게도냐(행 20장), 로마(행 28장)까지 복음이 전해진다.

신약 교회는 결코 정체되어 있는 교회가 아니었다.

신약 교회는 복음이 전 세계로 퍼져나가도록 다양한 세계에 다 수용적이었고, 또 진리를 강단에서 외치는 제한된 진리가 아니라 삶의 모든 현장에 적용되는 진리의 생활화가 두드러진 특징을 이루었다.
   이처럼 교회는 복음이 팽창되고 선교가 확산되어야 한다. 이렇게 개방적으로 모든 이를 수용하며 진리를 삶으로 실천하던 교회들은 교회 역사 속에서 똑같은 현상을 가져왔다.
   17세기 독일의 경건주의 신학은 스페너(Spener, 1635~1705), 프랑케(Franke, 1663~1727), 벵겔(Bengel, 1687~1752), 친첸도르프(Zinzendorf, 1700~1760) 같은 위대한 신앙의 모범 인물을 만들어냈다.
   그리고 미국의 제1차, 제2차 대각성 운동이 미국을 살렸고, 세계에 영향을 주었다.
   신약 교회는 복음이 팽창되고, 선교가 팽창되었다. 현대 교회도 복음에 정열을 쏟다 보면 교회가 부흥되고 선교가 팽창되는 현상을 수없이 목격하게 된다. 현대 교회 중 힘에 겨울 정도로 선교에 정열을 쏟는 교회는 반드시 교회가 성장하는 축복을 받게 됨을 알 수 있다.

10) 형제애로 다져지는 교회

   교회는 진리의 등대가 되어야 하는가, 아니면 사랑의 핵폭탄이 되어야 하는가? 진리에 목회의 초점을 맞춰야 하는가, 사랑에 초점을 맞춰야 하는가? 이 두 가지는 양분될 수 없는 것인데 목회 현장에서는 둘 중 어느 한 가지로 치중되는 현상을 보게 된다.
   신약 교회는 이 두 가지 중 사랑이 넘치는 교회였다고 본다.
   진리와 사랑은 양분될 수 없는 것이지만 현장에는 사랑이 더 확실하게 느껴져야 한다. 사랑은 곧 하나님의 모습이기 때문이다.
   사도행전에 나타나는 신약 교회들이나 바울이 세운 이방 교회들의 공통점은 바로 사랑의 공동체였다는 것이다.

이렇게 사랑의 공동체로 모범을 보이신 분이 하나님 자신이셨다(요일 4:8). 뿐만 아니라 하나님께서는 우리에 대한 사랑을 예수 그리스도를 죽게 하심으로 확증하셨다(롬 5:8).

이와 같은 사랑의 시발은 예수님에게서 완성을 이루었고, 믿는 모든 성도들은 사랑으로 한 몸을 이루어야 한다.

형제애로 다져지는 교회는 복음이 전파되는 곳마다 큰 파급 효과를 일으킨다.

사도행전 2장 43~47절의 예루살렘 교회를 보라. 그들은 자신의 개인 소유와 재산을 다른 사람들의 필요에 따라 나눠 주고 모자라면 부동산을 팔아 나눠 주었다. 그들은 개인의 재산 장악으로부터 자유하여 공동 필요에 공동 사용하는 자발적인 공산 사회를 이룩하였다. 이렇게 물질을 초월한 사랑이 실천될 때 예루살렘 교회는 최고속도로 급성장하는 가시적 결과를 가져왔다.

사도행전 3장 1~10절에서는 성전 미문의 앉은뱅이를 베드로가 일으킨다. 이 사건은 은과 금은 없어도 나사렛 예수의 이름으로 행한 사랑의 실천이었다. 이 사건은 예루살렘 시민들을 흥분하게 만들었고, 제사장들과 사두개인들을 자극하여 큰 싸움을 일으키게 하였다. 그러나 베드로는 그들이 알지 못해서 저지른 실수에 관용하는 사랑을 베풀었다.

사도행전 5장 1~11절의 아나니아와 삽비라 사건은 예루살렘 교회 내 문제로 국한되지 않고 그 소문을 듣는 예루살렘 시민들에게 큰 공포의 사건이 되었다.

사도행전 6장 8~10절의 스데반 집사의 은혜와 권능의 소문은 많은 제사장들이 믿게 되고, 구레네, 알렉산드라의 북아프리카와 길리기아와 아시아 사람들이 스데반을 찾아오는 커다란 파장을 일으켰다.

사도행전 8장 1~8절을 보면, 빌립에 의해 복음이 사마리아에 전해졌다. 빌립의 사마리아 전도는 예수 믿는 사람들만의 제한적 문제가 아니라 그 성 안에 큰 기쁨을 주는 영향력을 발휘했다(행 8:8).

바울과 바나바가 비시디아 안디옥에 가서 전도할 때 온 시민이 기뻐했고, 바울의 전도를 대부분의 시민이 경청하였다(행 13:44~48).

그 외에도 빌립보 교회(빌 4:1), 데살로니가 교회(살전 1:8), 고린도 교회(고전 1:21), 에베소 교회(엡 1:2), 로마 교회(롬 1:8) 등 복음이 전해지는 곳에서는 그들에게 기쁨을 주었고 그리스도로 하나 되는 형제 사랑을 나타냈다.

이처럼 사랑이 실천되는 곳에 하나님의 능력이 나타났다.

하나님의 능력은 지금도 사랑으로 나타난다(요일 4:8; 벧전 4:8).

11) 제자가 양육되는 교회

신약성경 안에 '제자'(마데타이 : $\mu\acute{a}\theta\eta\tau\alpha\iota$)라는 말이 250회 정도 쓰였다고 한다. 예수님께서 12제자들을 선택하시고 훈련하신 후 사명을 맡겨 주셨다. 이 같은 예수님의 제자 훈련의 방법은 대표적인 세 제자에 의해 동일하게 적용된다.

(1) 베드로의 경우

베드로는 예수님으로부터 3년 동안 제자 훈련을 받았다.

베드로는 예루살렘 교회의 문을 여는 데 공헌함으로 예수님께서 말씀하셨던 교회 세우는 사역을 감당했다(마 16:18; 행 2장).

베드로의 행적이 사도행전 12장에서 끝남으로 잘 알 수는 없다. 베드로가 로마 교회를 개척하고 로마에서 순교했다는 설은 베드로 사후 100여 년이 지난 다음에 구전된 것이다. 베드로의 로마 사역의 가능성은 매우 희박하다.

그런데 베드로전서 5장 13절에서 "내 아들 마가"라고 하며 마가에게 문안을 전한다.

마가가 누구인가? 그의 본명은 마가 요한으로(행 12:12, 25) 바나바의 조카였다(골 4:10). 이 마가가 바울과 바나바와 함께 제1차 선교 여행에 동참하였다. 그런데 알 수 없는 이유로 선교 여행 중 중도 하차해서 되돌아온다. 이 일로 불신을 당한 마가와 더 이상 선교 여행에 동참을 거부함으로 바울과 바나바는 결별하게 된다(행 15:36~41).

이때 이후로 마가는 호된 훈련을 다시 받은 것 같다. 그 후 마가에 대한 바울의 불신이 풀어지고 바울로부터 인정을 받는다(골 4:10; 몬 1:24).

그렇다면 마가가 누구 밑에서 훈련을 받았을까? 베드로가 마가를 "아들"(벧전 5:13)이라고 한 것을 보면 베드로 밑에서 강도 높은 제자 훈련을 받았을 것이다. 그 후 마가가 오늘의 마가복음을 기록하는 공헌을 한다.

신자는 새 생명으로 태어나는 것이 전부가 아니다. 새 생명의 구실을 하려면 강도 높은 훈련을 받아야 한다. 그래야 주님께 필요한 일꾼이 되는 것이다.

(2) 바울의 경우

바울은 그의 사역 중 많은 부분을 제자 양육에 힘썼다.

잘 아는 바와 같이, 바울은 디모데를 아들 삼고 평생 훈련시켰다(딤전 1:18, 6:20; 딤후 1:2; 몬 1:1). 그래서 고린도 교회의 문제 수습을 위해 디모데가 사용된다(고전 4:17 참조).

바울은 평신도인 아굴라와 브리스길라도 훈련시켰다. 바울은 이들과 함께 고린도 교회를 개척했고(행 18:1~4), 또 에베소 교회의 개척자로 이 부부를 활용한다(행 18:18~28). 이들은 훗날 로마 교회의 개척자가 된다(롬 16:3 참조).

바울은 또 디도도 훈련시켰다. 디도는 그레데 교회에서 목회하기 전에 바울 밑에서 훈련을 받았다. 바울은 고린도 교회의 문제 수습에 디모데가 실패하자 다시 디도를 보내 원만한 해결을 하게 한다(고후 7:6).

바울은 에바브로디도도 훈련시켰다(빌 2:25 참조). 바울은 노예였던 오네시모도 구원하여 훈련시킨 후 주인 빌레몬에게 돌려보냈다(골 4:9 참조).

바울은 성경상에 뚜렷하게 나타나는 이런 사람 외에도 우리가 알 수 없는 수많은 사람을 훈련시켰을 것이다.

(3) 요한의 경우

사도 요한은 그의 생애 동안 5권의 책을 기록했다. 요한복음, 요한일, 이, 삼서 그리고 요한계시록이다.

그가 쓴 요한삼서에는 사랑하는 가이오를 말한다(요삼 1:1). 그리고 디오드레베는 신랄하게 비판한다.

초대 교회는 목회자 감독이 없는 지방 교회가 많았다. 지방 교회는 순회 전도자들로 부터 주의 말씀을 전해 들었다. 순회 전도자들은 순회하는 해당 교회로부터 숙소와 음식 대접을 받으며 순회 사역을 감당했다. 요한은 디오드레베가 순회 전도자들을 배척한 것을 엄하게 책망한다. 그에 반해 가이오는 칭찬과 격려를 한다.

요한은 이처럼 주의 사역에 협조하는 자와 거부하는 자를 구분해서 편지로 그들을 가르치고 훈련시켰다.

제자 양육의 소중함은 깨달은 요한은 뒤늦게 서머나 교회의 감독이었던 폴리캅을 제자로 훈련시킨다.

폴리캅(Polycarp, 69~155)은 86세에 회유하는 관리의 요구를 물리치고 깨끗하게 순교함으로 스승에게 배운 바대로 실천한다.

2천 년 교회 역사에서 배울 점이 제자 양육의 소중함이다.

로마 가톨릭교회의 조직신학을 완성한 토마스 아퀴나스(Thomas Aquinas, 1225~1274)는 살아생전에 《신학 대전》(*Summa Theologica*) 3권을 쓴 후에 죽었다.

그 후 그의 스승인 알베르트 마그너스가 제자의 유업을 이어 받아서 《신학 대전》 2권을 더 저술한 후 제자에게 그 영광을 돌렸다. 아주 보기 드문 사제지간이었다. 그 같은 노작이 가톨릭의 조직신학이 되었다.

종교개혁을 시작한 루터는 생전에 4천여 편의 작품을 남겼다. 이 수많은 논문들은 성경을 통한 것으로 특정한 목적과 목표보다는 다양한 부분에 관한 학문적 작품이었다.

그런데 이것을 그의 제자 멜란히톤(Melanchthon, 1497~1560)이 조직화하고 체계화하였다. 그리고 멜란히톤에 의해 루터교 신앙인 '아우구스부르크(Augsburg) 신앙 고백'(1530)이 만들어진다.

루터는 자기보다 더 탁월한 제자 멜란히톤이 있음으로 그의 학문이 빛나게 되었고 루터교가 성립되었다.

칼빈도 마찬가지다. 칼빈은 살아생전 《기독교 강요》를 6차에 걸쳐 수정 증보하여 완결편을 냈다. 그는 《기독교 강요》 완성 후 55세(1564. 5. 27)로 일찍 세상을 떠났다. 칼빈 사후에 그의 제자 베자

(Theodorus Beza)가 제네바 대학에서 칼빈의 《기독교 강요》를 전 유럽으로 확산시켰다.

앞서 토마스 아퀴나스가 가톨릭의 조직신학 수립자라면, 칼빈은 개신교의 조직신학 수립자다. 개신교의 모든 신학은 칼빈의 《기독교 강요》에서 비롯되었다.

감리교 창시자 존 웨슬리(John Wesley, 1703~1791)의 개인적인 탁월함도 있지만 그의 사역을 세계화시키는 데는 그의 제자였던 애즈베리(Francis Asbury)의 공이 컸다.

기독교 역사가 현재보다 더 발전하려면 개인의 우수함도 중요하지만 그것을 계승 발전시킬 수 있는 제자가 양육되어야 한다.

한국에 있는 5만여 개교회 목회자들에게 물어보자. 당신은 이제 죽어도 당신의 사역을 넘겨줄 후임 사역자가 준비되어 있는가? 있다면 그의 목회는 성공으로 가는 것이고, 없다면 그의 목회는 미래를 예측할 수 없는 불안 요소를 안고 있는 것이다.

12) 종교와 세상으로부터 분리되는 교회

이제 종교가 무엇인가를 설명하고자 한다.

국어사전에 보면 신 또는 초인간적, 초자연적인 힘에 대해 인간이 경외, 존중, 신앙하는 일의 총체적 체계를 종교라고 했다.

종교가 성립되려면 ① 종교 대상에 대한 신념(경전) ② 종교 체험(교주의 가르침) ③ 종교 집단의 가치 탐구(내세관)가 그 골격을 이룬다고 한다. 이상과 같은 개념으로 종교를 설명한다면 기독교도 종교의 하나다.

그런데 예수님께서 세상에 오셔서 기존 유대교를 비롯한 종교 관념을 완전 배격하셨다. 그리고 유대교가 핵심 가치로 여기는 과거의 전통과 의식들을 무시하셨다. 옛사람은 이렇게 말했지만 나는 이렇게 말한다고 하시면서 새로움을 깨우쳐 주셨다.

예수님은 과거 수천 년 동안 전래되어 온 기성 종교 집단의 종교 관념이나 의식을 무시하셨다. 그래서 형식으로 굳어져 있는 종교적 틀 안에서 분리(separatists)되어야 함을 역설하셨다.

오늘날 각 종파마다 보이지 않지만 구속력이 있는 관행들이 있다. 총회 헌법, 규약, 정관 등 종교적 계율 안에 생명 운동을 묶어 두려는 종교인들이 있다. 그래서 평소 자유로운 토론 형태의 의사소통은 아무것도 아니고, 형식적인 제직회 회의 절차와 순서나 용어가 통용되어야 그것이 정식 회의라고 생각한다.

이렇게 형식주의에 굳어진 사람은 생명력 있고 현실성 있는 실제적인 대화들은 가치가 없는 것으로 도외시한다.

그러나 신약성경의 예수님과 사도들은 지금 생명이 교류되는가, 성령의 지도대로 따라가고 있는가, 지금의 주장이 사랑의 동기에서 비롯된 내용인가, 자아를 죽이고 보다 많은 회중을 배려하는 진정성이 있는가 하는 것에 관심을 갖고 행동하였다.

오늘날 교회 안에는 사랑도, 예절도, 성령도 없이 자기 아집을 주장하는 종교인들이 넘치고 있다. 신약 교회는 틀에 갇힌 형식적 종교의 탈을 벗어나는 데 주력한 교회였다. 아울러 세상으로부터도 분리되어야 한다.

우리가 세상 속에 살기 때문에 세상의 영향을 안 받을 수는 없다. 그러나 세상이 흘러가는 대로 따라가지 않고 세상에서 분리되어 내 믿음을 지키며 살아갈 수는 있다.

"너희는 믿지 않는 자와 멍에를 함께 메지 말라"(고후 6:14).

"내 나라는 여기에 속한 것이 아니니라"(요 18:36).

"가이사의 것은 가이사에게, 하나님의 것은 하나님께 바치라"

(마 22:21).

우리는 세상에서 분리되어 천국 시민(빌 3:20)답게 거룩한 삶을 살아가야 한다.

제4장
초대 교회의 배경

1. 구약적 배경
   1) 가나안
   2) 수메르
   3) 블레셋
   4) 애굽
   5) 바벨론
   6) 앗수르
   7) 바사(페르시아)
2. 신약적 배경
   1) 헬라 제국
   2) 마카비 혁명과 하스몬 왕조
   3) 헤롯 왕조
   4) 로마 제국
   5) 그레코-로망 시대

초대 교회는 갑자기 생긴 생소한 교회가 아니다. 초대 교회는 이스라엘 민족과 그 주변 국가라는 여러 가지 정황 속에서 만들어진 종합 작품이다. 우리가 신약 교회를 이해하려면 신약 시대적 배경을 알아야 하고, 신약을 이해하려면 신약을 가져온 구약을 이해해야 한다.

초대 교회의 배경은 여러 가지로 다양하다. 신약 교회가 탄생하기 전까지 직접적으로 참여한 이스라엘 사람들이 있었고, 또 이스라엘 사람들이 주변 국가들의 영향을 받아 사회적으로 영향을 미친 것이 초대 교회를 형성하는 사람들에게 영향을 준 부분도 있다.

여기서는 이스라엘 민족이 구약 시대에 영향받은 주변 국가들과 그들에게서 받은 영향이 구체적으로 어떻게 나타났는가, 또 신약 시대에 직접적으로 영향을 미친 헬라 제국과 로마 제국으로부터 받은 영향이 교회에 어떻게 나타났는가를 살펴보고자 한다.

이런 주변 국가와 그들의 영향을 살피는 것은 곧 초대 교회가 주변 국가들의 영향에 의한 산물이 아니라 하나님의 계획에 의한 섭리였음을 깨닫기 위함이다.

이런 의미에서 초대 교회의 배경을 살펴보자.

1. 구약적 배경

구약성경에 보면 이스라엘 민족이 맨처음으로 접촉한 이방 사람이 가나안이다. 그 후 메소포타미아(수메르), 블레셋, 애굽, 바벨론, 앗수르, 바사(페르샤) 등 여러 나라들과의 관계 속에서 이스라엘 민족의 역사가 진행된다.

이스라엘은 이들과의 관계 속에서 어떤 영향을 받았는가?

성경을 근거로 살펴보자.

1) 가나안(The Canaanites)

가나안의 이름은 창세기에 나타난다. 가나안은 노아의 아들 '함'의 넷째 아들이었다(창 10:6). 또 가나안은 장차 시돈과 헷을 낳고 여부스 족속, 아모리 족속, 기르가스 족속, 히위 족속, 알가 족속, 신 족속, 아르왓 족속, 스말 족속, 하맛 족속을 낳았다(창 10:15~18).

이렇게 시작된 가나안 족속은 이스라엘 민족이 애굽에서 400년 이상 지내는 동안에 가나안 땅에서 크게 번성하였다.

그래서 여호수아가 약속의 땅 가나안을 정복할 때에는 가나안에 거주하고 있던 주민들 역시 이스라엘 민족을 능가하는 거대한 부족들로 비대해졌다.

여호수아가 가나안을 정복할 무렵에는 페니키아 사람, 블레셋 사람, 암몬 사람, 헷 사람, 여부스 사람, 아모리 사람 및 히위 사람이 포함된다(수 3:14 참조).

이들 가나안 원주민이 세운 성읍으로 게셀(Gezer, 수 12:12; 대상 20:4), 므깃도(Megiddo, 수 12:21, 17:11; 왕상 9:15), 여리고(Jericho, 수 2:1~2), 소돔(Sodom, 창 14:3), 고모라(Gomorah, 창 10:19) 및 예루살렘(Jerusalem, 창 14:18) 등이 있었다.

이처럼 오랜 역사 속에 자리를 잡고 살아가던 가나안 원주민들을 하나님께서는 모조리 진멸하라고 명하신다(신 7:1~5, 20:17 등).

왜 하나님은 가나안에 자리 잡고 살아가는 일곱 부족을 다 진멸하라고 하셨는가?

하나님이 이스라엘 민족 하나를 살리시기 위해서 가나안 7부족을 진멸하라고 하시는 것은 불공평한 결정이 아닌가? 우리는 구약성경에서 가나안을 정복하고 가나안 7부족을 진멸하라는 잔인한 하나님에 대해 이해하기 힘들다. 모세가 출애굽한 이스라엘 민족에게 가나안은 젖과 꿀이 흐르는 복지라고(출 3:8) 과대(?) 선전한 것은 가나안 정복을 미화시키기 위한 인간적 수단이 아니었을까 하는 의구심이 생긴다.

왜 하나님은 가나안 사람을 혹독하게 진멸하도록 하셨는가?

당시 가나안 사람들은 고대 역사 가운데서 가장 성적으로 타락하고, 도덕적으로 저급하였으며, 동시에 잔인한 부족들이었음을 성경이 증언하고 있다. "소돔 사람은 여호와 앞에 악하며 큰 죄인이었더라"(창 13:13). "여호와께서 또 이르시되 소돔과 고모라에 대한 부르짖음이 크고 그 죄악이 심히 무거우니"(창 18:20).

또한 창세기 19장 1~11절, 민수기 25장 1~3절, 사사기 19장 14~25절, 열왕기상 14장 24절, 15장 12절, 22장 46절, 열왕기하 23장 7절 등의 성경을 보면 당시 가나안 7부족이 얼마나 성적으로 문란했는가를 보여준다.

가나안 종교의 대표적 신은 '엘'(El)이었다. 그의 아내는 '아세라'(Ashera)이다. '엘'은 또 세 자매와도 혼인하였다. 그 가운데 하나가 '아스다롯'(Ashtoreth, 삿 10:6)이었다.

엘에게는 70명의 자녀가 있었는데 그중 가장 유명한 것이 '바알'(Baal)이다. 바알의 누이(엘의 딸)가 '아낫'(Anat)이다.

엘은 자기 형제와 아들을 살해하고 자기 딸도 참수하였다. 엘은 자기 아비와 자신을 거세하고 자기 측근들에게도 거세를 강요했다. 이 같은 성적 문란과 잔인함은 그를 추종하는 자들에게도 똑같은 성적 타락을 가져왔다.

아세라는 엘의 아내로 목상, 나무, 장대, 돌기둥으로 여신을 상징했다. 아세라는 가나안의 주신으로 처녀이면서 아기 밴 여신으로 음탕한 성교와 전쟁의 신이었다. 그 신당은 공인된 여 창녀 소굴이었다. 아세라는 헬라의 아프로다잇, 로마의 비너스와 같은 신이었다(렘 7:18 참조).

또 가나안 암몬 족속의 신은 '몰렉' 이었다(왕상 11:5, 7). 몰렉 제사는 아이들을 제물로 바치는 제사였다.

이처럼 가나안 원주민들이 섬기는 모든 신들이 성적으로 타락했기에 그곳의 제사장들 대부분이 동성연애자로 알려졌고, 여사제들은 대부분이 창기들이었다. 이렇게 성적으로 타락한 가나안 원주민들은 하나님의 심판으로 진멸의 대상이 되었다.

이스라엘 민족이 430년간 애굽에 거주하는 동안 수없는 회개의 기회를 주었으나 끝까지 돌아서지 않은 가나안 7부족은 드디어 진멸로 심판을 받게 되었다.

그래서 하나님의 심판 수단으로 가나안 7부족이 여호수아에 의해 진멸된다.

2) 수메르(The Sumerians)

성경에는 '수메르' 라는 말이 나오지 않는다. 성경에는 수메르인이 살고 있었던 '메소포타미아' (창 24:10; 신 23:4; 삿 3:8; 행 2:9, 7:2)란 지역 이름이 나오고, 또 수메르인이 세웠던 메소포타미아 지역 도시 중 하나로 갈대아 성읍인 '우르' 라는 지명이 나온다(창 11:28, 31, 15:7; 느 9:7).

창세기 11장에는 유명한 바벨탑 이야기가 나온다.

함의 손자인 니므롯이 주동이 된 하나님 대항용 바벨탑 사건으로 인해 하나님께서는 언어를 혼잡하게 하심으로 모든 사람을 흩어 버리신다. 주전 3천 년경 바벨탑 사건으로 인류는 전 세계로 흩어진다.

흩어지는 여러 무리 중에 두 부류 사람이 메소포타미아 지역에 정착한다. '메소포타미아'라는 말은 '두 강 사이에 있는 땅'이란 뜻이다. 여기서 말하는 두 강이란 티그리스 강과 유프라테스 강을 말한다. 이 두 강은 모두 남쪽으로 흘러서 페르시아 만으로 이어진다.

메소포타미아에 정착한 두 부류 중 한 부류는 '아카드인'(Akkadians)으로 상부 골짜기에 거주하였고, 다른 한 부류는 '수메르인'(Sumerians)으로 골짜기 아래쪽에 거주하였다.

수메르인들이 살았던 남부 지역에는 중요한 성읍들이 세워졌다. 그 성읍들이 에리두, 키시, 라가스, 라르사, 움마, 우르(Ur), 우락(Urak) 등이다.

이 중에 우르(Ur)라는 성읍은 주전 2500~2300년경 수메르를 다스리는 중심 도시로 확대되었다. 이곳 갈대아 우르에 살던 아브람의 아비 데라는 우르에서 아브람, 나홀, 하란을 낳았다(창 11:27).

데라는 갈대아 우르에서 자기 아들 하란을 잃고 손자 롯과 두 아들을 데리고 갈대아 우르를 떠나 가나안으로 가려고 하다가 하란에 거주하였다(창 11:31). 그로 인해 데라는 하란에서 죽는다.

아브람과 롯은 드디어 가나안에 도착하였다(창 12:5). 아브람은 가나안에 살다가 아들 이삭의 아내를 찾을 때 가나안 여인이 아닌 자기의 고향 메소포타미아 여인을 구해 오도록 한다(창 24:1~10).

이곳 메소포타미아는 천문학, 수학, 점성학, 지도 제작, 외과 수술 등이 발달한 곳으로 알려졌다. 이곳 수메르인의 수학은 큰 발전을 하여 6진법에 의한 숫자 체계를 발명하였다. 그들은 곱하기, 나누기 및 분수를 사용하였고, 1년을 354일로 한 음력 달력을 사용하였다.

메소포타미아의 어미 신 '이쉬타르'(Ishtar)는 사랑과 풍요의 신이고, 아들 신인 '담무스'(Tammuz)는 봄과 꽃과 곡식의 신이었다.

바벨론이 통치할 때는 이곳 메소포타미아에서 '마르둑'(Marduk)이 등장하였다. 바벨론인들이 천체를 숭상하여 천문학에 대한 연구와 점성술이 발전할 때 이 메소포타미아의 수학이 크게 기여한 것으로 추측된다.

3) 블레셋(The Philistines)

블레셋은 노아의 아들 함의 후손이다. 함은 구스와 미스라임과 붓과 가나안을 낳았다(대상 1:8). 함의 둘째 아들인 미스라임은 루딤, 아나밈, 르하빔, 납두힘, 바드루심, 가슬루힘, 갑도림을 낳았다. 블레셋은 '가슬루힘'에서 나왔다(창 10:14; 대상 1:12).

블레셋은 아브라함 때부터 관계가 지속된 종족이었다(창 26:1, 8, 18). 블레셋과 이스라엘 민족 간의 치열한 경쟁은 사사시대 300여 년간 계속되었다. 이들은 해안 지대에 정착하였고, 헬라인이 이들을 블레셋인이라고 부른 것이 오늘날 팔레스타인의 유래가 된 것으로 추정한다.

블레셋은 가사(Gaza), 아스돗(Ashdod), 아스글론(Askelon), 에그론(Ekron), 가드(Gath) 등 5개 도시가 도시 국가 연맹을 이루었다. 각 도시는 방백이 통치하였다.

블레셋 사람들은 매우 종교적인 부족이었다. 그래서 다곤(Dagon) 신을 곡식 생산의 신으로 섬겼다(삼상 6:1~4 참조). 블레셋은 새 성을 세울 때마다 신당을 지었다. 가사 성의 다곤 신당(삿 16:1~27), 아스돗의 다곤 신당(삼상 5:1~4), 역대상 10장 10절 등에 다곤 신당이 소개된다. 구약성경에 다곤 신당과 관계된 사건이 몇 가지 소개되고 있다. 삼손이 다곤 신당에서 죽었고(삿 16:23), 블레셋이 이스라엘의 법궤를 아스돗 다곤 신당에 안치하자 다곤 신상이 넘어져 머리와 두 손목이 부러졌다(삼상 5:4). 또 길보아 산에서 전사한 사울의 머리를 다곤 신당에 달았다(대상 10:10).

이 외에도 그들은 '아스다롯'(번식의 신), '바알세붑'(거주의 신)을 섬겼다(삼상 5:4, 31:10; 왕하 1:2).

이들 블레셋 족이 초기에는 철기 무기로 이스라엘을 이겼다. 그러나 솔로몬 시대에는 완전히 정복되었다(왕상 4:21). 블레셋과 싸운 삼손, 사울, 요나단 등의 기사는 우리가 익히 아는 바이다. 그리고 오늘날 팔레스타인이라는 이름으로 남게 되었으므로 그 영향이 구약과 신약을 넘어 현대까지 미치고 있다고 하겠다.

4) 애굽(The Egyptians)

애굽의 조상은 함의 둘째 아들인 '미스라임'(창 10:6) 후손으로 본다. 옛 애굽 사람들은 셈 족에 가까운 근거가 있다.

애굽인과 셈족의 말은 그 대명사, 어미, 숫자, 구조 등이 비슷하다. 그러나 그 단어들은 서로 같지 않다. 그럼에도 문법은 비슷하다. 그래서 애굽의 조상은 노아의 아들 '함'의 후손이나 북아프리카에 이주해서 사는 동안 셈족과 유사하게 닮아진 후손으로 추정한다.

애굽은 주전 3000~2700년의 초기 왕조에서부터 수십 왕조가 바뀜으로 그 역사 이해가 복잡하다.

애굽의 제사장이며 역사가인 '마네토'(Manetho)에 의하면, 주전 3300년부터 주전 330년 알렉산더 대제가 통치할 때까지 애굽에는 31개 왕조가 뒤바뀌며 이어져 왔다고 한다.

(1) 옛 제국의 왕조(제1왕조~제10왕조)

제4왕조(B.C. 3000년경) 때 피라미드들이 건축되었다.

(2) 중간 제국(제11왕조~제17왕조)

아브라함이 가나안에서 애굽으로 내려갔을 때(창 12:10~20)를 이 시기로 본다. 소아시아에서 밀려온 셈족이 힉소스 왕조를 무너뜨리고 애굽 전토를 장악했다.

(3) 새 제국(제18왕조~제20왕조)

애굽 최대의 권세와 부의 시대(B.C. 1600~1100)로, 이 무렵 라암셋 2세(B.C. 1292~1225)가 67년 재위로 지내며 21년간을 헬라 제국과 싸웠으나 얻은 게 없다. 라암셋은 이 무렵 외국에서 들어온 백성을 사용하여 자기 왕국 강화에 힘썼다. 그는 외국인들에게 노동을 강요했다. 그리고 아라비아에 대한 방어로 비돈, 라암셋에 국고성을 쌓는 데 히브리인들을 징용하였다(출 1:8~14). 라암셋 치세 때 히브리인들의 출애굽이 이루어진 것으로 추정된다.

(4) 리비야 정권(B.C. 945~712)과 에티오피아 왕조(B.C. 712~663)

리비야 사람이 제22~25왕조를 이룬다.
열왕기상 11장 40절에 솔로몬 왕이 여로보암(후에 북왕국 왕이 됨)을 죽이려 할 때 그가 애굽으로 도망하자 애굽 왕 시삭(시송크,

945~925)이 보호해 주었으나 후에 팔레스타인과 유다 왕국을 침략했다(왕상 14:25 참조).

제25왕조는 에티오피아 왕조(B.C. 712~663)로 유다와 친선을 맺고 지낸다. 이때 애굽 왕은 '소'였다(왕하 17:4).

전에 앗수르 왕 살만에셀이 북왕국 이스라엘에게 조공을 받아 왔었는데 이스라엘이 애굽 왕 '소'를 의지하고 조공을 거부하였다. 이에 앗수르 왕 산헤립이 북왕국 이스라엘을 멸망시킨다(B.C. 721). 그리고 남왕국 유다도 공격한다. 이때 애굽 왕이 유다 왕을 도우려 패하고 돌아간다(왕하 18~19장).

(5) 앗수르의 지배(B.C. 670~645)

앗수르는 북왕국을 멸망시키고 또 남왕국 유다도 넘보고 있었다. 앗수르 산헤립의 아들 '에살핫돈'(Esarhaddon, B.C. 680~669)은 미약해진 애굽을 쳐들어간다(왕하 19:37). 그 후 약 25년간 애굽을 지배한다.

(6) 애굽 왕조의 부흥(B.C. 645~525)

프사에티커스(B.C. 663~609)는 애굽 제25왕조를 세우고 애굽인의 왕조를 회복했다. 바로 느고 2세(B.C. 609~593)는 애굽 세력을 굳건하게 세웠다. 그는 해외 이민자들을 받아들이고 해상 무역을 발전시켰다.

바로 느고가 항상 위험 세력으로 존재하는 북방의 앗수르를 치려고 북상하였다. 이때 유다의 성군 요시야 왕이 바로 느고를 저지하려다가 므깃도에서 전사당한다(왕하 23:29~30).

이후로 유다와 수리아는 애굽의 세력 밑에 들어간다. 그런데 갈대아의 새로운 황제 느부갓네살이 새로운 세력으로 등장한다.

느부갓네살은 남쪽의 노대국 애굽의 세력을 저지하려고 주전 604년에 갈그미스에서 애굽과 전쟁을 일으킨다. 여기서 애굽이 패하고 후퇴한다. 그럼에도 불구하고 유다 나라는 바벨론보다는 애굽과의 관계를 지속한다. 유다 왕 여호야김과 시드기야가 신흥 제국 바벨론을 거부하자 바벨론 왕 느부갓네살은 예루살렘을 함락시킨다(B.C. 605년 제1차 포로).

(7) 바사의 지배(B.C. 525~349)

바사 왕 고레스의 아들 캄비세스가 애굽과 에티오피아를 정복하였다. 그 후 약 100년여간 바사의 지배 아래 있게 된다. 애굽은 이 무렵에도 몇 번의 독립을 위한 투쟁을 시도했으나 결국 헬라의 알렉산더 지배하에 들어가게 된다.

(8) 애굽의 헬라화(프톨레마이오스 왕국)

주전 341년 페르시아의 아르탁세르크스 3세가 이집트를 정복했다. 그러나 주전 332년 마케도니아의 알렉산더 대왕에 의해서 페르시아가 쫓겨났다. 알렉산더 대왕은 애굽에 헬라 문화를 일으켰다. 그는 '알렉산드리아'라는 애굽 제2의 도시를 건설하고 수많은 해외 이민자들을 거주시켜 헬라화를 추진하였다. 이 무렵 팔레스타인에 거주하던 유대인들이 대거 알렉산드리아로 이주하게 된다.

알렉산더가 죽고 난 후에는 4명의 장군 중 하나인 프톨레마이오스 1세가 애굽의 통치자가 된다. 프톨레마이오스 1세는 수도를 알렉산드리아로 삼고 애굽의 고유 문화를 존중한다. 그리고 이 시기에 애굽의 사제인 '마네토'(Manetho)로 하여금 왕을 위해서 왕조의 역사를 쓰게 하여 그것이 오늘날까지 전해져 오고 있다.

프톨레마이오스 왕조는 앗수르의 셀류크스 왕조로 이어지는 안티오커스 왕조와 150년에 걸친 전쟁을 계속한다. 그로 인해 국력이 쇠약해진 프톨레마이오스 왕조는 클레오파트라 7세가 애굽을 재건하려고 많은 노력을 기울였으나 결국은 로마의 속주가 되고 만다.

이 무렵 주전 150년경 알렉산드리아에 거주하던 유대인들이 히브리어 구약성경을 70인에 의해 헬라어로 번역하는 70인역이 이루어진다. 70인역(Septuagint : LXX)은 최초의 번역 성경으로 세계화의 초석이 되는 데 큰 공헌을 하게 된다.

(9) 로마 제국령 시대

프톨레마이오스 왕조의 마지막 왕은 클레오파트라 7세 여왕이었다. 당시 로마가 여러 나라를 지배하는 중에 '파르티아'가 반란을 일으킴으로 이를 정벌하기 위해 나갔던 로마 장군 안토니우스가 클레오파트라를 만나 사랑에 빠진다.

본국의 옥타비아누스의 여동생 옥타비아와 결혼한 관계인데도 클레오파트라에 빠진 안토니우스는 클레오파트라와 결혼을 한다. 그리고 안토니우스는 키프로스 섬과 시칠리아와 아프리카의 구레네를 결혼 선물로 준다. 이에 로마 원로원에서 안토니우스와 클레오파트라 정벌을 결정한다.

로마 군단은 주전 31년 9월에 군함 500척을 거느리고 그리스 악티움(Actium) 앞바다에서 클레오파트라가 이끄는 전함 600척과 해전을 벌였다. 이때 안토니우스와 클레오파트라는 전쟁이 치열해지자 애굽으로 달아났다. 전쟁은 이듬해까지 계속되었고, 전선은 알렉산드리아 육상전이 되었다. 애굽 군대가 로마 군단에 의해 패하자 안토니우스와 클레오파트라는 자결한다. 이로써 애굽은 주전 32년 로마의 옥타비아누스 치하에 들어간다.

주전 27년 옥타비아누스는 로마 제국의 아우구스투스 황제가 된다. 서로마 제국이 멸망한 후(379) 애굽은 동로마 제국 비잔틴 제국령이 된다.

비잔틴 제국은 기독교가 국교였다. 따라서 비잔틴 제국의 기독교 영향으로 애굽의 종교, 건축, 문화는 파괴되었다. 비잔틴 시대의 애굽은 과거 로마 제국 시대보다 극심하게 착취를 당하였다. 종교적으로 박해도 받았다.

이렇게 박해당하는 애굽을 정복한 아랍 군단은 애굽인들에게 해방자로 받아들여진다.

(10) 이슬람 이후

641년에 아무르 이브눌 아스가 아랍 군대를 이끌고 애굽을 정복하였다. 그는 비잔틴 제국이 세워 놓은 기독교 문화를 다 쳐부셨다. 그 후로 옴미아드 왕조, 아바스 왕조(661~868)로 이어지고, 터키계 툴룬 왕조(818~905), 오스만 왕조(1517), 무하마드 알리 왕조(1798), 영국 식민지 시대를 거쳐 1952년 나세르, 사다트로 이어지고 있다.

애굽이라는 나라는 성경에 많이 소개되고 있다.

애굽과 이스라엘은 오랜 역사 속에서 다양한 관계를 맺은 이웃이다. 그렇기 때문에 애굽의 종교가 이스라엘인에게 다양하게 영향을 주었다.

멤피스 사람들이 '프타'(Ptah)라는 황소 신을 섬겼다(출 32:8, 19~20, 24, 35). 테베스 사람들이 '아몬'(Amon)이라는 암소를 섬겼다. 그외에 무드(Mut)라는 독수리, 오시리스(Osiris)라는 염소, 호루스(Horus)라는 매, 토드(Thoth)라는 원숭이, 헤카(Heka)라는 개구리, 세트(Set)라는 악어, 네겝트(Nechebt)라는 뱀, 바스트(Bast)라는 고양이 등을 섬겼다.

이렇게 여러 종류의 생물들을 신으로 섬기는 애굽인들은 구약성경 여러 곳에서 이스라엘 사람들에게 영향을 미친다. 그래서 출애굽한 이스라엘이 광야에서 금송아지를 만들어 섬긴 것(출 32장)은 애굽의 영향을 받은 것이고, 또 북왕국 여로보암이 북쪽 이스라엘 백성이 남쪽 예루살렘으로 못 가도록 금송아지를 만들어 섬기게 한 것도(왕상 12:28) 애굽의 영향이다.

5) 바벨론(The Babylonia)

바벨론의 조상은 노아의 둘째 아들 함이 낳은 구스의 아들 '니므롯'이다(창 10:9). '니므롯'은 백성들을 선동하여 하나님을 거역하고 바벨탑(창 10:10, 11:9)을 쌓게 한 장본인이다.

바벨론의 이름은(창 10:10) 니므롯이 시날 평지의 바벨에서 바벨탑을 쌓은 것에서 유래된다.

이렇게 시날 평지에 하나님을 대적하기 위해 세워진 바벨론은 구약성경에서 하나님을 배반하는 악령의 대명사가 되었고, 신약에서도 바벨론은 사탄의 대명사로 쓰이고 있다(행 7:43; 계 14:8, 16:19, 17:5, 18:2, 10, 14, 15, 21 등).

(1) 고대 바벨론의 역사

고대 바벨론은 매우 오래된 문명을 가졌다.

지금의 유프라테스 강과 티그리스 강 하류에 발전된 바벨론은 고대 문명의 발상지이기도 하다. 지금 이라크 땅이 옛날 바빌로니아 땅이었고, 바벨론 성은 지금의 바그다드 남쪽 80km 떨어진 곳에 위치하였다.

이곳에 살던 고대인들을 북쪽은 아카드(Acad), 남쪽은 수메르(Sumer)라고 했다. 예로부터 이곳을 우르(Ur), 갈대아, 바벨론이라 했고, 때로는 시날(Sinal)이라고도 했다. 이곳 바벨론은 한때 셈족 계통의 아모리인들에게 넘어간 때도 있었다. 바벨론 왕조로 이름이 불리게 된 것은 함무라비(Hammurabi, B.C. 1750) 왕 시대부터였다.

함무라비는 바벨론 제국의 설립자일 뿐 아니라 유명한 '함무라비 법전'(*The Code of Hammurabi*)의 제정자이기도 하다. 이 법전에는 바벨론의 생활에 필요한 사회, 정치, 경제 측면을 총괄하는 300조항의 각종 법률이 수록되어 있다. 이 내용은 함무라비가 처음으로 만들었다기보다 이미 300년 전 수메르의 법률가들이 제정하였던 내용들을 성문화하고 요약한 것이라고 할 수 있다.

함무라비는 '이신'(Isin)과 '라르사'(Larsa) 두 왕조를 통일하여 강력한 나라로 발전하였다. 그러나 42년간 바벨론을 융성하게 한 함무라비가 죽자 헷 족속에 의해 바벨론은 종지부를 찍고, 계속 쇠약해지다가 주전 728년 앗수르 제국에 흡수되고 만다.

이렇게 해서 고대 바벨론은 함무라비 때 크게 발전했다가 사라진다.

(2) 신 바벨론의 역사

바벨론은 함무라비 왕조 이후 1천여 년을 앗수르의 지배를 받았다. 그러다가 갈대아인으로 알려진 나보폴라사르(Nabopolassar, B.C. 625~605)가 앗수르에 반기를 들고 다시금 옛 바벨론의 영광을 회복하려고 했다.

이렇게 시작된 신 바벨론은 그의 아들인 '느부갓네살'(Nebuchanezzar, B.C. 604~562)이 앗수르를 정복하면서(B.C. 612) 새로운 중동의 패권자가 된다.

느부갓네살은 먼저 주변 국가들을 정복한다.

느부갓네살은 주전 606년 '갈그미스' 전투(대하 35:20)에서 애굽 세력을 예루살렘 이남으로 물리친다. 그리고 이어서 유대 나라를 세 차례에 걸쳐 공략한다. 느부갓네살과 애굽의 전쟁 때 유다 왕 요시야가 므깃도에서 전사당한다(대하 35:24). 느부갓네살은 애굽 세력을 물리친 여세로 유대까지 정벌한다.

느부갓네살은 요시야 후임으로 그의 아들 '여호야김'을 꼭두각시 왕으로 세웠다. 그리고 성전의 보물과 왕족의 후손들을 바벨론으로 끌고 갔다. 그 가운데 다니엘과 세 친구가 있었다(대하 36:6~7; 단 1:1~3). 이때의 포로를 제1차 포로(B.C. 605)라고 한다.

느부갓네살은 예루살렘에서 급거 귀국한다. 그것은 본국에서 부왕이 서거했기 때문이다.

느부갓네살은 주전 597년에 제2차 포로를 위해 다시 유대 나라를 쳐들어왔다. 그는 남은 보물들을 바벨론으로 가져갔고, 주요 인물 1만 명을 잡아갔다. 이때 제2차 포로에 선지자 에스겔과 다른 관리들이 섞였다(왕하 24:14~16; 대하 36:9~10).

제3차 포로는 주전 586년에 느부갓네살이 다시 쳐들어와 성벽을 허물고 성전을 파괴시키고 성읍을 불태웠다. 또 후환거리인 왕자들을 살해하고, 반역한 시드기야 왕은 두 눈이 뽑힌 채 바벨론으로 끌려가서 죽는다.

느부갓네살은 바벨론 성읍을 수축한 것으로도 유명하다.

바벨론 성읍은 4각형으로 이루어졌는데, 한 면의 길이가 14km였으며 둘레가 90km에 달하였다. 성 안의 면적은 약 320㎡로 오늘날 뉴욕 시 크기만 했다. 성벽 밖으로는 유프라테스 강물이 해자(垓字)를 이루어서 접근하기 어렵게 했다.

성벽의 높이는 105m이며 성벽의 두께는 26m로 병거 6대가 동시에 나란히 지나갈 수 있었다. 성벽 안에는 터널을 뚫고 들어오지 못하도록 지하 11m까지 막아놓았다. 성벽 위에는 중요한 요소마다 250개의 파수대가 세워졌다. 성내에는 동으로 만든 문이 100여 개가 굳게 닫혀 있었다.

느부갓네살 왕은 위대한 건축가였다.

느부갓네살 왕은 그의 아내 '아미티스'(Ametis)가 고향 메대의 산을 그리워하는 향수를 달래기 위해 '공중정원'을 건축했다.

공중 정원은 세계 7대 불가사의 중 하나이다. 이것은 면적이 120㎡에 달하는 곳에 층층이 완전하게 다듬은 테라스가 있는데, 그 높이가 105m에 달한다. 관람자들은 폭이 3m 되는 계단을 따라 올라가면 정상까지 오를 수 있다. 그곳의 탑은 폭이 90m, 높이가 90m이다.

바벨탑에 인접해 있는 거대한 마르둑(Marduk) 신전은 유프라테스 골짜기에서 가장 유명한 신전이라고 할 수 있다.

그곳에 금으로 만든 거대한 벨(Bel) 신상이 있고, 무게가 5만 파운드에 달하는 금 탁자가 있었다. 꼭대기에는 벨과 이쉬타르(Ishtar 또는 아스다롯, Ashtharot)의 금 신상과 두 금 사자, 길이 12m에 폭이

4.5m 되는 탁자가 있고, 높이가 4.8m 되는 순금으로 된 사람의 모습이 새겨져 있었다.

바벨론은 금이 풍부한 황금의 도시였다(사 14:4 참조).

이렇게 왕성한 정복과 건축을 하던 느부갓네살은 주전 562년에 죽었다. 그 뒤로 '에빌 므로닥'(Evil-Merodach, B.C. 561~560, 왕하 25:27; 렘 52:31), '네르갈사레셀'(Nerigalsareser, B.C. 559~556, 렘 39:3, 13), '라바시 마르둑'(Labasi-Marduk, B.C. 556~556), '나보니두스'(Nabonidus, B.C. 555~539), '벨사살'(Belshazzar, B.C. 539~539, 단 5:1~31) 등으로 이어진다.

이렇게 요란한 신 바벨론은 고작 86년간(B.C. 625~539) 번창하다가 주전 539년 10월 13일에 메대와 바사의 동맹 세력에 의해 힘없이 무너지고 말았다.

바벨론 성읍이 앞서 언급한 것처럼 높은 성벽, 두꺼운 성벽으로 구축됐는데 어떻게 정복되었는가? 그것은 바벨론 성벽 앞에 흐르고 있는 유프라테스 강 양쪽에 180개의 운하를 파서 강물 세력을 약화시킨 후 강물 수위가 낮아지자 그 길로 성에 쳐들어갔다고 한다.

(3) 바벨론이 후대에 미친 영향

바벨론이 그 당시 유대인들을 포로로 잡아갔고 유대 나라를 멸망시킨 것으로도 바벨론의 악명은 영원히 남을 수 있다. 그런데 바벨론의 영향은 당대로 끝나지 않는다. 바벨론이 후대 수많은 나라들에게 종교적으로 미친 영향이 지대하고, 아울러 오늘날 로마 가톨릭에 끼친 영향도 막대하다. 그뿐만이 아니다. 바벨론은 미래에도 영향을 미칠 것이 요한계시록에 예언되어 있다.

이 내용을 간략하게 살펴보자.

먼저 바벨론이 다른 나라들에 미친 영향을 보자.

그것은 바벨론 민족의 민족 신인 종교적 영향이다.

바벨론 사람들이 섬기던 바벨론 민족 신은 '마르둑'(Marduk)이었다. 마르둑, 또는 말둑을 히브리어로 '므로닥' 이라고 했다(렘 50:2 참조). 마르둑은 폭풍과 창조의 신 '엔릴'(Ennlil)의 기능과 공적을 물려받았다고 한다. 바빌로니아 신 중에는 '벨로스'(Belos) 또는 '벨'(Bel)이라는 부르는 신이 있다. '벨'을 그리스에서는 '제우스'(Zeus)라고 불렀다.

바빌로니아 신 중에는 유명한 여신 '밀리타'(Milita)가 있었다. '밀리타' 여신의 기원은 유대인 백과사전(The Jewish Encyclopedia)에 의하면, 구스가 낳은 아들 '니므롯'(창 10:8~9)의 아내인 '세미라미스'(Semiramis)였다고 한다. 이 밀리타 여신 또는 세미라미스 여신이 각 나라로 전해지면서 다른 이름으로 여신 숭배가 크게 부각된다.

밀리타 또는 세미라미스가 각 나라로 전해지면서 이름이 달라진다. 앗수르 사람은 '이쉬타르' 라고 했고, 페니키아 사람들은 '아스다롯'(삿 2:13, 10:6; 삼상 7:3~4, 12:10, 31:10; 왕상 11:5, 33; 왕하 23:13)이라고 했다.

세미라미스(밀리타) 여신에 대한 신앙은 더욱 크게 발전한다. 세미라미스의 남편은 니므롯이었다. 그녀는 남편이 죽자 남편의 시체를 조각조각 나누어 각 지방에 보냈다. 그래서 남편의 존재 의미를 각 지방에 부각시킨다. 이 같은 신화에 영향을 입은 레위 사람이 자기 첩의 시체를 12덩이로 나누어 이스라엘 12지파로 보내서 전 이스라엘을 자극시킨 사건이 있었다(삿 19:29 참조).

세미라미스는 그 후 사생아를 낳았다. 그런데 사생아가 자기 남편이 환생한 것이라 하여 그 이름을 '담무즈'(Tammuz)라고 하였다. 담무즈가 태양신이고 구세주다.

세미라미스는 자기 몸에서 난 아들 '담무즈'와 결혼을 한다. 그리하여 세미라미스는 태양신의 아내이자 어머니가 된다. 담무즈는 모든 신의 으뜸 신이고 세미라미스는 어머니 신, 아들의 신, 남신, 여신의 기원이 되고 이 여인은 음녀(淫女)의 기원이 된다.

이렇게 바벨론에서 시작된 남신을 '담무즈', 음녀의 여신을 '세미라미스'라고 했다. 이 신이 각 나라로 번져 가면서 이름이 달라진다. 앞서 언급한 대로 앗수르 사람은 '이쉬타르'라고 했고, 페니키아 사람은 '아스다롯'이라고 했고, 그리스 사람들은 '아프로디테'(Aphrodite)라고 했고, 로마 사람들은 '비너스'(Venus)라고 했다.

이렇게 시작된 바벨론 신화가 그리스, 로마를 거쳐 전 세계로 퍼진다. 독일 지방에서는 처녀신 '헤르타'(Hertha), 스칸디나비아 지방에서는 '디사'(Disa), 인도 지방에서는 어머니 신 '인드라니'(Indrani), 중국에서는 성모(聖母), 에베소 지방에서는 '아테미'(Ademi) 혹은 다이아나(Diana), 고린도 지방에서는 '아프로디테'(Aphrodite), 애굽에서는 '아이시스'(Isis)라고 했다.

이렇게 전세계적으로 여신 혹은 어머니 신과 아들 신을 섬기는 것이 익숙한 세상의 보편적 신앙에다 가톨릭교 교리를 접목시킨 것이 성모 마리아 교리와 그의 아들 예수 그리스도를 섬기게 만든 마리아 교리이다.

초대 신약 교회의 마리아 숭배 사상은 전혀 근거가 없다. 431년 에베소 회의(The Council of Ephesus) 때 마리아가 하나님의 어머니냐, 그리스도의 어머니냐 하는 논쟁이 시작되었다. 하지만 찬, 반의 첨예한 논쟁은 그 어떤 결론도 못 맺는다. 그 후로 이 논쟁은 가끔씩 되풀이되었으나 뚜렷한 결론을 얻지 못했다.

1854년 교황 비오 9세가 마리아 무원죄 잉태설(Immaculate Conception)을 발표하고 그 기념 축제일로 12월 8일을 정했다.

알폰수스 디 리구오리(Alphons M. de Liguori, 1696~1787)는 그리스도에 의해서보다도 마리아에 의지하는 편이 쉽게 축복을 얻는다고 주장하였다. 그는 마리아의 무원죄 잉태설을 주장하며 마리아 예배를 강조했다. 이 같은 가톨릭의 도덕 신학을 만든 그를 가톨릭교회는 성인으로 추대하였고(1839), 후에는 교회 박사 칭호가 주어졌다(1871).

이런 근거로 1931년 마리아는 하나님의 어머니라고 확정하였고, 1950년에는 마리아가 부활한 후 승천했다고 발표하고, 1951년 교황 비오 12세는 마리아는 몸이 썩지 않고 하늘로 승천했다고 선언했다. 그리고 1962년에는 마리아의 종신 처녀설을 주장했다.

바벨론의 영향은 미래까지 계속될 것이 성경에 예언되었다.

요한계시록 14장 8절에 "무너졌도다 큰 성 바벨론이여 모든 나라에게 그의 음행으로 말미암아 진노의 포도주를 먹이던 자"라고 했다. 요한계시록 16장 19절에도 "큰 성 바벨론이 하나님 앞에 기억하신 바 되어 그의 맹렬한 진노의 포도주 잔"을 받았다고 했다. 요한계시록 17장 5절에도 큰 바벨론은 땅의 음녀들과 가증한 것들의 어미라고 했다. 요한계시록 18장 2, 10, 14, 15, 21절에도 귀신의 처소, 각종 더러운 영이 모이는 곳, 각종 더럽고 가증한 새들이 모이는 곳으로 묘사되고 있다.

여기서 바벨론이 로마의 별명으로 사용되고 있는 것이 외경이나(제2바룩서 6~8, 11:1) 정경(벧전 5:13)에 의해 분명하다. 이 로마 성은 인간 역사와 같이 계속할 세속적 대도시의 상징이다. 아울러 바벨론은 하나님을 반역하고 온갖 더러운 음란을 계속할 악령의 대명사다.

우리는 역사적 바벨론과 영적 바벨론의 의미를 동시에 이해해야 한다.

6) 앗수르(The Assyrians)

노아의 장자 셈은 다섯 아들을 두었다(창 10:22). 셈의 장자 '엘람'은 지금의 이란 지방에서 발전한 페르시아인이었고, 셈의 둘째 아들 '앗수르'(Asshur)는 지금의 이라크 지방에서 발전한 '앗수르'인이었다.

'니느웨'는 함의 아들 '구스'와 그의 후손 '니므롯'이 건설하였다. '니므롯'의 땅은 시날 땅의 바벨과 앗수르의 '니느웨'까지 건설하였다(창 10:11~12 참조).

그런데 후에 셈의 아들 '앗수르'가 니느웨를 차지하면서 니느웨는 메소포타미아 지방에서 가장 오래되고 가장 번창했던 성읍이 되었다. '니느웨'는 지금 이라크의 수도 바그다드에서 서북쪽 350km 지점에 위치하였다.

전에는 이곳의 흔적이 사라져서 그 역사성까지 의심받았다. 그러나 1820~1932년에 많은 발굴에 의해 그 존재가 드러나고 있다.

니느웨의 옛 이름은 '니누아'(Ninua) 혹은 니노스(Ninos)라고 불렸는데, 그 이유는 강의 여신 '니나'(Nina)에서 비롯된 것으로 전해진다.

니느웨 성의 이름은 함무라비 법전에도 등장한다.

(1) 고대 앗수르의 역사

고대 앗수르가 왕조를 이룬 역사는 주전 2300~2230년경의 '사르곤'(Sargon) 왕조를 들을 수 있다. 이들은 비옥한 토지와 빈번한 무역을 통해 상당히 번창하였다. 그러다가 헷 족속(가나안의 둘째 아들)의 이주로 무역이 막히면서 약화된다.

주전 14세기경에 앗수르의 재기가 드러나기 시작한다.

앗술 우발리트 1세(Asshur-Ubalit, B.C. 1365~1330)가 애굽과 바벨론 등 주변 열강들과 관계를 맺고 앗수르를 재건한다.

살만에셀 1세(Shalmaneser 1, B.C. 1274~1245)가 국권을 회복한다. 살만에셀은 정복한 땅의 국민을 사로잡아다가 자기 땅에 살게 하고, 정복한 땅에 본국 국민들을 이주케 하는 식민 정책을 펼쳐나갔다.

디글랏빌레셀(Tiglath-pileser, B.C. 1114~1076)은 거대한 물소와 열 마리의 코끼리와 120마리의 사자를 죽였다고 주장하는 강력한 왕으로 등장한다. 다윗과 솔로몬이 나라를 다스릴 주전 1100~900년경에는 앗수르의 국력이 쇠퇴한다. 그러나 솔로몬이 죽고 르호보암 때는 앗수르가 다시 강력해진다.

(2) 신 앗수르의 역사

신 앗수르는 주전 900년경부터 세력을 떨치기 시작한다.

이때부터 니느웨는 이스라엘을 침략하여 약탈하면서 끈질기게 괴롭힌다. 아슈르나시르팔(Ashur-Nasir-pal, B.C. 883~859)은 외국에 대한 영토 확장을 위한 침략을 시작한 왕이다.

아슈르나시르팔의 아들 '살만에셀'(Shalmaneser 3세, B.C. 858~824)은 이스라엘 아합 왕과 전쟁을 벌였던 것으로 나타난다.

주전 785년경 북왕국 이스라엘의 '아밋대'의 아들 요나 선지자가 니느웨에 찾아가서 회개를 외침으로 앗수르가 회개하여 얼마 동안 평온해졌다. 살만에셀 3세의 사후 약 80년간은 앗수르가 쇠퇴한다.

그러나 디글랏빌레셀(Tiglath-pileser 3세, B.C 746~728)은 쇠퇴한 앗수르를 다시 일으켜 세운다.

열왕기하 15장 29절에 보면 북왕국 이스라엘의 왕 베가 때, 앗수르 왕 디글랏빌레셀이 납달리 온 땅을 점령하고 그 백성들을 앗수르로 끌고 간 것이 기록되었다.

열왕기하 16장 7절에는 남왕국 유다 왕 아하스가 앗수르 왕 디글랏빌레셋에게 조공을 바치며 유다를 쳐들어오는 아람과 이스라엘 군대를 물리쳐 주기를 요청한다. 유다 왕 아하스의 어리석은 처신으로 앗수르는 결국 북왕국 이스라엘을 공격하여 두 지파 반의 사람들을 잡아가게 된다.

살만에셀 5세(B.C. 727~722)는 북왕국 이스라엘의 마지막 왕인 호세아를 잡아 투옥시킨 인물이다(왕하 17:1~6). 그리고 사마리아를 3년간 포위하고 공략하였다.

사르곤 2세(Sargon 2, B.C. 721~705)는 살만에셀의 군대 장관으로 사마리아를 약탈하고 이스라엘을 멸망시켰다(B.C. 721). 그의 이름이 이사야 20장 1절에 언급되었다. 사르곤 2세는 부하에게 암살당한다.

산헤립(Sennacherib, B.C. 705~681)은 사르곤 2세의 아들로 그의 아버지가 죽을 때 바벨론 성읍의 총독이었다. 산헤립은 주전 701년 남왕국 수도 예수살렘을 포위하고 히스기야 왕으로 하여금 항복하도록 강요했다.

히스기야 왕이 처음에는 많은 조공으로 위기를 모면하였으나, 거듭되는 앗수르의 침략을 하나님께 기도함으로 적군 18만 5천이 죽게 된다(왕하 18~19장; 대하 32장; 사 36~37장). 산헤립은 후에 그의 아들들에게 살해되었다.

에살하돈(Esarhaddon, B.C. 681~669)은 부친을 죽인 형제들 아드람멜렉과 사레셀이 아라랏 땅으로 도망함으로써 부친을 대신하여 왕이 되었다(왕하 18:18~19:37). 이때 엘고스 사람 나훔(Nahum, B.C. 663~607) 선지자가 니느웨의 멸망을 예언한다(나 1:1, 2:8, 10, 3:7 등).

에살하돈은 그 부친 산헤립이 파괴했던 바벨론 성읍을 재건한다. 그리고 유대 왕 므낫세를 잠시 동안 포로로 잡아두었던 왕인 듯하다(대하 33장).

아슈르바니팔(Ashurbanipal, B.C. 668~626)은 주전 721년에 정복한 북왕국 이스라엘 땅에 외국인들이 들어가 살도록 허용하였다. 여기서 사마리아인의 멸시받는 역사가 시작된다(왕하 17:24).

그는 앗수르의 강력한 최후의 왕으로, 앗수르 제국은 그가 죽은 후 15년이 지난 주전 612년에 바벨론과 메대 연합군에 의해 함락되었다.

앗수르의 수도이자 가장 중요한 성읍은 니느웨였다. 이곳 성의 주변 둘레가 96km에 달하였고, 성벽의 높이는 30m에 달하였고, 높이가 60m에 달하는 탑이 1,200개나 있었다고 한다.

성 안에는 60만 명의 사람들이 충분히 먹을 수 있는 농사가 가능하였다. 성읍 안에서 웅장한 왕궁이 뜰과 성벽을 합쳐서 그 면적이 100에이커에 달했다고 한다. 이렇게 방대한 앗수르는 바벨론을 한 속주로 삼고 앗수르가 바벨론 왕을 세웠다. 그러나 앗수르가 점점 부패해지자 주전 625년에 바벨론 왕이었던 나보폴라사르(Nabopolazzar, B.C. 625~605)가 앗수르에 반기를 들었다. 나보폴라사르는 메대의 도움을 받아 주전 612년에 니느웨를 함락하였다.

(3) 앗수르의 종교

바벨론과 앗수르는 다 같은 수메르 문화의 영향을 받은 민족이다. 따라서 이들의 종교는 대체로 바벨론이 계승한 것 같다. 앗수르인이 섬겼던 전쟁과 사랑의 신은 '이쉬타르'(Ishtar) 또는 '아스다롯'(Ashtaroth)이었다. 이스라엘 사람들이 영향받은 것은 이 신이었다. 여기서 그리스의 '아프로디테'(Aphrodite), 로마의 비너스(Venus)가 전해진다.

7) 바사(페르시아, The Persians)

우리는 지금 구약성경을 배경으로 하는 주변 국가들 가운데 아브라함 이전 시대에 있었던 가나안(B.C. 2000년 이전)과 수메르를 살펴보았다. 또 아브라함 시대에 패권을 잡고 있던 애굽이나 고대 바벨론의 역사도 살펴보았다. 그리고 앗수르 시대(B.C. 740~612)를 거쳐 신바빌로니아 시대(B.C. 612~539)도 살펴봤다.

이제는 구약 시대에 가장 방대한 제국으로 군림했던 바사 제국의 220년(B.C. 550~330) 역사를 살펴보면서 이스라엘 민족과의 관계를 알아보자.

(1) 페르시아의 역대 왕

바사의 역사는 고레스(Cyrus)로부터 시작된다.

고레스는 어떤 인물이었는가? 고레스는 메대 아스티아게스 왕의 공주 만다네가 페르시아의 칼비세스 1세에게 시집 가서 낳은 아들이었다고 한다.

주전 700년경에는 지금의 이란에 메대족, 페르시아족, 파르티아(바대)족 등 세 종족이 살았다고 한다. 고레스는 메대 공주와 페르시아 왕 사이에서 낳은 아들이다.

고레스는 외가의 도움을 받아 신 바빌로니아를 정복한 후 메대-바사를 만들고 후에 바사 제국, 즉 페르시아 제국으로 확대된다.

고레스 왕(B.C. 550~529)은 주전 547년에 지중해와 흑해 사이에 위치한 리디아(Lydia)의 부유한 왕 크로에수스(Croesus)를 정복하였다. 이때 고레스는 낙타 부대를 사용하여 승리했다고 한다. 그 후 멀리 인도 국경까지 영토를 확장하고, 주전 536년에 바벨론의 마지막 왕인 벨사살을 처형하였다(단 5장 참조).

고레스 왕은 주전 535년에 바벨론에 포로로 잡혀온 유대인들을 예루살렘 고국으로 귀환하도록 칙령을 내렸다(에 1:1~4).

고레스 왕은 이방인인데 어떻게 유대인 포로를 석방하게 칙령을 내렸는가? 이에 대해서는 다니엘이 고레스 3년까지 살았다는 (단 10:1) 기록으로 미루어 추측해 볼 때, 고레스는 고령인 역대 총리 다니엘의 영향을 받았을 가능성이 크다. 고레스에 관한 이사야의 좋은 평가도 그 같은 가능성을 뒷받침해 준다. "고레스에 대하여는 이르기를 내 목자라 그가 나의 모든 기쁨을 성취하리라"(사 44:28). "여호와께서 그의 기름 부음을 받은 고레스"(사 45:1).

고레스에 대한 기록은 다니엘서에도 있다. "다니엘은 고레스 왕 원년까지 있으니라"(단 1:21). "이 다니엘이 다리오 왕의 시대와 바사 사람 고레스 왕의 시대에 형통하였더라"(단 6:28). "바사 왕 고레스 제삼년에 한 일이 벨드사살이라 이름한 다니엘에게 나타났는데"(단 10:1).

이 같은 기록을 보면 바사 왕 고레스는 다니엘과 좋은 관계를 가졌던 것 같다. 그 같은 영향으로 이방인이었던 고레스가 포로로 억

류된 유대 민족에게 해방을 선포했을 가능성이 크다.

고레스는 카스피해 동북부에 있던 '맛사겟타이'를 정복하려던 전투에서 전사함으로써 재위 29년 만에 마지막을 맞는다. 고레스 사후 그의 맏아들 '캄비세스' 2세가 뒤를 잇는다.

캄비세스 2세(Cambyses 2, B.C. 529~522)는 200만 군대로 애굽을 정벌한다. 그래서 주전 525년 애굽 건국 이래 처음으로 페르시아 군에게 정복당한다.

캄비세스 2세는 애굽 정복 후 에티오피아 원정에도 나섰다. 그러나 살육과 잔인한 횡포를 거듭하던 캄비세스 2세는 자기 칼에 찔려 파상풍으로 재위 7년 5개월 만에 죽는다.

캄비세스 2세는 팔레스타인 주변 사람들의 예루살렘 성전 건축에 대한 계속된 상소문을 받고 예루살렘 성전 건축을 중단시키는 왕명을 내리기도 하였다.

에스라서는 고레스 왕 때부터 아하수에로 왕 때 올린 것과 아닥사스다 왕 때 올린 투서들을 다 기록하고 있으므로 혼선을 빚을 수도 있다(스 4:4~24 참조).

캄비세스 2세가 왕자를 남기지 않고 죽음으로 후에 젊은 장군 다리우스가 왕이 된다.

다리우스 대왕(Darius the Great, B.C. 522~486)은 고레스 왕의 딸 '아로사'를 왕비로 삼고 왕가의 정통성을 주장했다. 그는 선왕이 점령한 인도에서 애굽까지 방대한 지역을 20구역으로 나누어 다스렸다. 그래서 한때 기울던 바사 제국을 다시 일으켜 세웠다.

그는 22km마다 역마차 제도를 두어 제국 안에서 일어나는 중요한 사건들이 10일 안에 국왕에게 전달될 수 있도록 밀정 정치로 국민들의 동태를 감시하였다. 또 바벨론 성읍에 반란이 일어나자 주동 인물 3천 명을 십자가에 못 박아 처형하였다.

그럼에도 불구하고 다리우스 대왕은 캄비세스 2세가 중단시켰던 예루살렘 성전 건축을 계속하도록 허용하였다. 여기서 다리오 왕 때 성전 건축에 관계된 내용을 살펴보자.

성경에 보면 예루살렘 성전은 세 번에 걸쳐 세 가지 성전이 지어졌다. 첫 번째는 솔로몬 성전으로 주전 967년에 세워졌다(왕상 8:12; 대하 6장). 솔로몬 성전은 주전 586년에 바벨론의 느부갓네살에 의해 파괴되었다. 두 번째는 스룹바벨 성전으로 주전 516년에 완성되었다. 이것은 유대 민족이 바벨론에 포로로 잡혀갔다가 바사 왕 고레스의 칙령으로 귀환해서 다시 지은 제2성전이었다. 세 번째는 헤롯 성전으로 주전 16년에 황폐한 제2성전을 대수축한 것이다. 이 같은 수축 공사는 주후 29년에 마무리되었고, 그 후에도 증축이 계속되었으나 주후 70년 로마군에게 다시 파괴되었다.

다리우스 대왕 때의 성전 공사는 제2성전에 관한 것이다.

이 제2성전은 스룹바벨 성전이라고 한다. 그 이유는 바벨론에 포로로 잡혀간 여호야긴 왕의 손자 스룹바벨이 포로에서 귀환한 유대인들의 총독으로 활동할 때 제2성전이 완성되었기 때문이다. 스룹바벨은 정치 지도자였고, 여호수아는 종교 지도자인 대제사장이었다. 이때 백성들을 고무시킨 선지자는 학개와 스가랴였고, 백성들을 지도한 이는 에스라와 느헤미야였다. 이들 각자가 자기 위치에서 성전 건축을 위해 공헌하였다(스 6:1~12).

학개와 스가랴는 성전 건축을 위한 시공만 해놓고 캄비세스 2세의 금지 명령으로 다리우스 2세 때까지 9년간 공사가 중단된 것을 새롭게 다시 시작하도록 일깨워 주었다(스 5:1~6:15).

다리우스 왕은 주전 490년에 그리스 아테네를 공격하여 헬라를 장악하려고 하였다. 그러나 마라톤(Marathon)이라는 작은 평원에서 총명한 헬라 장군 '밀티아데스'(Miltiades)에 의하여 완전히 패하고 만다.

이때 병력의 수효나 장비가 비교가 되지 않았다. 아테네 군대는 약 9천 명 정도였고, 바사 군대는 6만 명의 기병과 600척의 보병을 실은 전함이었다. 이때 그리스의 소규모 군대가 승리한 소식을 '페이디피데스'가 마라톤 평야에서 아테네까지 42.195km를 달려가서 "아테네가 이겼다"고 전한 뒤 숨이 끊어졌다. 오늘날 마라톤 경주는 이때의 페이디피데스를 기념하는 경기이다.

크세르크세스(Xerxes, B.C. 486~465)는 대제국 페르시아가 아테네의 소병력에 의해 패한 다리우스 왕이 죽자, 아버지의 뒤를 이어 왕이 되었다. 이 크세르크세스 왕이 에스더서에 나오는 아하수에로(Ahasuerus) 왕이다(에 1:1~8).

그는 주전 480년 봄에 부왕의 설욕을 갚고자 다시 헬라 공격에 나선다. 이때 육군이 170만, 기병이 8만, 낙타 부대와 바벨론의 전차 부대가 각각 2만씩이었다. 해군도 군함이 1,207척, 운송선이 3천 척, 해군 전체 병력이 52만이었다. 여기에다 수송과 잡역꾼을 합쳐 532만의 대군단을 이루었다. 이들 군대는 인도에서부터 에티오피아까지 페르시아 제국 내 모든 가용 병력을 차출한 군대였다.

이렇게 많은 군대에 비해 그리스 군대는 다 합쳐도 불과 4천 명 안팎이었다. 그럼에도 불구하고 페르시아 군대는 많은 손실만 입었다.

'테르모필레'(Thermopylae) 전투에서 스파르타군 300명이 몰사당하면서 페르시아의 기병 3,000명을 벼랑에 떨어져 죽게 했다.

크세르크세스 대군은 아테네를 정복하여 아테네 시가지를 불로 초토화시켰다. 이때 아테네 시민들이 '살라미'(Salamis) 섬으로 피신하여 추격해 오는 페르시아 군대를 대거 무찌른다.

크세르크세스 왕은 패배자로 귀국하고 잔여병은 '나도니우스'

(Nardonius)의 통솔을 받고 1년 후 '플라타이아'(Plataea) 전쟁에서 또 패배하고 죽는다. 이렇게 500만이 넘는 페르시아 군대가 절반가량은 전쟁에서 죽고 나머지는 식량 부족과 탈수 상태에서 병으로 죽어 갔다. 페르시아 군대는 1년 만에 400만 명을 잃었다.

페르시아는 전후 13년에 걸쳐서 여러 차례 그리스를 공략하였다. 그런데 그때마다 압도적인 군세임에도 불구하고 그리스에게 패배했다. 그 원인이 무엇일까?

그리스 군대는 자유를 사랑하는 자유 시민이어서 자발적이고 헌신적인 용맹함을 갖추고 있었다. 그리고 적들이 지형을 잘 모르는 것에 비해 그리스 군대는 지형에 익숙한 것이 큰 장점이었을 것이다. 그에 반해 페르시아 군대는 강제로 징발된 군대였고, 너무 먼 길을 행군해 왔으므로 싸움 전에 이미 지쳐 있었다. 게다가 현지 지리 사정에 어둔 것이 패배의 원인이 되었을 것이다.

아닥사스다(Artaxerxes, B.C. 465~423)는 크세르크세스 왕의 아들이며, 에스라(스 7:1)와 느헤미야(느 2:1)가 이 왕 때 활동하였다.

페르시아는 마케도니아 전투에서 큰 타격을 입은 후 점점 국운이 기울어졌다. 그리고 국내 여기저기서 반란이 일어났다. 또 애굽에서도 반란이 일어났다. 애굽은 그리스와 동맹군을 결성하여 페르시아에 반항했다. 그래서 8개월에 걸친 동맹군 진압을 위해 싸워야 했고 애굽 통치가 쉽지 않았다.

아닥사스다 왕 7년(B.C. 457)에 에스라가 바벨론에서 예루살렘으로 귀환하였다(스 7:1~28).

에스라가 예루살렘으로 돌아온 지 13년이 되는 해에 에스라의 강력한 개혁과 철저한 회개 운동에 반항하는 무리가 이방인과 비밀 조직을 만들어 예루살렘 성벽을 무너뜨리고 성문에 불을 질러 성문이 불타는 불상사가 발생하였다. 이 소식을 전해 들은 느헤미야가 금식하며 기도하다가 아닥사스다 왕의 허락을 받고 예루살렘 성벽 재건 공사를 하게 된다. 이때가 아닥사스다 왕 20년(B.C. 444) 이었다(느 1:1~2:10).

아닥사스다 왕의 통치 기간에 페르시아 제국은 점점 쇠퇴하였다. 그에 반해 그리스 아테네에서는 한창 문화의 꽃이 피며 파르테논 신전이 건축된다.

다리우스 2세(B.C. 423~405) 때는 음모와 부패로 얼룩졌다. 그리고 여러 곳에서 계속 반란이 일어나는 것을 진압하는 데 국력을 소진하였다.

아닥사스다 2세(B.C. 404~359)는 그의 형제 고레스가 군사를 일으켜 왕권을 탈취하려 함으로 형제간에 치열한 전투가 벌어졌다. 수많은 총독들이 권력을 휘둘러 양민을 괴롭히고 애굽, 키프로스, 페니키아, 시리아 등은 독립을 선언함으로 재정이 점차 줄어들었다. 페르시아를 향한 소요와 반란은 계속되었다.

아닥사스다 3세(B.C. 358~338)는 측근 중 반대하는 형제 자매들 수십 명을 살해했다. 그리고 애굽을 정복하여 성벽을 무너뜨렸다. 그러나 급속하게 확산되는 그리스 문화가 중동의 수많은 민족들의 환심을 사게 되었다. 반대로 페르시아 문명은 점점 쇠퇴 일로에 있었다. 이때 마케도니아의 필립과 그의 아들 알렉산더가 혜성처럼 등장한다.

다리우스 3세(Darius 3, B.C. 335~331)가 페르시아 왕이 되던 해 마케도니아에서는 알렉산더가 20세에 왕이 된다.

이때부터 중동의 패권이 페르시아에서 헬라로 넘어간다.

주전 333년 이수스(Issus) 전투에서 페르시아군이 알렉산더군에게 패하기 시작하면서부터 역사는 완전히 헬라 쪽으로 기울어진다.

한때 인도에서 에티오피아까지 방대한 제국을 건설한 페르시아가 약 220년 역사로 패망하게 된다.

페르시아가 자체 내에 만족하지 않고 마케도니아 정복을 욕심내서 스카티아 전투, 마라톤 전투, 테르모필레 전투, 살라미스 전투, 플라타이아 전투 등 계속된 전투에서 패배함으로 결국 마케도니아의 알렉산더 시절을 맞이하게 된다.

(2) 페르시아가 남긴 공헌

페르시아의 대표적인 교사는 주전 600년에 태어난 '조로아스터'(Zoroaster)였다. 조로아스터는 선(빛을 나타내는 것)과 악(어둠으로 표현되는 것)의 2원론(Dualism)을 발전시켰다.

그는 선한 자에게는 하늘의 축복이 있고, 악한 자에게는 지옥의 고통이 있을 것을 가르쳤다. 이 세상에는 선과 악이 공존하는데 선한 신을 따라 살아야 축복을 받는데, 선한 신의 이름이 '아후라 마즈다'(Ahura Mazda)이고, 악한 신의 이름은 '아흐리만'(Ahriman)이라고 했다.

조로아스터가 만든 선한 신 '아후라'는 페르시아 언어로 '오르무즈'(Ormuzd)라고 불렀고, 그리스 로마 시대에는 '오르마제스'(Ormazes)라고 했다. 이들이 믿은 아후라 마즈다는 전지전능한 창조주이시며 인간의 생사화복을 주장하고 인간의 의식주에 필요한 모든 것을 공급하는 신이라고 믿었다.

조로아스터가 7~8년 아후라 마즈다 신의 계시를 받아 정리한 내용이 있다. ① 선한 사상 ② 완전한 정의 ③ 왕국의 기대 ④ 인간의 구원 ⑤ 영혼의 불멸 ⑥ 조화의 대지. 이러한 내용을 집필한 것이 조로아스터교의 경전이 되었다.

2. 신약적 배경

초대 교회는 구약적 중동 여러 나라들의 배경과 신약적 유럽 제국의 영향 속에서 출발하였다.

우리가 믿고 있는 신약성경은 유럽풍의 헬라 제국인 그리스어로 기록되었다. 헬라 제국 자체는 구약 시대 나라다. 그러나 헬라 제국의 영향은 신약성경을 헬라어로 기록하게 했고, 또한 헬라 문화화에 대한 반발로 일어난 운동들이 각종 유대인파를 만들어 냈다. 신약성경에 나오는 사두개파, 바리새파 등의 분파들은 헬라화의 반동으로 일어난 유산들이다.

그뿐만이 아니다. 헬라화에 대한 반동 운동이 마카비 혁명이다. 마카비 혁명은 구약과 신약을 잇는 중간 운동으로 매우 중요한 운동이었다.

필자는 헬라 제국 이후가 신약성경에 직간접적으로 지대한 영향을 미쳤으므로 이것을 신약적 배경으로 살펴보고자 한다.

1) 헬라 제국

(1) 헬라 제국의 준비

앞서 페르시아 제국을 살펴보았다. 페르시아는 약 220년(B.C. 550~330)간 중동과 애굽과 인도까지 영토를 점유했다. 그런데 이것에 만족하지 않고 마케도니아를 정복하려다 마케도니아에게 힘을 빼앗기고 자멸하게 된다.

헬라는 페르시아의 계속적인 침략으로 마라톤 전쟁, 살라미 전쟁, 플라타이아 전쟁을 겪던 시기에 페리클레스(Pericles, B.C.

461~429)가 주도하는 민주적인 지도 세력에 의해 황금 시대를 맞는다. 이 무렵에 세계적으로 유명한 인물들이 배출되었다.

   헤로도토스(Herodotos, B.C. 485~425)―역사의 아버지
   히포크라테스(Hippocrates, B.C. 460~370)―현대 의학의 아버지
   소크라테스(Socrates, B.C. 469~399)―철학자
   플라톤(Plato, B.C. 427~347)―철학자
   아리스토텔레스(Aristotle, B.C. 384~322)―철학자
   데모스테네스(Demosthenes, B.C. 385~322)―역사상 가장 위대한 웅변가 중 한 사람

   헬라는 페르시아의 대대적 공격을 받을수록 자발적 민주주의 정신으로 계속해서 훌륭한 인물들이 배출되었다. 그러나 이 같은 민주주의 정신은 스파르타와 아테네 두 도시 국가의 세 번에 걸친 펠로폰네소스 전쟁으로 끝이 나고 만다.

   이 전쟁 후 스파르타가 주도권을 장악함으로 민주적 기풍이 사라진다. 그럼에도 불구하고 헬라는 민주적 기풍이 찬란했을 때 세계적으로 유명한 인물들을 배출할 수 있었다.

(2) 알렉산더 대제의 등장

   주전 338년 마케도니아의 필립(Philip of Macedon, B.C. 380~336)이 헬라 전체를 장악하였다. 필립이 자기 이름에 의한 새 도시를 건설한 것이 신약성경의 '빌립보'이다. 그가 336년 암살당하자 그 아들 알렉산더가 계승하였다.

   알렉산더(Alexander the Great, B.C. 356~323)는 유년 시절 아리스토텔레스 문하에서 3년 동안 자연과학, 인문과학을 사사받았다.

   그는 20세에 왕위에 오른 후 왕권이 확립되자 내정을 안티파트

로스에게 위임한다. 그리고 페르시아 원정에 나선다.

주전 333년 '이수스'(Issus)에서 페르시아군을 대파하고 페니키아 여러 도시들을 점령하였다. 주전 332년에는 애굽을 무혈 정복하였다. 그리고 자기 이름을 딴 애굽의 제2의 도시 알렉산드리아 항구 도시를 건설한다.

주전 331년에는 메소포타미아, 바벨론, 수사, 페르세폴리스 등을 공략하였다. 주전 330년에는 이란 고원을 정복하고 인도의 인더스 강에 이르렀다. 주전 323년에는 아라비아 반도와 서 지중해의 원정 계획을 실현하지 못하고 요절한다. 그의 나이는 32세였고, 죽은 곳은 바벨론이다.

알렉산더는 왕이 된 지 11년 만에 그리스에서 인도, 애굽까지 정복하였다. 그리고 그가 정복한 곳마다 헬레니즘을 전파하여 지속적 영향이 확산되게 하였다.

(3) 알렉산더 대왕 사후 헬라의 분할

알렉산더 대왕은 주전 323년에 죽었다. 그가 죽자 헬라 제국의 지배자로 네 장군이 각축전을 벌였다. 알렉산더 대왕의 이복 매형인 카산더(Cassander)는 알렉산더 대왕 부인인 황후 록사나와 왕자를 살해했다. 그리고 헬라 제국은 네 장군에 의해 분할되었다.

카산더는 헬라 본토와 마게도냐를 장악했다. 리시마쿠스(Lysimachus)는 소아시아 지역을 장악했다. 프톨레미(Ptolemy)는 애굽과 팔레스타인 지역을 장악했다. 셀류쿠스(Selcucus)는 시리아 지역과 바벨론 지역을 장악했다.

여기서 우리는 팔레스타인 지역과 유대 민족에 대해 살펴보자.

팔레스타인의 유대인이 바벨론에 의해 포로가 되어 잡혀갔고, 나라는 망했다. 그런데 새로운 제국 페르시아는 포로 된 유대인들에게 해방을 선포하고 폐허된 성전을 건축하게 하였다. 이때 정치 지도자로 스룹바벨, 느헤미야 등이 활동하고 선지자로 에스라, 학개, 스가랴 등이 활동하였다.

헬라 제국의 알렉산더 대왕 때 이스라엘 민족은 자유를 누렸다. 프톨레미 왕조 시대에도 유대인들은 번영을 누렸다. 페르시아 때부터 계속된 대제사장 책임하의 자치권이 유지되었다. 그런데 팔레스타인이 셀류쿠스 왕조의 지배를 받으면서부터 유대 민족이 탄압을 받기 시작하였다. 그것이 드디어 마카비 혁명으로 이어지게 된다.

(4) 셀류쿠스 왕조(B.C. 312~64)

셀류쿠스는 본래 애굽의 초대 통치자인 프톨레미 1세의 수하에 있던 군대 총사령관이었다. 셀류쿠스 1세 니카톨(Seleucus 1세 Nicator)은 주전 311년 바벨론을 정복하고 셀류쿠스 왕조를 시작하였다.

셀류쿠스 왕조는 약 248년간 27명의 제왕들이 있었다. 이 중에 더러는 유대인에게 관대한 왕도 있었으나 대부분은 유대인을 혹독하게 괴롭혔다.

셀류쿠스 왕조는 셀류쿠스 1세에 의해 세워졌고, 초기의 지배자들은 셀류쿠스나 안티오커스라는 이름을 가졌다.

셀류쿠스는 초대 왕조의 이름이고, 안티오커스는 그들이 오론테스 강의 안디옥을 수도권으로 삼았기 때문에 붙여진 이름이다.

애굽의 프톨레미 왕국과 시리아의 셀류쿠스 왕국 사이에는 150년 전쟁(B.C. 315~165)이 계속되었다.

프톨레미 왕조가 지배하는 동안 유대인들은 관대한 처우를 받았으나 셀류쿠스 왕조 때에는 혹독한 박해를 받았다. 그중 대표적 박해자가 안티오커스 4세 에피파네스(Epiphanes)다.

안티오커스 4세 에피파네스는 유대인 중 친헬라파 유대인들과 동맹을 맺었다.

안티오커스 4세는 처음에 야손(Jason)으로부터 거액의 뇌물을 받고 대제사장 직위를 주었다. 야손은 예루살렘 곳곳에 헬라식 경기장을 세우고 도로명을 헬라식 이름으로 바꾸었다.

베냐민 지파의 메넬라우스(Menelaus)는 야손보다 더 많은 뇌물을 주고 대제사장을 탈취했다.

이렇게 유대인 자체가 부패로 타락함을 본 에피파네스는 유대교를 근본적으로 없애 버리고 헬라화하기 위해 강제적 탄압 정책을 펼친다. 안티오커스 4세 에피파네스는 유대교 탄압에 대한 칙령을 내렸다. 그것은 다음과 같다.

> 성전 안에서 번제나 희생 제물을 드리지 말라.
> 안식일과 기타 축제일을 지키지 말라.
> 돼지와 부정한 동물들을 희생 제물로 사용하라.
> 사내아이들에게 할례를 실시하지 말라.
> 율법을 저버리고 모든 규칙을 바꾸라.
> 이교 제단과 신당을 세우라.
> 이 명령을 따르지 않는 자는 사형에 처한다.

그리고 이 같은 칙령이 제대로 지켜지는지 유대의 여러 도시에 감독관을 세워 감시했다. 여기서 유대인들은 숨을 곳을 찾아 피난하거나 법에 저촉되어 사형을 당하게 된다. 당시 엘르아살이라는 나이 많은 서기관은 돼지고기를 거부함으로 매질당해 죽었다.

메넬라우스는 자기 동족이 피해를 당하는데도 헬라에 동화되어 대제사장직을 유지했다. 친헬라파의 이 같은 극단적 행동은 마침내 마카비 혁명을 가져온다.

2) 마카비 혁명과 하스몬 왕조

안티오커스 4세 에피파네스의 헬라화 통치는 여러 면으로 많은 영향을 미친다. 정치적으로 극단적 헬라화에 대한 반대 운동으로 마카비 혁명이 일어났고, 그 결과 하스몬 가문이 통치하는 왕조가 시작되었다.

그뿐만이 아니다. 종교적으로 헬라화에 반대하는 바리새파와 에세네파를 형성했으며 헬라화에 동조하는 사두개파도 생겼다.

여기서 에피파네스는 어떤 헬라화 정책을 추진했으며, 그에 대한 반대 운동은 어떻게 일어났는지 그 양면을 살펴보자.

(1) 안티오커스 4세 에피파네스의 헬라화 운동

안티오커스 4세 에피파네스는 역사상 가장 잔인한 폭군이었다. 그는 예루살렘과 유대의 여러 도시에 유대 종교에 대한 말살 정책을 펼쳐 나갔다.

그는 유대인들에게 안식일을 지키지 못하게 했고, 할례를 금지시켰으며, 성전 제사 대신 유대인들이 혐오하는 돼지나 부정한 짐승을 성전에 사용케 했다. 또한 유대교 말살을 위해 예루살렘과 각 도시에 감독관을 세워 위반자들을 색출하여 사형에 처하였다.

이처럼 종교적인 면에서 가혹한 정책을 추진했으나 또 문화적인 면에서는 국민들의 호응을 얻어 내는 정책을 펼쳤다. 즉 공회당을 비롯하여 아름다운 건축 문화를 전개했고, 신체를 연마하는 연무장(체육관)이 활발하게 발전되었다. 자유롭게 자기 의사를 발표하게 함으로 국민의 교양을 높여 갔다. 그리스 언어를 사용하는 사람은 교양인이고 앞선 사람으로 인정되었다.

이렇게 사회 문화적으로 과거와 다른 헬라화 운동은 유대인으로 하여금 찬성자와 반대자의 분리를 가져오게 하였다.

헬라화 운동의 긍정적인 공헌은 애굽 알렉산드리아에서 이룩한 70인역 헬라어 성경 번역이고, 부정적 결과는 마카비 혁명과 각종 종파의 파벌이 생겨난 일이다.

(2) 마카비 혁명

안티오커스의 사신들이 예루살렘에서 24km 떨어진 '모딘'(Modin)이란 마을에 도착하였다.

안티오커스의 사신들은 모딘의 제사장 맛다디아(Mattathias)가 왕의 정책대로 성전에서 이방 신에게 제사를 드려 유대 백성들에게 본을 보여줄 것을 요구했다. 그러나 맛다디아는 이를 거절했다. 이때 사신들의 위협에 겁이 많은 다른 유대인들이 그들의 요구대로 제사를 드렸다.

이를 본 맛다디아는 배교한 유대인들과 안티오커스의 사신들을 살해하고 말았다. 그리고 자신의 다섯 아들과 함께 이방 제단을 부숴 버린 후 체포당하지 않으려고 고원 산속으로 피신하였다. 이후 정통 유대주의를 추종하는 일단의 무리들이 맛다디아 일가에 합세하여 헬레니즘에 편승한 유대인들을 대항하여 게릴라전을 펼쳐나갔다.

이렇게 헬라화에 반대하는 저항 운동을 시작한 맛다디아는 동지를 규합하여 주전 167~166년에 최초의 혁명을 일으키고 시리아 군과 싸우다가 죽었다.

이때 두 아들 엘르아살과 요한이 전사함으로 셋째 아들 유다가 그 뒤를 잇는다.

셋째 아들 유다(Judah)의 별명이 '마카비'(Maccabee, 쇠망치)였다. 유다 마카비는 유능한 군인으로 아버지의 뒤를 이어 시리아 군대와 싸워 나갔다. 그의 탁월한 지도력으로 많은 유대인들을 규합하여 시리아 군대에 대항할 자체 군대를 보유하기에 이르렀다.

유다는 엠마오에 있는 시리아군과 친헬라파 유대인들을 격퇴시켰다. 유다는 여기서 얻은 노획물로 예루살렘까지 진격하였다. 마카비는 유대 영토의 일부분을 제외한 전 도시를 시리아군에게서 되찾았다.

마카비는 성전에 들어가 거기에 설치된 안티오커스의 제우스 신상을 부숴 버렸다. 마카비는 예루살렘 성전이 안티오커스에 의해 모독당한 지 만 3년 후인 주전 164년 9월 25일에 성전을 회복하였다. 이때 8일간 계속되는 하누카(Hanukkah)라고 하는 히브리 광명제(The Festival of Light) 혹은 봉헌제가 지켜지는데 이것을 수전절(요 10:22)이라고 한다.

그러나 평화는 짧았다. 시리아 장군 루시아(Lysias)가 예루살렘 근처의 전투에서 마카비 군대를 격퇴시키고 예루살렘 도시를 공략하였다. 전투 도중 루시아는 유대인에게 화친을 제안했다. 화친 내용은 유대주의를 지키지 못하도록 한 법률들을 철회하고, 시리아는 유대인 내정에 간섭하지 않으며 마카비와 그의 추종자들을 벌하지 않겠다는 것이었다. 이에 마카비군의 장군들과 서기관들과 장로들 회의에서 마카비의 반대에도 불구하고 화친이 받아들여진다.

온건한 헬라주의자인 알키무스(Alcimus)가 대제사장이 되고, 화친 조약에 의해 마카비는 그의 추종자들과 함께 도시를 떠나 버렸다. 그러나 마카비가 염려한 대로 알키무스 대제사장은 정통파 유대인들을 체포하여 처형하였다.

충성스런 유대인들이 다시금 마카비에게로 돌아왔다. 그러나 전에 비해 소규모인 800명의 마카비군은 시리아 군대와 교전하다가 결국 마카비가 전사하고 만다(B.C. 166~161).

유다의 형제 요나단(Jonathan)은 마카비 군대 수백 명과 함께 요단 강을 건너 달아나서 재기를 도모하였다(B.C. 161~143).

그는 전쟁을 치를 만한 군대를 갖추지 못하였다. 그래서 정치적으로 외교력을 펼쳐서 실익을 얻어냈다. 당시 시리아는 두 경쟁자가 서로 왕좌를 노리고 있었다. 이것을 간파한 요나단은 두 경쟁자 중 승세가 보이는 후보자를 지원해서 시간을 벌었고, 다른 한편 스파르타와 로마 조정과도 조약을 맺었다.

이 당시 유대를 이끌어 갈 자질이 요나단에게 있다고 믿은 그들은 요나단의 정치대로 펼쳐졌다. 마침내 주전 150년에 요나단이 유대 나라 종교와 정치 지도자인 대제사장이 되었다. 요나단은 전쟁을 하지 않고도 유대인의 통치자가 되었고, 또 시리아의 귀족이 되었다.

그는 동생 시몬(Simon)을 팔레스타인 평야 지대의 통치자가 되게 하였다. 그런데 요나단이 안티오커스 5세의 대장 드리포에 의해 죽임을 당함으로(B.C. 143) 그 후임으로 동생 시몬이 대제사장이 된다.

맛다디아의 막내아들인 시몬(Simon, B.C. 143~135)이 대제사장이 되었을 때는 꽤 늙었을 때였다. 시몬 역시 놀랍고 빛나는 외교로 승리하였다. 시몬은 시리아의 내란을 틈타 형세가 유리한 데메드리오 2세를 합법적인 왕으로 인정함으로 유대인들이 세금을 내지 않는, 결과적으로 유대의 독립을 공식적으로 승인 받게 되었다.

유대 백성들은 너무 감격하여 시몬으로 하여금 대제사장직과 군대의 지휘와 유대의 행정관을 겸하게 하였다. 그리고 로마에는 사자를 보내고 돈을 마련하였다. 또 시몬은 아크라를 점거해 왔던 시리아 군대를 굶어 죽게 함으로 전 도시를 장악하였다.

시몬의 현명한 통치를 기념하여 이스라엘 지도자들은 시몬을 "영원한 지도자이며 대제사장이시나 이는 선지자가 나타날 때까지니이다"라고 찬양하였다.

이 시몬이 '하스모니안'(Hasmonaean)이라는 새로운 왕조를 열게 되었다. 그 이름 역시 그의 조상에서 따온 듯하다. 그러나 왕위를 노리던 사위 톨레미에게 두 아들인 유다와 맛다디아와 함께 암살을 당한다(B.C. 134).

셋째 아들인 요한 힐카누스(John Hyrcanus)가 흉계를 알고 도망했다가 뒤에 돌아와 아버지의 뒤를 이었다.

(3) 하스몬 왕조 시대

요한 힐카누스(John Hyrcanus, B.C. 135~105)의 30년간 통치는 유대의 전성기였다.

시리아인들은 유대인들이 시리아에 종속될 것과 시리아 군대가 출정할 때 협력할 것을 조건으로 내걸고 요한 힐카누스의 정부를 승인하였다. 이때부터 하스몬 왕조가 시작된다.

힐카누스는 과거 요나단과 시몬이 병합하였던 일단의 연안 도시들을 양도받았다. 또 힐카누스의 효과적인 통치로 이두매 지역

(구약의 에돔)과 연안 도시들이 유대 영토로 귀속되었다.

힐카누스는 이두매인들에게 할례를 장려하고 유대 신앙을 받아들일 것을 강요했다. 또한 힐카누스는 사마리아에도 출정하여 그리심 산의 성전을 파괴하였다. 힐카누스가 죽기까지 그의 영토는 전 국경에 확대되었다.

이처럼 힐카누스가 정치적 세력에 집중함으로 영토는 넓어져 갔으나 종교적 열성은 명확하지 않게 되었다. 이 무렵 헬라주의에 호의적인 사람들은 헬라 사상의 영향을 받아 사두개인들이 되었고, 마카비 시대의 정통과 신앙의 종교적 열성가들은 신약 시대를 전후하여 바리새인이 되었다.

힐카누스 자신은 율법을 고수하는 데 헌신적이었으나 그의 자녀들은 전통 히브리 사상에 공감하지 못함으로 헬라화되어 갔다. 참으로 아이러니한 것은 힐카누스의 조상들은 헬라화에 반발하여 마카비 혁명을 일으켰는데, 힐카누스의 자녀들은 철저하게 헬라화되고 말았다.

힐카누스가 죽자 정권은 아내가 차지했으나 남은 자녀들이 왕위 계승으로 분쟁이 일어났다. 장자인 유다가 자기 동생 3명을 옥에 가둔 후 2명은 굶어 죽게 하였고, 1명은 처형시켰다. 그는 아리스토불로스(Aristobulus)로, 겨우 1년 남짓 통치했다(B.C. 105~104). 그는 유다 영토를 레바논 산 북편까지 확장시켰으나 술과 질병으로 일찍 죽고 만다.

아리스토불로스가 죽자 그의 미망인 살로메 알렉산드라(Salome Alexandra)가 3명의 시동생들이 옥에 갇혀 있는 것을 내놓았다. 그리그 그중 막시동생 알렉산더 얀네우스(Alexander Jannaeus)와 재혼을 하고 그를 왕과 대제사장으로 삼았다.

얀네우스는 유대 역사에 이름난 악한이었다. 그는 26년간 싸움과 암살을 계속했다. 그러면서도 영토 확장을 많이 시켰다.

유다의 경계가 팔레스타인 해안을 따라 남쪽으로 이집트 국경에 이르렀다. 그리고 북쪽으로는 갈릴리 호수 북부 훌레 호까지 넓혔다. 이것은 다윗 왕과 솔로몬 시대의 영토와 비슷한 것이었다.

그러나 종교적으로는 많은 어려움이 계속되었다. 얀네우스 자신이 헬라화에 적극적이어서 주변의 호응을 얻고 영토는 넓혔으나 종교적으로 유대주의 집단인 바리새인들을 노골적으로 멸시하였다. 바리새인들은 얀네우스와 대결하려고 시리아의 도움을 요청하기도 했다.

얀네우스는 자기를 적대하는 바리새인 반란의 주모자들을 색출하여 800명을 처형하였다. 이 같은 반란이 6년간 계속됨으로 점점 더 많은 바리새인이 희생되었다.

얀네우스는 죽기 전에 바리새인 참살을 뉘우치고 아내 살로메에게 사두개인의 충고를 멀리하고 바리새인을 가까이하라고 했다고 한다. 얀네우스는 죽으면서(B.C. 104~98) 아내에게 통치권을 넘겼다.

살로메 알렉산드라(B.C. 98~69)는 하스몬 왕가 두 통치자의 미망인이 되었다. 한번은 전 남편 아리스토불로스의 짧은 통치 기간 후 미망인이 되었고, 두 번째는 얀네우스의 미망인이 되었다.

살로메 알렉산드라는 7년간 다스리고 두 아들에게 왕의 권한을 나누어서 주었다. 즉 장자인 힐카누스는 대제사장으로 왕이 되게 하고, 차자인 아리스토불로스 2세는 군의 총수가 되게 하였다. 그리고 남편의 유지대로 바리새인들을 가까이했다.

이때 산헤드린 의장인 바리새인 '시므온 벤 세타'가 유대의 모든 젊은이들에게 초등 교육을 의무적으로 받아야 한다는 법령을 제정하였다. 이로 인해 유대의 큰 마을이나 촌락 및 도시에서 교양 있고 학식 있는 젊은이를 길러내게 되었다.

그런데 당파 분쟁이 더욱 노골화되었다. 사두개인들은 살로메의 둘째 아들인 아리스토불로스를 살로메의 후임자로 추대하였다. 아리스토불로스는 군인이었고, 그의 측근에는 제국의 팽창과 세계적 권력을 꿈꾸는 야심가들이 모였다. 반면 바리새인들은 장자이며 살로메의 정식 후계자인 힐카누스를 지지하였다. 이 같은 분쟁으로 살로메의 죽음 후 두 형제의 대결이 시작되었다.

모친이 세상을 떠나자(B.C. 69) 힐카누스가 대제사장으로 왕위에 올랐다. 그러나 동생 아리스토불로스가 사전 계획하에 사두개인의 군대를 이끌고 예루살렘으로 진군하여 힐카누스가 왕위를 동생에게 빼앗길 수밖에 없었다.

아리스토불로스 2세(Aristobulus 2, B.C. 69~63)가 대제사장과 왕위에 올랐다. 힐카누스는 빼앗긴 왕위를 재탈환하려고 했다.

이때 이두매(에돔)의 총독으로 있던 대헤롯의 아비 안티파터(Antipater)가 형 힐카누스를 지지함으로 형제간의 싸움을 종용했다. 두 형제가 왕위 쟁탈전으로 싸우고 있을 때 로마 장군 폼페이(Pompey)가 예루살렘을 포위한 지 3개월 만에 아리스토불로스 2세를 물리쳤다.

그리고 유대를 로마의 속국이 되게 함으로 주전 63년에 하스몬 왕조는 막을 내렸다. 폼페이 장군은 힐카누스를 명목상 갈릴리, 이두매, 베뢰아를 포함한 유대인의 통치자로 인정해 주었다. 힐카누스는 매년 로마에 조공을 바쳐야 했다.

(4) 유대교의 종파들

하스몬 왕조는 아리스토불로스의 치세로 끝이 났다. 그러나 힐카누스에 의한 대제사장은 계속 힐카누스 가문이 이어갔다. 힐카누스 2세(B.C. 63~40), 안티고너스(B.C. 40~37), 힐카누스 2세의 딸 알렉산드라, 아리스토불로스 3세, 마리암(B.C. 29)까지 명맥을 이어갔다.

아리스토불로스와 힐카누스가 왕위를 놓고 투쟁할 때 이두매 지방의 통치자(총독이나 장군)였던 안티파터(Antipater)가 형인 힐카누스를 돕는 척하면서 자기 권력을 쌓아 나갔다. 그는 로마의 인정을 받기 위해 많은 뇌물을 바친다. 그리하여 하스몬 왕조는 무너지고 대헤롯이 정치에 나서서 주전 37년부터 주후 70년까지 약 100년간 헤롯 왕가를 이룬다.

신약 시대 예수님을 핍박하고 사도들을 박해하던 유대교 종파가 있었다. 이들은 바리새파, 사두개파, 에세네파, 열심당원들이었다. 이들은 모두 하스몬 왕조 전후에 생겨난 유대교 종파들이다.

이들 유대교 종파는 어떻게 생겨났으며, 그 특징은 무엇인가? 신약성경에 빈번히 나타나는 이들에 대한 내력이 궁금하다. 이들에 대해 간략하게 살펴보자.

A. 사두개파(Sadducees)

사두개파는 주전 1세기와 주후 1세기 사이에 유대 사회에서 활동했던 파벌이다.

'사두개' 라는 이름은 다윗과 솔로몬 시대에 왕께 충성했던 제사장 '사독' (대상 6:8, 12, 24:3)에게서 비롯된 것으로 본다.

다윗은 그가 임금이 되었을 때 전에 자기를 도와준 아히멜렉의 아들 아비아달과 사독을 제사장으로 세웠다(삼하 20:25). 그런데 이 두 제사장이 다윗의 후계자 선정 과정에서 나뉘어진다. 당시 다윗의 장자인 아도니야가 솔로몬을 제치고 왕이 되려고 할 때 아비아달은 아도니야를 후원하고, 사독은 나단 선지와 함께 솔로몬을 후원한다.

다윗의 후계자가 된 솔로몬은 형 아도니야와 아비아달 제사장을 물리친다. 아비아달은 제사장이면서 제사장 기능을 행사 하지 못하도록 베냐민 땅 아나돗으로 추방시켰다(왕하 1:7).

아비아달 후손이 베냐민 땅에서 300여 년을 묻혀 있다가 그 가문에서 선지자가 나타난 것이 예레미야다(렘 1:1 참조).

솔로몬의 머리에 기름 부어 왕이 되게 한 이는 나단과 사독이었다. 이런 일이 있은 후 사독 계열이 제사장 자리를 계속 이어간다.

히스기야 시대에도 제사장은 사독의 계열이었고(대하 31:10), 바벨론 포로 시기에도 제사장 직분은 사독의 계열로 이어졌다(겔 40:46, 43:19, 44:15, 48:11).

그렇다면 예수님 시대 사두개파는 어떠했는가?

예수님 시대의 사두개파는 과거의 찬란한 모습과 완전히 달랐다. 이들은 순수한 종교적 종파도 아니었고 그렇다고 완전한 정치적 집단도 아니었다. 이들은 종교적 종파이면서 동시에 정치적 집단이었고, 또 철학적 색채도 갖고 있었다. 이들의 이름이 구약의 유명한 대제사장 사독에게서 비롯되었으므로 이들의 주된 계층은 제사장적이고, 부유층이고, 귀족층이었다. 이 파의 출현은 요한 힐카누스 통치 때(B.C. 135~104) 나타났다.

이들은 종교적 색채를 띠었으나 정치적으로 상당한 영향력을 행사했다. 당시 정치적 실권을 장악한 산헤드린 의원의 대부분이 사두개파였다. 이들은 헤롯 왕과 적당한 관계를 유지하며 로마의 집정관들과도 유대를 유지하고 있었다. 그러나 백성들로부터는 인정을 못 받고 영향력도 행사하지 못했다.

사두개인들은 자신의 권력과 특권을 유지하기 위해서 헬라화하는 경향을 따랐다. 그러다 보니 바리새파처럼 엄격한 종교성은 거부하였다.

이들은 성경은 오직 기록으로 보존된 토라만을 인정하고 예언서나 기타 성문서 같은 것은 인정하지 않았다. 그렇다 보니 오경만 믿는 이들은 부활이나 천사, 예정 사상 등은 일절 믿으려 하지 않았다. 복도 현세적이고 물질적이며 가시적인 것들로 보았다.

왜 다 똑같은 유대인들인데 사두개인들은 부활을 믿지 않고, 천사도 믿지 않았는가? 그 결정적인 원인은 그들이 믿는 성경이 문제였다. 그들이 믿는 오경 안에서는 부활 신앙도, 천사도 믿을 만한 근거도 찾아볼 수가 없다.

사두개인은 성전을 중요시 여기는 오경만 믿는 것이 바리새인과 다른 파를 만들게 하였다. 이들 사두개인들이 추구하던 현실적, 정치적 유대 나라가 붕괴된 주후 70년 예루살렘 함락 이후 이들은 역사 속에서 완전히 사라져 버리고 말았다.

B. 바리새파(Pharisees)

바리새란 헬라어 "파리사이오스"(φαρισαῖος)에서 왔다. 이 말의 뜻은 '갈린 사람, 분리주의자' 란 뜻이다.

바리새파는 마카비 혁명 때 시작되었다.

안티오커스 에피파네스의 박해는 유대인을 크게 두 파로 나누었다. 에피파네스의 헬라화 운동에 찬동하는 대제사장과 부유층의 사두개파가 생겼고, 또 하나는 에스라 이후 율법주의의 적극적인 경건파 운동의 바리새파가 생겼다.

바리새파는 율법주의에 관심이 많은 서기관들의 영향을 받은 정치적, 사회적으로 덜 중요한 일반 계층이었다. 사두개파 사람들은 성전을 중요시했으나, 바리새파 사람들은 회당을 중요시했다.

바리새파의 회당을 중심으로 한 율법주의로 구약성경 전체를 믿었다. 바리새인들은 율법도 많이 알고 예언서도 많이 알았다. 그렇기에 부활 신앙이 확실했다. 또 천사들과 선한 영, 악한 영을 믿었다 (행 23:7~9).

이들의 가장 큰 관심은 율법의 권위 있는 해석이었다. 이것이 훗날 '탈무드'(막 7:5~8; 마 23장)를 형성한다.

바리새파의 장점은 하나님께 대한 확신과 오로지 그에게만 의지한다는 태도이다. 이들의 단점은 하나님의 자비로운 은총을 모르고 공적에 의해서만 구원을 얻으려고 기대한 점이다.

그들이 믿는 의는 믿음에 의해 은총으로 덧입혀지는 것이 아니라 옳은 행위의 규정들을 엄수함으로 의식적인 정결을 유지하는 데 있다고 믿었다. 그래서 한번 실수한 사람에 대해서 관대히 용서하여 소생할 기회를 주지 않고 단연 정죄하고 처단해 버렸다.

이들은 국민들에게 메시아의 부활의 희망을 품게 하였으나 이스라엘의 민족적 편견 때문에 정작 메시아는 인식하지 못하였다.

예수님 때 바리새인은 약 6천여 명의 회원을 가진 것으로 알려진다. 신약성경에 보면 바리새인 가운데 예수님을 믿은 사람들이 있었다(행 15:5; 빌 3:5). 그러나 사두개인 가운데서 예수님을 믿은 사람은 단 한사람도 없다.

C. 열심당원(Zealots)

열심당은 광신적 유대 민족주의자들의 조직체였다.

열심낭원은 헬라어 '젤로테스'($\varsigma\eta\iota\omega\tau\acute{\eta}s$)라는 데서 'Zealots'가 되었다.

가말라 사람 유다가 주후 6년 구레뇨가 호적(눅 2:2)을 실시하는 것을 반대하여 일으킨 애국적 반동 운동에서 비롯된다(행 5:37 참조).

역사적으로 보면 열심당의 원형은 포로 후기 이후 유대교에서 엘리야의 정신을 이어받은 시몬, 레위, 비느하스(Phinehas)에게서 찾아볼 수 있다. 이들은 이방인과의 혼인을 반대하는 하나님을 위한 질투에서 그 정신을 찾을 수 있다. 그들은 율법을 범하기보다는 오히려 자신의 생명을 끊거나, 이방인들이 반율법적일 때 그들을 살해하는 것이 하나님께 대한 열심이라고 믿었다.

바리새인들은 자기들의 존재 근거를 모세의 전통에서 찾았고, 사두개인들은 아론의 전통에서 찾았다. 그러나 열심당원들은 시몬, 레위, 엘르아살, 비느하스에게서 그 전통을 찾았다(시 106:30~31). 열심당원들은 자신들이 유다 마카비의 전통에 서 있다고 생각하기도 했다.

D. 에세네파(Essenes)

에세네(Essenes)라는 명칭은 시리아에서 유래되었는데 '순결', 또는 '경건'이라는 뜻을 가지고 있다.

예수님 당시 유대교 세 파 중 하나로 활동했던 것으로 기록되고 있다. 성경에서는 에세네파에 관한 기사를 발견할 수 없고, 다만 필로, 요세푸스, 플로니우스의 저서에서만 찾아볼 수 있다. 이들의 저서에서 에세네파의 성격을 알 수 있다.

에세네파는 제사장, 레위족, 성원, 초심자 등으로 나뉘어져 있다. 이들이 쿰란 부근을 본거지로 삼고 하나의 교단을 형성했던 것이 사해 문서에 의해 발견됨으로 이들에 관한 연구가 활발해지고 있다.

에세네파는 본래 '하시딤'(Hasidim)에서 발생한 것으로 본다. 그 후 마카비 혁명을 거쳐 하스몬 가문이 지배 계급으로 등장하면서 유대 민족 가운데는 사두개파, 바리새파, 에세네파가 등장하였다.

1세기경 에세네파의 수는 약 4천 명을 헤아렸고, 이들은 엄격한 계율하에서 수도적인 공동 생활을 하였다. 이들은 성결과 청빈을 생활 원칙으로 삼았다. 이 공동체에 참여하기 위해서는 처음 1년 동안 지원자로서 기초 훈련을 받고, 제2년에 견습과 수행을 닦고, 제3년에 들어가서 서약과 함께 정회원이 되었다. 이렇게 3년 동안 식사, 의식, 윤리, 규정 등을 온전히 실천할 수 있다는 판정을 받은 후에야 정식 회원이 되었다.

이들은 결혼하지 않은 독신주의자들이며, 개인 재산을 인정하지 않고 최소한의 필수품만 공급하며 모든 것을 공동으로 관리했다. 생활은 비교적 검소하고 의식적이면서 율법적인 순결을 존중하였다. 정치적으로 무력에 의한 전쟁이나 항거에 반대하는 평화주의에 투철했고, 이웃이나 다른 사람을 중상모략하거나 피해를 입히지 않으려고 늘 조심하고 경계했다. 엄격한 금욕주의는 아니어도 비교적 금욕적인 생활 양식을 취했고, 은둔적인 색채가 농후했다.

이들의 의식 구조는 윤리적인 이원론이 강하게 지배했다. 하나님과 악마, 의로운 행위와 악한 행위, 빛의 아들과 어둠의 아들, 이 둘 사이는 건너지 못할 심연으로 분리되어 대립하고 있는 것으로 믿었다. 이들은 자신들이 '빛의 아들'로서 종말론적인 구속 공동체라고 자부하였다. 이들 에세네파는 70년 이후 완전히 자취를 감춘다.

유대교는 마카비 혁명 이후 이처럼 여러 개의 종파가 만들어졌고 이 종파들이 예수님과 사도 시대에 영향을 미친다.

3) 헤롯 왕조(The Herods)

우리는 신약성경에서 여러 명의 헤롯 왕가의 가족들을 접하게 된다. 신약성경에 나타난 헤롯 왕가의 인물은 11명이나 된다. 이들은 주전 1세기 중엽부터 주후 1세기 말까지 팔레스타인을 지배하였다. 이들을 차례대로 살펴보자.

(1) 헤롯 대왕(Herod The Great, B.C. 37~3)

대 헤롯의 조상은 이두매 총독이었던 안티파터 1세(Antipater 1, B.C. 70?)였다. 그는 마카비 가문의 힐카누스에게 할례를 받고 유대교를 믿었으나 유대인이 아닌 에돔 후손이었다. 대 헤롯의 부친은 안티파터 2세였다. 그는 로마 황제 율리우스 시저에 의해 유대의 영주로 임명되었다(B.C. 47).

안티파터 2세는 그의 둘째 아들 대 헤롯이 25세 때 그를 갈릴리 통치자로 임명하였다. 대 헤롯은 갈릴리 통치자가 되어 당시 골칫거리인 도적 떼를 처형함으로 산헤드린의 원성을 들었으나 로마로부터는 인정을 받게 되었다.

그 후 대 헤롯의 아버지 안티파터 2세가 암살당하자 로마의 집정관은 헤롯 형제를 유대의 분봉왕으로 임명하였다. 그러나 하스몬 왕가는 헤롯 대왕 형제를 배척함으로 로마로 망명해 가서 거기서 원로원과 자신의 후원자로 안토니우스의 도움을 얻어 유대인의 왕이 되어 돌아왔다(B.C. 40).

대 헤롯은 로마와 적극적으로 우호 관계를 맺음으로 유대인으로부터 많은 반대를 당하게 되었다. 그래서 유대인에 대한 유화 정책으로 예루살렘 성전 건축 공사를 계속하였다. 예루살렘 성전 건축은 주전 20년경에 시작하여 예수님 당시에도 건축 중이었고, 주후 64년경에 완성되는 84년의 대 역사였다. 하지만 예루살렘 성전은 주후 70년에 로마 장군 티투스(Titus)에 의해 완전 파괴된다.

대 헤롯은 통치 기간 동안 유대의 국경을 확장하고 문화적으로 위대한 헬라화 건물들을 건축하였다. 그는 각 도시들을 모두 새롭게 단장하였고, 본래 '스트라토' 성채를 재건하여 '가이사랴'(Caesaria)라고 개명하여 로마 총독이 근무하는 팔레스타인의 로마 수도로 삼았다. 지금도 팔레스타인에 가면 가이사랴의 옛 도시 유적지에는 헤롯이 만든 극장과 수로가 그대로 보존되어 있다. 대 헤롯의 정치는 밖으로는 유화적이었으나 가문 내에서는 매우 잔인했다.

대 헤롯은 자신이 참 유대인이 아니면서 유대인의 왕으로 군림한다는 것이 항상 부담이 되었다. 그래서 하스몬 왕가의 후손인 마리암네와 결혼함으로 자신의 입지를 세우려고 했다. 그리고 하스몬 왕가가 대제사장이 되는 것이 두려워서 하나넬(Hananiel)을 대제사장으로 임명했다.

이것을 못마땅히 여긴 하스몬 왕가에서는 애굽 여왕 클레오파트라에게 연락하여 그녀의 남편인 안토니우스로 하여금 헤롯에게 압력을 가하였다.

그래서 안토니우스에 의해 하나넬이 해임되고 아리스토불로스가 새로운 대제사장이 되었으나 헤롯은 사람을 시켜서 아리스토불로스를 물에 빠뜨려 죽게 했다. 대 헤롯은 자기 정치 노선에 암적 역할을 하는 처가 하스몬 가문을 반역자로 몰아서 감옥에 투옥시켰다.

한편 로마 황제권을 놓고 안토니우스와 옥타비아누스 간의 권력 다툼이 일어났다. 로마가 옥타비아누스 손에 넘어가자 기회주의자인 대 헤롯은 옥타비아누스 편에 서서 더욱 왕권을 강화시켰다. 그러나 나이가 들어갈수록 헤롯의 의심과 질투는 심해져 갔다. 자기와 경쟁적인 새 왕이 태어나는 것을 두려워하여 베들레헴의 어린 유아들을 학살하게 하였다(마 2:16~18).

헤롯 말년에 왕위 계승 문제가 매우 복잡하였다.

대 헤롯은 10명의 아내를 가졌고 그중 첫 다섯이 자녀를 낳았다. 첫째 아내 도리스(Doris)는 에돔 여인으로 장자 안티파터(Antipater)를 낳았다. 이 아들은 후계자로 가장 유력하였으나 주전 4년 헤롯 자신이 죽기 수일 전에 아비에게 살해되었다.

둘째 아내 마리암네 1세(Mariamne 1)는 힐카누스 2세의 손녀였다.

마리암네 1세는 아들 아리스토불로스(Aristobulus)와 알렉산더(Alexander)를 낳았으나, 이 두 아들도 주전 6년에 아비에게 살해되었다. 아리스토불로스는 죽기 전에 질녀뻘 되는 버니게(Bernice)와 결혼하여 헤로디아(Herodias, 마 14:3)를 낳았다.

셋째 아내 마리암네 2세(Mariamne 2)는 대제사장 시므온의 딸로 빌립 1세(Herod Philip 1)를 낳았다.

넷째 아내 마르다케(Malthace)는 사마리아 여인으로 아켈라오(Archelaus, B.C. 4년 아비의 후계자로 유대의 왕이 되었으나 A.D. 6년 폐위되어 정배당함)와 안티파스(Herod Antipas, 마 14:1 동생의 아내 헤로디아를 빼앗음)를 낳았다.

다섯째 아내 클레오파트라(Cleopatra)는 예루살렘 여인으로 칼시스(Chalsis)와 빌립 2세(빌립 2세는 헤로디아와 재혼)를 낳았다.

대 헤롯의 가정은 성적으로 문란했을 뿐만 아니라 잔인하였다. 그는 왕자 3명을 살해했고, 하스몬 왕조의 주요 인물들 45명을 처형하고 그들의 재산을 몰수했다. 헤롯은 왕위 계승을 두고 지명자를 여섯 번이나 바꾸었다.

대 헤롯은 주전 4년 4월 1일 장암과 수종, 동맥경화증 등의 합병증으로 70세에 죽었다. 그는 자신이 죽을 때 여리고 경기장에서 다수의 유대인을 살해하라고 했다. 대 헤롯은 일생 동안 로마인들과는 정치적으로 곡예사 같았고, 가정적으로는 불륜과 살생을 예사롭게 저질렀다.

(2) 아켈라오(Herod Archelaus, B.C. 4~A.D. 6)

아켈라오는 대 헤롯은 넷째 아내 마르다케(Malthace)의 아들이었다.

대 헤롯이 죽었을 때 로마 황제 아구스도는 유대 나라를 4등분하여 헤롯의 아들들에게 나누어 주었다. 아켈라오는 유대 이두매 및 사마리아를 차지하게 되었다.

아켈라오는 주전 4년에 4등분한 유대의 분봉왕(Tetrarch)이 되었다. 그리고 그의 정치 성과를 보고 난 후 그 아비가 가졌던 유대왕의 칭호도 주기로 약속받았다. 그러나 그는 부친처럼 잔인한 성격으로 유대인의 폭동을 진압하는 과정에서 수많은 유대인의 피를 흘렸다. 이로 인해 주후 6년 고울 지방으로 추방, 정배당하였다.

마태복음 2장 22절에는 요셉과 마리아가 애굽에 피신하였다가 꿈에 지시를 받고 유대 땅으로 다시 돌아가지 않고 아켈라오를 피해 나사렛 동네로 갔다는 기록이 있다.

(3) 분봉왕 헤롯 안티파스(Herod Antipas, B.C. 4~A.D. 39)

대 헤롯의 넷째 아내 마르다케가 낳은 둘째 아들이 안티파스(Antipas)다. 그는 부왕이 죽었을 때 갈릴리와 베뢰아를 할애받은 분봉왕이었다.

그는 자신에게 왕위를 하사한 티베리우스 황제에게 경의를 표하기 위하여 갈릴리 호수 곁에 '티베리아' 도시를 건설하였다. 지금도 타이베리아는 갈릴리 지역의 최대 도시로 발전하였다.

안티파스는 처음에 나바테아 아라비아 공주와 결혼을 했다. 그러나 나중에 그의 동생 빌립이 버린 아내 헤로디아를 왕비로 삼음으로 먼저 왕비와 이혼을 했다. 이런 일로 인해 유대인들은 부도덕한 헤롯을 비난하였다. 한편 나바테아 아레타스 왕은 자신의 딸을 배신한 안티파스를 습격하여 패하게 하였다.

예수께서도 안티파스를 여우라 하셨다(눅 13:32). 또 침례 요한은 안티파스의 불법적인 결혼을 비난하였다. 이로 인해 헤로디아의 사주를 받고 침례 요한이 목 베임을 당한다(마 14:1~12; 막 6:16~18).

예수께서 그가 죽이려는 것을 알고 "헤롯의 누룩"(막 8:15)을 삼가라고 말씀하셨다.

안티파스는 예수를 보고 싶어 하던 차에(눅 9:7, 9) 빌라도가 예수를 그에게 보내자(눅 23:7~15) 주님을 모욕하고 다시 빌라도에게 돌려보냈다. 그 후 로마 정복에 반역한 혐의로 갈리아에 유배되었다가 그곳에서 죽었다.

(4) 헤롯 빌립(Herod Philip, A.D. 4~34)

대 헤롯과 다섯째 아내 클레오파트라(Cleopatra) 사이에 난 아들이다. 아구스도 황제에 의해 드라고닛 지방의 분봉왕이 되었다.

빌립은 자기 조카뻘 되는 헤로디아와 결혼해서 살로메라는 딸을 낳았다. 빌립의 아내 헤로디아는 그 후 자기 백부뻘 되는 안티파스와 재혼을 하고 자기 딸 살로메를 시켜 침례 요한의 목을 자르게 하였다(마 14:3, 6; 막 6:17, 19, 22; 눅 3:19).

빌립은 주후 64년 후사가 없이 죽었고, 그의 영지는 시리아에 병합되었다가 후에 아그립바의 관할에 들어가게 되었다.

헤로디아는 재혼한 남편 안티파스와 함께 갈리아로 귀양을 갔다가 그곳에서 죽었다.

(5) 헤롯 아그립바(Herod Agrippa, B.C. 10~A.D. 44)

헤롯 대왕의 손자이고, 아리스토불로스의 아들이며, 헤로디아와는 친남매간이다. 그는 자신의 아버지가 살해된 후 로마로 보내졌다. 로마에서 황실 가족들의 양육을 받으며 황제의 아들과 친구가 되었다. 그 덕분에 갈리굴라가 황제가 되었을 때 팔레스타인의 빌립이 다스리던 영토의 왕이 되었다(A.D. 37).

그는 성전에 많은 헌금을 함으로 경건한 유대인의 신망을 모았다(A.D. 38). 갈리굴라가 죽자 클라우디어스가 황제가 되도록 원로원에 중재를 하였다. 그 공로가 인정되어 마침내 유대와 사마리아의 통치자가 되었다(A.D. 41).

그는 유대인의 환심을 사려고 그리스도인들을 박해했고, 야고보 사도를 죽이고 베드로를 투옥했다(행 12:1~19). 또 헬라화에 적극적으로 참여하여 공동 목욕탕, 극장, 투기장 등을 건설했다. 그가 정치적 곡예를 잘하여 백성들이 그를 신이라고 환호하였다. 그런데 그는 하나님께 영광을 돌리지 않음으로 충이 먹어 죽었다(행 12:20~23). 기록된 것을 보면 자신을 신격화하는 데 열심이었던 것 같다.

(6) 헤롯 아그립바 2세(Herod Agrippa 2, A.D. 27~100)

대 헤롯의 증손자로 아그립바 1세의 아들이며 어려서 로마에서 자랐다. 그의 아버지가 죽었을 때 그는 불과 17세였다. 그의 나이가 너무 어리다는 이유로 유대 나라는 로마 총독들의 관할하에 들어갔다.

그 후 A.D. 50년경 팔레스타인 북부 칼키스(Chalcis, 레바논 지역) 지방의 왕으로 임명되었다. 또 빌립보, 루사니아의 영토를 받고 (A.D. 53) 갈릴리, 베뢰아도 지배했다. 그러나 자신의 누이동생 버니게(행 25:13)와 근친상간하고 있다는 소문에 의해 유대인들의 지지를 얻지 못하였다.

벨릭스 총독 후임자로 베스도가 부임했을 때 그를 축하하려고 가이사랴에 갔다가, 거기서 감금되어 있는 바울 사도의 심문에 배석 했다(행 25:13~26:32).

그는 예루살렘에 있는 하스몬 왕궁을 확장하여 유대인의 환심을 사려고 했다. 또 가이사랴에 건축 사업도 추진하였다.

주후 66년 유대인 반란이 일어났을 때 이를 진압하는 로마 장군 베스파시아누스를 지지하였고, 70년 예루살렘 파괴 후에는 로마로 갔다. 로마에 간 아그립바는 행정장관이 되어 버니게와 함께 장수하다가 100년경에 죽는다. 이로써 헤롯 왕가의 마지막 통치자가 되었다.

헤롯 왕조는 대 헤롯 때부터(B.C. 37) 아그립바 2세까지(A.D. 100) 한 세기 이상을 유대 나라에 정치적 영향을 미쳤다.

4) 로마 제국(The Romans)

로마의 역사는 편의상 주전 6세기까지의 선사 시대와 왕정기, 그 이후 1세기 말까지의 공화정기, 그 이후 5세기 후반까지의 제정기로 구분하는 경우가 많다.

(1) 선사 시대와 왕정기

로마인 이전에 이탈리아 반도에는 테레마레로 총칭되는 청동기 문화, 철기 문화가 존재했었다.

주전 8세기경 남부에 그리스인의 식민이 시작되고 그 후 북에서 인도, 유럽어계 여러 부족이 이주해 온 듯하다.

주전 6세기 초까지 부근 7개 구릉에 흩어져 살던 그들이 집단 정주하여 하나의 도시 국가를 만들었다.

전설에 의하면, 트로이의 패장 아에네아스의 자손 '로물루스'(Romulus)와 '레무스' 쌍둥이 형제 중 형이 초대 왕이 되었다.

이 시기에는 군사, 정치, 제사를 왕이 관장하였다. 이에 대해 씨족의 장들로 구성되는 원로원이 왕을 보좌하고 견제했기 때문에 왕의 권력은 독재적이 아니었다.

(2) 공화정기

A. 제1기(B.C. 509~264)

로마인은 주전 509년 왕을 추방하고 임기 1년인 최고 정무관(콘술) 2명과 원로원을 핵심으로 하는 공화정치를 시작하였다. 처음 250년 동안은 귀족과 평민의 신분 투쟁이 격렬하여 한때 공동체

분열의 위기도 있었다. 그러나 평민의 권리를 지키는 호민관 등의 설치와 평민만의 평민회 개설 등을 인정한 귀족의 양보로 위기가 극복되었다.

주전 5세기의 에트루리아인과의 싸움, 주전 396년 에트루리아인 도시 공략, 주전 338년 전쟁 승리, 주전 275년 남동부 삼니움인 복속, 북동부 여러 종족과 동맹하여 남부 이탈리아 반도를 제패하게 되었다. 주전 273년에는 그리스 세계와 대등한 관계가 되었다.

B. 제2기(B.C. 264~133)

이탈리아 반도를 통일한 후 서지중해의 영웅이 된 로마는 북아프리카의 카르타고, 멀리 에스파냐(스페인) 그리고 그리스 본토인 마케도니아, 터키의 서쪽 등 여러 왕국과 전쟁에 돌입하였다.

먼저 카르타고와는 3차에 걸친 포에니 전쟁(Punic Wars, B.C. 264~B.C. 133)에서 승리한다. 이때 카르타고의 장군 한니발(Hannibal)이 수많은 코끼리 떼를 이끌고 알프스 산을 넘어 로마의 대부대를 패배시켰다. 그러나 로마의 스키피오(Scipio) 장군이 한니발을 무찌름으로 로마가 지중해의 주인이 되었다. 그 후 시칠리아 섬, 샤르데냐 섬, 코르시카 섬, 에스파냐, 아프리카를 해외령으로 획득하고 이들을 속주로 만들었다.

이 같은 정복에 의한 해외령의 획득은 로마 사회를 변질시켰다. 기사들이 해외령으로 획득한 주민들의 징세 청부인이 되어 점점 부유해지고, 속주 총독이 된 원로원 의원은 부당한 방법으로 사복을 채웠다.

한편 농민은 장기간 병사로 출정하여 농지 경영이 제대로 되지 않자 부유해진 원로원 의원이나 기사 신분자들이 농지를 사서 대량 농지 주인이 되어 갔다. 여기서 토지를 잃은 빈농민은 유랑민이 되거나 노예제 사회가 되어 갔다.

C. 말기, 내란기(B.C. 133~31)

로마 사회의 변질로 군사적 위기가 떠나지 않았다. 이 시기에는 제국 각지에서 노예 봉기가 자주 일어났다. 특히 주전 130년대 아테네, 델로스, 페르가몬, 시칠리아에서 노예 봉기가 계속되었다. 이 중 시칠리아 섬에서는 두 번에 걸친 본격적인 노예 전쟁이 일어나 노예 왕국마저 생겼다.

주전 73~71년에 이탈리아에서는 '글라디아토르'(검투사 노예로 영화화되었음) 중에 스파르타쿠스를 수령으로 한 봉기가 한때 4만의 군사가 되었다.

로마의 국가 구조는 전면적으로 변혁되어야 했다. 변혁의 방법을 가지고도 '포풀라레스'(민중파)와 '옵티마테스'(벌족파)의 내전이 벌어졌다. 투쟁에 참가한 마리우스, 술라, 킨나, 폼페이우스, 크라수스, 카이사르 등이 권력을 잡았다가 곧 쓰러졌다.

주전 64년에는 폼페이우스 장군에 의해 시리아가 로마 속주가 되었고, 주전 63년에는 팔레스타인을 정복하였다.

주전 60년에는 폼페이우스, 카이사르, 크라수스에 의해 3두 정치가 시작되었다. 카이사르는 주전 58~50년 프랑스 지역인 갈리아를 원정하여 켈트인을 진압하고 그곳을 속주로 만들었다.

그 후 카이사르와 폼페이우스의 내전이 벌어져 폼페이우스가 이집트로 도망치려 했으나 상륙 직전에 살해되었다. 그를 쫓아간 카이사르는 이집트의 프톨레마이오스 왕국의 클레오파트라 7세를 로마 세력하에 두었다.

주전 48~44년까지 카이사르 1인이 독재 관직을 갖고 로마를 이끌어가자 다른 사람으로부터 미움을 받을 때 브루투스 등 공화주의자에게 암살당한다.

주전 43~33년까지 안토니우스, 레피두스, 옥타비아누스 등 3두 정치가 이루어진다. 이들 셋 중에 카이사르 조카의 아들인 옥타비아누스가 카이사르의 유언에 따라 양자 상속인이 되어 전에 카이사르의 부하였던 안토니우스를 수습하려고 나선다.

안토니우스는 본국에 결혼한 본부인(옥타비아누스의 누이동생)이 있는데도 불구하고 이집트 여왕 클레오파트라와 결혼하려고 이혼을 한다.

안토니우스가 로마 제국의 반쪽인 동쪽을 소유하자 결국 옥타비아누스와 대결을 하게 된다. 주전 32년 악티움 해전에서 안토니우스 측이 패전하고(B.C. 31) 이듬해 주전 30년 안토니우스와 클레오파트라가 자살함에 따라 100년 내란은 끝이 나고 옥타비아누스가 유일한 권력자로 남는다.

(3) 제정기

A. 제1기(B.C. 27~A.D. 68)

주전 27년 옥타비아누스(Octavianus 재위 B.C. 27~A.D. 14)에게 '아우구스투스'(Augustus : 존엄한 자) 라는 존칭을 주고 전 제국의 속주를 그와 원로원이 분할 장악하여 통치하기로 결정했다. 그리고 전 군대의 총사령관으로 사실상 황제가 되었다. 그러나 본인은 카이사르의 전철을 밟기 두려워서 왕호를 피하고 스스로 '프린켑스'(제1인자)라고 하였다.

그는 자기 본위의 관제를 정리하고 로마 시에다 제국의 수도에 걸맞은 관제를 갖추었다.

예수께서 탄생하셨을 때의 황제가 '가이사 아구스도' 옥타비아누스였다(눅 2:1).

옥타비아누스 이후 황제로 티베리우스(Tiberius, A.D. 14~37)가 계승했다. 티베리우스는 원로원과 사이가 좋지 않은데다 친위대장 세아누스의 횡포까지 가세하여 내정은 암흑 속에 밀고의 공포 정치가 되었다. 이 기간 중 침례 요한과 예수님의 사역이 이루어진다(눅 3:1 참조).

칼리굴라(Caligula: A.D. 37~41)는 생전에 자신을 신격화하여 상식에 어긋난 행위를 많이 하다가 암살당하였다.

클라우디우스(Claudius, A.D. 41~54)는 문관에 의한 관료제 정비에 힘썼다. 또 공로자에게 로마 시민권을 부여하는 정책으로 제국의 로마화를 추진했다. 이 왕조 때 캅파도키아(소아시아 북동부) 브리타니아, 리키아(소아시아 남부) 트라키아(남불가리아)가 새로 속주가 되었다. 클라우디우스 왕조 때 바울 사도의 전도 여행(47~55)이 실현되었다.

네로(Nero, A.D. 54~68)의 치세 초에는 철학자 세네카 등의 지도를 따라 공정한 정치가 이루어지는 듯했다. 그러나 점차 독재적이고 광적으로 변해 64년 로마 시 대화재 때는 수많은 그리스도교 교도들을 방화범으로 날조하여 태워 죽이고 십자가 처형을 하는 등 폭정을 일삼았다.

이에 각지의 군대가 새 황제를 옹립하기 위해 로마로 밀려들자 네로는 로마를 탈출하여 자살하였다. 이 무렵 바울이 순교당했을 것으로 본다(68).

B. 제2기(A.D. 69~192)

네로 말기(68)에 유대 전쟁이 일어났다. 이때 유대 전쟁을 지휘하던 장군이 베스파시아누스였다.

68년 네로의 자살로 68~69년 사이에 갈바(Galba), 오토(Otho), 비텔리우스(Vitellius), 베스파시아누스(Vespasianus) 등 4명의 장군들이 황제 쟁탈전을 벌였다. 여기서 최종적으로 베스파시아누스가 황제가 된다(재위 69~79).

그는 라인 지방과 갈리아 지방의 반란을 진압하고 권력을 확립하여 자신의 두 아들인 티투스(재위 79~81)와 도미티아누스(재위 81~96)에게 물려준다.

티투스 장군은 70년에 예루살렘을 함락하여 파괴시켰고, 도미티아누스 황제는 사도 요한을 밧모 섬으로 귀양 보냈다(계 1:9 참조).

도미티아누스는 스스로를 '주이며 신'이라 부르게 했다. 원로원 의원에는 속주 출신자가 증가하게 되었고, 황제는 더욱더 측근을 중용하는 정치를 했다. 도미티아누스의 전제 정치는 밀고와 반역죄 처형의 암흑을 되풀이하다가 그가 암살당함으로 왕조가 끝이 난다.

도미티아누스 사후 원로원의 추천을 받은 네르바(Nerva, 96~98), 트라야누스(Trajanus, 98~117), 하드리아누스(Hadrianus, 117~138), 안토니우스 피우스(Antonius Pius, 138~161)로 이어진다.

C. 제3기(193~284)

콤모두스(Commodus, 180~192)가 암살당한 후 각지에서 서로 황제가 되려고 일어선 황제들 중 셉티미우스 세베루스(Septimius Severus, 193~211)가 최종적으로 황제가 되었다.

세베루스 왕조는 에메사의 세습적 태양신 신관이었던 헬리오가발루스(Heliogabalus, 218~222)가 재위에 오르자마자 로마 시에 두 개의 태양신 신전을 세워 속주화된 모든 국가들에게 국교화까지 밀어부쳤다.

알렉산더 세베루스(Alexander Severus, 222~235) 때부터 디오클레티아누스(Diocletianus, 284~305) 등극까지 약 50년 동안 군인 출신인 26명의 황제가 옹립되는 '군인 황제 시대' 가 계속되었다.

이런 혼란으로 국정은 모두 위기에 놓이게 되었다.

D. 제4기(284~305)

디오클레티아누스는 통치와 방어의 효율화를 위해 2명의 정제와 2명의 부제를 두어 제국을 4명이 분할 통치하는 4분 통치제를 열었다. 디오클레티아누스가 305년 자발적으로 퇴위하자 다시 황제 간의 내란이 일어났다.

여기서 서로마의 부제였던 콘스탄티누스(Constantinus, 306~337)가 나타나서 동로마 부제 막센티우스(Maxentius, 306~312)를 격파한다. 그리고 콘스탄티누스의 313년 '밀라노 칙령' 선포로 기독교가 로마의 국교가 되는 시점을 이룬다.

콘스탄티누스는 325년 니케아(Nicea) 종교회의를 소집했고, 330년에는 이태리 로마에서 터키의 콘스탄틴노플(이스탄불)로 천도를 한다.

E. 제5기(395~476)

데오도시우스(Theodosius, 379~395) 황제가 죽자 제국의 동쪽 비잔틴 제국은 장남인 아르카디우스(Arcadius, 395~408)가 차지하고, 서쪽 반은 차남 호노리우스(Honorius, 395~423)가 황제가 되어 제국이 동, 서로 나뉘었다.

서로마 제국은 계속되는 게르만인의 침입과 제국 정부의 직접 통치령이 축소되고 세수의 고갈 등으로 몰락의 길을 걸어갔다. 410년에는 서고트(Goths)족이 3일 동안 로마 시를 점령 약탈하였다. 406~407년에는 반달족이, 훈족이 침입하였다.

서로마 제국은 최후의 황제 로물루스 아우구스툴루스(Romulus Augustulus, 475~476)가 황제에서 축출됨으로 서로마 제국 멸망을 476년으로 본다.

5) 그레코-로망 시대(Greco-Roman)

지금까지는 초대 교회의 배경을 살펴보았다.

구약적 배경이 되는 가나안, 수메르, 블레셋, 애굽, 바벨론, 앗수르, 바사를 개별적으로 살펴보았고, 신약적 배경으로 헬라, 마카비 혁명과 하스몬 왕조, 유대 왕들(헤롯), 로마 제국도 살펴보았다.

이제는 구약과 신약을 통틀어 길게 영향을 미친 그레코-로망 시대의 철학적 사상이 초기 교회들에 어떤 영향을 주었는지 사상적 측면에서의 배경을 살펴보고자 한다.

우선 그레코-로망 시대란 어느 시기를 말하는가?

헬라적 요소와 로마적 요소가 함께 영향을 미친 시기는 주전 330년 헬라의 알렉산더 대왕 이후부터 주후 330년 콘스탄티누스 대제까지의 약 660년간을 말한다. 우리는 이 기간을 두 기간으로 나눌 수 있다.

먼저 주전 330년경 알렉산더 대왕으로부터 주전 30년경 아우구스투스 황제 직전까지를 헬라 시대(the Hellenistic Age)라고 한다.

이 시기에 헬라는 헬라어의 확산, 헬라 문화의 확장, 하나의 통화 정책, 헬라 사상 보급, 헬라의 신들의 확산, 헬라 철학과 삶의 융합, 개인주의 등 방대한 영향을 미쳤다.

다음으로 로마 시대는 주전 30년경 아우구스투스 황제 때부터 주후 330년경 콘스탄티누스 대제까지의 시기를 말한다(the Roman Age).

거대한 제국의 평화(Pax Romana)로 표현되는 이 시기에는 로마의 정치적 안정이 경제적 번영, 교통의 발달, 문화 발전을 촉진하여 문학, 건축, 조각 등에서 위대한 업적을 남겼다. 또 법률 연구가 대단히 발달했으며, 모든 곳에서 로마 군대가 법과 평화의 상징이었다.

정치적으로는 로마가 지중해를 지배했으나 문화적으로는 헬라가 지배하고 있던 두 시기를 그레코-로망 시대라고 한다.

그렇다면 그레코 로망 시대에 사상적으로 두드러지게 영향을 미친 것이 무엇인가? 초기의 헬라 철학을 그 대표적 예로 살펴보자.

헬라 철학의 대표자는 소크라테스, 플라톤, 아리스토텔레스, 스토아 등을 들 수 있다. 이들 사상이 신약성경과 교부들에게 간접적으로 영향을 미쳤으므로 이들에 대한 이해는 신약 교회 이해에 큰 도움이 된다.

(1) 소크라테스(Socrates, B.C. 469~399)

소크라테스 이전의 철학자들은 세상의 본질이 무엇이냐 하는 것, 즉 자연, 우주에 대한 관심이 많았다. 그런데 소크라테스는 "너 자신을 알라"는 유명한 말로 인간 자신에 더 많은 관심을 기울였다.

소크라테스는 우리가 확실히 알 수 있는 것 한 가지는 인간 자신이다. 그는 인간이 어떻게 존재하며 삶의 목적이 무엇인지 그것을 아는 것이 참 지식을 소유하는 것이라고 했다.

소크라테스는 아테네 거리와 체조장에서 사람들을 상대로 사람을 행복하게 하는 것이 무엇인가, 선한 것은 무엇인가, 용기란 무엇인가에 대해 물었다.

그때 사람들은 "아직 그것은 모른다"고 하는 무지의 고백으로 무지를 깨닫고, 그것에 관한 질문이 막다름 속에 머무는 애지(필로소피아)라고 하였다.

어떻게 살 것인가를 가르치는 소크라테스를 아테네 시민들은 국가의 신들을 신봉하지 않고 새로운 신을 도입한 자이며, 또 청년들에게 나쁜 영향을 준 자라고 고발하여 재판을 받게 한다.

소크라테스가 법정에서 변명한 것이 그가 처형된 후 그의 제자 플라톤에 의해서 《소크라테스의 변명》(Apologia Socrates)으로 전해지고 있다. 또 플라톤이 쓴 소크라테스의 《대화》는 철학적 주제를 많이 다루고 있다.

소크라테스는, 잘못된 행동은 잘못된 사고와 잘못된 정보의 결과라고 했다. 이 같은 소크라테스의 철학은 전통적으로 전승되어 오는 모든 종교에 대해 새로운 비판과 재해석을 제공했고, 도덕, 영적 방향에 새로운 방향을 제시했다.

(2) 플라톤(Platon, B.C. 427~347)

아테네의 명문 출신으로 젊어서는 정치를 지망했다. 늘 소크라테스를 접하며 살았던 플라톤은 30세 되던 해 자기 스승 소크라테스가 아테네 군중들의 고발에 의해 비참하게 죽어 가는 장면을 목격했다.

플라톤은 민주주의라는 아테네의 정계를 경멸하고 아테네 도시에 환멸을 느끼고 아테네를 떠나 12년 동안 객지를 돌아다닌다. 그러다가 387년 다시 아테네로 돌아와 아테네의 영웅 '아카데모스'

를 모신 신역에 학원을 개설하여 젊은 청년들을 가르치는 교육 생활로 80세 고령까지 투신했다.

그가 생전에 저술한 30여 편의 책은 오늘날까지 보존되고 있다. 그리고 그의 저서의 주요 등장인물은 자기 스승인 소크라테스다. 플라톤의 집필 연대에 따라 그의 작품과 사상을 보면, 전기에는 '덕이 무엇인가?'에 대해 주로 저술하였다.

"소크라테스의 변명" 등에서 플라톤 역시 스승처럼 아무것도 모른다는 것을 깨닫는 막다른 길을 '아포리아'(aporia)라고 설명했다.

중기에는 가장 원숙한 작품이 나온다. 《파이돈》, 《향연》, 《국가》 등에서 영혼 불멸에 관한 그의 중심 사상이 표현된다.

후기에는 철학의 논리적인 방법에 관한 작품들이 저술되었다. 《파르메니데스》, 《테아이테토스》, 《소피스테스》, 《타마이오스》 등이 있다.

소크라테스에게 있어서 애지(愛知)란 가장 중요한 일을 모른다고 하는 것이다. 플라톤은 무지한 자가 무지한 것을 깨닫고 무지를 자각하기 시작하는 상황을 '아포리아'라고 하였다.

시간과 함께 변하는 일 없이 동일한 것으로 머무는 영원불변의 것을 플라톤은 '이데아'(Idea)라고 불렀다. 플라톤은 이 세상에는 이데아의 세계와 현상의 세계가 존재한다고 했다.

이데아의 세계는 보이지 않는 세계를 말한다.

이데아의 개념은 초월적인 개념으로 형이상학적 의미를 지니며, 인간 경험의 영역을 넘어서 존재하는 것이다.

플라톤은 보이지 않는 세계에 존재하는 영적 실체들을 이데아로 이해한다. 사랑, 진실, 용기 이런 것이 영적인 이데아다. 선의 이데아는 절대자, 불변, 참된 존재로 포함된다.

이렇게 말하는 이데아는 비인격적인 한 원리로 기독교가 말하는 창조주 하나님과는 다르다.

플라톤은 보이지 않는 이데아의 세계와 대조되는 것이 '현상' 세계라고 했다.

인간이 볼 수 있는 모든 물질이 곧 현상 세계다. 이데아의 세계는 본질적인 세계인 반면 현상의 세계는 이데아의 세계가 반영된 세계이다. 따라서 플라톤은 이데아의 세계는 완벽한 세계인 것에 비해 현상의 세계는 불완전한 세계라고 했다. 이데아의 세계는 영적인 세계이고, 현상의 세계는 물질의 세계이다. 이데아의 세계는 선하고, 물질의 세계는 악하다. 물질의 세계는 무질서, 비조화, 혼돈의 세계이며, 물질은 모든 악, 고통, 실망, 불완전, 슬픔, 그리고 죽음의 근원이다.

이 세상에 존재하는 모든 것은 영원, 진실, 불멸의 이데아와 불완전한 복사물인 물질과의 연합을 통해 표현된다. 아름다움, 도덕, 적응 등은 이데아에서 나오고, 악하고 고통스럽고 파괴적인 모든 것은 물질에서 나온다.

이데아와 물질은 똑같이 영원하며 아무것도 혼자 승리를 쟁취할 수 없었다.

인간은 영과 물질의 연합이다. 영혼은 원래는 천상에 있어서 진실재의 관조를 즐겼으나 사악한 생각 때문에 지상에 떨어져서 흙(육체) 속에 갇혀 생물이 되었다. 애지란 영혼이 지상의 사물 속에서 천상의 사물과의 유사를 찾아내어 진실재를 상기하도록 이것을 연모하게 하는 일이다.

인간은 영혼과 물질의 연합이므로 죽음이 오면 영은 죽음을 환영한다. 왜냐하면 영혼은 물질에 의해 속박받지 않는 순수한 상태로 되돌아갈 수 있기 때문이다.

이처럼 플라톤의 이데아와 물질, 선과 악, 영혼과 육체의 관계를 설명한 이원론적 사상이 교부 신학에 막대한 영향을 미친다.

그렇기 때문에 플라톤 사상과 신구약성경 사상을 분별하려면 플라톤에 대한 핵심 사상을 제대로 이해할 필요가 있다.

(3) 아리스토텔레스(Aristoteles, B.C. 384~322)

아버지가 마케도니아 왕의 시의였기 때문에 왕자 필립포스의 친구로 궁정에서 자랐다.

주전 367년 아테네의 플라톤의 아카데미에 입학하여 20년 동안 그 학원에서 연구하며 학생을 지도했다. 의사 집안에서 자란 그는 경험을 존중하며 실증주의에 젖어 있었다. 아리스토텔레스는 플라톤의 제자로 있으면서 자연학, 천체론, 정치학, 변증론을 저술하였다. 플라톤이 사망하기 직전 아카데미를 떠나 3년 동안 편력 시절을 가졌다.

주전 342년 마케도니아 왕 필립포스의 의뢰로 왕자 알렉산더의 가정교사가 되어 8년 동안 왕자를 위해 호메로스를 강해했다. 이때《군주 정치론》,《식민지 이론》을 쓰고 그리스 여러 나라의 제도에 관한 자료를 수집하였다.

주전 336년 알렉산더가 왕으로 즉위하자 이듬해 다시 아테네로 돌아간다. 아테네 체육소에 학교를 개설하여 그 후 12년 동안 강의와 연구를 계속하였다.

알렉산더 대왕이 원정 도중 급사하여 아테네에 반 마케도니아 운동이 일어나자 그의 고향인 칼시딕(Chalcidic)으로 물러갔다가 이듬해에 죽는다.

아리스토텔레스는 그의 스승인 플라톤이 관념적이었던 것에 비해 이 세상과 개별적인 것에 관심을 가졌다. 플라톤이 모형에서 출발하여 개체로 진행해 나간 반면 아리스토텔레스는 개체에서 출발하여 보편으로 진행해 나갔다.

아리스토텔레스는 인간의 이성에 상당한 의미를 부여하였다. 인간은 이성적 능력에 의해 다른 생명체와 구별되므로 인간의 지고의 선은 이성적 삶이다.

사람은 순수 이성과 실천 이성 모두를 지니고 있다. 순수 이성이란 생각하고, 이해하며, 명상할 수 있는 능력을 말하고, 실천 이성이란 행동에 적용되는 이성을 말한다. 순수 이성의 실현은 지식, 즉 진리를 배우는 것이며, 실천 이성의 실현은 도덕적 미덕이다. 그러므로 인간의 행복이란 지적 미덕과 도덕적 미덕을 포함한다.

앞서 플라톤은 영혼과 육체를 이원론으로 구분하였다. 그러나 아리스토텔레스는 육체와 영혼이 상호 연계성을 가지며 영혼과 육체가 단지 개념상 구분될 뿐 실제로는 구분될 수 없다고 보았다.

플라톤의 논리를 따르면 육체 없는 영혼이 가능하나 아리스토텔레스에게는 영혼 없는 육체, 육체 없는 영혼은 존재할 수 없다. 어떤 의미에서 아리스토텔레스의 영혼 이해가 플라톤의 영혼 이해보다 한 단계 발전하였다고 할 수 있다.

이렇게 해서 플라톤의 이원론적 사고를 아리스토텔레스가 합일과 연합의 개념으로 발전시켰다. 중세 토마스 아퀴나스는 아리스토텔레스 사상을 집대성하여 중세 신학 체계로 확립하였다. 그래서 아퀴나스 신학에는 개체와 보편, 자연과 은총, 이성과 계시가 통합을 이룬다. 이 같은 가톨릭 신학은 플라톤의 흑백논리 같은 이분법을 배제하고, 세상 모든 것을 수용하는 제3의 세계를 폭넓게 인정하고 있다. 여기에 반해 흑백논리에 치중하는 이분법적 사고의 영향을 받은 교부들의 신학이 기독교에 잔존하고 있는 것도 사실이다.

아리스토텔레스가 인간 사고에 미친 영향은 지대하다. 플라톤 사상이 이분법으로 분류하는 사고에 영향을 미쳤다면, 아리스토텔레스는 양자를 합쳐서 제3의 영역으로 나아갈 수 있는 사고에 영향을 미쳤다.

플라톤이 기독교 신학에 이분법적 사고를 하도록 영향을 미쳤다면, 아리스토텔레스는 삼분법적 사고를 하도록 영향을 미쳤다고 할 수 있다.

(4) 스토아 철학

스토아 학파(Stoic School)의 창시자는 제논(Zenon ho Kyprios, B.C. 335?~263?)이다. 그는 30세경 아테네로 가서 각종 학파의 스승들에게 배운 후 독자적인 학파를 개설하였다. 그는 아고라(agora : 집회장 또는 광장이란 뜻)의 채색 벽화가 장식된 주랑이라 불리는 공회당에서 철학을 강의하였다. 주랑(柱廊)을 스토아(Stoa)라 하므로 여기서 스토아 학파라는 이름이 연유하였다.

스토아 학파는 초기, 중기, 후기로 그 주창자들이 이어진다.

초기 스토아 학파는 창시자 제논(B.C. 335~263), 클레안테스(Cleanthes, B.C. 331~232), 그리고 크리시푸스(Chrysippus, B.C. 280~204)이다.

제논은 금욕과 견인을 가르쳤다. 사람은 스스로의 힘으로 살며 행복을 누리기 위해서는 자연과 일치된 삶을 살아야 한다.

중기 스토아 학파는 주전 150년경부터 기독교가 시작되는 시기까지를 말한다. 이때의 대표적 인물로는 파나에티우스(Panaetius, B.C. 185~109)와 포시도니우스(Posidonius, B.C. 130~46)를 들 수 있다.

파나에티우스는 세 종류의 신, 즉 철학자들의 신, 시인들의 신, 국가의 신이 있다고 했다. 철학자들의 신인 자연적인 신은 참되며, 시인들의 신인 신비적 신들은 거짓되고, 국가의 신들(정치적인 신들)은 중간적 존재라고 했다.

후기 스토아 학파는 네로 황제 시대에 활약했던 세네카(Seneca, B.C. 4~A.D. 65)가 있다.

세네카는 에스파냐 코르도바 태생이다. 그는 어려서 로마에 가서 수사학과 철학을 배우고 스토아 철학자가 되었다. 재무관을 거쳐 원로원 의원이 되었으나 칼리굴라 황제에 의해 사형에 처해질 뻔했다. 주후 41년 클라우디우스 황제 치하 때 추방되어 코르시카 섬에서 실의의 8년 유배 생활을 했다. 49년 네로의 어머니 아그리피나의 부름으로 어린 네로의 교육을 맡았다.

네로가 황제로 즉위하자 젊은 황제를 보좌하여 선정으로 이끌고 55년 집정관에 임명되었다. 그 후 황제와의 사이가 싸늘해지자 용퇴를 자청한 후 한가한 문필 생활을 시작했다.

그런데 65년 모반 음모가 발각되었는데, 그 사건에 연좌되어 죽음을 명 받았다. 이때 스토아 철학자답게 태연하게 자결했다고 전해진다.

세네카의 작품으로 대화편, 서한집 등 철학적 저작과 비극을 설명한 문예작품 등 77편이 있다.

사도행전 18장 12절에 아가야 총독 '갈리오'가 나오는데, 갈리오는 세네카의 형제였다. 또 후기 스토아 철학자로 로마의 노예 '에픽테투스'(Epictetus, A.D. 50~135)가 있고, 《명상록》의 저서를 남긴 로마 황제 '아우렐리우스'(Marcus Aurelius, A.D. 121~180)가 있다.

초기 스토아 철학의 사상은 여러 면에서 독특한 주장을 하였다.

첫째는, 유물론 사상이다.

스토아주의자들에 의하면 비물질적인 것은 아무것도 없다. 그들은 하나님, 세계, 영혼이 다 물질로 구성되었다고 믿고 심지어 언어도 물질로 보았다.

이 세상에 존재하는 모든 만물은 물질로 구성되어 있다. 이 세상에 존재하는 것은 단지 물질뿐이며 순수한 영은 없다. 인간은 두 종류의 물질로 구성되어 있다. 무거운 물질인 육체와 가벼운 물질은 마음으로 구성되어 있다. 이들은 하나님조차도 물질로 보았다.

둘째는, 범신론이다.

이 세상 모든 만물에서 신적 실체를 발견한다.

스토아 철학은 모든 것이 하나님이라고 가르치는(the teaching that all is God) 일종의 범신론에 불과하다. 이 같은 스토아의 하나님은 비인격적이어서 누구를 사랑하거나 무엇을 깨닫거나 섭리적 행동을 할 수 없다고 믿는다.

셋째는, 모든 실체가 하나의 궁극적인 존재 형태로 구성되었다고 보는 일원론자(Monist)이다.

중기와 후기의 스토아는 좀 더 윤리적이고 실천적인 방향으로 진행되었다. 그리고 플라톤 철학의 여러 가지 요소들을 빌려왔다.

후기 스토아 철학은 세네카에서 엿볼 수 있는 것처럼 도덕적 생활을 강조한다. 또 세계의 영(God as the World-Soul)인 하나님은 만물을 다스리며 인간들을 사랑하고 인간에게 선을 베풀기를 열망한다. 참된 인간은 하나님의 인도하심을 거부하지 않는다. 오히려 아무리 고통스럽다 해도 하나님의 인도하심에 스스로를 복종시킨다. 왜냐하면 하나님이 그를 사랑하시기 때문이다.

도덕은 하나이며 분리되지 않는다. 4개의 위대한 특성은 지혜, 용기, 중용 그리고 정의이다.

후기 스토아 학파들은 도덕적, 실천적 국면을 강조하고 세상의 일에 있어서 신적 영지의 개입인 신의 섭리를 말하였다.

스토아주의자들이 널리 사용하는 공통된 용어들이 있다. 그들은 영이라든가 양심, 로고스, 미덕을 크게 선용하였다.

이와 같은 스토아 사상이 신약성경 바울 서신이나 교부들에게 나타남으로 신약의 저자들이 스토아 철학의 영향을 받은 것으로 해석하는 학자가 있다.

그러나 스토아 철학과 기독교 성경의 용어가 유사성이 있다고 해서 기독교 성경이 스토아 철학의 영향을 받았다고 해석하는 것은 잘못된 견해이다.

스토아 철학의 인류의 지속적인 악, 인류와 신의 유사성, 세상적 가치의 부인, 외적 환경으로부터의 내적 자유에 대한 강조 등이 성경의 내용과 유사하다. 그러나 스토아주의가 말하는 하나님은 인격적인 신이 아니고 단지 내재적인 신일 뿐이다.

성경의 하나님은 창조주 하나님으로 스토아 철학이 말하는 범신론과는 동일시될 수 없다. 성경은 우주의 시작인 창조가 있고 우주의 종말인 끝이 있다. 스토아 철학은 이 같은 시작과 끝이 없다.

기독교의 성육신은 로고스가 성육신한 것이지만 스토아 철학에서의 로고스는 사람들 각자가 자기 안에 로고스의 일부를 가졌다는 개념이다. 스토아 철학은 기독교에서 말하는 인격적인 죄의식이나 죄 사함도 없으며, 개인적인 불멸 개념도 없다.

그들은 사람이 죽으면 신적 한 부분으로 되돌아간다고 본다. 그들은 창조와 종말이라는 섭리적 역사 전개가 아니라 범신론이라는 굴레 속에서 일원론적인 세계관을 갖고 있는 것이 특징이다.

이상으로 초대 교회 탄생의 여러 가지 배경적 요소들을 살펴보았다. 초대 교회는 앞에서 열거한 여러 요소들이 씨줄 날줄처럼 엉킨 채 그것들의 요소들이 단편적으로 엿보일 수 있다. 그러나 초대 교회 시작은 초월적인 하나님의 영인 성령에 의해서 이루어졌다. 따라서 초대 교회는 세상 것을 초월하는 차원이 다른 배경을 갖고 있다.

제5장
초대 교회의 모범

1. 예루살렘 교회
2. 사마리아 교회
3. 안디옥 교회
4. 룻다와 욥바 교회
5. 가이사랴 교회
6. 구브로 교회
7. 갈라디아 교회
8. 빌립보 교회
9. 데살로니가 교회
10. 베뢰아 교회
11. 아덴 교회
12. 고린도 교회
13. 에베소 교회
14. 알렉산드리아 교회
15. 드로아 교회
16. 로마 교회
17. 골로새 교회
18. 서머나 교회
19. 버가모 교회
20. 두아디라 교회
21. 사데 교회
22. 빌라델비아 교회
23. 라오디게아 교회
24. 바벨론에 있는 교회

지구상의 그 어떤 곳에도 완전한 교회는 존재하지 않는다. 그러니까 교회가 부족한 점이 있다 할지라도 대국적인 견지에서 불완전함을 수용해야 한다.

이 같은 논리는 교회의 정당성을 부인하는 패배주의적 사고다. 지상의 모든 교회는 불완전하다. 그러나 주님이 세우신 교회는 완전하다.

지구상의 수많은 교회들 중에서 주님이 직접 세우셨던 초대 교회들은 지구상의 불완전한 교회들보다는 우리가 본받을 모범적 교회다. 이 같은 논리적 가능성을 전제로 주후 33년부터 시작해서 주후 100년 미만의 교회를 초대 교회의 모범으로 설정하려고 한다.

초대 교회는 탄생 과정이 명확하다. 초대 교회는 교회가 잉태되어 탄생하기 전에 교회의 형태를 만드는 작업을 거친 다음에 탄생했다.

우리는 복음서에서 교회 잉태기의 모습을 볼 수 있다.

구약시대가 교회 탄생을 예고했던 준비기라면 복음서 시대는 교회를 잉태한 임신기라고 할 수 있다. 그리고 교회의 직접적 주인이신 성령님이 사도행전 2장 오순절 강림을 기점으로 해서 구약시대의 성령님과 신약 시대의 성령님으로 그 기능을 달리하신다.

과거 구약 시대의 성령님은 족장, 왕, 제사장, 선지자 같은 특수한 분들에게 제한적으로 활동하셨다. 그러나 오순절 성령 강림 이후 신약 시대에는 '젊은이들은 환상을 보고 늙은이들은 꿈을 꾸며 남종과 여종 그리고 자녀들 등 모든 육체'가 다 성령을 받는 때가 시작되었다.

필자는 사도행전 2장 이후부터 시작된 예루살렘 교회로부터에 요한계시록 3장까지에 기록된 신약성경 안의 약 20여 개 교회를 초대 교회라고 믿는다. 이 시기의 교회는 예수님께서 세우신 사도들이 직접 세운 예수님의 교회들이다. 그렇기에 이 시기에 세워진 초대 교회들에서 배울 점이 있고 버릴 점이 있다.

　필자는 신약성경 안에 수록된 20여 개 교회만이 우리가 본받을 수 있는 모범적인 교회라고 믿는다.

　주후 100년 이후의 속사도 교회나 교부들의 교회 등은 주님과의 관계가 한 단계 건너뛴 변질된 교회들이라고 믿는다.

　필자의 이 같은 신념 때문에 초대 교회사를 1세기 안으로 국한시킨다. 2세기 교부들의 신앙 지도는 이미 사도들의 신앙 지도 원리와 빗나가고 있다.

　필자는 가장 원초적인 원시적 기독교회를 가장 먼저 변질시킨 장본인들이 교부들이라고 확신한다. 이 교부들이 순수한 교회를 어떻게 변질시켰는가? 그 사실을 교회사 2권의 《교부 시대사》에서 밝히려고 한다.

　필자는 여기 5장에서 신약성경 안에 소개되고 있는 약 24개의 교회들을 초대 교회라 믿고 초대 교회에서 무엇을 배울 수 있는가 초대 교회의 모범을 살펴보고자 한다.

　필자의 이 같은 소박한 구상에 대해 이의를 제기할 가능성이 많음을 잘 알고 있다. 과연 현대처럼 눈부시게 발전하는 시대에 과거 2천 년 전 케케묵은 초대 교회로 돌아간다는 것은 시대를 역행하는 복고주의가 아닌가? 과거 수많은 교회들이 초대 교회를 재현하겠다고 했던 교회 운동들이 하나의 종파만 만들어 냈을 뿐 성공한 사례가 없지 않은가?

　그러나 우리가 확실하게 깨닫고 알아야 할 사실이 있다.

　우리가 초대 교회가 어떠했는지 최초 교회의 기준점을 모른다면, 교회가 자기 멋대로 무엇이든지 변경시키고 자기 마음대로 교회를 장악한다면 그 교회는 어떤 교회가 될 것인가 심각하게 고뇌

해야 한다.

역사 속에 보면 초대 교회 이상을 참고하지 않음으로 커다란 역사적 오점을 남긴 교회들이 수없이 많이 존재한다.

예컨대 200년에 걸쳐 십자군전쟁을 일으키고 수많은 적군과 아군을 살상시킨 중세 교회는 교회 역사의 치부를 뜻한다. 또 스페인의 종교 재판을 비롯한 중세 교회 역시 초대 교회 이상을 무시한 증거다. 종교개혁자 존 칼빈이 제네바를 거룩한 성시로 만들기 위해서 세상 법정을 이용해 수많은 반대자들을 처형시킨 것도 초대 교회와 동떨어진 것이었다. 식민지 아메리카에서 마술사들을 교수형시킨 영국 교회 역시 초대 교회와는 전혀 다른 교회였다. 헨리 8세나 메리 여왕이 영국의 비국교도들에게 행한 박해 역시 초대 교회에서 찾아볼 수 없는 타락한 모습이었다. 독일에서, 네덜란드에서 행한 가톨릭 황제들의 개신교도 탄압도 교회 신자가 할 수 없는 횡포였다.

역사 속의 교회는 초대 교회 이상과 너무도 동떨어진 교회의 모습이었다. 우리는 여기서 우리 신앙의 모범 원리를 찾을 수 없다.

우리는 신약성경 안에 기록되어 있으며, 우리가 믿는 바 유일한 계시인 성경 안에서 교회의 모범을 찾아야만 하는 필요를 느끼게 된다.

여기서 말하는 신약 교회는 우리가 얼마든지 본받을 원리들을 가지고 있다. 신약 교회는 역사 속에 나타난 교회들과 본질적으로 다르다.

역사 속에 나타난 교회는 온갖 추태를 남긴 교회였다. 중세 교회는 교회 이름으로 전쟁을 일으키고 무법자를 방면해서 원수들을 죽이게 한 교회였다. 또 자기 세력을 확대하기 위해 종교 재판을 만들어 무고한 생명을 죽인 교회였다. 또 자기가 추구하는 목적을 달성하기 위해 세상 법정을 이용해 수많은 이를 추방하고 죽이면서 그것이 하나님을 사랑하는 최선이라고 말하는 독선에 파묻힌 교회였다.

이 같은 역사 속의 타락한 교회들을 통해서는 하나님의 나라가 견고하게 세워질 수 없다.

이제 우리는 별로 큰 특징이 없어 보이는 신약 교회들을 통해 교회가 추구해야 하는 교회의 모범을 살펴보고자 한다.

1. 예루살렘 교회

1) 사도들이 세운 교회

예루살렘 교회에 대한 신약성경의 기록은 얼마든지 풍부하다. 여기서는 신약성경의 몇 곳을 근거로 본받을 모범적 요소만 발췌해 보겠다.

예루살렘 교회는 예수님께서 직접 선택하신 제자들에 의해 세워진 교회이므로 예수님이 직접 세우신 유일한 교회라고 할 수 있다.

예루살렘 교회 회중은 예수님의 살아 있는 말씀을 직접 들었으며, 예수님의 행적을 직접 목격한 회중들이었다. 이 때문에 예루살렘 교회는 그 이후에 등장한 다른 교회들의 산 모범이 되었다.

신약성경의 다른 교회들은 예루살렘 교회가 모 교회가 되어서 각 지역에 개척한 지교회들이었다. 따라서 다른 지교회들은 예루살렘 교회를 통해서 그 원리를 찾아야 한다.

예루살렘 교회는 주후 33년 오순절에 시작되어 70년에 예루살렘 함락과 함께 사라졌다.

예루살렘 교회가 존속된 기간은 약 37년 정도이다. 이 기간 동안에 예수님은 예루살렘 교회를 통해서 모든 교회들이 본받아야 하는 교회의 모범을 세세하게 가르쳐 주셨다. 이제 그 몇 가지 원리를 찾아보자.

2) 예루살렘 교회의 모범

(1) 전도하여 침례 주는 교회

예수님은 마태복음 28장 19~20절에서 "그러므로 너희는 가서 모든 민족을 제자로 삼아 아버지와 아들과 성령의 이름으로 침례를 베풀고 내가 너희에게 분부한 모든 것을 가르쳐 지키게 하라"고 하셨다.

이 같은 주님의 지상 명령대로 오순절날 성령 강림을 체험한 사도들이 말씀대로 순종하여 한 일이 전도다.

사도행전 2장 14절에 "베드로가 열한 사도와 함께 서서 소리를 높여 이르되 유대인들과 예루살렘에 사는 모든 사람들아 이 일을 너희로 알게 할 것이니"라고 했다.

베드로와 열한 사도가 성령 강림을 체험한 후 맨 처음 한 일은 전도하는 일이었다. 그리고 전도로 인해 회개하는 자들에게는 침례를 주었다.

사도행전 2장 40절에서 베드로는 "이 패역한 세대에서 구원을 받으라"고 외쳤다. 이때 베드로의 말을 받은 사람들이 침례를 받았다. 그리고 이날의 신도 수가 3천이나 더하였다.

여기서 우리가 관심 깊게 살펴볼 사실이 있다. 그것은 베드로의 전도하는 말을 듣고 "그 말을 받은 사람들"(행 2:41)이라는 말이다.

여기 '받는다' 는 말은 '아포덱사메노이'($ἀποδεξάμενοι$)다.

이 말은 $ἀπο$와 $αεχομαι$의 합성형으로 마음으로 환영하여 진심으로 받아들였음을 뜻한다. 여기서 말하는 회개는 진실로 방향 전환해서 과거 세상으로 향하던 자가 예수께로 돌아온 것을 뜻하고, 마음 깊은 곳으로부터 주님을 환영하는 행위를 뜻한다.

이렇게 진실한 회개자에게 침례를 베푸는 것은 물속에 잠기는 순간 그리스도와 함께 죽고 물에서 나오는 순간 그리스도와 함께 부활하겠다는 신앙 간증을 실천하는 것이었다.

교회가 존재하는 이유는 전도하여 회개하는 자에게 신앙고백행위로 침례를 배푸는 일을 하기 위해서이다. 현대 교회가 근본적으로 추구해야 하는 첫 임무는 죄인들을 회개시켜 그들로 말미암아 새 삶을 살겠다고 헌신을 다짐하는 침례 주는 일을 해야 한다.

여기서 한 가지 기억하고 넘어갈 사실이 있다. 오늘날 많은 교회들이 물을 찍어 뿌리는 세례 주는 것이 초대 교회의 모범이 아니었다는 사실이다.

초대 교회는 그리스도와 함께 죽고 함께 부활한다는 상징적 행위로 물속에 잠기는 침례를 베풀었다. 세례란 가톨릭교회가 사제의 능력으로 물로 죄를 씻는다고 한 중세 교회의 의식이다. 지금도 세례식을 시행하면서 침례 의미를 부여하려는 일반 교회의 형태는 초대 교회의 원리를 무시하는 편의적인 의식주의에 불과하다.

초대 교회와 똑같은 능력을 추구하려면 의식도 개혁되어야 한다. 그렇게 해야 신앙 양심에 부끄러움이 없게 되는 것이다.

(2) 사도들의 가르침에 충실한 교회

행 2:42 "그들이 사도의 가르침을 받아 서로 교제하고 떡을 떼며 오로지 기도하기를 힘쓰니라."

행 5:25 "보소서 옥에 가두었던 사람들이 성전에 서서 백성을 가르치더이다."

초대 교회는 사도들의 가르침에 초점을 맞추었다.
여기서 '사도들'은 '아포스톨론'($ἀποστόλων$)으로 복수이다. 그러나 가르침은 '디다케'($διδαχῇ$)로 단수이다.
여기서 사도들은 12명이었지만 그들의 가르침은 통일성을 이루었음을 증거하고 있다.
이렇게 사도들의 가르침이 차차 성문화되어 신약성경이 되었다. 우리가 배워야 할 사실이 이 말씀 속에 있다.
우리는 일평생 죽을 때까지 전해도 못다 전할 성경이 66권이나 된다. 그런데 성경 이외의 다른 것을 전하다가 성경을 제대로 다 못 가르치고 일생을 마치는 신자가 얼마나 많은가?
초대 교회가 보여주는 모범은 오로지 '사도들의 가르침'에 전념했다는 사실이다.
오늘날 현대 교회의 프로그램은 화려하고 웅장하다. 그런데 '사도들의 가르침'에 충실하지 않고 온갖 세상의 문화적 요소로 현대인의 구미를 맞추어가고 있다.
성경에는 현대인이 필요한 정치 원리, 경제 원칙, 사회 원리가 다 있을 뿐만 아니라 상담, 치유, 문화, 과학, 건강의 원리들이 다 들어 있다. 고로 성경에 충실한 교회가 되는 것이 초대 교회 원리를 배우는 교회가 되는 것이다.

(3) 교제를 중요시하는 교회

행 2:42 "서로 교제하고."

고전 1:9 "너희를 불러 그의 아들 예수 그리스도 우리 주와 더불어 교제하게 하시는 하나님은 미쁘시도다."

빌 1:5 "너희가 첫날부터 이제까지 복음을 위한 일에 참여하고(교제하고) 있기 때문이라."

빌 2:1~2 "그리스도 안에 무슨 권면이나 사랑의 무슨 위로나 성령의 무슨 교제나 긍휼이나 자비가 있거든 마음을 같이하여……."

여기서 말하는 '교제'는 '코이노니아'(κοινωνία)다. 이 말은 '교제'(fellowship), '협력'(association), '헌금'(contribution) 등으로 번역되는 말이다.

이 말은 정신적인 것 또는 물리적인 것을 서로 주고받는 것을 뜻한다. 그리스도교 신앙의 헌신은 수직적으로 그리스도와 교제하고 수평적으로 성도 간의 교제가 이루어질 때 든든한 신앙이 세워진다. 초대 교회는 종적으로 그리스도와의 신앙적 관계가 수립됨과 동시에 횡적으로 성도들과 물질적 교제를 나누었음이 나타나고 있다.

모든 세대에 걸쳐 모든 교회가 본받아야 할 초대 교회의 원리는 그리스도와 종적 관계가 깊어질수록 눈에 보이는 성도들과 물질적 교제가 두터워져야 하는 일이다. 이렇게 종적, 횡적 교제가 중요하게 실천되는 교회가 건강한 교회로 발전한다.

초대 교회는 물질을 나눔에 있어서 아주 독특하였다.

사도행전 2장 44~45절에 "믿는 사람이 다 함께 있어 모든 물건을 서로 통용하고 또 재산과 소유를 팔아 각 사람의 필요를 따라 나눠 주며"라고 했다.

초대 교회 중 유독 예루살렘 교회에서만 이 같은 유무상통이 이루어졌고, 예루살렘 교회에서도 교회가 없어지기 전까지만 시행된 독특한 현상이었다.

주님은 왜 이 같은 독특한 현상이 나타나게 하셨을까?

그것은 역사 속의 모든 교회가 본받아야 할 이상으로서의 현상은 아니었을 것이다. 왜냐하면 이렇게 재산을 팔아 유무상통한 예는 예루살렘 교회뿐이기 때문이다.

예루살렘 교회의 이 같은 현상은 장차 있을 새 예루살렘(계 21:2 참조)의 한 그림자라고 할 수 있을 것 같다. 우리는 이런 희귀한 현상이 불완전한 이 땅의 교회에서가 아닌 장차 완전한 교회의 완성인 천국 생활에서 실현될 수 있을 것을 믿음으로 예견해 본다.

(4) 기도하기를 힘쓰는 교회

사도행전 2장 42절은 '사도의 가르침을 받음', '서로 교제함', '떡을 뗌', '오로지 기도하기를 힘씀', 이 모든 것이 명사형으로 기록되어 있다. 이 네 가지 명사는 '오로지……힘쓰니라' 라는 동사가 하나의 목적어가 된다. 따라서 초대 교회는 이 네 가지가 하나의 특징을 이루었다. 초대 교회가 사도의 가르침을 받고, 서로 교제하며, 떡을 떼며, 역동적 행동들이 계속될 수 있었던 것은 '오로지 기도하기를 힘씀' 결과였다.

사도행전에는 사도들이 기도에 전력한 근거가 많이 있다.

행 1:14 "마음을 같이하여 오로지 기도에 힘쓰더라."
행 2:42 "오로지 기도하기를 힘쓰니라."
행 6:4 "우리는 오로지 기도하는 일과 말씀 사역에 힘쓰리라."
행 10:4 "네 기도와 구제가 하나님 앞에 상달되어 기억하신 바가 되었으니."

이뿐만이 아니라 신약성경 많은 곳에 기도에 관한 말씀이 있다.

롬 12:12 "소망 중에 즐거워하며 환난 중에 참으며 기도에 항상 힘쓰며."

엡 6:18 "모든 기도와 간구를 하되 항상 성령 안에서 기도하고 이를 위하여 깨어 구하기를 항상 힘쓰며 여러 성도를 위하여 구하라."

빌 4:6 "모든 일에 기도와 간구로, 너희 구할 것을 감사함으로 하나님께 아뢰라."

골 4:2 "기도를 계속하고 기도에 감사함으로 깨어 있으라."

딤전 2:1 "모든 사람을 위하여 간구와 기도와 도고와 감사를 하되."

벧전 4:7 "만물의 마지막이 가까이 왔으니 그러므로 너희는 정신을 차리고 근신하여 기도하라."

계 5:8 "향이 가득한 금 대접을 가졌으니 이 향은 성도들의 기도들이라."

초대 교회의 능력은 기도하는 데서 얻은 결과였다.

우리가 하나님 앞에서 항상 죄의식을 느끼는 부분이 무엇인가? 그것은 성경에 기록된 예수님이나 사도들만큼 기도하지 못했다는 양심의 가책이다.

기도를 어느 정도해야 만족할까? 기도의 양과 질은 한정이 없는 것 같다. 기도를 많이 하면 할수록 좋은 것을 느끼고, 한도 없고 미련도 없고 아쉬움도 없도록 쉬지 않고 기도하는 이가 기도의 위력을 체험하게 될 것이다.

(5) 매일의 활동 계획을 가진 교회

행 2:46 "날마다 마음을 같이하여 성전에 모이기를 힘쓰고."
행 2:47 "주께서 구원 받는 사람을 날마다 더하게 하시니라."
행 16:5 "여러 교회가 믿음이 더 굳건해지고 수가 날마다 늘어가니라."
행 17:11 "이것이 그러한가 하여 날마다 성경을 상고하므로."
행 19:9 "두란노 서원에서 날마다 강론하니라."
고전 15:31 "나는 날마다 죽노라."
고후 11:28 "아직도 날마다 내 속에 눌리는 일이 있으니."

초대 교회는 매일 활동 계획을 가진 교회였다.
현대 종교인들은 일주일에 한 번만 교회 행사에 참여하는 신앙인 것에 비해 초대 교회는 날마다 무엇이든 주님의 일을 하는 교회였다. 이렇게 날마다 주님 일을 함으로 온 백성에게 칭송을 받고 구원 받는 사람을 날마다 더하게 해주셨다.
현대 교회가 매일 주님을 기쁘시게 하는 일이라 믿고 쉬지 않고 일할 수 있는 과제를 줄 수 있는 교회가 얼마나 있을까? 초대 교회는 무슨 할 일이 그토록 많아서 매일 주의 일을 했단 말인가? 교회가 역동적으로 움직이려면 매일 활동해야 하는데, 현대 교회는 그렇게 일할 수 있는 과제를 제공할 수 있을까? 문제의 소재는 현대 교회가 일할 수 있는 과제를 부여하지 못하는 것이 아닌가? 초대 교회가 매일의 활동 계획을 가졌다는 사실 앞에서 현대 교회의 무기력함을 절실하게 깨닫는 것이 사실이다.

(6) 병든 자를 고쳐 주는 교회

사도행전 3장에 보면 성전 미문에 앉아 구걸하는 앉은뱅이가 예수의 이름으로 낫게 되었음을 알 수 있다.

예루살렘 도성은 이 사건으로 엄청만 파문이 확산되었다. 대제사장들과 성전 맡은 자와 사두개인들은 베드로와 요한을 체포한 후 공회 앞에서 심문했다. 교권 가진 대제사장들은 베드로와 요한이 활동을 못하도록 제지시켰다. 그러나 사도들은 그 이름을 위하여 능욕받는 것을 더욱 영광스럽게 받아들였다(행 5:41).

사도들은 예루살렘 부근의 병든 사람과 더러운 귀신에게 괴로움 받는 사람들을 다 낫게 하였다(행 5:16).

병든 자를 고치는 사역은 예수님께서 친히 모범을 보여주신 사역이다. 예수님은 그의 사역 중에서 상당히 많은 부분을 병든 자를 고치시는 데 할애하셨다. 우리도 예수님의 삶의 모범을 따르려면 병든 자를 고치는 사역이 이루어져야 한다. 그런데 안타까운 사실은 병든 자를 고치는 사역에 힘쓰는 교파는 오순절 교파로 제한되어 있고, 경건을 주장하는 건실한 교파에서는 신유 사역이 소홀히 여김받는 것이 사실이다. 그러나 병든 자를 고치는 사역은 예수님이 친히 모범을 보여주신 성경적 사역이라고 할 수 있다.

마 8:16 "사람들이 귀신 들린 자를 많이 데리고 예수께 오거늘 예수께서 말씀으로 귀신들을 쫓아내시고 병든 자들을 다 고치시니."

마 10:8 "병든 자를 고치며 죽은 자를 살리며 나병환자를 깨끗하게 하며 귀신을 쫓아내되 너희가 거저 받았으니 거저 주라."

마 14:14 "예수께서 나오사 큰 무리를 보시고 불쌍히 여기사 그

중에 있는 병자를 고쳐 주시니라."

막 1:32 "저물어 해 질 때에 모든 병자와 귀신 들린 자를 예수께 데려오니."

막 6:56 "아무 데나 예수께서 들어가시는 지방이나 도시나 마을에서 병자를 시장에 두고 예수께 그의 옷 가에라도 손을 대게 하시기를 간구하니 손을 대는 자는 다 성함을 얻으니라."

눅 10:9 "거기 있는 병자들을 고치고 또 말하기를 하나님의 나라가 너희에게 가까이 왔다 하라."

약 5:14 "너희 중에 병든 자가 있느냐 그는 교회의 장로들을 청할 것이요 그들은 주의 이름으로 기름을 바르며 위하여 기도할지니라."

신약성경 전체에 병든 자를 고치는 사역이 소개되고 있다. 따라서 현대 교회가 신약성경적 교회를 실현하기 위해서는 반드시 병든 자를 고치는 사역을 해야만 한다.

(7) 장로들에 의해서 목회가 이루어지는 교회

예루살렘 교회에는 많은 장로들이 있었다.

유대인들이 나이 많은 연장자를 각 지파의 대표로 삼은 장로는 'elder'로 예수님을 박해하고 핍박한 장로들이었다. 그러나 사도들이 세운 장로는 'presbyter'로 교역자(minister)였다.

사도행전 11장 30절의 예루살렘 교회 장로들은 목회하는 장로였다.

사도행전 14장 23절의 장로는 사도들이 세운 목회자였다.

사도행전 15장 2절의 장로는 예루살렘 교회를 사도와 함께 목회한 장로들이었다.

　이들 예루살렘 교회 장로들이 목회자로 활동한 근거는 사도행전의 여러 곳에서 소개되고 있다(행 15:4, 6, 22, 23, 16:4, 20:17, 21:18 등등).

　사도행전에 소개되는 장로 제도는 한 명의 장로만이 아니라 여러 명의 복수 장로들을 설명하고 있다. 여러 명의 장로들이 한 교회 내에 있었고, 한 지역에서 장로들의 대표자로 '감독'을 선임하였다.

　결국 장로, 교역자, 목사, 감독은 모두 다 목회자였으나 차츰 책임상의 차이가 구별되었다. 개교회의 목회자는 장로이고, 한 지역의 대표 장로는 감독이라고 하였다. 예루살렘 교회는 이 같은 장로들에 의한 목회가 이루어졌다.

　오늘날 장로를 목회하는 목회 장로와 치리하는 치리 장로로 구분한 것은 500년 전 칼빈에 의해서이다.

　오늘날 현대 교회의 문제점은 무엇인가?

　예루살렘 교회는 목사, 장로, 감독, 목회자가 공동으로 목회하였다. 그런데 성경에 근거하지 않은 편의상 목사, 장로의 구분으로 서로가 모든 것을 장악하려 함으로 교회가 분열을 거듭하고 있다. 오늘날 목사가 혼자 독주하려고 하거나, 장로들이 장악하려고 하는 잘못은 직분을 남용하게 만든 제도에서 비롯된 문제이다.

　예루살렘 교회는 다수의 장로들이 공동 목회를 하였다. 이렇게 다수의 장로들이 공동 목회를 할 때 그들은 최후 결정자이신 성령님이 원하시는 것을 추구하였다.

　현대 교회에서 목사가 독주하려 하거나, 장로가 장악하려고 하는 것은 교회의 주인이신 성령님을 배제하고 사람이 독재하려는 병적 현상이다. 그리고 또 목사나 장로의 팽팽한 긴장을 완화하는 수단으로 양쪽 편을 절충한 헌법이나 규약이나 정관 등은 두 관계를 더 편협하고 고립적으로 만드는 장애가 되고 있다. 이렇게 편협해진 교회에 하나님이 개입하실 여유가 없어졌다.

이제라도 우리 교회들이 다시금 성령님의 인도를 받을 여지를 남겨두려면 예루살렘 교회처럼 목회자가 다수에 의해서 공동 목회를 해야 한다. 그렇게 되면 능률은 저하될지라도 평안한 교회가 될 수 있을 것이다.

2. 사마리아 교회

1) 역사적인 사마리아

'사마리아'는 '지키는 곳' 이란 뜻이고, '오므리'(B.C. 876~869)가 산 땅의 주인의 이름 '세멜'에서 유래되었다고 한다.

오므리는 비옥한 농토로 둘러싸인 좋은 곳을 북왕국 이스라엘의 수도로 삼기 위해 사마리아 성을 만들었다. 그런데 사마리아가 북왕국 이스라엘의 수도가 된 후 여러 세기 동안 우상 숭배가 성행했다. 특히 오므리의 아들 아합이 두로의 이세벨을 왕후로 맞은 후 그 여인의 지원 아래 바알 선지자 450명과 아세라 선지자 400명이 궁중의 환대를 받았다(왕상 18:19).

사마리아 왕궁의 사치와 부패에 대해 선지자들은 무서운 비난을 퍼부었다. "에브라임의 머리는 사마리아요 사마리아의 머리는 르말리야의 아들이니라"(사 7:9). "네 형은 그 딸들과 함께 네 왼쪽에 거주하는 사마리아요 네 아우는 그 딸들과 함께 네 오른쪽에 거주하는 소돔이라"(겔 16:46). "사마리아여 네 송아지는 버려졌느니라 내 진노가 무리를 향하여 타오르나니 그들이 어느 때에야 무죄

하겠느냐"(호 8:5). "사마리아의 산에 있는 바산의 암소들아 이 말을 들으라 너희는 힘없는 자를 학대하며 가난한 자를 압제하며 가장에게 이르기를 술을 가져다가 우리로 마시게 하라 하는도다"(암 4:1). "야곱의 허물이 무엇이냐 사마리아가 아니냐 유다의 산당이 무엇이냐 예루살렘이 아니냐"(미 1:5).

이처럼 사치와 우상 숭배로 부패한 사마리아는 주전 724년 앗수르의 살만에셀 4세가 쳐들어와 3년 만에 함락되었다(B.C. 721).

살만에셀의 아들 사르곤은 다수의 사마리아 사람들을 앗수르로 이민시켰다(왕하 17장). 사마리아 성민들이 이민으로 없어진 곳에 앗수르는 10여 개의 다른 이민족들을 입주시킴으로 사마리아의 독립적 역사는 끝이 났다. 사마리아인에 대한 유대인들의 무시가 이때부터 시작되었다.

예수님 때의 사마리아는 아켈라오가 다스렸다가 로마 총독이 다스렸다. 예수님은 사마리아의 헬라화, 현세적 유물주의, 정신 생활의 무관심 지역이었으므로 가급적 사마리아를 피하셨다(눅 9:51~56). 그럼에도 불구하고 열 문둥이를 고쳐 주셨을 때 사마리아 사람 한 사람만 감사했다(눅 17:11~19). 그리고 예수님은 수가 성의 야곱의 우물가에서 사마리아 여인에게 참 예배에 대해 가르쳐 주셨다(요 4:21~24).

이와 같은 사마리아는 예루살렘 교회의 핍박으로 빌립 집사가 사마리아에 그리스도를 전함으로 사마리아 교회가 탄생하였다.

2) 사마리아 교회

사마리아 교회는 빌립 집사에 의해 개척되었다(행 8:5). 빌립의 전도로 마술사 시몬을 비롯해서 많은 신자를 얻었다(행 8:7~8). 특히 빌립 집사가 더러운 귀신을 쫓아내고 많은 중풍병자와 못 걷는 사람이 나음을 얻었다.

사마리아 교회를 통해서 배울 점을 찾아보자.

(1) 평신도들이 시작한 교회

언제부터인지 알 수 없으나 기독교가 성직자에 의해서 좌우되는 것은 매우 안타까운 사실이다. 사마리아 교회는 평신도인 빌립 집사에 의해 시작되었다.

초대 교회를 연구할수록 평신도의 사역이 중대함을 알 수 있다. 사마리아 교회를 개척하고 에티오피아 내시를 전도하여 침례 준 사람이 빌립 집사였다. 사도행전 6~7장에 소개되는 스데반 집사도 평신도였다. 디모데나 빌립보 교회의 에바브로디도 역시 평신도였다. 골로새 교회의 빌레몬도 평신도였다.

오늘날 성직자와 평신도로 구별해 놓은 것은 중세기 가톨릭교회의 유산이다. 현대 교회가 초대 교회처럼 활력 있는 교회가 되려면 성직자와 평신도의 구별이 없어지고 모두가 똑같은 사역자라는 청지기 의식이 회복되어야 할 것이다.

현대 교회 중에서도 평신도가 각성하여 깨어난 교회는 개성 있고 독특한 교회상을 이룰 수 있음을 사랑의교회 고 옥한흠 목사를 통해 알 수 있다.

(2) 복음의 핵심을 전파한 교회

사도행전 8장 12절에 "빌립이 하나님 나라와 및 예수 그리스도의 이름에 관하여 전도"했다고 한다.

복음이 무엇인가?

현대 신학은 사회 구원에 관한 사회 복음, 해방의 복음, 치유의 복음, 정치 혁명의 복음 등으로 수많은 유사 복음이 계속 만들어지고 있다. 그러나 복음은 하나님 나라와 "성경대로 그리스도께서 우리 죄를 위하여 죽으시고 장사지낸 바 되셨다가 성경대로 사흘 만에 다시 살아나신 것"(고전 15:3~4)을 전하는 것이다.

빌립이 사마리아 교회에 전한 복음의 내용은 2천 년이 지난 지금 우리의 복음과 동일하다는 사실이다. 따라서 현대를 살아가는 우리는 성경에 없는 특이한 복음을 전하려고 고심할 필요가 없는 것이다.

(3) 성(性) 차별이 없는 교회

사도행전 8장 12절에 "그들이 믿고 남녀가 다 침례를 받았다"고 했다.

예수님 당시의 유대 여자들은 성전에 들어가도 성 차별을 받아서 여자들이 들어갈 수 있는 곳이 구별되어 있었다. 또 여자들은 회당에 들어갈 수는 있었으나 율법을 배우지는 못하였다. 당시 유대 여자들은 어디를 가든지 차별당하고 무시당하였다. 그러나 사마리아 교회는 남녀의 차별이 없어지고 다 똑같이 침례받고 교회 회중이 되었다.

이와 같은 남녀 간의 성 차별의 철폐는 기독교 복음만이 이룩할 수 있는 놀라운 현상이었다. 이와 같은 남녀 간의 성 차별 철폐는 노예와 상전이라는 신분 제도의 철폐로 발전한다. 그것이 빌레몬서에 나타난다.

(4) 혼합 민족에게도 임하신 성령

사마리아인은 여러 족속이 뒤섞인 혼합 민족이 되었다. 그리고 옛 가나안 족속의 후손으로(마 15:22) 매우 천시당하는 사람들이었다. 유대인들은 사마리아인을 개처럼 멸시했다(마 15:26 참조).

사마리아인은 영적으로 문맹이었으며 미개했다. 그들은 여로보암이 북왕국 이스라엘을 개국한 이래 그리심 산과 에발 산에서 예배하게 하며 모세 5경만을 읽도록 하였다. 그래서 사마리아인은 구약성경의 한 부분만을 믿는 자들이었다.

사마리아인은 오랜 세월 혼혈 민족이라는 민족성에 배타적이었고, 사회적으로 무식한 계층으로 천대받았으며, 영적으로 짐승 취급을 받는 사람들이었다.

이렇게 버림받은 사마리아인에게도 성령이 임했다. 사도행전 8장 17절은 사마리아인에게도 성령이 임했음을 증언하고 있다. 이는 성령은 대중적이고 보편적이며 전 세계 모든 이에게 평등하게 임함을 증거하는 것이다.

(5) 언제나 값없이 주어지는 성령의 은사

사도행전 8장 18~19절에 보면, 이름뿐인 개심자 마술사 시몬이 돈으로 성령의 능력을 사려고 하였다. 그러나 베드로는 마음이 바르지 못한 마술사 시몬에게 악독함을 회개하라고 경고하였다.

성령의 은사는 옛날이나 지금이나 믿는 자에게 값없이 주어지는 선물이다. 옛날이나 지금이나 하나님의 은사를 받으려면 우리 마음을 바로 갖는 것뿐이다.

3. 안디옥 교회

1) 안디옥 교회에 대한 이해

신약성경 안에 안디옥이란 곳이 두 곳 있다.

하나는 수리아의 안디옥인데, 지중해에서 약 30km요, 예루살렘에서 서북으로 약 480km 지점에 있다. 주전 300년경 셀류쿠스 1세 니카토르가 그의 아버지를 기념해서 세운 도시였다. 로마 시대에는 수리아의 도 수도였고, 이는 인구 80만의 로마 제국에서 세 번째로 큰 도시였다.

그러나 안디옥은 우상과 신전 매음으로 큰 오명을 남긴 '다피네'(Daphne) 숲이 있다. 신전들과 우상들은 오래전에 파괴되었으나 그 숲은 오늘날 터키 동부 최대의 피크닉 장소와 공원으로 군림하고 있다. 이곳에 바나바와 바울이 최초의 이방인 교회를 세웠다.

우리가 배우려고 하는 안디옥 교회는 수리아의 안디옥이다.

두 번째는 비시디아의 안디옥이 있다.

알렉산더의 기병 대장이었던 셀류쿠스 1세 니카토르(B.C. 312~280)가 그의 아버지를 기념하기 위해 세운 도시이다. 해발 1,010m가 되는 이곳 갈라디아 성은 희랍 문화의 중심지였다.

바울 사도가 제1차 전도 여행에서 성공적인 사역을 한 루스드라 더베 지역이 이 지역이다.

바울이 기록한 갈라디아서가 이곳 비시디아 안디옥, 이고니온, 루스드라, 더베 등에 보낸 것이라고 한다.

이 두 개의 안디옥 중 먼저 살펴보고자 하는 안디옥은 수리아의 안디옥이다. 안디옥 교회는 어떻게 생겼는가?

안디옥 출신의 최초의 신자는 '니골라'다. 그는 희랍인으로 유대교에 입교했다가 다시 기독교인이 되었고, 최초의 예루살렘 교회 일곱 집사 선출에서 비유대인으로 집사가 된 사람이었다.

예루살렘 교회는 스데반 집사의 순교로(행 7:60) 교인들이 흩어지게 되었다(행 11:19). 이때 흩어진 예루살렘 교회 교인 중 일부가 베니게와 구브로와 안디옥까지 이르게 되었다. 이곳 안디옥에서는 유대인 교인으로만 구성되었던 예루살렘 교회와 다르게 이방인인 헬라인에게도 복음이 전파되었다(행 11:20).

예루살렘 교회는 안디옥 교회의 소문을 듣고 바나바를 안디옥 교회 목회자로 피송했다. 바나바의 영적 지도력으로 안디옥 교회가 크게 부흥되었다. 이때 바나바는 안디옥 교회 목회 동역자로 길리기아 다소 성에 파묻혀 있는 사울을 불러들여 둘이서 1년여간 공동 목회를 하였다.

이곳 수리아의 안디옥은 우상 숭배와 성적 문란으로 악명이 높은 도시였다. 이렇게 죄악의 도성이었던 안디옥이 예루살렘 다음으로 큰 기독교 영향력을 발휘했다는 것은 기독교 역사의 패러독스 중 하나이다.

이곳 안디옥은 주후 4세기 말에 인구 80만 되는 대도시가 되었다. 그 후 여러 차례 공의회가 소집되어 기독교의 중요 신조들이 논의되었다.

1098~1269년 십자군전쟁 기간에는 십자군이 세운 기독교국의 수도였다. 이때 1139년과 1204년에는 서방 교회의 교회 회의가 열렸던 곳이다. 그 후 회교도 세력권에 들어가 오늘날 안디옥의 교회 모습은 전혀 찾아볼 수 없고, 지금은 '안타키아'라는 인구 3~4만의 소도시로 전락했다.

2) 안디옥 교회에서 얻는 교훈

우리는 사도들이 활동했던 안디옥 교회에서 무엇을 배울 수 있는가?

(1) 최초로 그리스도인이란 명칭이 만들어짐(행 11:26)

이전까지는 그리스도인을 향해 '도(道)의 추종자'(행 6:7), '예수의 제자들'(마 15:2; 막 7:5), '나사렛당'(행 24:5)이라고 불렀다.

그런데 안디옥 교회의 성도들이 너무도 그리스도와 닮은 삶을 살아감으로 경멸적인 호칭이기도 하고 또 유대교인과는 전혀 다른 구별된 새롭고 독특한 종파라는 뜻으로 이렇게 불리기 시작하였다.

유대교는 로마 정부로부터 합법적인 종교로 인정을 받았다. 그러나 유대교와 별개의 새로운 종파라는 것은 그리스도인들이 로마로부터 배척을 받게 되었다는 것을 뜻한다.

초대 교회 중 특별히 안디옥 교회가 그리스도인이라는 이름으로 불려진 것은 안디옥 교회에서 특성과 개성이 뚜렷했음을 의미한다. 이곳 안디옥 교회에서 2세기의 이그나티우스 감독, 3~4세기의 루시안, 크리소스톰 등 뛰어난 신학자들이 배출되었다.

안디옥 교회는 예수 믿는 무리들이 가장 명예로운 호칭을 얻는데 공헌하였다.

(2) 유대인과 이방인들로 구성된 최초의 혼합 교회

예루살렘 교회는 탄생된 지 8~10년 이상 되어도 유대인들로만 구성된 교회였다. 예루살렘 교회가 교회로서 여러 가지 본받을 점이 많고 장점이 많았으나 이방인에 대해서 문호를 넓히지 않을 때 하나님께서 스데반 집사의 순교라는 강제적 수단으로 흩으셨다.

그 후에도 계속 정신을 못 차리고 여전히 폐쇄적일 때 주후 70년 예루살렘 함락과 함께 예루살렘 교회를 없애 버리셨다. 그러나 유대인과 이방인을 혼합한 안디옥 교회는 회교도들이 장악하기 전까지 교회의 모습을 유지해 나갔다.

(3) 다른 지역들을 위해서 구제한 교회

사도행전 11장 29절에 보면, 안디옥 교회가 자기 교인들이 아닌 유대에 사는 형제들에게 구제 헌금을 보낸 기록이 나온다.

바울 사도는 이방 교회들을 세운 후에 이방 교회들로 하여금 예루살렘 교회를 위해서 구제 헌금을 하도록 하였다. 본문에서 안디옥 교회가 유대에 사는 형제들에게 헌금했고, 갈라디아 교회에도 (갈 2:10), 고린도 교회에도(고전 16:1), 마게도냐와 아가야 사람들(롬 15:26)에게도 예루살렘 교회를 위해 헌금하게 하였다.

이것은 이방 교회와 유대 교회가 다 같은 형제 교회라는 우호적 관계를 깨우쳐 주는 행위였다.

(4) 최초로 이방 선교하는 교회

사도행전 13장 1~3절에 보면, 안디옥 교회가 바나바와 바울에 의해 크게 부흥되었을 때 담임 목회자인 이 두 사람을 선교사로 파송하였다. 안디옥 교회는 본 교회에 집착하지 않고 성령님의 지시를 우선시하여 이방 선교사로 두 담임 목회자를 파송한 것이다.

역사 속에 수많은 교회들이 존재했다. 그러나 모든 교회들은 자기가 목회하는 본 교회를 사역의 우선순위로 삼고 이방 교회는 여유 따라, 기회 따라, 사람 따라 조절을 하고 있다. 그런데 안디옥 교회는 본 교회보다 이방 선교를 더 우선시하였다.

안디옥 교회는 이방 선교를 우선시한, 선교하는 교회였다.

(5) 성령의 지도를 최우선시하는 교회

사도행전 13장 1절에 보면, 안디옥 교회에는 지도자들이 많이 있었다. 그렇기 때문에 담임 목회자인 바나바와 바울을 제외한 다른 사람을 선교사로 파송할 수도 있었다. 그런데 13장 2절에 보면, 그 많은 사람 중 유독 바나바와 사울은 따로 구별해서 성령이 시키시는 일을 하게 했다. 안디옥 교회의 주인은 철저하게 성령님이셨다.

오늘날 현대 교회를 보면 개척한 목회자가 교회를 자기 교회라고 독주하거나, 교회를 개척한 장로들이 자기가 교회 주인이라고 주장하는 모습을 본다. 이렇게 사람이 주인이 된 교회에는 성령님이 운신할 여백이 없고, 사람에 의해 운영되는 인간의 기관에 불과함을 보게 된다.

4. 룻다와 욥바 교회(행 9:32~43)

룻다에는 침상에 누운 지 8년이 되는 '애니아'라는 중풍병자가 있었는데 베드로가 고쳐 준 사건이 있었다. 욥바에서는 '다비다'라는 여제자가 병들어 죽었다. 그런데 베드로가 죽은 다비다를 위해 기도함으로 그녀를 살려냈다. 이렇게 해서 베드로는 욥바의 온 성민들로 하여금 예수를 믿게 하였다.

베드로는 룻다와 욥바에서 사람이 할 수 없는 초능력을 발휘함으로 많은 사람들에게 알려졌다. 그런데 이렇게 초능력을 발휘함으로 큰 명성을 얻은 베드로가 무두장이 시몬의 집에서 여러 날 머물러 있었다고 했다(행 9:43).

왜 베드로는 동물의 가죽을 가공해서 살아가는 피혁 제조업자 집에서 머물렀을까? 그가 8년 된 중풍병을 고쳐 준 애니아 집에 머물 수도 있고, 또 부자인 다비다라는 여제자 집에 머물면 모양새가 더 좋았을 텐데 무두장이 시몬의 집에 머문 이유가 무엇일까?

이것은 신분과 직업에 대한 유대교적 배타 의식을 무시하는 기독교 정신의 실천 행위라고 볼 수 있다.

이 사건은 당시 유대인들이 선민의식을 가지고 천한 직업이나 천한 신분의 사람들에게 배타적 우월감을 가졌던 것과는 동떨어진 행위였다. 우리도 특정한 직업이나 신분에 대해서 쓸데없는 선입관을 갖고 배타적인 사고를 할 수 있는데, 여기 베드로의 처신을 통해 배울 교훈이 많다고 본다.

5. 가이사랴 교회(행 10:1~48)

1) 가이사랴

가이사랴는 욥바 북쪽 지중해 연안에 있는 항구 도시이다. 옛 이름은 '스트라톤의 탑'(Stratons Tower)이라고 했다.

대 헤롯이 이곳에 새로운 항구 도시를 만들고 가이사 아구스도 황제에게 도시를 헌납하여 '가이사랴'라고 이름을 고쳤다(B.C. 10~9).

주후 6년 대 헤롯의 후계자인 아켈라오가 폐위당한 후 이곳 가이사랴는 로마 총독이 사는 곳이 되었다. 그 후부터 가이사랴는 정치적, 군사적으로 예루살렘보다 수위가 되었다. 가이사랴에는 사마리아 교회를 개척한 빌립 집사가 이끄는 유대인 중심의 교회가 있었던 것 같고(행 8:4~5과 행 21:8을 연계해 볼 때 그럴 가능성이 있다), 또 이방인 이달리야 백부장 고넬료가 시작한 고넬료의 가정 교회가 있었던 것 같다.

사도행전 10장 24~47절을 보면 고넬료 가정에서 가이사랴 교회가 세워졌던 것 같다. 여기서 가이사랴의 고넬료 가정 교회를 통해 배울 교훈을 살펴보자.

2) 고넬료의 가정 교회에서 얻는 교훈

(1) 이방인의 신실성과 경건성도 인정하신 하나님

사도행전 10장 2절에 보면, 고넬료라 하는 이달리야 부대의 백부장이 경건하여 온 집안과 더불어 하나님을 경외하며 백성을 많이 구제하고 하나님께 항상 기도했다. 이 같은 고넬료의 신실함과 경건함이 하나님 앞에 상달되어 기억하신 바가 되었다.

여기서 확실하게 알아야 할 것은 고넬료의 경건이 구원의 길을 얻었다는 뜻은 아니다. 이방인 고넬료의 경건, 구제, 기도 생활이 하나님이 기억하시도록 상달되었다는 것이다.

여기서 '상달되었다'의 헬라어는 '아네베산'(ανέβησαν)이다.

이 말은 구약의 번제의 향기가 주님께 올라간다(레 1:9, 13)는 것처럼 고넬료의 구제와 기도가 주님께 향기롭게 드려졌다는 뜻이다. 하나님께서는 고넬료의 기도와 구제에 배어 있는 그의 진실한 경배를 항상 기억하셨다.

고넬료는 이방인이었다. 그는 성전에 가서 제사드리지도 않았고, 유대인들처럼 절기와 월삭을 지키지도 않았다. 그러나 하나님을 두려워하는 마음으로 어려운 이웃을 구제하고 진실된 기도 생활을 할 때 하나님이 그를 기억하셨다.

고넬료는 이방인으로서 예수님을 구체적으로 알지 못하는 상태에서 하니님께 기도하였다. 고넬료는 메시아를 만나지 못했지만 경건과 기도의 삶을 통하여 구원을 주시는 메시아를 기대하고 경건 생활을 했을 것이다. 그래서 베드로의 예수의 메시아 되심에 대한 설교(행 10:34~43)를 듣고 고넬료 가족은 베드로의 말씀을 의심 없이 받아들인다(행 10:44~48).

여기서 우리가 배울 교훈이 있다.

지금 이 세상에는 메시아를 정확히 모르지만 막연하게나마 하나님에 대한 두려움과 공포심으로 자기 행위를 조심하고 살아가는 사람이 있을 수 있다. 이런 종류의 사람들에 대해서 하나님은 무관심하지 않으시고 기억하실 것으로 예상된다. 그리고 그렇게 마음 속으로 사모하는 이에게 주님의 은총이 구체적으로 연결될 것이다.

(2) 사람을 경배하는 것은 옳지 않음

베드로를 맞이한 고넬료는 베드로를 만나자 발 앞에 엎드려 절을 했다(행 10:25). 이때 고넬료가 절했다는 것의 단어는 '프로세퀴네센' ($προσεκύνησεν$)이다. 이 동사는 하나님이나 주님과 같은 신적 존재에 대한 인간의 경배를 묘사할 때 쓰이는 용어이다(마 2:11; 요 4:20; 행 8:27 참조).

따라서 여기서 고넬료는 베드로를 신적인 대상으로 여겨 종교적으로 예배하는 심정으로 절을 했음을 보여준다. 그러나 베드로는 "나도 사람이라" 하고 사람을 신처럼 섬기거나 우상을 섬기는 것처럼 절하지 못하도록 하였다(출 20:3~4; 신 5:7~8).

이처럼 베드로는 살아 있는 사람에게 경배하고 절하지 못하도록 하였다. 그런데 가톨릭 교회에서는 죽은 성자에 대해 예배케 하고, 기도 마지막에 예수님의 이름 대신 성자의 이름으로 기도하게 하고 있다. 이것은 어떤 근사한 이론과 논리로 합리화하려 해도 계명을 어기는 일이다.

(3) 유대인이나 이방인에게 동등하게 임하신 성령님

베드로가 이방인인 고넬료의 집에 가서 설교할 때 성령이 모든 사람에게 임했다(행 10:44). 이때 베드로 자신도 크게 놀랐다.

왜 베드로가 고넬료 가족들에게 임한 성령의 현상을 보고 크게 놀랐을까? 베드로는 성령님이 최소한 유대교 의식인 할례 받은 자에게 임할 줄로 예상했었다. 그러나 할례도 받지 않았고, 침례받은 일도 없는 완벽한 이방인 고넬료와 그의 가족들에게 오순절과 똑같은 성령이 임함을 보고 크게 놀랐던 것이다.

보혜사 성령은 유대인이나 이방인이나 구별하지 않고 동등하게 임하셨다. 이처럼 성령의 역사는 사모하는 자 누구에게나 임하는 보편적, 대중적 영이시다.

(4) 최초의 이방인 가정 교회

가이사랴의 고넬료 가족과 그의 친척과 친구들은(행 10:24) 최초의 이방인 가정 교회가 되었다.

6. 구브로 교회

1) 구브로

우리말로 '구브로' 이고, 영어로는 'Cyprus'(사이프러스 또는 키프로스)이다. 'Cyprus' 란 이름은 옛날 이 섬에서 구리(copper)가 많이 났기 때문에 붙여졌다. 주전 2000~1000년에 이 섬의 구리는 애굽과 유럽까지 수출되었으나 지금은 구리가 나지 않는다고 한다.

구브로 섬은 300년 이상 터키의 통치를 받다가 1878년 영국령이 되었다가 1960년에 독립 공화국이 되었다. 이 섬의 면적은 제주도의 5배 정도 되는 9,281㎢이다. 인구의 다수가 희랍 정교도이고, 소수의 터키계 회교도들이 섞여 산다.

구약 시대에는 이곳을 깃딤이라고 했다(창 10:4; 사 23:1; 겔 27:6).

주전 58년에 로마가 이곳을 정복하였다. 바울이 이곳에 선교할 때 총독 서기오 바울(Sergius Paulus)이 감동을 받고 기독교인이 되었다.

구브로 섬에는 두 명소가 있다. 하나는 요한복음 11장 17~44절에 나오는 죽었다가 살아난 나사로가 구브로 섬으로 건너가서 전도하다 죽었다는 전설과 함께 '나사로 기념 교회'가 지금까지 전해져 온다. 다른 하나는 바울이 로마 총독이 주둔하던 섬의 수도 '바보'에서 복음을 전했다는 바보의 바울 기념 교회가 있다.

이곳 구브로 교회의 개척 기록이 사도행전 13장 4~12절에 기록되어 있다. 이 내용 중에서 몇 가지 교훈을 살펴보자.

2) 구브로 교회에서 얻는 교훈

(1) 사울이 바울로 바뀜(행 13:9)

사도행전의 저자인 누가는 사도행전 7장 58절에서 '사울' 이란 청년을 소개했다. 사울은 스데반 순교에 가담하였으나 다메섹 도상에서 주님을 만남으로(행 9:3~5) 회심을 하게 된다. 사울은 안디옥 교회 부목회자로 활동하다가 구브로 섬의 선교사로 파송되었다.

사울의 이름이 이곳 구브로 섬에서 '바울' 로 바뀐다.

사울의 이름이 왜 바울로 바뀌는가? 그 이유는 잘 모른다. 그러나 바울의 내력을 제대로 알게 되면 특별한 궁금증은 없어질 것이다.

그 당시 유대인 중 특히 헬라 지역에서 출생한 유대인들은 대부분 히브리식 유대 이름과 로마식 이름을 함께 가지고 있었다. 예컨대, 사도행전 1장 23절에 '바사바' 라고도 하고 별명이 '유스도' 라고 하는 '요셉' 이 있다. 이 사람의 이름은 세 가지다. '바사바' 란 '안식일의 아들' 이란 뜻의 히브리식 이름이고, '요셉' 역시 히브리 이름이다. '유스도' 란 '정의' 라는 뜻의 로마식 이름이다. 또 사도행전 12장 25절에 '마가' 라 하는 '요한' 이 있다. 여기서 '마가' 는 '의젓하다' 는 뜻의 로마 이름이고, '요한' 은 히브리 이름이다.

'바울' 도 그의 히브리식 이름은 '여호와에게 구한 자' 라는 뜻의 '사울' 이고, 로마식 이름은 '작다' (small)는 뜻의 '파울로스' (바울)였다.

그러니까 바울은 처음부터 그가 가진 로마식 이름이었다. 그런데 왜 '사울' 이라고 했다가 구브로에서 '바울' 이라고 했는가? 여기에 대한 해명이 참 재미있다.

한 가지 가능성은 바울이 맨 처음 선교지로 나가 선교한 곳이 구브로 섬이었던 것에서 찾을 수 있다.

구브로 섬에는 로마 총독 서기오 파울로스(Sergius Paulus)가 섬의 치안을 책임 맡고 있었다. 그는 로마 황제 클라디우스(Claudius, 41~54) 황제에 의해 구브로 섬의 총독으로 파견받은 사람이며, 로마 원로원 의원의 선거권을 가진 명망 있는 인물이었다. 총독 곁에는 마술사 바예수가 자문관 역할을 하며 항상 따라다녔다. 그래서 총독은 마술사 바예수의 제안에 따라 헬라의 많은 신들을 섬기고 있었다. 그러나 총독의 마음은 만족을 얻지 못하였다. 그래서 바울을 총독 관저로 불러들여 복음을 경청했던 것 같다.

이때 사울은 총독 파울로스와 자신의 이름이 똑같은 바울임을 알게 함으로 자신과 총독이 친구임을 나타내려는 의도가 있었을 것으로 추측한다.

구브로의 마술사 바예수가 계속해서 바울의 선교를 방해했다. 이때 바울은 마술사를 거짓과 악행이 가득한 마귀의 자식으로 정죄하고 그의 눈을 멀게 했다. 이 장면을 목격한 세르기우스 파울로스 총독은 예수를 믿게 된다.

이렇게 해서 안디옥 교회로부터 선교사로 파송받은 바울은 구브로 섬에서 선교의 첫 열매로 총독 서기오 바울을 얻게 된다.

바울 사도는 고린도전서 9장 20절에서 "유대인들에게 내가 유대인과 같이 된 것은 유대인들을 얻고자 함이요 율법 아래에 있는 자들에게는……율법 아래에 있는 자같이 된 것은 율법 아래에 있는 자들을 얻고자 함이요"라고 했는데, 이는 그의 처세술이 작용한 것 같다.

(2) 마술사 엘루마의 잘못

선교를 방해한 마술사 엘루마를 맹인이 되게 한 것은 지나치지 않았는가? 사도행전 13장 11절을 보면, 마술사 엘루마가 바울의 선교를 방해함으로 바울은 그에게 한동안 맹인이 되는 형벌을 선포했다.

이 같은 바울의 처신은 좀 지나친 감정적 처리가 아닌가 하는 의구심을 갖게 한다. 그러나 바울이 엘루마의 죄상을 지적한 사도행전 13장 10절을 바로 깨달아야 그에 대한 오해가 해소될 것 같다.

바울은 엘루마에 대해 세 가지 죄목을 열거한다.

첫째, 모든 거짓과 악행이 가득한 자다.

'거짓'이란 원문은 '돌로스'(δολος)다. 이 말을 구약성경은 '궤계'라고 번역하였고, KJV 성경은 '간교'라고 했다. 이 말은 각종 속임수와 사기가 가득 찼다는 뜻이다.

엘루마가 총독 서기오 바울의 자문관 노릇을 하면서 총독을 비롯해서 구브로 섬의 수많은 사람들에게 속임수로 온갖 사기 행각을 벌여 왔음을 뜻한다.

또 '악행이 가득하다'의 원문은 '라디우르기아스'(ραδιουργίας)다. 이 말의 뜻은 '파렴치하고 경솔하다'는 뜻이다.

엘루마는 속임수와 깊이 없는 학문으로 경솔하고 파렴치하게 총독 서기오 바울과 구브로 사람들을 농락해 왔다.

둘째, 마귀의 자식이다.

마귀는 '디아볼루'(διαβολου)로 중상모략하고 거짓 고발하는 자이다.

엘루마는 '바예수'란 이름을 가졌으나 실상 그의 본성은 중상모략하는 마귀와 같은 자였다.

셋째, 주의 바른길을 굽게 하는 자다.

엘루마는 사도 바울과 바나바가 총독에게 가르치고 전한 복음을 다시금 거짓 궤변으로 희석시켜서 총독의 마음에 자리 잡지 못하도록 각종 거짓말과 이설로 그들의 판단을 혼란스럽게 하고 있었다. 이와 같은 죄악을 계속 행하는 엘루마에게 바울 사도가 그의 눈을 멀게 만들어 잠시라도 앞을 못 보게 한 것은 적절한 처방이었다고 판단된다.

7. 갈라디아 교회

1) 갈라디아 지방에 세운 교회

바울 사도가 제1차 전도 여행에서 전도한 지방이 갈라디아 지방이다. 바울 사도는 제1차 전도 여행에서는 개척을 했고, 제2차 전도 여행 때는 개척했던 교회들을 방문해서 든든히 세우는 일을 했다. 이렇게 1, 2차에 걸쳐 처음으로 교회를 세운 지방이 갈라디아이다.

여기에 관한 성경 기록이 사도행전에 확실하게 설명되고 있다. 이들 교회는 사도행전 13장 13~52절에 나오는 비시디아 안디옥 교회, 사도행전 14장 1~7절에 나오는 이고니온 교회, 사도행전 14장 8~18절에 나오는 루스드라 교회, 사도행전 14장 20절의 더베 교회이다.

2) 갈라디아 교회에서 얻는 교훈

(1) 팀(Team) 사역의 와해

사도행전에 보면 마가 요한은 예루살렘에서부터 바울과 바나바와 동행하였다(행 12:25). 그리고 안디옥 교회에서 바울과 바나바가 선교사로 따로 세워진 후 마가 요한은 그들의 수행원이 되었다(행 13:5).

바울과 바나바와 함께 수행원이 된 마가는 구브로를 지나 밤빌리아 수도 버가에까지 동행했다. 그런데 버가에 도착한 마가가 알 수 없는 이유로 선교팀을 떠나 예루살렘으로 돌아가 버렸다(행 13:13).

마가가 왜 선교팀을 떠나 버렸는가? 그 이유에 대해서는 여러 가지로 상상을 한다. 그 상상들이 설득력이 있다 해도 후에 바울과 바나바가 제2차 선교 여행을 앞두고 결별하게 된 사실(행 15:37~39)을 보면 이 사건은 심각한 사건이었다. 마가의 돌발적 행위는 바울과 바나바의 팀 사역을 와해시키고 다른 팀을 구성하게 되는 직접적 원인이 되었다.

마가가 바울과 바나바의 팀을 떠난 것이 두 사람에게 어떤 영향을 미쳤는가?

"요한이 그들에게서 떠나갔다"는 말이 의미심장하다. '떠나'에 해당하는 '아포코레사스'($ἀποχωρησας$)란 말은 단순히 '갔다'는 의미가 아니라 마땅히 있어야 할 자리를 내주고 떠나가 버렸다는 뜻이다.

마가 요한은 바울과 바나바 일행을 떠나 마땅히 있어야 할 자리에 공석을 만듦으로 바울과 바나바의 심기를 불편하게 했다.

팀 사역은 한번 구성했으면 끝까지 가야 한다. 우리도 그 같은 체험을 많이 하게 된다. 처음에 다 같은 교회 구성원으로 한 팀을 이루었던 멤버들이 어떤 이유로 인해 조직에서 이탈하는 것을 가볍게 생각한다. 또 사역을 위해 공동 목표로 만났던 사역자들이 팀을 와해시키는 것에 아무런 가책도 못 느끼는 것도 문제다.

팀을 와해시킨 마가 요한의 행위는 그의 공적과 상관없이, 훗날에 회복한 것과 관계없이 하나의 큰 오점으로 기억될 사건이다.

(2) 복음이 가져오는 자연적 현상

태양이 비치는 곳에는 빛과 그늘이 생긴다. 십자가의 복음이 미치는 곳에는 신앙과 불신앙으로 나뉜다. 바울과 바나바가 복음을 전할 때에도 가는 곳마다 일부는 믿고, 일부는 반대했다.

사도행전 13장 48절을 보면, 복음을 듣고 기쁨으로 말씀을 받아들이는 자들은 하나님을 찬송하며 믿는 무리가 된다. 그에 반해 13장 50절을 보면, 이들을 시기한 유대인들이 경건한 귀부인들과 시내의 유력자들을 선동하여 바울과 바나바를 그 지역에서 쫓아냈다.

이고니온에서도 마찬가지다. 유대와 헬라의 허다한 무리가 믿는가 하면(행 14:1), 순종하지 않는 유대인들이 이방인들을 선동하여 바울 일행에게 악감을 품게 하였다. 그래서 시내의 무리가 바울 일행으로 인해 나뉘게 되었다(행 14:4).

루스드라에서도 바울과 바나바를 '헤르메'와 '제우스'라고 하며 제사하려고 하는 적극적 찬동자가 있는가 하면(행 14:13), 바울을 돌로 쳐서 시외로 끌어 내치는 무리도 있었다(행 14:19).

진리가 가는 곳에는 빛과 어둠으로 확실하게 갈라진다. 복음이 선명한 곳에는 찬성하는 소수와 냉소하는 다수의 두 세력이 나타난다.

기독교 복음이 가는 곳에는 반드시 소수의 찬성과 다수의 반대가 따른다. 그런데 오늘날 현대 교회에 이런 복음의 현상이 일어나고 있는가? 강단에서 선포되는 내용이 분명한 복음도 아니고, 청중의 비위를 맞추는 비진리들이다. 그러기에 화려한 메시지는 계속되어도 빛과 어둠이 갈라지는 현상이 생기지 않고 있다. 현대 교회는 진리라고 말하지만 비진리가 크게 활동하고 있다. 그 근거는 복음을 듣고도 나뉘는 현상이 생기지 않는 것이다.

(3) 구원받을 만한 믿음을 봄

바울이 루스드라에서 복음을 전할 때, 나면서부터 걷지 못한 앉은뱅이가 바울의 설교를 주목하매 바울은 그에게 구원받을 만한 믿음이 있는 것을 보았다.

바울은 청중 속에서 유독 앉은뱅이에게 구원받을 만한 믿음이 있는 것을 알았다고 했다. 바울은 앉은뱅이에게 병 고침을 받을 만한 믿음이 있는 것을 어떻게 알았을까? 그 해답은 바울이 말하는 것을 "듣거늘"이란 단어에 있다.

'듣거늘'은 '에쿠센'($ἤκουσεν$)이다. 이 말은 미완료 과거형으로 계속적으로 듣고 있는 모습을 의미한다. 앉은뱅이는 자기가 듣고 싶은 말만 듣는 것이 아니라 바울이 설교하는 구원의 복음을 열심히 듣고 있었다. 이것이 설교를 듣는 자의 필수적인 태도가 되어야 한다.

이렇게 열성적으로 듣고 있는 앉은뱅이의 표정을 보고 설교자인 바울 사도는 영적 식별력으로 그의 구원받을 만한 믿음을 보았을 것이다.

여기서 우리가 배울 교훈이 있다.

우리는 설교로 말하는 입장에서 듣는 이들의 반응에 예민한 관심을 가질 수 있다. 또 반대로 설교를 듣는 자의 입장에서 말하는 자의 전달 표현에 신경이 쓰일 수 있다. 말하는 이는 듣는 자의 자세를 말할 것이고, 듣는 자는 말하는 이의 내용을 말할 수 있다. 어찌 되었든 잘 들린다는 것은 매우 중요하다. 설교자가 아무리 좋게 말해도 들으려 하지 않는다면 설교의 효력은 떨어질 수밖에 없다.

여기서 앉은뱅이는 자기에게 필요한 병 낫는 얘기만 들으려고 하지 않고 바울의 설교 전체를 경청하는 모습을 보였다. 이런 모습에서 그의 구원받을 만한 믿음이 나타난 것이다.

우리는 듣는 자의 입장이 어떠해야 하는가를 깨달아야 하겠다. 루스드라의 앉은뱅이는 바울의 설교를 온전하게 경청함으로 우선적으로 자기의 병이 나았고, 더 나아가서 루스드라 성민들을 크게 흥분하게 만드는 엄청난 파급 효과를 일으켰다.

8. 빌립보 교회

1) 빌립보

빌립보의 옛 이름은 '크레니테스' 였다.

주전 360년 이래 이곳에서 금이 나오는 것 때문에 희랍의 식민지가 되었다. 주전 358년에 마케도니아 왕 필립이 '크레니데스' 를 정복하여 요새를 만들고 자기 이름을 따라 '빌립보' 라고 불렀다. 이곳 빌립보의 팡기어스 광산에서 연 수입 1,000달란트의 금이 나왔다고 한다.

주전 168년에 빌립보는 마게도냐의 다른 성들과 함께 로마의 영토가 되었고 146년에는 한 도가 되었다.

주전 42년에는 빌립보 성 밑에서 정치 지도자들이 두 번의 각축을 벌였다. 한 번은 시저를 죽인 브루투스와 카시어스가 큰 싸움에서 카시어스 군대 8,000을 잃고 카시어스가 자살을 했다. 또 한 번은 로마의 패권을 쥔 옥타비아누스와 이집트의 패권을 가진 안토니우스가 빌립보 성 앞에서 해전을 벌였다. 여기서 옥타비아누스는 군대 16,000을 잃고도 승리했다. 그 승전 기념으로 빌립보는 로마 특별시의 특권을 얻어 '중동의 작은 로마' 가 되었다.

이곳 빌립보에 바울 사도가 주후 51~53년 어간에 방문한다. 바울과 실라, 디모데, 누가가 빌립보 교회를 개척하였다. 빌립보 교회의 첫 신자는 두아디라에서 온 자주 장사 루디아였다.

이곳 빌립보에서 복음을 전하던 바울은 귀신 들린 여종을 고쳐 준 것이 화근이 되어 그 주인들의 소송으로 많이 맞고 감옥에 갇히게 되었다. 바울과 실라가 매 맞고 갇혔을 때 밤중의 기도와 찬미로 지진이 일어나 옥문이 열리는 기적이 일어났다. 이 사건으로 옥사장의 가족들이 회개하는 구원의 역사가 일어났다.

빌립보 교회는 바울과 실라가 개척한 후 누가에게 맡겼던 것 같다. 그뿐만 아니라 빌립보 교회와 개척자 바울 사이에는 매우 친밀한 관계가 유지되었던 것 같다. 그것은 여러 번 바울을 경제적으로 도운 것(빌 4:16; 고후 11:9)으로 알 수 있다.

주후 110년경 안디옥의 감독 이그나티우스가 로마로 순교 당하기 위해 압송되어 가는 중에 빌립보를 방문하여 많은 환대를 받았다. 빌립보 교회에 보낸 서한문이 이를 증명한다.

빌립보 교회는 4~5세기까지 교회 감독들이 종교 회의에 참석한 기록이 있다. 그 후에는 교회 역사에서 사라졌다.

현재의 빌립보는 도시의 흔적이 완전히 사라지고 폐허만 남았다. 프랑스 고고학자들이 1914~1938년에 발굴 작업을 펼쳐서 시장과 회당, 성의 서북문 등 여러 곳을 발굴했다.

도시에서 서쪽으로 약 16km 지점에 간지테스 강이 흐르고 있다. 그 강 곁에 '루디아 기념 교회'가 그리스 정교회로 존재하고, 강에는 최초의 빌립보 교인들이 침례받았다는 '침례소'가 만들어져 있다.

빌립보 교회와 빌립보서를 통해 우리가 배울 교훈을 찾아보자.

2) 빌립보 교회에서 얻는 교훈

(1) 환상으로 진로를 안내받음

빌립보 교회가 세워지는 과정을 보면 바울 일행이 가고자 하는 아시아 쪽 길은 성령이 막으시고 고뇌하는 바울 앞에 마게도냐인의 환상을 보여주신다. 마게도냐인에 대한 환상을 본 바울 일행은 그곳에 하나님의 부르심이 있는 것으로 인정하고 빌립보를 찾아간다(행 16:10).

여기서 바울 일행은 성령이 몇 차례에 걸쳐 막는 것을 경험했고, 그 후 그들 눈에 보인 것은 환상이었다. 결국 그들은 환상을 따라 길 안내를 받았다. 그렇다면 환상은 믿을 만한 것인가 하는 의문이 생긴다.

환상이 무엇인가? 그 원어는 '호라마'($όραμα$)다. 환상이란 단어는 사도행전에만 11회 사용되고 있다(7:31, 9:10, 12, 10:3, 17, 19, 11:5, 12:9, 16:9, 10, 18:9 등).

환상은 꿈이 아니다. 환상은 황홀한 상태에서 눈으로 보게 되는 현상을 말한다. 환상은 시각적으로 명료하게 보이는 현상이다.

왜 환상이 생기는가? 심층 심리 속에서 많은 생각을 거듭하다 보면 이런 현상이 나타날 수 있다고 한다.

성경에서 환상은 하나님의 뜻을 알리기 위한 계시의 한 수단으로 사용되었다. 이 같은 환상은 단순한 상상이나 착시 현상과 다르다.

본문에서 환상이란 '호라마'($όραμα$)와 함께 '바울에게 보였다'는 '옵데'($ὤφθη$)는 시각적 명료함을 동반한 매우 분명한 계시를 뜻한다. 그러기에 환상 상태를 내가 잘 모른다고 부인할 수는 없다.

하나님은 내가 모르는 신비한 경험으로도 진로를 인도하신다.

(2) 주께서 그 마음을 열어 주심

두아디라 시에 사는 자색 옷감 장사 루디아라는 여자가 바울의 설교를 듣고 있었다. 그런데 설교를 듣는 중에 주께서 여인의 마음을 열어 주셨다(행 16:14). 그래서 그 여인이 바울의 말을 믿고 따르게 되었다.

이 말씀은 사람들이 신앙을 가지게 되는 과정을 잘 설명해 준 예라고 할 수 있다. 많은 목회자들이 나름대로 열심히 설교를 준비해서 전한다. 그런데 목회자가 열심히 노력한 만큼 설교의 효과가 나타나지 않을 때가 있다. 그 원인이 무엇인가? 주께서 듣는 이들의 마음을 열어주시지 않았기 때문이다.

여기서 우리는 신앙을 갖게 되는 요인이 무엇인가를 알 수 있다.

첫째는 상대편이 하나님의 말씀을 들어야 한다(롬 10:17).

둘째는 그 들은 말씀을 깨닫고 수용할 수 있도록 하나님께서 듣는 사람의 마음을 열어 주셔야 한다(눅 24:45 참조).

대개의 경우 많은 설교자들이 말씀을 전하는 데만 열중하고 듣는 이들이 마음을 열고 수용하는지의 여부에 대해서는 별로 관심을 갖지 않는다. 그러나 전하는 것보다 더 중요한 것은 듣는 이의 마음 문을 여는 것이다.

어떻게 듣는 이로 하여금 마음 문을 열게 할 수 있는가?

여기서 마음을 열게 하는 비결을 생각해 보자.

그 비결은 '마음을 열었다' 는 말을 이해하는 것이다. 열었다는 원문은 '디에노익센'($\delta\iota\eta\nu o\iota\xi\epsilon\nu$)이다. 이 말은 '열었다' 의 의미보다 더 강한 의미이다. 이 말은 '철저히' 라는 뜻의 '디에' ($\delta\iota\eta$)와

'열어젖히다' 라는 뜻의 '아노이고' (ἀνοίγω)가 합성된 말이다. 따라서 이 말은 '철저히 열어젖히다', '활짝 열어젖히다' 의 뜻이다.

이 똑같은 단어가 사도행전 17장 3절에는 "뜻을 풀어"라고 번역되었고, 누가복음 24장 32절에는 "풀어주실 때"라고 번역되었다. 또 누가복음 24장 31절에는 "눈이 밝아져"라고 번역되었다.

마음 문을 열려고 하면 상대편이 잘 알아들을 수 있도록 대중의 형편에 눈높이를 맞추고 그들의 용어로 설명해야 잘 알아듣고 마음을 열 것이다.

(3) 점으로 주인들에게 큰 이익을 준 여종

우리 주변에는 점치는 무술인들이 많이 있다. 점치는 역술인들은 방대한 조직으로 큰 세력을 펼치기도 한다.

신앙인은 점치는 것을 무당으로 터부시한다. 그럼에도 불구하고 우리 주변에는 많은 역술인들이 버젓이 상행위를 하고 있다. 과연 점치는 것이 사람들에게 이익을 주는가?

본문에 보면 빌립보 시에 "점치는 귀신 들린 여종"(행 16:16)이 있었다. 이 점치는 여종이 어떤 존재였는지는 알 수 없어도 사람들에게 유익을 주므로 그를 통해서 큰돈을 버는 주인이 있었다고 했다. '점치는 귀신 들린 여종' 은 어떤 존재인가?

'점 하는 귀신' 은 원문에 '프뉴마 퓌도나' (πνεῦμα πύθωνα)이다.

잘 아는 바와 같이 '프뉴마' 는 '하나님 영, 인간의 호흡, 바람' 으로도 번역되는 말이다. 이 중에서 가장 많이 쓰이는 것은 '성령' 이다. 그런데 본문에서는, '귀신' 을 지칭할 때도 이 말을 썼다.

다음으로 '점 한다' 는 '퓌도나' 이다. 퓌도나의 원형은 '퓌돈' (πύθων)이다. '퓌돈' 은 그리스의 옛 도시 델피(Delphi)에서 숭배되었던 아폴로 신전의 신화 속에 나오는 뱀 또는 용의 이름이다.

로마 시대에 '퓌돈'은 복화술사(입을 움직이지 않는 것처럼 하여 말하는 기술)를 가리키는 데도 사용되었다. 이런 유래를 연결해서 이 여종을 표현한 것을 보면 이 여종은 귀신이 주는 초자연적인 능력으로 복화술을 사용하여 사람들에게 길흉화복과 미래를 예언하였던 것으로 추정할 수 있다.

여종은 악한 귀신에게 사로잡혀서 이런 능력을 행함으로 그 영혼이 편한 날이 없었다. 하지만 여종의 주인들은 많은 소득을 얻었다.

지금도 우리 주변에는 귀신에 사로잡혀서 남의 비밀을 알아내고 보통 사람이 보지 못하는 미래를 한 발 앞서서 볼 수 있는 사람이 있다. 그런데 그런 능력으로 한 발 앞서서 알았다고 운명이 판이하게 달라지는가? 점하는 귀신은 영적으로 귀신에게 사로잡힌 고통의 산물이 아닌가? 조그마한 정보 한두 가지를 더 얻겠다고 귀신을 추종하는 자들이 불쌍할 따름이다.

(4) 즉각적인 침례 실시

초대 교회에는 독특한 모습이 있다. 그것은 전도해서 말씀을 잘 증거한 다음에 상대가 믿기로 결단하면 즉각적으로 침례를 실시한 것이다.

사도행전 8장 38절에 보면 빌립 집사가 에디오피아 내시를 전도해서 말씀을 잘 증거한 후 상대가 믿기로 결단할 때 즉시 물에 내려가 침례를 실시했다. 사도행전 16장에서는 빌립보 간수가 옥문이 열린 사건으로 "내가 어떻게 해야 구원을 받을까?" 하고 묻게 되었다. 이때 바울과 실라는 간수와 그 집에 있는 모든 사람들에게 말씀을 전했다. 말씀을 들은 간수와 그 가족은 그 밤에 회개했을 것이다. 회개한 간수의 가족들에게 바울은 그 밤을 넘기지 않고 여러 가지 불편함을 무릅쓰고 강가에 가서 침례를 베풀었다. 에디오피아 내시나 빌립보 감옥의 간수에게 행한 공통적 사건은 믿는 즉시 즉각적으로 침례를 실시했다는 사실이다.

현대 교회는 어떤가?

복음의 설명을 듣지고 못하고 깨닫지도 못하는 어린 유아를 성경적 근거도 없이 유아 세례를 주고 있다. 또 신앙으로 믿겠다고 고백한 사람도 여러 사람을 모아서 행사 위주로 집단 세례를 주고 있다. 더욱이 거북한 것은 세례식을 마치 교회 입문의 필수적인 첫 요식 행위로 중요시하는 것이다.

그러나 초대 교회는 현대 교회와 같지 않았다. 그들은 개인에게 예수 믿도록 전도해서 그가 말씀을 증거하는 내용대로 동의 찬동할 때 그에게 즉각적으로 침례를 실시했다.

초대 교회는 말씀 증거를 들을 수 없는 유아에게 세례를 준 기록이 없다. 또 말씀을 듣고 동의하는 사람에게는 즉시 침례를 베풀었다. 밤중에 강가에 가서 침례를 실시하는 일은 보통 불편한 일이 아니었을 것이다. 그러나 믿는 자에게 즉시 침례를 베풂으로 말씀에 즉각적으로 순종케 하였다. 현대 교회는 초대 교회의 모범에서 많이 깨닫고 배워야 한다.

(5) 로마 시민권을 사용한 바울

빌립보서 3장 7~9절에 보면, 바울 사도는 전에 자기에게 유익하다고 여기던 것을 그리스도를 위해 다 잃어버리고 배설물로 여긴다고 했다. 3장 13~14절에서도 과거 것은 잊어버리고 앞을 향해 달려간다고 했다. 그렇게 고백하는 바울이 과연 전에 가지고 있던 모든 특권을 다 잃어버린 채로 처신했는가? 성경 몇 곳에 보면 반드시 그런 것만은 아니었던 것 같다.

사도행전 16장 37절에 보면, 바울은 빌립보 관청의 윗사람을 향해 "로마 사람인 우리를 죄도 정하지 아니하고 공중 앞에서 때리고 옥에 가두었다가 이제는 가만히 내보내고자 하느냐 아니라 그들이 친히 와서 우리를 데리고 나가야 하리라"고 했다.

바울은 여기서 자기가 로마 시민권자임을 내세운다. 그는 빌립보서 3장에서 말하는 것처럼 자기에게 유익하던 것을 배설물로 버린 것이 아니라 필요하면 적당하게 사용하고 있다. 이 때뿐만이 아니다. 사도행전 22장 25절에서도 바울은 자기를 치는 백부장을 향해 "로마 시민 된 자를 죄도 정하지 아니하고 채찍질할 수 있느냐?"고 한다. 이때에도 역시 그가 버렸다던 로마 시민권을 사용한다.

우리는 바울 사도가 전에 자기에게 유익하던 것을 그리스도를 위해 다 잃어버리고 배설물로 여긴다는 그의 고백을 액면 그대로 믿는다.

그러나 그리스도를 위해서는 전에 준비된 독특한 특권을 유용하고 적절하게 활용하는 것도 적당한 지혜라고 본다.

다윗은 소년 시절 목동 생활에서 익혔던 악기 다루는 기술을 후에 사울 왕의 병 치료를 위해 적절하게 사용한다. 마태는 세리 업무에서 익혔던 직업적 단련을 조직적인 복음서 기술에 사용한다. 바울도 고린도 교회 개척할 때 천막 만드는 기술로 개척 교회 생활비를 해결한다. 그렇기 때문에 "모든 것을 잃어버리고 배설물로 여겼다"는 말의 참뜻을 알 필요가 있다.

'잃어버렸다'는 말은 '에제미오덴'(ἐζημιώθην), 즉 그가 다메섹 도상에서 그리스도에게 사로잡히는 순간 손익계산서상의 손해를 당했다는 뜻이다. 또 '여긴다'는 말은 '헤게오마이'($ἡγέομαι$)로 현재 시제로 한번 그렇게 여긴 것을 계속해서 그런 것으로 간주한다(count or regard)는 뜻이다.

(6) 주의 종에게 헌금하는 빌립보 교회

헌금은 교회에만 해야 한다. 아니다. 주의 종에게도 헌금할 수 있다.

이 두 가지 주제를 놓고 토론을 하면 어느 견해가 이기겠는가?

현대 교회를 장악하고 있는 대다수의 목회자들은, 헌금은 교회에만 해야 한다는 이론에 적극 찬성할 것이다.

그런데 빌립보 교회를 보면 주의 종에게도 헌금했다는 사실을 알 수 있다. "빌립보 사람들아 너희도 알거니와 복음의 시초에 내가 마게도냐를 떠날 때에 주고받는 내 일에 참여한 교회가 너희 외에 아무도 없었느니라"(빌 4:15).

빌립보 교인들은 바울 사도에게 물질적인 헌금을 드렸고, 또 바울로부터 영적 은혜를 받았기 때문에 주고받는 교제가 계속되었다. 이렇게 목회자에게 헌금한 교회는 빌립보 교회 하나뿐이었다.

빌립보 교인들이 바울에게 헌금한 것은 한두 번이 아니고 여러 차례 거듭되었다. 바울 사도가 빌립보를 떠나 데살로니가에서 3주간을 목회할 때, 빌립보 교회는 데살로니가에서 목회하는 바울에게 "한 번뿐 아니라 두 번이나 나의 쓸 것을 보내었도다"(빌 4:16)라고 회고하고 있다.

그뿐만이 아니다. 바울 사도가 다시 고린도에 가서 고린도 교회를 개척할 때도 빌립보 교인들은 바울 사도에게 헌금을 보냈다(고후 11:9 참조). 또한 바울 사도가 죄수의 몸으로 로마 옥중에 갇혀 있을 때 빌립보 교인들이 헌금을 모아서 에바브로디도 편에 보내 주었다(빌 4:18). 이렇게 선교하는 주의 종에게 헌금하는 것은 "이는 받으실 만한 향기로운 제물이요 하나님을 기쁘시게 한 것"(빌 4:18)이라고 했다.

바울 사도는 빌립보 교인들이 자신에게 보내준 헌금이 개인에게 보낸 인간적 차원의 헌금이 아니라 하나님께 헌신하는 마음과 하나님 나라의 복음 사역을 위해 보낸 것이므로 "받으실 만한"(덱텐 : ζεκτην : acceptable), 즉 향기로운 냄새가 나는 기분 좋은 연보라고 했다.

우리가 살고 있는 지금 세상은 주의 종들이 수난당하고 있다. 어서 속히 교인들이 교회만 아니라 주의 종들에게도 자유롭게 헌금할 수 있는 날이 돌아오기를 기대해 본다.

9. 데살로니가 교회

1) 데살로니가 교회에 대한 이해

알렉산더 대왕이 33세로 요절하자, 부하 장군들 사이에서 치열한 권력 쟁탈전이 벌어졌다. 결국 불꽃 튀는 각축전 끝에 카산더(Cassander) 장군이 승리했다. 카산더는 알렉산더의 이복누이동생인 '데살로니가'와 결혼했었다. 그가 정권을 잡자 카산더의 권력 계승을 반대한 알렉산더 대왕의 어머니 올림피아 대비를 즉각적으로 죽여 버리고 또 후환을 없애고자 알렉산더 대왕의 부인 록사나 왕비와 그의 아들까지 죽였다. 이로 인해 민심이 카산더에게서 멀어졌다. 카산더는 민심 수습책으로 주전 315년에 성을 재건하고 도시 이름을 아내 이름을 따라 데살로니가라 하였다.

헬라가 망하고 마게도냐가 로마의 통치 아래 들어갔을 때 데살로니가는 로마의 중요한 해군 근거지가 되었다.

주전 146년에 데살로니가는 마게도냐의 서울이 되었다.

옥타비아누스 대 안토니우스, 브루투스 대 카시우스의 싸움에서 데살로니가는 옥타비아누스 편에 가담했다. 옥타비아누스는 그와 같은 데살로니가에 대한 상급으로 주전 42년 데살로니가를 로마 제국 자유시로 만들어서 5~6인의 시장들이 다스렸다. 이 사실을 사도행전 17장 6절에서 "읍장들"이라고 해서 여러 명의 행정 관리가 있었음을 말한다.

바울 사도가 주후 52~53년경 제2차 선교 여행 때 빌립보를 떠나 이곳 데살로니가에 교회를 개척한다(행 17:1).

바울 사도는 데살로니가에 도착해서 유대인의 회당에 들어갔다. 여기서 그는 세 번의 안식일을 지내며 유대인들에게 성경을 풀어 강론하였다. 바울 사도는 3주 동안 밤낮으로 일해 가면서 예수 그리스도가 죽은 자 가운데서 다시 살아나신 그리스도이심을 증언하였다(살전 2:9).

그 결과 경건한 헬라인의 큰 무리와 적지 않은 귀부인들이 바울의 전도를 믿고 바울을 따랐다(행 17:4). 그러자 유대인들이 시기가 일어나 시장의 불량한 사람들을 선동하여 성읍을 소란케 하고 그 책임을 바울과 실라에게 뒤집어씌우려고 하였다.

성난 군중들이 바울과 실라를 잡으려고 야손의 집에 침입하였으나 찾지 못했다. 그러나 군중들은 야손과 그 형제들을 읍장(시장)들에게 끌고가서 그들이 천하를 어지럽게 하는 이들을 끌어들였다고 고소했다. 야손과 그 형제들은 더 이상 소란을 일으키지 않을 것을 약속하고 보석금을 내고 방면된다. 그리고 그 밤에 바울과 실라는 몰래 베뢰아로 보내진다.

바울과 실라는 데살로니가에서 추방되어 베뢰아로 갔다가 거기까지 추격해 온 유대인들의 폭행으로 아덴을 거쳐 고린도로 갔다.

바울은 데살로니가에 마치지 못한 전도 사업이 있으나 자기가 갈 수 없자 디모데를 보낸다(살전 3:1~5).

데살로니가 교인들의 잘못된 종말 신앙을 전해 들은 바울은 고린도에서 데살로니가 교인들에게 두 번에 걸쳐 편지를 쓴다. 그것이 오늘날 우리가 갖고 있는 데살로니가전·후서이다.

데살로니가는 그 후에 그곳 출신의 신자들이 성경 여러 곳에 나타난다. 야손, 가이오, 아리스다고(행 19:29), 세군도(행 20:4)와 데마가 있었다. 사도 시대가 지난 후 데살로니가 교회는 희랍 정교회 정통 교회로 유지되어 오고 있다.

데살로니가는 발칸 반도의 전략적 위치로 세계대전 때 중요한 구실을 하는 군사 도시화되어 가고 있다.

지금 데살로니가에는 약 25만 가량의 터키, 희랍, 슬라브족, 프랑크족, 유대인들이 섞여 살고 있다.

이 도시에는 천 년 이상된 교회들이 20여 곳이 넘는다. 그중 대표적인 교회가 주후 410년에 세운 '성 데메트리우스 교회'이다.

2) 데살로니가 교회에서 얻는 교훈

(1) 세상 여론에 화제가 되는 교회

바울 사도는 데살로니가 교회에서 3주간 사역을 했다. 그런데 3주간의 사역으로 경건한 헬라인의 큰 무리와 적지 않은 귀부인들을 예수 믿게 전도를 했다.

이 같은 바울 사도의 사역을 시기한 유대인들은 시장의 불량배를 동원해서 폭력으로 성을 소동케 했다. 그리고 사도들을 돌본 야손과 그 형제들을 읍장들 앞으로 끌고가서 고소를 했다. 그들은 "천하를 어지럽게 하던 이 사람들이 여기도 이르매"(행 17:6)라고 했다.

바울 사도가 데살로니가에서 3주간 한 사역이 천하를 어지럽게 할 만큼의 큰 활동이었다면 이것은 보통 큰 사역이 아니다. 우리는 3주간은커녕 3년 또는 30년을 사역한다 해도 "저 교회는 천하를 어지럽히는 교회"라는 여론을 들끓게 할 수 있는가? 왜 우리는 수년씩 일을 해도 좋은 여론이든, 나쁜 여론이든 여론을 만들어 내지 못하는가?

이 같은 여론은 계속 설명하고 있다.

데살로니가전서 1장 7~8절에 "너희가 마게도냐와 아가야에 있는 모든 믿는 자의 본이 되었느니라 주의 말씀이 너희에게로부터 마게도냐와 아가야에만 들릴 뿐 아니라 하나님을 향하는 너희 믿음의 소문이 각처에 퍼졌으므로 우리는 아무 말도 할 것이 없노라"고 했다.

데살로니가 교회의 믿음의 소문이 각처에 퍼졌다. 어떻게 이럴 수 있을까? 3주간 사역한 바울의 사역의 결과가 이토록 큰 여론을 일으켰다는 것이 놀라울 뿐이다. 그에 비해 현대 교회의 사역이 너무 초라함을 느낀다.

(2) 사람의 말이 아닌 하나님의 말씀으로 받은 교회

데살로니가전서 2장 13절에 "이러므로 우리가 하나님께 끊임없이 감사함은 너희가 우리에게 들은 바 하나님의 말씀을 받을 때에 사람의 말로 받지 아니하고 하나님의 말씀으로 받음이니 진실로 그러하도다 이 말씀이 너희 믿는 자 가운데에서 역사하느니라" 라고 했다.

데살로니가 교인들은 사도들이 전하는 하나님의 말씀을 사람의 말로 듣지 아니하고 하나님께로부터 비롯된 말씀으로 받아들였다.

하나님은 사람을 통해서 말씀하신다. 사람을 통해서 주시는 하나님의 말씀이 불신앙자에게는 사람의 말로 들리지만 신앙자의 귀에는 하나님의 말씀으로 들린다.

여기서 '받는다'는 말이 두 가지로 쓰였다.

"받지 아니하고"는 '파랄라본테스'(παραλαβὸντες)로 부정 과거 분사인데, 이것은 객관적이고 외부적으로 받아들이는 것을 뜻한다. 또 뒤에 있는 "받음이니"는 '에덱사스데'(ἐδεξασθε)로 직설법 부정 과거 동사이다. 이것은 환영과 찬동을 수반하는 주관적이고 내적인 영접(accepted)을 뜻한다.

전자는 귀 있는 모든 사람들이 객관적으로 듣는 현상을 말하는 것으로 사람의 입에서부터 흘러나온 말은 모든 사람에게 동일하게 들린다는 사실과 관련되어 있다. 그러나 후자는 그 말을 듣는 사람들이 주관적으로 해석하는 것으로 사람에 따라 그 반응 양태가 각각 다르다는 사실과 관련되어 있다.

데살로니가 교인들은 바울 사도의 입에서 나온 복음을 성령의 감동하심을 따라 반드시 순종하고 지켜 행해야 할 하나님의 말씀으로 받아들였다.

데살로니가 교인들이 바울 사도의 복음을 하나님의 말씀으로 받아들인 것은 바울 사도의 언변 때문도 아니고 데살로니가 교인들의 마음이 좋아서 그런 것도 아니다. 전하는 이가 성령으로 전하고 듣는 이 역시 성령의 역사가 있었기에 이런 일이 가능했다.

이 같은 현상은 어느 때나 마찬가지이다. 말씀을 전하는 자가 온갖 기교를 다 부리고 미사여구로 좋은 말을 전한다 해도 성령께서 역사하시지 않으면 듣는 이들에게 들려지지 않는다. 우리가 다른 교회에 초대받아서 설교해 보면 이 같은 현상을 체험한다. 똑같은 설교를 하는데도 기도로 설교 들을 준비를 많이 한 교회에서는 설교에 의한 감동이 월등함을 느낀다. 그에 반해 준비 기도가 많지 않은 교회에서는 설교하기가 힘이 들고 청중들에게 감동을 주지 못한다.

데살로니가 교회는 전하는 이나 듣는 이가 다 같이 성령의 이끌림을 받은 교회였음을 알 수 있다. 그래서 신약성경에 수많은 교회들이 있지만 데살로니가 교회는 좋은 이미지의 아름다운 교회로 떠오른다.

(3) 주의 강림과 죽은 자들의 부활의 교리

데살로니가전·후서에서 특별히 강조되고 있는 것은 종말에 관한 진리이다. 특별히 데살로니가전·후서에서는 주님이 공중으로 강림해 오실 것을 강조하고 있다. 성경에는 예수님께서 공중으로 강림해 오시는 것과 땅으로 재림해 오시는 것이 분리되어서 설명되고 있다. 먼저 공중으로 강림해 오시는 것을 언급한 내용을 보자.

고전 15:23 "먼저는 첫 열매인 그리스도요 다음에는 그가 강림하실 때에 그리스도에게 속한 자요."
살전 2:19 "그가 강림하실 때."
살전 3:13 "주 예수께서 그의 모든 성도와 함께 강림하실 때에."
살전 4:15 "주께서 강림하실 때까지."
살전 4:16 "친히 하늘로부터 강림하시리니."

살전 5:23 "주 예수 그리스도께서 강림하실 때에."
살후 2:8 "강림하여 나타나심으로"
약 5:7 "주께서 강림하시기까지 길이 참으라."
벧후 1:16 "그리스도의 능력과 강림하심을."
벧후 3:4 "주께서 강림하신다는."
요일 2:28 "주께서 나타나신 바 되면 그가 강림하실 때에."

이처럼 성경 전체에서 그리스도께서 공중으로 오시는 강림 사건을 언급하고 있다. 이때 '강림'은 '파루시아'($παρουσια$)다.

이에 반해 재림은 예수께서 7년 대환난 후에 지상으로 다시 오시는 사건이다. 신약성경에 재림이란 용어는 없다.

사도행전 1장 11절에서 "하늘로 올려지신 이 예수는 하늘로 가심을 본 그대로 오시리라"고 한 것과 또 마태복음 24~25장의 종말 때 되어질 사건을 말씀하신 것과 마가복음 13장, 누가복음 21장, 요한복음 14장 25~29절 등의 말씀을 근거로 만든 말이 재림이다.

강림이 공중으로 오시는 사건이고, 재림은 지상의 땅으로 두 번째 다시 오시는 사건이다.

강림에 관한 기록들은 성경에 가득 차 있다. 특히 데살로니가 교회는 예수님의 강림 신앙이 두드러진 교회였다. 데살로니가 교회 성도들이 강림 신앙에 철저한 나머지 일하지 않고 주님 오실 날을 사모하는 이들이 생길 정도였다.

현대 교회는 종말 신앙이 너무 희박한 것이 큰 문제다. 데살로니가 교회는 오고 오는 모든 교회에 좋은 모범을 보여주고 있다.

(4) 잘못된 신앙의 무질서를 용납하지 않음

데살로니가 교회는 종말 신앙이 투철해도 무질서를 용납하지는 않았다. 데살로니가 교회 성도 가운데 철저한 종말 신앙으로 일하지 않고 주님 오실 날을 사모하는 변측적인 현상이 생겼다.

여기에 대해 바울 사도는 교회의 무질서를 단호하게 대처한다.

데살로니가후서 3장 6절에 "형제들아 우리 주 예수 그리스도의 이름으로 너희를 명하노니 게으르게 행하고 우리에게서 받은 전통대로 행하지 아니하는 모든 형제에게서 떠나라"고 했다.

데살로니가 교인의 다수는 바울이 가르친 신앙의 정도를 충실히 잘 지켰다(살후 3:4). 그러나 일부 소수는 광신적이고 규모 없이 행하였다. 이런 자들은 조용하게 교회를 떠나가도록 권하고 있다. 그리고 "누구에게서든지 음식을 값없이 먹지 않고 오직 수고하고 애써 주야로 일함"(살후 3:8)은 바울 사도가 교인들에게 모범을 보여주기 위함이었다. 이렇게 자신이 모범을 보인 그는 "누구든지 일하기 싫어하거든 먹지도 말게 하라"(살후 3:10)고 권위 있게 교회 질서를 강조하고 있다.

10. 베뢰아 교회

베뢰아는 에게 해 바다에서 약 38km, 데살로니가 서쪽에서 약 80km지점에 있다. 1세기 말 마게도냐 여러 성 중에서 인구가 많기로 이름이 났다. 바울 사도가 빌립보를 지나 데살로니가에서 쫓겨서 간 곳이 베뢰아였다.

베뢰아 사람들은 바울의 전도를 받고 좋은 반응을 보였다. 그런데 데살로니가의 유대인들이 이곳까지 추격해 와서 바울을 괴롭힘으로 베뢰아 사람들의 안내로 아덴으로 가게 된다.

주후 900년에 이 성은 지진으로 인해 없어졌다. 오늘날은 '베리아'(Verria)라고 부른다.

베뢰아 교회를 통해 배울 교훈이 무엇인가?

베뢰아 교회는 수용성과 비판성을 동시에 갖춘 교회였다.

사도행전 17장 11절에 "베뢰아에 있는 사람들은 데살로니가에 있는 사람들보다 더 너그러워서 간절한 마음으로 말씀을 받고 이 것이 그러한가 하여 날마다 성경을 상고하므로"라고 했다.

여기서 '너그럽다'는 말은 '유게네스테로이'(εὐγενεστεροι)다. 이 말은 '귀하게 태어난', '높은 신분'이라는 의미를 가진 형용사 '유게네스'(εὐγενης)의 비교급이다.

이 형용사는 사회적인 의미에서 고귀한(noble) 신분을 가진 사람들을 가리킨다. 그러나 본문에서는 신분적 의미보다는 성품적 의미로 쓰였다. 그래서 보다 더 고결한 마음을 가진 사람이란 뜻으로 설명할 수 있다.

베뢰아 사람들은 바울의 전도를 듣고 무조건 받아들이지 않았다. 그들은 다시금 구약성경을 연구해서 그 말씀의 사실 여부를 확인하였다. 이것은 신앙인의 가장 높고 건전한 태도를 뜻한다.

이 같은 베뢰아 교인들의 태도는 모든 교회 성도들에게 적용되어야 할 원리이다. 목사가 외치는 말이라고 해서 모두 성경과 일치하는 것은 아니다. 설교를 들은 뒤 그 말씀의 진위 여부를 확인하고 믿을 것은 믿고 버릴 것은 버리는, 성경을 상고하는 교인은 가장 이상적인 교인일 것이다. 교인이 이렇게 성경을 상고하는 신앙생활을 하는 것을 안다면 목사도 훨씬 더 조심스럽고 책임 있는 설교를 하게 될 것이다.

11. 아덴 교회

1) 아덴

아덴은 그리스 희랍의 수도이다. 지금 그리스 인구는 3천 만이 넘는데 그중 3분의 1이 아덴에 살고 있다.

아덴의 역사는 주전 3천 년 전으로 거슬러 올라간다. 그리스 신화에 의하면, 도시 건설 당시 지혜의 여신 아테나(Athena)와 바다의 신 포세이돈(Poseidon)의 주도권 경쟁이 벌어졌다고 한다. 결국 누가 이 도시에 더 유용한 선물을 가져오느냐 하는 것으로 승부를 가리게 되었다.

지혜의 여신 아테나는 올리브 기름을 내는 감람나무를 가져왔고, 바다의 신 포세이돈은 바닷물처럼 짠 물을 가져왔다. 승부는 쉽게 끝이 났고 지혜의 여신 '아테나'의 이름을 따서 '아테네'가 되었다고 한다.

아덴의 황금기는 주전 5세기경 페리클레스 시대였다. 그는 유능한 정치가였을 뿐만 아니라 예술과 학문의 후원자였다. 그 시대에 지어진 수많은 건물 중에서 아덴 중심부의 '아크로폴리스' 언덕 위에 세워진 '파르테논'(Parthenon : 처녀라는 뜻) 신전을 비롯 여러 신전이 세워졌다. 이 신전은 지혜의 여신 '아테나'를 위한 신전으로 폭이 30.8m, 길이 69.5m, 높이 10.4m에 46개의 도리아식 석주로 구성되어 있다. 이 신전은 유네스코(UNESCO, 국제연합교육과학문화기구)에서 인류 문화재 제1호로 지정했다.

그리고 이 무렵 소크라테스, 플라톤이 제자들을 가르쳤던 곳이 이곳이고, 아리스토텔레스가 우주를 논하던 철학의 도시도 바로 이곳이다.

아덴은 주전 146년에 로마 아가야 도의 한 부분이 되었다. 주후 52~53년경 바울 사도가 이곳에 도착했다.

바울 사도가 도착한 아덴에는 세 가지 철학이 유행하고 있었다. ① 플라톤의 이성주의 ② 에피쿠로스의 향락주의 ③ 스토아 학파의 금욕주의였다.

바울 사도가 이곳 아덴에서 전도한 기록이 사도행전 17장 16~34절에 나온다. 바울은 이곳에 도착하여 시장터, 즉 아고라(Agora)에서 복음을 전했다. 바울이 복음을 전할 때 아덴 사람들은 그를 새로운 사상을 전하는 사상가 정도로 생각하였다. 그러나 아덴 사람들은 차츰 바울의 전도에 흥미를 느꼈다.

그래서 '아레오바고'(Areopagus) 연단에서 연설할 기회를 주었다. 아레오바고는 제우스의 아들 '아레스'(Ares)가 재판받은 곳, 즉 '아레스의 언덕'이란 말이 '아레오바고'라고 한다.

아레오바고는 원래 살인죄를 범한 사람을 재판하는 장소였다. 그런데 시간이 지남에 따라 아덴 시 의회가 모이는 장소로 바뀌었고, 따라서 아레오바고는 시 의회를 뜻하는 의미로 바뀌었다.

바울이 이곳에서 그 유명한 아레오바고 연단의 명설교를 한다(행 17:22~31). 바울은 하나님은 창조주이시고 인간과 모든 생물은 그의 피조물이라고 설명하고 피조물을 형상으로 만들어 섬기는 것은 우상 숭배이기 때문에 해서는 안 될 일이라고 말한다. 그리고 예수 그리스도의 부활을 근거로 그가 메시아이므로 그를 믿어야 한다고 주장했다.

아덴 사람들은 죽은 자의 부활을 설교하는 바울의 설교를 듣고 조롱하는 이, 다시 듣겠다는 이 등으로 반응을 보였고 소수가 믿게 되는 결과를 가져왔다.

2) 아덴 교회에서 얻는 교훈

아덴에서 행한 바울의 설교와 아덴 시민들의 반응을 통해서 우리는 무엇을 배울 수 있을까?

(1) 알지 못하는 신들에게 경배하는 인간

사도행전 17장 23절에 보면 바울 사도가 아덴 시내 여러 곳을 두루 관찰하던 중에 "알지 못하는 신"(아그노스토 데오 (Αγνώστω Θεώ)이라는 신전을 보게 되었다.

아덴 사람들이 종교심이 많다 해도 대상이 누구이고, 섬김 받을 내용이 무엇인지도 모르는 신을 섬긴다는 것은 기가 막힌 사실이 아닐 수 없다.

아덴 사람들이 왜 이토록 '알지 못하는 신'을 섬기게 되었는가? 그 이유는 역사적으로 설명할 수 있다.

그런데 이처럼 잘 알지도 못하면서 막연하게나마 하나님 이외의 다른 우상을 섬기고 있는 것은 현대인도 마찬가지다. 현대인들은 하나님을 믿는다고 하면서도 내심으로는 돈의 위력을 믿는 경우가 많다. 자기가 불행하게 된 원인이 돈이 없었기 때문이고, 지금도 인생길이 잘 열리지 않는 것이 돈이 없기 때문이고, 현재의 답답한 현실도 다 돈이 없기 때문이라고 말한다. 겉으로는 하나님을 믿지만 속 내용으론 알지 못하는 돈의 우상을 믿고 있다.

그뿐만이 아니다. 자기 인생이 잘 펼쳐지지 않고 막혀 있는 것도 자기에게 인맥이 없기 때문이라고 인맥을 선망하는 사람도 있다.

이처럼 뚜렷하게 '이것이다' 라고 적시하지 못하면서 막연하게 믿고 있는 '알지 못하는 신' 들이 있다. 이처럼 잘 알지 못하지만

신을 섬기는 자를 뜻하는 불가지론자(agnostic)라는 단어가 여기 헬라어에서 비롯되었다.

신앙의 대상을 정확하게 알면 알수록 우리의 신앙생활은 편안하고 친근감을 느낄 수 있다. '알지 못하는 신'을 섬긴다는 것은 그만큼 불확실하고 불안정한 것을 뜻한다. 옛날 아덴 사람들처럼 현대에도 '알지 못하는 신'을 섬기는 불확실한 사람들이 불행한 삶을 살아가는 것을 볼 수 있다.

우리는 어디에 내놓아도 떳떳하고 확실하게 설명할 수 있는 '잘 아는 신'을 섬겨야 한다.

(2) 기독교와 철학의 대립

바울 사도는 기독교 복음으로 인간의 영혼을 치료할 수 있는 길을 제시하였다. 그에 반해서 아덴의 철학자들은 인생이 무엇이냐 하는 것을 진단하는 데 도움을 주었다.

옛날이나 지금이나 기독교 복음과 철학은 항상 대립이 된다. 철학은 서양 철학이든 동양 철학이든 인생을 진단하는 데 어느정도 탁월한 깨달음을 줄 수 있다. 그러나 철학이 주는 깨달음은 인생의 어느 한 단면을 부분적으로 깨우쳐 줄 뿐이다. 인생의 영혼에 대한 치료는 영혼을 만드신 창조주 하나님의 처방법을 따라야만 가능하다.

지금도 상담 기술, 정신 치료 요법, 각종 물리 요법 등이 사람의 질병을 고치고 건강을 회복시켜 주는 능력이 있는 것은 사실이다. 그러나 세상의 정신 치료가 인간이 가진 죄 문제를 해결해 주지는 못한다. 인간의 죄성과 영혼에 대한 치유는 오직 기독교 복음만이 가능하다. 동양 철학으로 최고의 경지에 이른 불교나 유교의 가르침 가운데 인생이 무엇인가를 깨닫게 해주는 깊이 있는 긍정적 요소가 있다. 그러나 그들 철학이 인생을 깨우쳐 준다고 해서 철학이 진리가 되는 것은 아니다. 그래서 진리 되신 예수 그리스도를 전하다 보면 세상 철학과 대립을 이루게 된다.

이 같은 대립은 진리가 겪어야만 하는 피할 수 없는 운명 같다. 그 옛날 바울 사도가 아덴의 철학의 무리들에게 복음을 전했다가 어떤 사람은 조롱하고, 어떤 사람은 거부했다는 것이 기독교와 철학의 당연한 현상 같다.

이 같은 철학과 기독교 간의 대립은 앞으로도 계속될 것이다. 그럴지라도 영혼을 치료하는 기독교 복음은 계속해서 당당하게 나아갈 것이다.

12. 고린도 교회

1) 고린도 교회에 대한 이해

고린도(Corinth)는 교육의 중심지인 아덴을 제하고 희랍에서 가장 중요한 도시였다. 그런데 '희랍 전국에서 빛'이라고 자랑하던 고린도가 주전 146년 로마 군대에 의해 파괴되어 버렸다.

로마는 고린도를 정복한 후 그곳에 로마에 반항하는 운동 본부가 있으므로 100여 년간 폐허로 방치했다. 그러다가 주전 46년 율리우스 시저가 고린도를 로마의 식민지 도시로 정하고 제대한 군인들과 노예에서 해방된 사람들을 이 도시로 이주시켰다. 그 후 이곳에 여러 종류의 타 민족들이 모여들기 시작했다.

로마 제국은 고린도를 아가야 도의 수도로 정하고 총독이 주재하는 정치적 도시로 만들었다. 아덴이 학문과 예술의 중심이었다면 고린도는 정치와 경제 중심의 도시가 되었다. 그래서 다양한 인구들이 이곳에 모여들었다. 여기에는 정치와 행정을 책임 맡은 로마 사람들과 로마 관리들, 상인들이 있었고, 절대 다수의 희랍 본토인들이 주류를 이루었으며, 그 외에 유대인을 비롯한 외국인들이 있었다.

이들이 낮에는 상업에 종사하고 밤에는 그 유명한 '아고라' (Agora)라고 불리는 시장 뒷골목에서 주색에 빠져 살았다. 아고라 뒤에는 오늘날의 나이트클럽 같은 환락가가 33여 개가 있었다. 고린도는 높이 600m 되는 높은 돌산 위에다 '아프로다잇' 신당을 지어 놓고 천 명의 여자 사제 제관들이 있었다. 이들이 밤마다 시가지에 내려와 매음을 일삼았다.

고린도는 음란과 방탕으로 유명했으며, 바울 시대의 고린도는 희랍의 허영의 도시였다. 그런데도 고린도 좌우편에는 두 개의 좋은 항구가 있어 해양 무역과 동서 물산의 집산지가 되었다.

이렇게 되자 고린도는 세계 각국의 장사꾼들이 몰려드는 세계 도시가 되었다. 이곳 고린도에는 약 20만의 자유민이 있고, 그 배수인 40만 가량이 노예가 있었다.

고린도는 상업 도시라 사람들이 재리에 밝고 이기심이 강했다. 옛 희랍인들의 자랑이던 예술적 교양은 사라지고 말을 잘하는 수사학과 천박한 이지주의로 떨어졌.

이곳에서 3년마다 한 번씩 개최하는 올림픽 경기는 희랍 도시 중 처음으로 로마의 검술 경기를 도입하였다.

바울 사도는 이곳에 주후 52~53년경 도착하였다. 바울 사도는 이곳에서 천막 뜨는 일을 하면서 약 18개월을 전도하였다(행 18:11). 바울을 경제적으로 도운 이는 아굴라와 브리스길라 부부였다(행 18:3).

바울 사도가 처음 전도한 곳은 유대인 회당이었다. 그런데 유대인들의 훼방이 생기자 '디도 유스도'의 집으로 옮겨서 전도를 한다(행 18:7). 이 무렵 회당장 그리스보가 주를 믿음으로 많은 고린도인들이 믿게 된다. 바울은 믿는 자들에게 침례를 주어 기독교 신자를 만들었다.

바울은 밤에 환상을 통해 고린도에 내 백성이 많다는 환상을 본다.

고린도 교회가 날로 성장하자 유대인들의 반대가 극렬해진다.

갈리오가 아가야의 새 총독으로 부임해 왔을 때 유대인들은 일제히 일어나서 바울을 대적하고 법정으로 끌고 갔다.

갈리오 총독은 치안에 관한 문제라면 재판할 것이나 종교에 관한 문제는 재판장이 되기를 거부하고 유대인들을 법정에서 내쫓았다(행 18:15~16). 이 일을 계기로 바울은 고린도를 떠난다.

고린도 교회 교인 중 고린도 시의 재무관을 지낸 '에라스도'(롬 16:23)가 있었다. '에라스도'는 바울을 도운 사람이었다(행 19:22). 에라스도는 바울이 고린도를 떠난 후에도 고린도 교회를 지켰다(딤후 4:20).

현재의 고린도에 가면 고린도 시장터에서 야외 원형극장으로 가는 길목에 돌로 포장된 길이 나온다. 이 돌로 된 길바닥에 새겨진 글이 남아 있다. 그 글은 라틴어로 '에라스도가 사비로 이 길을 돌로 포장하였음'이라고 적혀 있다. 에라스도는 바울 때 고린도 시의 재무관이었으나 기독교로 개종한 후 고린도 교회와 고린도 시를 위해서 귀한 일을 하였다.

현대의 고린도는 하나의 섬이 되었다. 1893년 고린도 지협을 잘라 운하를 만들었다. 길이 6.4km, 폭 22m 되는 암벽을 양쪽으로 잘라 운하를 만들었다. 그래서 동쪽의 에게 해와 서쪽의 이오니아

해를 운하가 이어준다. 옛날 바울 시대의 고린도는 파레오 고린도(Paleo Corinth)라고 해서 완전히 없어져 버렸고, 구 고린도에서 멀리 떨어진 해변에 작은 항구 도시의 신 고린도가 남아 있다.

바울은 제3차 선교 여행 중에 에베소에서 3년간 목회한다. 이때 고린도 교회에 최소한 세 통의 편지를 보냈다.

첫 번째 편지는 현재 전해지지 않음으로 잃어버린 서신으로 본다(고전 5:9 참조). 두 번째 편지는 디모데가 전했을 듯한(고전 4:17 참조) 우리가 가진 고린도전서이고, 세 번째 편지는 디도와 누가가 전한(고후 8:16~18, 12:18) 우리가 가진 고린도후서이다.

바울 사도가 고린도 교회가 질문해 온 여러 가지 문제점들을 성경적 원리에서 대답하고 교회 형편에 비추어 훈계한 것이 고린도전서이다. 고린도전·후서는 초대 교회 내의 사정을 자세하게 가르쳐 주는 소중한 역사 자료이다. 고린도전·후서의 내용은 이론을 전개한 것이 아니라 가장 실제적 문제들을 다룬 서신이다. 바울 사도는 실제적 문제를 영원한 진리에 입각해서 창조적 지도 원리로 제시하고 있다.

여기서 과거 고린도 교회가 당면한 실제적 문제들 중 오늘 우리에게도 현실적 문제가 되고 있는 사항만 선별해서 생각해 보고자 한다.

2) 고린도 교회에서 얻는 교훈

(1) 소송에 대한 문제

고린도전서 6장 1~8절에 보면, 성도 간의 문제를 세상 법정에 소송한 사실을 신랄하게 비판하고 있다.

유대인들이 이방인을 불의한 자로 취급하고 그들 간의 문제를 이방인 앞에 내어놓는 것을 금지하였다. 유대인들은 하나님이 주신 높은 율법을 가지고 있으므로 유대인이 세상 사람들을 판단할 수 있다는 높은 율법 정신이 있었다.

바울 사도는 이 같은 정신에 따라 그리스도인도 이 세상 불신자의 세속 법정을 판단할 수 있어야 한다고 믿고 있다. 따라서 성도 간의 문제가 생겼을 때 믿음의 표준에서 교회 내의 판결을 받아야 한다고 믿고 있다. 그런데 고린도 교회가 성도 간의 문제를 이방인이 판단하는 법정에다 소송하였으니 바울은 그것을 크게 책망하고 있다.

그렇다면 예수 믿는 그리스도인은 그 어떤 경우에도 세상 법정에 소송을 제기해서는 안 되는 것인가 하는 현실적 문제가 따른다.

필자는 70여 년을 살면서 한두 번 세상 법정에 소송을 한 일이 있다. 목사 신분으로 전혀 못할 일을 했는가? 인생을 사는 데는 반드시 그렇지 않을 때가 있음을 체험했다.

우선 이런 문제를 말하는 바울 자신이 세상 법정에 소송을 의뢰한 적이 있다.

한 번은 사도행전 18장 12~17절에 나오는 것처럼, 고린도에서 유대인들이 바울을 대적하여 아가야의 총독 갈리오에게 소송을 제기한 적이 있다. 또 한 번은 사도행전 25장 10~12절에서 로마 시민권자의 자격으로 가이사에게 상소해서 가이사의 재판 받기를 신청한 사건도 있다.

필자도 부동산 사기꾼에게 1995년도에 수천만 원을 사기당한 이래 수십 년을 받지 못한 채 법의 보호를 받으려고 소송을 하였다. 이것이 잘못된 일이라는 생각은 들지 않는다. 개인의 억울한 사정을 법정에서 판단해 주지 않는다면 이 세상의 정의가 어떻게 존재할 수 있겠는가?

고린도 교회를 향한 소송에 대한 바울 사도의 비판은 한 교회 내에서 형제자매 관계인 자들이 교회법으로 해결하지 않고 세상 법정에 소송한 것을 비난한 것으로 볼 수 있다.

그러나 그 어떤 경우에도 그리스도인이 소송하는 것 자체는 덕 되는 일이 아닌 것 같다.

(2) 이혼에 대한 문제

고린도전서 7장 10~24절에서는 이혼에 관한 문제를 취급하고 있다.

우리 주변에 보면 수많은 사람들이 이혼을 하고 있다. 이혼에 관한 바울 사도의 가르침은 무엇인가? 고린도전서 7장에 보면 두 가지 경우에 각각 입장이 다르다.

먼저 두 부부가 신자인 경우(고전 7:10~11)에는 엄격하게 이혼을 금지해야 한다. 이 같은 금지 명령은 주께서 주신 명령이며, 또 바울 자신도 영감으로 받은 내용이다. 부부가 신자일 경우에는 이혼해서는 안 된다.

다음으로 부부 중에 한편이 불신자인 경우(고전 7:12~16)에는 불신자 편에서 이혼을 원해서 떠나간다면 떠나가게 하라는 것이다. 이 경우에 관해서 주께서 직접 명령하신 바가 없기 때문에 내가 말한다고 했다. 그리고 불신자라 할지라도 이혼을 원하지 않고 함께 살기 원한다면 불신자라는 이유 때문에 이혼할 수 있는 것은 아니다.

이혼은 불신자의 경우 불신자가 함께 살지 않고 이혼을 원해서 떠날 경우에만 허용된다. 오늘 우리 주변에는 이런 원칙이 지켜지지 않고 마음대로 이혼이 이루어지고 있다. 어떤 원인에서였든지 이혼의 상처를 가진 자들에 대한 폭넓은 배려가 실행되어야 한다.

(3) 여자의 수건에 대한 문제

고린도전서 11장 2~16절에는 고린도 교회에서 부녀자가 머리에 수건을 써야 하는지의 여부를 논하고 있다.

머리에 수건을 쓰는 것은 유대인들이 회당에서 쓰고 있는 '탈릿'(tallith)이 있고, 또 가톨릭교회 여자들이나 모슬렘 여인들도 머리에 수건을 쓰고 있다. 유대인은 기도할 때에 남녀 모두 수건을 썼고 헬라인은 쓰지 않았다.

바울은 고린도 교회 여인들에게만 머리에 수건을 쓸 것을 명한다. 그것은 여인들의 근심의 표요, 남자에 대한 순종의 표이며, 자기보다 높은 권위자에 대한 순복의 상징이다.

그리스도 안에서는 남녀의 차이가 있을 수 없다. 그렇지만 그리스도 안에 있는 남녀라도 하나님이 정하신 자연적인 질서는 있는 법이다.

남녀 모두 다 하나님의 형상대로 지음을 받았으나 지음 받는 순서에 있어서는 남자가 먼저였다. 하나님의 영광인 남자는 머리에 아무것도 쓰지 말고 그대로 영광을 드러내야 한다. 남자를 영광스럽게 하는 것은 여자이다. 그 영광은 여자의 정숙성에서 나타나는 법이다. 그러므로 여자는 수건을 써서 그 정숙성을 나타내야 한다.

고린도 교회 여자들의 경우 머리에 수건을 쓰는 것이 정숙성을 나타내는 표시였다. 당시 고린도 시에는 창녀들이 남자를 유혹하기 위해서 머리를 풀고 요란스런 몸짓으로 남자들에게 접근했다. 고린도 교회는 이 같은 부도덕한 여자들과 구별하는 표시로 교회

내의 부녀자들에게 머리에 수건을 써서 정숙한 여인의 모습을 갖추도록 했다.

이 같은 고린도 교회 내의 특수성은 다른 교회들에는 해당되지 않았다.

오늘날 머리에 수건 쓰는 사람들은 가톨릭과 모슬렘 여인들에게 국한되어 있다. 머리에 수건을 씀으로 정숙해 보이고 경건해 보일 수는 있다. 그러나 어떤 행위든 성경적 근거가 없으면 그 행위는 무의미한 것이다. 성경적 근거 없이 전통적 관습으로 지켜오는 행위는 온갖 추측성 상상만을 가져올 따름이다. 여자들이 머리에 수건을 써야 하는 성경적 근거는 없다. 따라서 이런 행위는 보는 이마다 각각 다르게 이해할 따름이다.

13. 에베소 교회

1) 에베소 교회에 대한 이해

에베소의 역사는 주전 11세기 이전으로 소급해 올라간다.

고대에는 아시아의 어머니 신전과 관계 있는 '알데미시엄' 이란 신전이 있었다. 이곳에 환관 제사들과 처녀 여제사들을 두고 제사를 맡은 사제들을 '왕벌' 이라(에센스) 불렀다. 이들 무장한 호위승과 신전의 창녀들로 인해 에베소는 여자 무사가 세운 성이라는 잘못된 전설이 생겼다.

주전 1087년 희랍인들이 아덴에서 내려와 고레서스 산 기슭에 자리 잡고 사모나(서머나)라고 불렀다.

주전 7세기에 피다고라스가 정복하고 알데미시엄 옛 터전에 기둥 없는 신전을 세웠다. 큰 신전은 주전 356년 헤로스트라터스가 불태웠다.

334년 알렉산더 대왕이 에베소를 자유 도시로 만들고 알렉산더 사재로 신전 재건을 제의했다. 그러나 에베소 시민들은 여인들이 보석과 패물을 내놓아 아덴의 파르테논 신전보다 4배나 더 큰 신전을 지었다.

에베소 시민들은 여신 '아르테미스'(Artemis : 우리 성경에는 '아데미'라고 했음) 신전을 건축했다. 아데미는 최고의 신인 제우스의 딸이었다. 다산과 풍요를 가져다준다는 이 아데미 여신전은 전면의 폭이 70m, 길이가 130m, 높이가 20m 되는 거대한 규모에, 건물 둘레에는 127개의 석주가 비스듬히 둘러서 있다. 건축미의 극치를 보여주는 아데미 신전은 세계 7대 불가사의 중 하나로 손꼽힌다.

안티오커스 3세(B.C. 192~189)가 로마에 패하자 에베소는 로마의 지배 아래 들어가게 되었다. 로마는 주전 190년에 에베소를 버가모 왕 유메네스에게 주었다.

주전 133년에 에베소는 아시아 도에 합해졌다. 이 무렵 에베소는 수리아의 안디옥, 애굽의 알렉산드리아와 함께 지중해 동부의 3대 도시 중 하나가 되었다.

주전 6년에는 아시아 도의 수도가 되었다. 주후 29년 지진에 의해 파괴된 것을 티베리우스 황제가 재건했다.

바울 사도가 이곳 에베소에 주후 53~55년경 복음을 전했다(행 18:19~21). 바울은 에베소에서 3년 동안 머물면서 두란노 서원(행 19:9)을 중심으로 교육 목회를 했다.

바울의 목회는 에베소 성 전체에 큰 파문을 던졌다. 마술의 고장인 이곳 마술사들이 바울의 전도를 듣고 스스로 뉘우쳐 마술을 행하는 책을 스스로 불살랐다(행 19:19).

그뿐만이 아니었다. 아데미 여신상을 만들어 관광 상품으로 팔았는데, 바울의 전도 때문에 상품이 팔리지 않았다. 이에 격분한 은세공사들이 바울을 고소하는 항의가 벌어졌다. 바울은 이 소동으로 에베소 사역을 중단한다. 그렇지만 에베소에서의 3년간의 사역은 소아시아 여러 교회들을 개척하게 되는 선교 전초지가 되었다.

골로새 교회는 에베소 교회에서 바울의 선교를 받은 에바브라에 의해 시작되었다. 그 외에도 라오디게아, 히에라볼리스 등 아시아의 많은 교회들이 바울의 에베소 선교에 의한 열매로 추정된다.

바울 이후의 에베소 교회는 예루살렘, 안디옥 다음가는 제3의 도시가 되었다. 바울의 후임으로 디모데가 사역을 했을 것으로 추정한다(딤전 1:3).

디모데의 후임으로 요한복음 19장 25~27절을 근거로 사도 요한이 예수의 모친 마리아를 모시고 에베소 사역을 했다고 전해진다.

사도 요한은 에베소에서 사역하다가 도미티아누스 황제에 의해 밧모 섬에 유배당해 요한계시록을 기록하고, 천수를 누리며 에베소 사역을 한 것으로 전해진다.

전설에 의하면, 예수의 모친 마리아가 이곳 에베소에서 요한과 함께 살다가 죽어 장사지냈다고 한다. 또 막달라 마리아, 안드레, 빌립도 요한을 따라 이곳에 왔다고 한다.

마리아가 살던 곳이 어디일까? 이것이 늘 수수께끼로 남아 있었다. 그런데 19세기 초엽 독일의 캐터린 에머리히(Catherine Emmerich)라는 여자 신도가 특별 계시를 받고 마리아가 살던 곳이 '파나야 카풀루'(Panaya Kapulu)라는 산속이라고 주장하였다. 1961년 교황 요한 23세는 마리아의 집을 가톨릭의 성소로 공포하였다. 그뿐만 아니라 마리아는 하나님의 어머니로 죽지 않고 승천했다고 공포하였다.

주후 431년에는 에베소에서 종교 회의가 열리기도 했다.

우리는 사도행전 19장에 나타나고 있는 에베소 교회 개척 과정과 로마 옥중에서 에베소 교회에 보낸(A.D. 59~61) 에베소서를 통해 배울 교훈을 찾아보자.

2) 에베소 교회에서 얻는 교훈

(1) 내가 예수도 알고 바울도 알거니와 너희는 누구냐?

사도행전 19장에 보면 바울 사도의 복음 전도 사역의 파급 효과가 매우 폭발적으로 퍼져 나가는 것을 볼 수 있다. 바울이 사용하던 손수건이나 앞치마를 가져다가 병든 사람에게 얹으면 병이 떠나고 악귀도 나갔다. 이 같은 위력을 본 마술사들이 시험 삼아 악귀 들린 자를 내쫓아 보는 현상도 생겼다.

유대의 한 제사장 스게와는 일곱 아들들과 함께 마술을 행하는 가족이었다. 마술사들이 시험 삼아 악귀를 내쫓으려 하니까 악귀가 하는 말이 "내가 예수도 알고 바울도 아는데 나를 내쫓으려는 너는 누구냐?"고 항의했다(행 19:15).

여기서 보면 악귀가 예수도 알고 바울도 알고 있다고 했다. 귀신이 사람보다 더 아는 것이 많기 때문에 그럴 수 있다고 믿는다면 간단하다. 그러나 과학적 사고를 하도록 교육받은 현대인들 중 귀신의 존재를 무시하고 또 귀신이 사람이 아는 것보다 더 많이 안다는 사실을 인정하지 않는 사람들에게는 문제가 된다. 그러나 귀신은 분명 존재하고 귀신의 위력도 사람을 능가하는 부분이 있다.

여기서는 귀신이 무엇을 아는가를 생각해 보자.

우리말 성경은 '안다' 는 말이 다 똑같다. 그런데 원문에는 귀신이 예수를 안다는 말과 바울을 안다는 말이 각각 다르다. 악귀가 예수를 안다고 했을 때는 '기노스코'(γινώσκω)를 사용했고, 바울을 안다고 했을 때는 '에피스타마이'(ἐπίσταμαι)를 썼다.

'기노스코'는 본질을 속속들이 안다는 뜻으로 예수님의 정체에 대해서 정확히 알고 있다는 뜻이다. 예수님의 공생애 때도 회당에서 발악하던 귀신이 예수님을 "하나님의 거룩한 자"로 정확히 알고 있었다(막 1:23~24).

그에 반해 '에피스타마이'는 안면이 있다는 뜻으로 바울이라는 사람이 누구인지를 몇 번 보아 안다는 뜻이다. 이것은 악귀가 예수님이 신적 존재임을 알 뿐만 아니라 바울의 영적 권위도 인정한다는 뉘앙스를 지니고 있다.

악귀는 사람보다 더 많이 아는 것을 알 수 있다.

(2) 에베소에 끼친 복음의 영향력

바울 사도는 에베소 두란노에서 3년여간 복음사역을 했다. 이에 대한 파급 효과는 우리의 상상을 초월한다.

당시 마술을 행하던 마술사들이 마술사의 참고 서적을 자진해서 불태웠다(행 19:19). 이들 마술사들은 당시 에베소에서 큰 세력을 형성하였으며, 에베소의 많은 사람들에게 영향을 주었다. 그런데 이들이 스게와의 일곱 아들들이 귀신을 내쫓으려다 봉변을 당한 사건을 듣고 두려워서 자진하여 자신들이 소유한 마술책을 스스로 불살랐다.

여기 '불사르다'는 '카테카이온'(κατέκαιον)으로 미완료 과거 형태다. 이것은 마술책을 계속적으로 태운 것을 의미한다.

당시 마술사들이 사용하였던 마술서의 상당량이 런던, 파리, 라이덴 박물관에 보관되어 있다고 한다. 이것들은 파피루스나 양피지에 기록된 것으로 그 내용은 아무 뜻도 없는 주문을 반복하는 것이라고 한다. 이들이 불태운 책값이 은 5만이라고 했다.

이것은 노동자의 5만 일 품삯에 해당되며, 한 사람이 약 137년을 일해야 받을 수 있는 어마어마한 금액이다. 오늘날 하루 임금을 최저 5만 원으로 계산하면 약 25억에 해당되는 거액이다. 이처럼 마술사들이 마술책을 불태운 사건은 에베소 전체를 놀라게 한 사건이다.

그뿐만이 아니다. 사도행전 19장 23~41절에는 은장색 세공업자 데메드리오가 같은 동업자들 다수를 선동하여 바울을 에베소 연극장으로 끌고 가서 서기장에게 고발한 사건이 기록되어 있다.

이들 은장색 세공업자들이 주장하는 말을 보면 바울 사도의 에베소 사역의 영향력이 얼마나 크게 확산되었는가를 알 수 있다. 즉 바울 사도가 사람이 손으로 만든 것은 신이 아니라고 가르친 것으로 인해, 사람들이 아데미 여신상을 구매하지 않음으로 영업이 천하여질 위험이 있다고 했다. 바울 사도의 전도의 위력이 에베소 시민들의 아데미 여신상에 대한 구매 의욕을 떨어뜨림으로 우상 장수들이 비명을 지르게 된 것이다. 이것 역시 에베소의 대표적 산업에 지장을 주는 막대한 영향력이다. 바울 사도의 에베소 목회는 이처럼 에베소 시민들의 의식에 변화를 주는 혁명을 가져왔다.

바울 사도가 에베소에서 3년간 목회한 영향력이 에베소 시민들의 의식에 변화를 가져온 것이다.

우리는 우리가 사역하고 있는 곳에서 이 같은 영향력을 발휘하고 있는가?

(3) 예정 신학에 관한 소견

에베소서 1장 4~5절에 "곧 창세전에 그리스도 안에서 우리를 택하사……그 기쁘신 뜻대로 우리를 예정하사"라고 하여, 하나님께서 우리를 그리스도인 되게 예정하신 시점이 '창세전'이라고 했다.

하나님께서 우리를 그리스도인으로 예정한 시점이 언제인가? 이 예정 시점을 놓고 극단적인 칼빈주의자(Hyper Calvinism)들은 인간이 타락하기 이전이라는 전택설(Supralapsarianism)을 주장한다. 이에 비해 다소 온건한 칼빈주의자들은 인간이 타락하고 난 후에 유기냐, 선택이냐를 결정했다는 후택설(Infralapsarianism)을 주장한다. 과연 하나님께서 어떤 개인을 선택하신 시점이 타락 전이냐, 타락 후이냐 하는 문제가 논란 삼을 가치가 있는 것인가?

에베소서 1장 4절에 의하면, "창세전에 그리스도 안에서 우리를 택하사"라고 했다. 에베소서에 의하면 선택 시점이 전택설이 되는 셈이다.

우리가 예정설을 가지고 논쟁을 하게 되면 많은 혼란이 거듭된다. 바울 사도는 자기가 창세 전에 우리를 택한 것을 보았기에 주장하는 것인가? 아니면 신앙적 감격에서 술회하는 고백인가?

필자는 예정 신학을 놓고 타락 전이냐, 타락 후이냐를 시간적 개념으로 설명하려는 그 발상 자체가 은혜를 벗어나는 소행이라고 본다. 바울 사도는 에베소서 1장에서 은혜의 감격으로 예정 신앙을 고백하고 있다. 우리도 바울 사도처럼 은혜의 감격으로 이 본문을 수용하면 은혜로 끝이 난다. 그러나 전택설이냐, 후택설이냐 라는 시간적 개념으로 이 본문을 접하려고 하면 끝없는 논란에 휩싸일 가능성이 많다.

예정 신학이 은혜의 감격이듯이 우리도 은혜의 감격으로 받아들여야 한다.

(4) 경륜주의(세대주의) 신학에 관한 소견

에베소서에는 경륜이란 말이 세 번 나온다(1:9, 3:2, 3:9).
이 세 번 나온 경륜이란 말에 근거해서 경륜주의 신학(Dispensationalism)이 나왔다.
'경륜'의 원문은 '오이코노미아' (óικονομια)다. '오이코노미아'는 집을 가리키는 '오이코스' (óικος)와 '법, 규범'을 가리키는 '노모스' (νόμος)의 합성어다. 이 말의 뜻은 '집안 일을 관리하는 것'을 가리킨다.
에베소서에서는 관리의 주체가 하나님이시므로 하나님의 집안 관리, 즉 우주를 통치하시는 하나님의 계획 속에 있는 커다란 경영이란 뜻이고, 또 하나님께서 한 시대를 관리하시는 섭리라는 의미로 쓰이고 있다.
경륜주의 신학은 이런 청지기 직분의 시대적 변화를 연구하며 그것을 성서 해석에 적용시킨다.
현재 경륜주의 신학의 본산은 미국 텍사스에 있는 댈러스 신학교(Dallas Theological Seminary)이다. 경륜주의 신학에서는 하나님께서 각 시대에 맡기신 청지기 직분이 동일하지 않다는 신념에서 성서 시대를 7세대로 구분한다.
① 무죄 시대(창조부터 타락까지) ② 양심 시대(타락부터 홍수까지) ③ 인간 정부 시대(홍수 후부터 아브라함의 부름까지) ④ 약속 시대(아브라함부터 시내 산까지) ⑤ 율법 시대(시내 산부터 십자가까지) ⑥ 은혜 시대(십자가부터 재림까지) ⑦ 천년왕국 시대.

이 같은 7시대로 성서 시대를 구분하므로 '세대주의'라고도 한다.

성서 시대를 7시대로 구분하는 경륜주의(세대주의)를 강력하게 반대하는 신학이 소위 '계약 신학'(Covenant Theory)이다. 이 계약 신학, 또는 언약 신학에서는 세 가지 언약으로 구원의 전 역사를 설명한다.

① 창세 이전 성삼위께서 맺으신 속죄의 언약(The Covenant of Redemption) ② 창조 이후 하나님과 아담 간의 일의 언약(The Covenant of Work) ③ 타락 이후의 은혜의 언약(The Covenant of Grace).

타락 이후 인류는 은혜의 언약하에 일률적으로 취급받고 있다.

성서 시대가 7세대인 경륜주의가 성경에 가까운가, 아니면 세 가지 언약으로 구별한 계약 신학이 성경에 더 가까운가? 이에 대한 객관적 판단이 없고 자기가 어떤 신학을 배웠느냐에 따라 무조건 그 신학을 추종하고 있음을 알 수 있다.

한국의 경우는 개혁주의 선교사들의 영향을 오랜 세월 받아 왔으므로 언약 신학 찬성자가 훨씬 많은 것이 사실이다. 그러나 언약 신학을 따를 경우 구약과 신약이 구별되지 않는 신학적 모순에 빠지게 되는 결점이 현저한 것이 사실이다. 그렇다고 해서 경륜주의 신학이 완전 무결한 것도 아니다.

신학은 신앙에 유익되지 못한 것은 걸러내는 것이 절실함을 배워야 하겠다.

(5) '몸 된 교회'라는 개념의 실상

에베소서 1장 23절에 "교회는 그의 몸이니"라는 말씀이 있다.

성경에는 교회에 대한 비유가 많이 있다. 요한복음 15장에는 포도나무와 가지로 교회를 비유했다. 또 에베소서 2장 21절에서는 교회를 건물로 비유했다. 또 에베소서 5장 23절에서는 교회를 남편과 아내로 비유했다. 에베소서 1장 23절에서는 교회를 그리스도의 몸으로 비유하고 있다. 또한 몸 된 교회로서 그리스도가 몸의 머리임을 설명했다(엡 1:22).

우리는 각자 자기 몸에 대해서 깊은 애정을 가지고 있다. 내 몸이 어디에다 내놓아도 다 좋기만 해서 애정을 갖는 것은 아니다.
필자의 몸에는 평생 나를 괴롭히는 혐오스런 부분이 있다. 필자는 치아의 절반 이상이 고장이 나서 치과의 도움으로 살아가고 있다. 내 평생에 상당히 많은 시간과 재물을 고장난 치아 수선에 낭비하고 살고 있다. 하지만 내 몸이므로 필자는 이 몸을 사랑한다. 이것은 영적 원리에서도 마찬가지라고 본다.
우리 주님은 나와 한 몸으로 결탁된 한 몸이다. 필자의 치아가 평생 필자를 괴롭히지만 내 몸이므로 애정이 가듯이 우리 주님도 보잘것없고 말썽만 피우는 나에게 애정을 갖고 계실 것이다. 그 이유는 한 몸이 되었기 때문이다.

(6) 성도를 온전케 하는 목사의 사명

에베소서 4장 11~12절에 보면 어떤 사람을 목사와 교사로 삼으신 이유가 성도를 온전하게 하며, 봉사하게 하며, 그리스도의 몸을 세우려 하심이라고 했다.
하나님께서 왜 목사를 만드셨는가? 그 까닭은 성도를 온전하게 만들어서 봉사하게 하고, 그리스도의 몸을 세우려 하심이다.

12절에는 전치사가 모두 3개 쓰였다. "성도를 온전하게 하여"라고 했을 때는 전치사 '프로스'(πρός)를 사용했다. 그리고 "봉사의 일을 하게 하며 그리스도의 몸을 세우려" 하는 데는 전치사 에이스(εἰς)를 썼다. 전치사 '에이스'(εἰς)는 최종 목적을 나타내는 전치사이다.

따라서 목사는 탈골된 성도의 뼈를 제자리에 맞춰 넣어서 성도를 온전하게 만드는 일을 먼저 하고, 온전해진 성도가 봉사로 그리스도의 몸을 세우게 해야 한다.

여기서 목사가 깨달아야 할 큰 교훈이 있다.

목사의 사역의 우선순위가 무엇인가? 잘못된 성도를 온전하게 하는 것이 우선순위이다.

여기서 "온전하게"라는 말은 '카타르티스몬'(καταρτισμόν)이다. 이 말은 신약성경에서 오직 본문에서만 사용된 단어이다. 이 말의 뜻은 원래 있던 제자리로 되돌린다는 뜻이고, 의학 용어로 탈골된 뼈를 제자리에 맞추어 넣다라는 뜻이다.

목사의 사역의 우선순위를 어디다 두어야 하는가?

대부분의 경우 그리스도의 몸 된 교회를 세우는 데 우선순위를 둔다. 그러나 오늘 교회론을 소개하는 에베소서에서는 병든 성도, 굴절된 성도, 빗나가는 성도를 먼저 온전케 하는 것이 목사 사역의 우선순위라고 말한다.

모든 목사들이 오늘 본문에 있는 문법적 의미를 깨닫고 사역의 우선순위를 바로 알아야 하겠다.

(7) 복종과 사랑의 하모니

에베소서 5장 22~33절에는 아내와 남편의 기본적 의무가 있다.

아내는 남편에게 복종하고, 남편은 아내를 자기 자신같이 그리스도께서 교회를 사랑하심같이 사랑하라고 했다.

아내는 남편에게 복종해야 한다. '복종'이란 헬라어로 '휘포탓소메노이'($ὑποτασσομενοι$)다. 이 단어는 '~아래'라는 뜻의 휘포($ὑπο$)와 '배치하다'의 뜻인 '탓소'($τασσω$)의 합성어이다. 따라서 이 말은 문자적으로 '하위에 두다'는 뜻이다.

이 동사는 본문에서 명령 분사 수동태로 쓰였으나 이 수동태는 자동사의 의미를 나타낸다. 즉 아내가 남편에게 복종하는 것은 상대방의 권위에 마지못해 하는 것이 아니라 자발적으로 자기 자신을 상대방보다 낮추어 섬기는 것을 뜻한다.

그리고 남편이 아내에 대한 의무로 희생적이고 이타적인 '아가파오'($ἀγαπάω$) 사랑을 명령하고 있다.

부부간의 원만한 관계는 여자의 자발적인 복종과 남자의 희생적이고 이타적인 사랑이 조화를 이룰 때 가능함을 알 수 있다.

14. 알렉산드리아 교회

알렉산드리아는 주전 332년 헬라의 알렉산더 대왕이 애굽에다 세운 신도시이다. 알렉산드리아는 희랍 문화의 중심지로 고대의 가장 유명한 도서관의 소재지다. 또 주전 3세기부터 주후 3세기까지 천문학의 중심지였다.

이곳은 팔레스타인에서 가까운 곳으로 일찍부터 많은 유대인들이 이곳에 많이 왕래했고, 전 시민의 6분의 1이 유대인들이다. 이들 유대인들은 희랍어를 쓰는 유대인이었다. 그래서 희랍어를 쓰는 유대인을 위한 최초의 구약성경 번역이 이루어진다. 주전 250년에 시작된 히브리어 구약성경의 헬라어 번역이 완성된 것이 주전 150년경 70인역 (Septuagint)으로 나타난다.

바울이 알렉산드리아에 간 일이 있었을 것이다. 이 추측은 자기가 세운 고린도 교회를 알렉산드리아 출신의 아볼로에게 맡겼기 때문이다(행 18:24). 또 바울 사도가 죄수의 몸으로 로마로 압송되어 가다가 알렉산드리아 배로 바꿔 타고 갔다(행 27:6). 그런데 바울을 호송하던 배가 파선됨으로 '멜리데' 섬에서 3개월을 머문 후 다시 로마까지 수송한 배 역시 알렉산드리아 배였다(행 28:11).

알렉산드리아 출신인 아볼로는 처음에 에베소 교회의 목회자였다. 아볼로는 교회 지도자였으나 그의 잘못된 교리에 대해 평신도인 브리스길라와 아굴라가 교정해 준다(행 18:26).

아볼로는 그 후 고린도 교회의 목회자가 되었다. 고린도 교회의 개척은 바울 사도가 했으나 아볼로가 목회하면서 고린도 교회는 파벌이 형성되었다. 그래서 바울파, 아볼로파, 게바파 등 큰 파벌이 형성되었다(고전 1:12).

알렉산드리아는 사도 이후 교부 시대에는 클레멘트, 오리겐 같은 대학자들이 알렉산드리아 학파를 형성할 정도로 크게 흥왕하였다. 그러나 주후 637년 이슬람의 '오마르'(Ormar) 칼리프가 알렉산드리아를 점령하여 많은 도서들을 소각시켜 버렸다.

알렉산드리아 교회는 알 길이 없다. 그러나 알렉산드라 출신의 아볼로라는 인물을 통해서는 우리가 배울 교훈이 있다. 알렉산드리아 교회의 아볼로를 통해 우리가 배울 교훈은 무엇인가?

그것은 아볼로가 평신도에게 잘못을 교정받은 목회자였다는 것이다.

일반적으로 목회자는 모든 것을 지도하는 입장이고, 평신도는 목회자의 가르침을 받아들이는 입장에 서 있다. 그런데 알렉산드리아 출신 아볼로는 특이한 지도자였다.

알렉산드리아는 로마 시대와 비잔틴 시대까지 애굽의 행정수도였다. 이곳에는 박물관과 수십만 개의 파피루스로 된 수천의 저서들을 보유한 도서관이 세워져 있었다. 이 같은 알렉산드리아에는 아테네의 철학과 예루살렘의 종교를 종합하려 했던 유대인들이 있었다.

이런 곳 출신인 아볼로는 언변이 좋고 성경에 능통한 자였다. 여기서 말하는 성경은 구약성경을 말하고, '능통했다'의 '뒤나토스'(δυνατός)는 성경이 지니고 있는 의미와 감동을 청중들에게 잘 전달할 수 있는 풍부한 지식과 이해력을 갖추고 있었다는 의미이다.

그런데 아볼로는 침례 요한의 침례만 알고 있었다. 이것은 아볼로가 예수 그리스도에 대해 부분적으로만 알고 있었다는 뜻이다.

요한은 예수님의 공생애 초기까지만 살아 활동하였기 때문에 예수 그리스도에 대해 부분적으로만 알게 되었다. 침례 요한은 자기 앞에 회개하러 나오는 군중들의 회개의 의지를 반영해 주는 물 침례를 베풀었다. 예수 그리스도께서 인류의 죄를 대속하시기 위해 죽으신 대속의 죽음과 부활, 그리고 승천하신 예수님께서 보내주신 성령의 역사 등은 모르고 있었다.

아볼로는 구약성경에 박식했고 또 성경을 전달하는 언변도 훌륭했다. 그러나 아볼로는 요한의 회개 의지에 따른 물 침례는 알아도 오순절 성령 강림 이후에 일어난 성령의 역사는 알지 못했다.

아볼로의 가르침에 결점을 발견한 것이 브리스길라와 아굴라 부부였다. 이들 부부는 아볼로를 자신들의 집으로 데리고 가서 아볼로의 결점을 대중들 앞에 드러내지 않고 조용히 교정해 주었다.

아볼로는 당대의 석학이었지만 평신도인 브리스길라와 아굴라의 가르침을 겸허하게 수용한다.

여기에 모든 목회자들이 배울 교훈이 있다.

목회자는 목회 전문가이고, 평신도는 비전문가이므로 평신도의 충언을 소홀히 간과해 버리는 모든 목회자들은 아볼로 같은 겸손한 태도를 본받아야 하겠다.

15. 드로아 교회

드로아(Toras)는 소아시아 서북 해안 '무시아' 도에 있는 중요 도시였다(행 16:8). 흑해 서북단 다다빌스 해협에서 3km 남쪽인 오늘의 '에스키탄불'인데, 이곳은 호머(Homer)가 전설로 남긴 '트로이' 서남쪽에 있다. 드로아 사람들은 옛 '트로이'와 '드로아' 사이에 관계가 있다고 믿는다.

옛 헬라 왕조 '안티고노스'(Antigonos)가 옛 '시기아'를 확장하고 이름을 고쳐서 '안티고니아 드로아'라고 했다. 주전 300년 루시마커스가 더욱 확장하고 이름을 '알렉산드리아 드로아'라고 고쳤다. 주전 133년부터 로마에 예속되어 아우구스 때에는 로마 식민지로 소아시아 서북 지역에서 제일 큰 도시가 되었다. 드로아는 마게도냐와 아시아를 내왕하는 모든 배들이 으레 머무는 곳이었다.

바울 사도가 처음으로 유럽을 가게 될 때 드로아에서 배를 탔다. 여기서 마게도냐 사람 하나가 그에게 마게도냐로 건너와서 자신들을 도우라고 하는 환상을 보게 되었다(행 16:9). 바울 일행은 이 환상이 마게도냐로 인도하는 성령의 인도라고 믿고 받아들인다(행 16:10).

바울은 세 번째 전도 여행을 마치고 예루살렘으로 가는 도중에 이곳 드로아에서 한 주간 머문다(행 20:6). 바울 사도는 드로아 교인들을 상대로 늦은 밤까지 강론을 계속 했다. 이날 밤 윗 다락 창가에 걸터앉아 졸고 있던 '유두고'가 3층에서 아래로 떨어져 죽었다

(행 20:9). 바울 사도는 유두고 시체 위에 엎드려 기도해서 그를 살려낸다.

드로아 교회를 통해서 배울 교훈이 무엇인가?
드로아 교회는 주간의 첫날에 모여 예배드린 드로아 교회였다.
사도행전 20장 7절에 "그 주간의 첫날에 우리가 떡을 떼려 하여 모였더니"라고 했다. 과거 개역 한글 성경은 "안식 후 첫날"이라고 했다. 원문에는 '테 미아 톤 삽바톤'(τῇ μια τῶν σαββατων)으로 되어 있다.

안식일(토요일)이 지난 후 첫날이니까 우리 식으로 말하면 일요일이고, 달력으로 계산하면 '주간의 첫날'이 된다. 초대 교회가 모여서 예배한 날이 안식일이 지난 후 첫날, 즉 일요일이었다. 이날을 초대교회는 "주의 날"(계 1:10), 즉 주일이라고 했다.

바울 사도는 고린도 교회를 향해 안식 후 첫날 연보를 모아두라고 했다(고전 16:2). 이것은 초대교회가 일요일에 공식적으로 예배를 드렸음을 사실적으로 설명해 준다.

이것을 보면 일요일 예배는 초대 교회 때부터 시행되어 온 것이 사실이다.

현재 시행되고 있는 일요일 예배는 명확한 성경적 사실에 근거하고 있는 것이다.

이런 근거에 의해 주후 313년 콘스탄티누스 대제가 기독교를 로마의 국교로 만들 때 일요일을 공식 예배일로 선포한다. 안식교도들은 안식일을 지키는 근거로 구약성경을 설명하고 신약성경적 근거는 제시하지 못하고 있다. 그리고 그들은 오늘날의 일요 예배의 잘못을 콘스탄티누스 대제의 잘못으로 비난한다. 안식교도들은 좀 더 신약성경을 연구할 필요가 있다.

16. 로마 교회

1) 로마

로마의 역사는 아주 오래전으로 거슬러 올라간다.

전설에 의하면, 주전 750년경 로물러스와 레머스 쌍둥이가 로마를 세웠다고 한다. 로마 시는 7개의 언덕 위에 세워졌다고 한다. 대표적인 큰 언덕으로 팔라틴(Palatine), 쿠이리니알(Quirinial), 캐피톨(Capitoline) 언덕이 있다.

팔라틴 언덕 위에는 왕궁과 아폴로 신전과 희랍, 라틴 도서관이 있고, 쿠이리니알 언덕 위에는 로마 포럼(Roman Forum)이란 공회소가 있으며, 캐피톨 언덕 위에는 주피터, 주노, 미네르바의 세 신전이 있다. 그 외의 다른 언덕들이 시가지를 형성하였다.

옥타비아누스 시절의 로마 시의 인구는 200만이 되었을 것으로 추정한다. 그 후 네로 시절에는 인구가 150만으로 줄어들고, 내란과 외환이 계속되는 디오클레시아누스(A.D. 303~311) 황제 때는 인구가 75만으로 줄어들었다.

오늘날의 로마는 초대 교회 박해 시절에 집회소로 사용했던 지하 공동 묘지인 '카타콤바'(Catacomba)가 모두 45개소가 있다(1950년). 이곳에 성인들의 묘지, 교황들의 묘지, 지하 교회와 유물들이 있다. 이 중에서 가장 유명한 것은 4층 구조로 되어 있는 길이 20km 된다는 '성 칼리스토 카타콤바'이다.

그리고 전 세계 9억에 가까운 가톨릭 신자들의 영혼의 고향인 바티칸이 있다.

바티칸이 독립 시국이 되기까지에는 많은 우여곡절이 있었다. 가톨릭의 주장에 의하면, 4세기경 콘스탄티누스 황제가 바티칸 궁

일대를 기증했다고 한다(Donatione of Constantine). 그러나 그런 주장은 역사적 신빙성이 없다고 밝혀졌다.

8세기경 전 유럽을 지배하던 프랑크의 페핀 왕이 로마 성 밖의 바티칸 언덕 일대를 교황에게 기증했다. 이때부터 바티칸은 교황이 주재하는 지역이 된다.

19세기 후반 이탈리아가 하나의 왕국으로 통일되면서 바티칸의 위치가 흔들리기 시작한다. 이탈리아와 바티칸은 60여 년간 불편한 관계가 계속되었다. 그 후 1929년 '라테란 협약'에 의해서 바티칸이 이탈리아의 독립 시국가가 된다. 이로써 바티칸은 독자적인 국가, 경찰력을 갖고 외국과 대사를 교환하고 있다. 바티칸 시국은 세계에서 가장 작은 국가이지만 그들이 가진 건축물은 최상급에 속한다.

교황이 거주하는 바티칸 궁은 방 수만 해도 1,000개가 훨씬 넘는다. 또 벽면 길이가 70m에 달하는 바티칸 도서관은 희귀 도서로 가득 차 있다. 바티칸 도서관에는 성경 사본 8만 점과 필사본 2만 5천 권이 소장되어 있다.

베드로 대성당은 4세기 초 세워진 것을 16세기 때 다시 증축해서 1세기가 지난 17세기에 건물을 완성하고 내부 공사와 장식에 200년이 더 걸렸다. 이 건물 건축비를 충당하려고 면죄부를 팔다가 종교개혁을 당하게 된다.

로마 시에는 60~70년경 지은 대형 원형 경기장인 '콜로세움' (Colosseum)이 있다. 이곳에서 노예 검투사들이 맹수들과 격투를 벌이는 것을 구경하며 즐겼다고 한다.

그리고 바울 사도가 로마에서 참수당했다고 전해지는 로마 서쪽 성문 밖 5km 지점에 '세 샘터'(Three Fontana)가 있다.

바울이 참수당할 때 받침돌이 된 돌기둥과 그의 목이 잘린 후 세

번 튀어서 떨어졌는데, 세 번 튄 곳에 세 개의 샘이 솟아났다고 한다.

2) 로마 교회에서 얻는 교훈

(1) 로마 교회는 누가 세웠는가?

로마 가톨릭교회에서는 수사도 베드로가 주후 42~68년에 로마에서 로마 교회를 개척했다고 주장한다. 그래서 그 같은 로마 교회 개척자인 베드로의 후계자가 역대 교황들이라고 한다. 이 같은 로마 가톨릭의 주장은 순전히 발전된 역사가들의 역사적 증언에 근거할 뿐 성경적 근거가 없다.

여기서 로마 교회에 관계된 성경적 사실을 살펴보자.

우선 베드로는 로마 가톨릭이 주장하는 것처럼 일찍이 로마에 가지 않았다. 로마 가톨릭은 베드로가 주후 42년경에 로마에 갔다고 한다. 그러나 베드로는 주후 48~50년경에 열렸던 사도행전 15장의 예루살렘 총회에 참여해서 자기 의견을 진술했다(행 15:7; 갈 2:1~10). 그 후 베드로는 안디옥에 나타났다가(갈 2:11) 그의 위선으로 바울로부터 면책을 당한다. 이 사실로 보면 베드로는 주후 50년 이전까지 로마에 간 일이 없다.

그뿐만이 아니다.

바울 사도는 주후 56~59년 사이에 고린도에서 로마서를 기록했다. 바울 사도는 이때까지 로마를 가보지 못한 상태에서(롬 1:10~13) 로마서를 기록했다. 그는 로마서 15장 20절에서 "내가 그리스도의 이름을 부르는 곳에는 복음을 전하지 않기를 힘썼노니 이는 남의 터 위에 건축하지 아니하려 함이라"고 했다. 베드로가 주후 42~68

년에 로마 교회를 개척했다면 바울 사도의 로마서 15장 20절 말씀은 거짓말이 되는 셈이다.

그리고 바울 사도는 훗날 죄수의 신분으로 로마에 압송되어 갔다(행 28:16). 바울은 로마에서 2년 동안 셋집에 유하며(행 28:30) 자기를 찾아오는 이들에게 복음을 전한다. 그리고 유명한 옥중 서한을 기록하여 자기가 알고 있던 교회나 개인에게 편지를 하였다.

그중 골로새서 4장 10~14절에서는 로마 옥중에 있는 바울을 돕는 주변 인물들을 소개하고 있다. 이때가 주후 62~64년 어간으로 추정된다. 그런데 바울이 로마 감옥에서 교제하는 인물들 가운데는 베드로가 포함되어 있지 않다. 오히려 다른 인물들만 소개되고 있다(몬 1:23~24).

이 같은 성경적 사실을 참고할 때의 베드로의 로마 사역이 주후 42~68년이란 로마 가톨릭의 주장은 성경적 근거 없는 주장일 따름이다.

(2) 다문화 교회인 로마 교회

로마 교회는 누가 세웠을까?

로마 교회는 베드로나 바울 같은 대사도에 의해 세워진 교회가 아니다. 로마 교회는 이름 없는 평신도들이 하나 둘씩 모여 자생적으로 세워진 교회 같다.

사도행전 2장 10절 후반에 "로마로부터 온 나그네 곧 유대인과 유대교에 들어온 사람들"을 말하고 있다. 이들 유대인과 유대교에 들어온 사람들이 사도행전 2장에 나오는 오순절 성령 강림 사건을 체험한 사람들이다. 이들이 오순절 성령 강림 때 베드로에 의해 그리스도인이 된 후 로마로 돌아가서 평신도로 로마 교회 회원들이 되었을 가능성이 있다.

또 사도행전 6장 9절에 "이른바 자유민들 즉 구레네인, 알렉산드리아인, 길리기아와 아시아에서 온 사람들"이 회당에서 스데반과 논쟁을 하였다. 여기서 말하는 자유인은 '리베르티논'(λιβερτίνων)이다. 이들은 주전 63년경 폼페이 장군에 의해 로마의 포로로 잡혀갔던 유대인들이 후에 자유인이 된 유대인 후손으로 보는 것이 일반적 견해이다.

당시 로마 포로의 후손은 무려 4천 명 이상이 되었다고 한다. 이와 같은 로마 포로 후손인 유대인들이 예루살렘을 왕래하면서 복음을 듣고 로마로 돌아가 로마 교회 회원이 되었을 가능성이 있다.

또 로마서 16장 3~16절에는 로마 교회 성도들의 이름이 나온다. 여기서 소개되는 약 26명은 바울의 복음 전도 때 바울을 통해 교인이 된 사람들이다.

로마서 16장 3~4절의 브리스길라와 아굴라는 사도행전 18장 2절에 나오는 바울의 고린도 교회 개척 동역자들이다. 즉 로마 교회는 바울 사도의 전도에 의해 교인이 되었던 사람들이 후에 로마에 가서 로마 교회를 구성하는 회원이 되었을 가능성이 있다.

이렇게 로마 교회는 평신도들에 의해 세워진 다문화 교회였다. 로마서 16장 3~16절에 소개되는 로마 교인들의 이름을 보면 유대인, 헬라인, 로마인, 그리고 전에 노예였던 사람들이 로마 교회 교인이 되었음을 알 수 있다.

오늘날 전 세계는 다문화 교인들이 점점 많아져 가고 있다. 우리와 다른 계층을 받아들여서 함께 한 교회를 이루어야 하는 성서적 근거를 제공해 주고 있는 것이 로마 교회의 모범이다.

17. 골로새 교회

1) 골로새 교회에 대한 이해

에베소 동편 약 160km 지점에 리코스(Lycus) 평야가 있다. 리코스 평야의 중앙을 흐르는 미안더(Meander) 강의 지류 리코스 강을 두고 북쪽에 히에라볼리, 남쪽에 라오디게아, 동쪽에 골로새의 세 도시가 솥밭처럼 정립하고 있다(골 4:13 참조).

이 지역은 브루기아(Phrygia) 주로 예로부터 지진의 피해를 자주 받았으나 토지가 비옥하고, 목축이 왕성하며, 광질의 강물 때문에 염색업이 왕성하였다.

골로새는 동서 교통의 요지에 있어 브루기아 주의 대도시로 번영하였다. 그러나 북쪽의 히에라볼리 성이 정치적으로 중요해지고 남쪽의 라오디게아가 환락의 성으로 유명해지자 골로새는 점점 쇠약해져서 바울 시대 전후에는 작은 동네로 줄어들어서 바울이 편지 보낸 곳들 가운데 제일 작은 곳이었다.

이곳의 주민은 브루기아인이 대부분이었으나 소수(2천 명)의 유대인이 섞여 살고 있었다.

골로새 교회는 바울이 직접 세운 교회는 아니다.

사도행전 16장 6~7절과 18장 23절에 의하면, 바울의 제2차 전도 여행과 제3차 전도 여행에서 갈라디아와 브루기아 지방을 차례로 다녀갔다. 이때 다녀간 곳이 브루기아 북부 지방이었고, 리코스 골짜기에는 방문한 적이 없었던 것 같다(골 1:4, 7~9, 2:1 등 참조).

골로새 교회의 직접적인 설립자는 에바브라였다(골 1:7, 4:12). 그는 골로새 교회뿐 아니라 라오디게아, 히에라볼리 등 솥밭 도시에 해당되는 3개 도시 교회의 창설자인 듯하다(골 4:13 참조).

에바브라가 바울의 에베소 사역에 의한 전도 열매였으므로 바울은 골로새 교회의 간접 설립자라고 할 수 있다. 또한 골로새 교회의 중진이었던 빌레몬 역시 바울에게 전도받은 자로 본다.

이들 에바브라나 빌레몬은 바울 사도의 에베소 사역의 전성기인 두란노 서원에서의 전도기 열매였을 것이다(행 19:9).

이 무렵 골로새의 에바브라와 빌레몬(몬 1:17~19), 라오디게아 눔바(골 4:15) 등은 "아시아에 사는 자는 유대인이나 헬라인이나 다 주의 말씀을 듣더라"(행 19:10)라는 말씀대로 고향에 돌아가서 복음을 전하며 교회를 세웠을 것이다.

골로새 교회의 구성원은 주로 이방인이었고, 이 지방에 이주해 온 유대인들이 골로새 교회에 영향을 미쳤을 것이다.

에바브라가 바울에게 전도받은 열정으로 고향에 가서 초기 신자들에게 기초적 신앙은 지도할 수 있었던 것 같다. 그런데 골로새를 왕래하는 유대인들 또는 헬라인들의 유대주의나 영지주의 같은 고차원의 신학적 문제는 에바브라에게 역부족이었다. 골로새 교회에는 두기고(골 4:7), 오네시모(골 4:9), 빌레몬(몬 1:10~11), 아킵보(골 4:17) 등이 있었으나 이들 역시 역부족이었다.

에바브라는 목회상의 답답함에 대한 해답을 얻고자 로마 옥의 바울을 찾아간다. 로마 옥에서 에바브라의 소식을 듣고 난 바울은 에바브라에게 다 설명을 해주었을 것이다. 그리고 난 후 골로새 교인들에게 써 보낸 편지가 골로새서이다.

2) 골로새 교회에서 얻는 교훈

(1) 교회 지도자는 준비한 만큼 크게 쓰임 받음

골로새 교회 개척자는 에바브라였다. 그는 바울 사도의 두란노 서원 사역의 열매로 고향에서 교회를 개척했다. 에바브라는 구원 받은 첫 열정으로 골로새 교회를 개척하였다.

차츰 목회가 깊어질수록 에바브라가 다양한 교인들의 요구를 채워 주기에는 점차로 한계를 느꼈을 것이다. 목회 현장에는 순한 양들만 들어오는 것이 아니라 삐뚤어진 염소도 들어오기 때문이다. 초신자에게는 목회가 가능했으나 유대교에 빠졌던 자, 영지주의 같은 세상 철학을 주장하는 자들에게는 한계를 느꼈을 것이다. 에바브라가 얼마나 답답하고 절박했으면 골로새에서 지중해를 건너 로마 옥중의 바울을 찾아갔겠는가?

교회 지도자가 성경만 가지고 목회한다면 반드시 어느 수준에서 한계를 느낄 것이다. 성경을 기초로 해서 신학, 역사, 사회, 심리, 문화, 경제, 스포츠 등 많은 분야의 기초 상식을 알아야 제대로 쓰임 받을 것이다.

(2) 세상 초등 학문의 영향(골 2:8)

골로새 교회에 침투해 온 여러 가지 이단적 요소들을 에바브라의 역량으로는 감당하기 어려웠던 것 같다.

골로새 교회에 침투해 온 이단은 이교도의 철학 사상, 기독교 이름을 빙자한 이단 사상, 세상 타 종교와 철학을 혼합한 영지주의, 종교를 빙자한 금욕주의 등 여러 복합적인 것이었을 것이다. 바울 사도는 이런 세상의 헛된 속임수를 초등 학문이라고 일축하였다.

옛날 골로새 교회에 이처럼 잡다한 세상 철학이 유입되었던 것처럼 오늘날에도 이 같은 초등 학문적 요소가 수없이 많이 작용하고 있다. 기독교 신앙의 일부를 긍정하면서 동시에 심령 과학과 타 종교의 일부까지 수용하고 있는 뉴에이지 운동은 현대판 초등 학문이 될 수 있다. 또 건강과 생명 운동을 결합시킨 안식교도들의 건강 운동도 많은 문제점을 제기해 주고 있다.

그 옛날 골로새 교회 에바브라는 목회 도중 답답한 현실 문제를 해결받으려고 로마까지 바울을 찾아갔다. 현대 목회자들도 에바브라같이 목회의 절박한 문제를 해결하려는 열정이 있어야 한다.

그리고 이 문제를 접한 바울 사도의 태도를 보라.

바울 사도는 세상 초등 학문에 대한 개별적 해답을 주지 않는다. 바울 사도는 정당한 그리스도론으로 그들의 문제에 해답을 주고 있다.

지금 우리도 복잡한 현대 교회의 이단 문제를 해결하기 위해서는 그리스도만이 유일하고 절대적인 구주시며, 그분만이 사람과 세상의 해결자이심을 깨우쳐 주어야 한다.

에베소서의 제목이 '교회'인 것처럼 골로새서의 제목은 '그리스도'이다. 우리가 골로새서를 접할 때 이 같은 바울의 중심을 알 필요가 있다.

(3) 사람의 정신 개혁에 초점 맞춘 사역

바울 사도가 기록한 빌레몬서가 있다. 빌레몬은 골로새 교인이었고(골 4:9), 아킵보는 빌레몬의 아내로 골로새 교회의 지도자였다(골 4:17). 이들은 바울의 두란노 사역의 열매로 추정된다.

골로새 교회의 빌레몬에게는 '오네시모'라는 노예가 있었다. 당시 노예들 중에 브루기아의 노예는 세평이 좋지 않았다. 노예 오네시모는 주인의 재물을 도적질해서 도망을 갔다(몬 1:18). 그런데 오네시모가 골로새를 떠나 로마 옥에 있는 바울을 통해 진실한 교인이 되었다.

오네시모는 로마 옥에 갇힌 바울의 심복이 되어 바울에게 많은 위로와 도움을 주었던 것 같다. 바울에게 오네시모의 봉사는 고마운 일이나 도주한 노예를 주인의 허락 없이 계속 머물게 할 수는 없었다. 바울은 오네시모의 주인인 빌레몬에게 그가 도적질한 재물을 바울이 변상할 것을 약속하면서(몬 1:19) 그를 대신하여 용서와 환영을 구하고 있다.

이 같은 바울을 제국주의적이며 노예 제도를 옹호한 자로 비난하는 이도 있다. 그러나 예수님이나 바울은 사회 제도를 개혁하는 데 뜻을 두지 않았다. 그들은 사람의 정신을 개혁함으로 중생한 사람에게 세상을 맡기고 있다.

여기서 바울 사도는 사회 복음이 아닌 순수한 복음만을 강조하고 있다.

18. 서머나 교회(계 2:8~11)

서머나(Smyrna)는 에베소 북쪽 약 80km 지점에 있다. 당시 인구는 20~30만 정도로 소아시아에서 가장 아름다운 항구 도시였다.

'서머나' 란 말 가운데 '머'(Myrth)는 '유향' 이란 뜻으로 이곳은 향료 수출지로 유명하였다. 당시 에베소와 겨루는 대도시로 번창하여 '소아시아의 빛나는 도시' 로 불렸다.

서머나는 과학과 의술이 발달한 도시였다. 종교적으로는 이교 문화와 황제 숭배의 중심지로 종교의 집합처였다. 따라서 서머나는 소아시아 도시들 가운데서 지리적으로, 정치적으로, 경제·문화적으로 우위를 차지하고 있었으나 그로 인해 복음이 순수하게 전달되지 못하였다.

서머나 교회의 기원에 관해서는 알 길이 없다.

에우세비우스(Eusebius)가 쓴 《폴리캅의 생애》에 의하면 사도 요한의 제자이며, 서머나 교회의 초대 감독이었던(155~166) 폴리캅이 서머나 교회 목회 도중에 빌라델비아 사람 11명과 함께 불에 타 순교했다고 한다. 그 무덤이 서머나에 있다.

현재는 서머나를 '이즈미르'(Izmir)라고 개명했다. 지금 이즈미르는 인구 200만 명이 넘는 대도시로 터키에서 이스탄불, 앙카라 다음가는 세 번째 도시가 되었다.

이즈미르에는 터키의 이슬람 교도보다 기독교가 3배 더 많기 때문에 터키인들은 이즈미르를 이단자의 도시라고 한다. 그래서 이곳 이즈미르는 터키의 어느 도시보다 가장 서구적인 풍취가 물씬 풍기는 곳이다.

서머나 교회는 요한계시록 2장 8~11절에 나타난다.

요한계시록 2~3장에는 소아시아 주에 속해 있는 7개 교회가 설명되고 있다. 이곳 소아시아는 로마 제국 시대의 행정 구역상 '아시아 도'를 가리킨다. 아시아 도는 소아시아 반도의 3분의 1을 차지하였다. 이 아시아 도는 소아시아 반도에서 가장 부유했고 경제적으로도 가장 중요한 역할을 했다.

요한계시록 2~3장에 나오는 아시아 7개 교회 중에서 아무 책망도 받지 않은 교회가 서머나 교회와 빌라델비아 교회다. 이들 교회는 오히려 칭찬받은 내용이 많다.

서머나 교회는 가장 핍박을 많이 받았으나 변치 않는 인내 속에서 영적 풍요함을 간직한 교회였다.

19. 버가모 교회(계 2:12~17)

　버가모(Pergamum)는 서머나 북방 100km에 위치한 무시아 주의 수도였다. 옛 도시는 300m 높이의 돌출한 바위 위에 세워졌으나 현 도시는 그 언덕 아래 있다. 주전 5세기 때 도시로 알려지기 시작했고, 주전 130년경에는 로마의 식민지가 되었다.
　이곳에는 유명한 의학교가 있었고, 또 장서가 20만 권을 헤아리는 도서관이 있었다. 그런데 로마의 패권을 장악하고 있던 안토니우스가 그의 아내 클레오파트라에게 장서를 주어 알렉산드리아 도서관에 합쳤다.
　버가모는 네 개의 주신을 섬기고 있었다. 아에스쿨라피우스(Aesculapius)라는 뱀신, 주신 제우스(Zeus), 승리자 아테네(Athene), 지도자 디오니소스(Dionysos) 등의 네 신을 수호신으로 섬겼으며, 그 외에도 무수한 우상들이 있었다.
　서머나에는 주후 26년에, 버가모에는 29년에, 에베소에는 50년경에 황제를 위한 신전이 건립되어 다른 신전들을 위압하게 되었다. 이와 같이 버가모는 황제 예배의 중심지가 되고 그 외에 다른 미신들의 본거지가 되어 "사탄의 권좌가 있는데"(계 2:13)라고 불렸다.
　신약에는 버가모 교회에 대한 기록이 두 번(계 1:11, 2:12) 나온다.
　버가모 교회는 '안디바' 라는 지도자가 신앙을 지키다가 순교를 했다(계 2:13). 그런가 하면 발람의 교훈(계 2:14)을 지키는 자들도 있었다. 발람은 민수기 22~25장, 31장 8, 16절에 나오는 자로, 돈에 팔려서 이스라엘 백성을 저주하려 했으나 하나님이 막으심으로 정면 저주를 못했다. 발람은 뒤에 이스라엘을 음행케 하도록 교사하여 수만 명을 죽게 하였다.

버가모 교회에는 발람처럼 막후에서 반역을 하도록 교사하는 자가 있었다. 버가모 교회에는 '니골라당'이 있었다. 니골라당은 엄격한 율법주의를 배격하는 무율법주의자들이었다. 버가모 교회에는 발람처럼 정면, 후면이 다른 이중 신자와 니골라당처럼 무율법주의자들이 있었다. 이 같은 잘못된 신앙은 속히 회개해야 한다. 이것이 사도 요한 당시의 버가모 교회의 모습이었다.

초대 교회 때 기독교는 헬라 신전(세라피스 신전)을 기독교 예배처로 사용하였다. 그런데 비잔틴 제국의 쇠퇴와 함께 황폐화되어 13세기 이후로는 예배가 완전히 끊어졌다. 지금은 이슬람 교도들이 기도처로 이용하고 기독교의 모습이 사라졌다.

버가모는 역사 속에서 완전히 사라졌고, 사도 요한이 기록한 계시의 말씀만 남았다. 사도 요한은 "이기는 그에게는 내가 감추었던 만나를 주고 또 흰 돌을 줄"(계 2:17) 것을 예언하였다.

여기서 말하는 흰 돌이 무엇인가? 그에 대한 신비를 깨닫는 것이 우리가 발굴해야 하는 과제이다.

20. 두아디라 교회(계 2:18~29)

두아디라(Thyatira)는 '두아'의 동네란 뜻이다. 두아디라는 버가모 동남 64km 서머나와 중간 지점에 있다. 이곳의 옛 이름은 '펠로피아'(Pelopia) 또는 '유힙피아'(Euhippia)였다. 지금은 '아킷살'(Akhissar)이라고 부른다.

이곳은 옛날부터 직조, 염색, 모직물, 제혁, 철공 등이 유명했다. 그리고 이곳의 염색 중 풀뿌리로 만든 빨강 염료는 특이하고도 유명하였다.

사도행전 16장 14절에 나오는 '두아디라 성의 자주 장사 루디아'는 이곳 출신 여자였다. 루디아는 이곳 두아디라 포목상의 조합원이었을 것이다. 그녀는 두아디라의 모직, 염색, 직조물을 갖고 빌립보를 왕래하며 장사를 하던 유대인 여자였을 것이다. 바울은 루디아와 함께 빌립보 교회를 개척했다.

두아디라 교회는 누가 개척했을까?

추측하건대, 바울 사도가 에베소에서 목회할 때 골로새 교회를 세운 에바브라처럼 그 누군가 복음을 깨우친 두아디라 출신 사람이 교회를 세우지 않았을까 생각된다.

그와 달리 빌립보에서 바울의 영향을 받은 루디아가 자기 고향 두아디라 교회를 세웠을 가능성도 있다.

두아디라 교회에는 몇 가지 문제가 있었다. 그것은 자칭 선지자라 하는 이세벨을 용납하는 잘못이었다.

이세벨은 아합 왕의 왕비였다(왕상 16:31; 왕하 9:7). 그는 우상의 제물을 먹는 것을 당시 상업상 조합원들의 상례라고 가볍게 처리하였다. 그러나 우상 제물은 음식만이 아니라 음식을 수용하는 것이 성적 부정 행위로 연결되었다. 이런 잘못을 묵인하는 지도자가 이세벨이었다. 이 같은 범죄가 있었을 때 회개할 기회를 주었는데도 회개를 거부했다. 주님께서는 이 같은 두아디라의 이세벨을 병상에 던지고, 환난을 겪게 하고, 사망으로 죽이겠다고 하셨다.

그렇지만 순수한 신앙을 가진 자에게는 만국을 다스릴 합법적 권세를 주겠다고 하셨다. 우상 숭배와 향락주의에 빠진 유혹에서 이기는 자에게는 그리스도 자신을 주신다고 했다.

21. 사데 교회(계 3:1~6)

사데는 서머나 동쪽 약 80km 지점에 있고, 서머나와 빌라델비아 중간 지점에 있다. 사데는 주전 6세기경에 세계에서 가장 부강한 도시 중 하나였다. 주전 1200년경에는 사데가 난공불락의 성채였다.

사데는 주전 700년부터 150년간 '리디아' 왕국의 수도로 궁전이 있었다. 리디아 왕은 바사 왕 고레스의 서부 진출을 막고자 대군을 거느리고 공격했다가 실패하고 다시 둘째 원정을 준비하다가 뒤따른 고레스 군대에게 함락되었다(B.C. 546). 주전 3세기 말에는 안티오커스에게 함락되었다(B.C. 218).

사데는 주후 17년에 큰 지진으로 손해가 컸다.

주후 295년에 사데는 리디아의 수도가 되었고, 사데 감독은 리디아 대감독으로 콘스탄티노플 산하 감독 순위 6위에 올랐다. 그러나 사데는 점점 퇴락하여 현재 작은 촌락 '사르트'(Sart)가 되었다.

사도 요한 때 사데 교회는 아시아 일곱 지방의 중심이 되는 교회였다. 그런데 점점 퇴화되어 '살았다 하는 이름은 가졌으나 정신적으로 죽은 자'가 되었다. 사데 교회는 신자의 외적 조건인 세례, 교회 의무 이행, 정통 신학은 구비했으나 신령한 능력은 따르지 않았다.

그럼에도 불구하고 사데 교회에는 '옷을 더럽히지 아니한 소수의 남은 자'가 있었다. 그들은 그리스도의 속죄함 받은 청결한 흰옷을 입고 주와 동행하는 자들이다. 이기는 자만이 흰옷을 입을 것이고 생명책에 기록될 것이다.

요한의 이와 같은 경고의 메시지가 크게 효력을 미쳐 3세기경에는 콘스탄티노플 산하 교회 중 6위를 점령하였다.

사데 교회에 대한 발굴 작업이 현대에 와서 이루어졌다.

미국 프린스턴, 하버드, 코넬 대학 등이 옛 사데 유적지의 발굴 작업을 계속하였다. 그래서 순금 제련 도구 300여 개를 발굴하였고, 또 대리석으로 건축된 체육관(Gymnasium)도 발굴하였다. 그리고 아데미 여신전과 유대인 회당터는 발굴되었으나 교회 터는 너무 초라할 정도로 발굴되지 않고 있다.

22. 빌라델비아 교회(계 3:7~13)

빌라델비아는 사데 동남쪽 약 40km 지점에 위치한 고원 도시로 포도 생산지로 유명한 곳이었다.

주전 2세기(B.C. 159~138) 버가모 왕조의 앗탈루스 2세(Attalus 2)가 도시를 건설하고 왕의 형에 대한 사랑의 표시로 '빌라델비아' (형제의 사랑)로 명명하였다.

주후 17년 지진으로 파괴된 것을 티베리우스 황제가 재건하였다. 그리고 '니오 가이사랴'라고 이름을 고쳤다. 다음에는 주후 70~79년에 '플라비아'라고 했다.

이곳은 서머나와 리디아 왕국으로부터 동방으로 가기 위해 제일 먼저 들러야 하는 도시로 '동방의 관문'이라 일컬어지기도 했다. 농업과 상업이 발달하여 경제적으로도 상당한 부를 누렸으나 지진이 잦아 피해가 많았다. 또한 많은 신전과 종교적 행사가 많아서 주후 5세기경에는 '작은 아테네'라고 불렸다.

이곳의 주신은 '디오니소스'(Dionysos)였다.

이곳은 아시아가 이슬람 교도들에 의해 짓밟힐 때 유일한 기독교의 보루였다. 이곳은 지금 '알라 쉘'(Allah Shehr : 알라의 도시)이라는 이름으로 터키의 한 고을로 남아 있고, 기독교인 수가 적지 않은 도시로 남아 있다.

빌라델비아 교회에 관해서는 알려진 바가 거의 없다. 바울과 그

동역자 중 어느 누가 전도했는지도 알 수 없다.

일찍부터 순교자가 생겼으며, 후에 서머나 교회 감독이었던 폴리캅이 주후 155~156년에 피우스 황제(Antonius Pius: 137~161) 때에 순교당할 때 빌라델비아 성도들 11명도 함께 순교했다고 한다.

빌라델비아는 비잔틴, 십자군, 아만군, 터키군에게 여러 번 포위당했으나 요한계시록의 허락을 믿고 용기를 얻어 끝까지 저항했다. 터키군에게 8년에 걸쳐 참고 버티다가 1390년에 항복하고 만다.

빌라델비아 교회는 소아시아의 최후 교회였다.

23. 라오디게아 교회(계 3:14~22)

라오디게아는 빌라델비아 동남쪽 약 72km 지점에 있고, 에베소에서 동쪽으로 약 160km 지점에 위치한 도시이다. 또한 맞은편 10km 지점에 히에라볼리가 있고 약 14km 지점에 골로새가 있다. 이곳 세 도시는 바울 서신에 밀접하게 관련되어 있다(골 4:13, 16).

라오디게아(Laodicea)는 수리아의 안티오커스 2세(B.C. 261~246)가 폐허가 된 도시를 재건하고 그의 아내 이름을 따라 라오디게아라고 했다.

성은 거의 네모나며 튼튼히 쌓았으나 음료수가 없어서 멀리 10km 이상 떨어진 곳에서 수도로 물을 끌어들였다. 그래서 수원지에서 라오디게아까지 긴 수로를 지나오는 동안 물이 뜨뜻미지근하게 되었을 것으로 추측한다(계 3:16).

주전 190년까지 희랍 문화가 별다른 공헌을 못 드러냈으나 주전 133년 로마의 통치 아래 들어간 후부터 라오디게아는 번창하기 시작하였다.

라오디게아는 인구도 많고 돈도 많은 도시였다. 주후 60년 지진으로 무참히 파괴되었을 때 로마가 제공하겠다는 복구비를 거절했다. 그래서 라오디게아는 스스로 부자라고 하였다(계 3:17).

라오디게아 근방에 지금은 없어진 검은 양이 털을 염색할 필요가 없을 정도로 까맣고 광이 나서 그것으로 여러 가지 옷감과 자리를 만들었다. 요한계시록 3장 18절의 "흰옷을 사서 입으라"는 말은 라오디게아의 특산품인 검은 옷에 빗대어 말한 것으로 볼 수 있다.

라오디게아에서 서쪽으로 20km 지점에 있는 의학교에서는 그곳에서 나는 돌가루로 유명한 안약을 만들었는데 그것을 '브루기아 분'이라고 불렀다. 또 거기서 나는 약초와 향료로 고약을 만들었는데 고약은 귓병만 아니라 귀머거리도 듣게 했다고 한다. 이런 사실 때문에 요한계시록 3장 18절에 "안약을 사서 눈에 발라 보게 하라"고 했다.

라오디게아 교회는 루커스 강을 가운데 두고 북에는 히에라볼리, 남에는 라오디게아, 동쪽에는 골로새가 있었다. 이 세 도시에 복음을 전한 이는 골로새 출신의 에바브라(골 1:7, 4:13)로 본다. 이 세 도시 중에 라오디게아는 폐허가 되었고, 터키명으로 '에스키힛살'(Eskihissar)이라고 불리는 옛 터만 남아 있다. 히에라볼리는 목화 성(Cotton Castle)이란 뜻을 가진 '바묵갈레'(Pamukkale)로 바뀌었다. 히에라볼리보다 더 먼 곳에 발원한 온천수를 라오디게아까지 끌어들이는 수로를 건설했는데, 그 수로의 일부가 지금까지 남아 있다.

이곳 라오디게아 교회는 차지도 아니하고 뜨겁지도 아니함으로 책망을 받았다(계 3:15~16). 사도 요한은 라오디게아 교회의 문제점으로 열심이 사라진 것을 책망한다(계 3:19).

아시아 일곱 교회를 통한 교훈을 살펴보자.

요한계시록 자체가 심오한 영적 계시를 신비하게 표현하고 있다. 그래서 쉽게 해석하기 어려우므로 칼빈도 손을 대지 않았고 아직까지도 궁금증들이 많은 내용이다. 필자 역시 제일 난해한 책을 요한계시록으로 꼽고 있다.

우리는 요한계시록을 통해서 무엇을 교훈으로 얻을까?

필자의 경우는 아시아 일곱 교회의 영적 의미를 세대주의 신학자들이 제시하는 교훈에서 많은 도움을 얻었다. 지금까지 아시아 일곱 교회에 대한 다음과 같은 해석이 필자에게 큰 도움을 주고 있기 때문에 그 내용을 그대로 소개하고자 한다.

사도 요한이 밧모 섬에서 계시를 받을 당시 아시아에는 수많은 교회들이 있었다. 그런데 왜 여기 2~3장에 소개되는 일곱 교회만을 지적하고 있는가? 여기에는 일곱 교회의 지명에 담긴 깊은 뜻이 있다고 믿는다. 일곱 교회의 이름과 함께 긴 역사 속에 말해 주는 바가 있다. 그 내용을 되새겨 보자.

① 에베소의 헬라 이름은 '$E\psi\epsilon\sigma\omega$'다.

이 이름의 뜻은 'to relax', 즉 '느슨해졌다' 라는 뜻이다.

초대 교회 성도들은 주후 70년 이전까지는 초긴장 가운데 신앙생활을 했다. 그러나 70년 예루살렘 함락 후 사도 요한이 목회하고 있던 100년 미만 때에는 모든 성도들이 느슨해졌다. 교회사적으로 이 시기는 주후 33~100년의 초대 교회 시대의 성격으로 해석한다.

② 서머나의 헬라 이름은 '즈뮈르네' ($Z\mu\upsilon\rho\nu\eta$)이다.

이 말은 영어로 'crushed', 즉 '눌러 뭉갠다' 는 뜻이다.

이 시기는 교회 성도가 마치 눌러 뭉개는 듯한 핍박을 가장 많이 받은 시대이다. 10일 동안의 환난(계 2:10)은 로마 10대에 걸친 황제들의 핍박기였다. 교회사적으로 이 시기는 주후 100~313년으로 구분한다.

③ 버가모의 헬라 이름은 '페르가모'($Περγαμω$)이다.
이 말은 영어로 'marriage', 즉 '결혼' 이란 뜻이다.
종교와 정치가 야합한 주후 313~600년으로 해석할 수 있다.

④ 두아디라의 헬라 이름은 '두아테이라'($Θυάτειρα$)이다.
이 말의 뜻은 영어로 'mass', 즉 '혼잡' 이란 뜻이다.
교회사적으로 가장 암흑기에 속하는 주후 600~1517년까지 중세 교회 시대다.

⑤ 사데의 헬라 이름은 '자르데신'($Ζαρδεσιν$)이다.
이 말의 뜻은 영어로 'escaping', 즉 '탈출' 이란 뜻이다.
교회사적으로 종교 개혁을 통해 로마 가톨릭에서 탈출한 주후 1517~1700년경의 시기라고 본다.

⑥ 빌라델비아의 헬라 이름은 '필라델피아'($φιλαδελψια$)다.
이 말은 영어로 'brotherly love', 즉 '형제 사랑' 이란 뜻이다.
교회사적으로 주후 1700~1900년에 전 세계를 형제처럼 여기고 세계가 모두 선교에 열심이었던 시기라고 본다.

⑦ 라오디게아의 헬라 이름은 '라오디케이아'($Λαοδιχεια$)다.
이 말은 영어로 'right of laity', 즉 '평신도가 제왕 노릇하는 때' 이다.
현대 교회는 목회자보다 평신도가 제왕이 되다 보니 뜨뜻미지

근한 시대이다.

요한계시록의 일곱 교회가 바로 2천 년 교회 역사의 성격을 예언해 준 내용이다. 이 같은 성경적, 역사적 해석은 신앙생활에 도움이 되는 것 같다.

24. 바벨론에 있는 교회(벧전 5:13)

이 구절은 해석상 많은 문제를 안고 있는 본문이다.
우리말 성경에 "바벨론에 있는 교회"로 번역되었다. 그러나 원문은 '헤 엔 바빌로니 쉬네클렉테'($ἡ$ $ἐν$ $βαβυλωνι$ $συνεκλεκτῇ$)다. 문자적으로 보면 '바벨론에 있는 그 여자' 라는 말이다. 그러나 문법적으로 헬라어 교회는 여성 명사이기 때문에 '교회'로 번역이 되었다.

지금 이 구절을 갖고 두 가지 해석이 가능하다.
하나는 문자적 의미대로 '바벨론에 있는 그 여자' 라고 해석하는 것이다. 여기서 말하는 '그 여자' 는 베드로의 아내(고전 9:5)를 뜻한다. 두 번째는 문법적 의미로 '바벨론에 있는 교회' 라고 해석한다.

두 가지 해석 중 두 번째 해석을 따르는 이가 많다.
그렇다면 '바벨론' 은 어디를 말하는가?
① 베드로가 메소포타미아의 실제적 바벨론에 가서 전도한 바벨론을 말한다.
② 애굽의 한 도시를 말한다.
③ 바벨론은 로마를 가리킨다.
④ 바벨론은 세상을 상징하는 은유적 표현이다.

이런 주장 중 ③, ④의 해석이 타당할 듯하다.

그렇다면 베드로가 거론하고 있는 바벨론에 있는 교회란 의미가 무엇일까? 잘 아는 바와 같이 그것은 역사적 바벨론을 의미하는 것이 아니다.

역사적 바벨론은 주전 539년 페르시아 왕 고레스가 페르시아 제국에 합병시키고 바벨론을 한 도로 남긴다. 국가 바벨론은 없어졌으나 페르시아가 한 도로 남긴 바벨론은 그 후 1천여 년 동안 유대인의 디아스포라의 중심지가 된다. 이곳은 주후 70년 예루살렘 멸망 후 팔레스타인 대신 유대교와 유대 학파에 의해 율법 보존의 고장이 되기도 한다. 그래서 역사적 바벨론 제국보다도 페르시아의 흩어진 유대인들에게 결속 공동체를 만들어 준 한 도의 바벨론이 큰 의미가 있다.

여기서의 "바벨론에 있는 교회"는 페르시아의 한 도로, 남은 바벨론에 있는 유대인 공동체 유대인 중 기독교로 개종해서 살고 있는 폭넓은 디아스포라들을 일컫는 것으로 본다.

베드로가 실제로 메소포타미아에 간 일이 없고, 애굽에 간 일도 없고, 또한 로마에 간 일도 없다.

베드로가 로마에 간 일이 없다는 사실을 로마 교회에서 살펴보았다. 베드로는 흩어진 유대인들, 즉 디아스포라 교회들에게 편지하고 있다고 믿는다.

필자는 이상에서 24개 신약 교회를 살펴보았다.

우리의 신앙은 성경에서 비롯되었고, 또 성경 말씀으로 신앙이 유지되고 있다. 우리는 신약성경에 나오는 초대 교회의 모범을 떠나서는 교회를 말할 수가 없다.

오늘날 수많은 교회들이 있다. 그러나 그 가운데는 성경과 아무 상관없는 교회들이 너무 많다. 오랜 교파의 틀에 갇혀서 성경과 상관없는 그 교파만이 가지고 있는 특징으로 만들어진 교회들이 너무 많다.

우리는 로마 가톨릭 교회가 성경과 아무 상관없는 교회 회의의 결정 사항이나 또는 교황의 칙령을 성경과 동일하게 믿는 모습을 본다. 우리는 로마 가톨릭교회가 성경에서 너무 멀리 떠나 있음을 보고 경악한다.

그런데 필자가 보기에는 신약 교회 사관에서 근거해 볼 때 오늘날 개신교들 안에도 성경에서 떠나 있는 모습을 숱하게 체험한다.

여기 24개 신약 교회의 모범에서 성경에서 멀리 떨어져나온 교회들이 자체 모습을 발견하는 놀라운 영적 각성이 있기를 바란다.

그래서 성경에서 멀어진 자기 위치를 발견하고 다시금 주님이 원하시는 본연의 자리로 되돌아가는 운동이 전개되기를 갈망한다.

제6장
사도들의 공헌

1. 신약성서의 기록
2. 핍박
3. 예루살렘의 함락
   1) 예루살렘 함락 이전
   2) 예루살렘 함락의 과정
   3) 예루살렘의 함락
   4) 예루살렘 함락 후의 유대인들

오늘날 우리에게 예수님을 알게 해주었고 하나님의 신비한 뜻을 알게 해준 소개자들이 신약성경을 기록한 사도들이다.

사도들이 기록한 신약성경은 모든 인류의 삶과 인생 방향에 길잡이가 되었고, 또 역사를 이해하는 척도가 되었다.

신약성경은 하나님께서 인류에게 가르쳐 주신 계시의 수단으로 초대 교회 이래 모든 성도들에게 애용되어 왔다. 또 한편 신약성경은 수많은 세월, 수많은 사탄의 세력에 의해서 공격당하고 핍박을 받아 온 것도 사실이다. 그러나 신약성경은 모든 인생과 세상의 제반 문제들을 해결해 주는 세상의 지침서로 굳게 자리 잡고 있다.

우리에게 완벽한 계시로 주신 신약성경을 기록해 준 사도들의 공헌은 교회 시대가 끝날 때까지 우리 모든 성도들에게 커다란 횃불을 안겨 준 불멸의 공헌을 하였다.

이 장에서는 사도들의 공헌인 신약성서의 기록과 또 사도들이 핍박을 받고 끝내 순교당했을 뿐만 아니라 마침내 예루살렘 성이 함락됨으로 예루살렘 교회가 완전 공중분해된 역사를 살펴보고자 한다.

이 장에서는 사도들의 양지와 음지의 모습을 살펴보자.

1. 신약성서의 기록

신약성서에 대한 신학자들의 견해도 각각 다르다.

자료설과 문서 편집설을 주장하는 신학자들의 견해와 전통적인 각 책의 저자를 인정하는 보수적 복음의 입장이 서로 대조되고 있다. 필자는 전통적, 보수적 입장의 견해에 동의하고 그 견해를 말하고자 한다.

1) 마태복음

마태복음이 신약성경 중 제일 먼저 쓰여진 책은 아니다. 그런데 마태복음이 신약성경의 맨 처음으로 인정되고 있는 것은 무슨 까닭일까?

그것은 마태복음이 그리스도가 구약에서 예언된 메시아 예언의 성취라는 점과 그분은 동시에 우리의 왕이라는 신약의 출발을 가장 많이 강조하고 있기 때문이다.

마태복음의 저자 마태는 가버나움 세관에 근무하던 세리 마태이다. 마가와 누가는 그의 이름을 레위라고 했다(막 2:14; 눅 5:27). 그런데 마태복음에는 그의 이름이 마태라고 되어 있다. 그의 본명은 마태였으나 예수의 부름을 받고 레위라는 이름이 더해졌을지 모르겠다.

마태의 기록 연대는 예루살렘 멸망(주후 70년)을 예언 형태로 기록하고 있기 때문에(마 23:37~39) 이 사실을 근거로 70년 이전으로 추정한다. 따라서 마태복음은 60~70년 사이에 기록되었을 것으로 추정한다.

마태복음은 구약의 빈번한 내용 인용과 용어(천국)상의 특징, 유대적 관습 등에 대한 설명 생략 등으로 보아 유대인을 1차 독자층으로 한 책, 즉 유대인이 수신자임을 알 수 있다.

마태복음은 4복음서 중 구약을 가장 많이 인용한 특징을 갖고 있다. 마태는 93회, 마가는 49회, 누가는 80회, 요한은 33회를 인용했다. 또 마태는 세리 업무로 익힌 속기사 기술로 예수의 설교를 상세히 기록하였다.

2) 마가복음

마가복음은 4복음서 중 최초로 쓰여진 복음서로 알려졌다.

마가복음의 저자는 베드로의 제자인 요한 마가이다. 그는 예루살렘에서 상당한 재력을 가진 마리아의 아들이며(행 12:12), 바나바의 조카였다(골 4:10).

그는 바울의 제1차 전도 여행 때 바나바와 함께 참여했다가 밤빌리아 버가에서 도중 하차를 하고 예루살렘으로 돌아온다(행 13:13). 이 일로 마가는 바울의 신뢰를 잃고 12년이 지난 후에야 해후한다(골 4:10).

마가는 바울의 신뢰를 잃고 베드로의 제자가 된다.

마가는 생전에 예수님을 직접 만나지 못했다. 마가복음의 대부분은 베드로를 통하여 들은 것이 핵심 내용이다.

마가복음의 기록 연대는 주후 55~65년으로 추정된다.

마가는 시시각각으로 닥쳐오는 로마 정부의 대대적 핍박으로 인해 기독교 신앙을 부인하고 배도자가 됨으로 살아남으려는 현실적 문제들을 보고 있다. 마가는 우리가 믿는 예수께서는 자신이 먼저 배반당하시고 고난당하시면서도 죽기까지 고난의 길을 가셨음을 상기하며 신실한 기독자라면 예수님처럼 당당하게 로마 법정에 서야 할 것임을 강조하고 있다.

마가는 예수의 말씀보다는 행동을 강조하고 있다. 그 까닭은 마가복음이 이론적 정확성보다는 박해에 직면한 성도들에게 강한 확신을 부여해 주기 위한 목적으로 쓰여졌기 때문일 것이다.

그래서 마가복음의 주제는 수난당하시는 종으로서의 예수를 증거하고 있다.

3) 누가복음

누가복음의 저자는 헬라인 의사였으며, 바울의 동역자로서(행 16:10~17, 20:5~15) 바울의 2차, 3차 전도 여행에 동행했으며, 사도행전의 저자인 누가로 확실시되고 있다.

누가는 수리아의 안디옥에서 태어났는데, 상당한 학문적 수업을 쌓은 지성인이었던 것으로 짐작된다. 그의 직업은 의사였는데, 그 당시 학문의 중심지였던 다소(Tarsus)에서 의술을 습득한 것으로 보인다.

누가는 바울의 제2차 전도 여행 때 드로아에서 합류하여 로마까지 동행하였다(행 27:1~28:15). 그래서 바울은 그를 가리켜 "사랑받는 의원"(골 4:14), "마지막까지 함께했던 사람"(딤후 4:11)이라고 했다.

누가는 예수님을 직접 보지는 못하였다. 그의 기록은 목격자들의 증언을 통한 자료에 의한 것이다(눅 8:3 등). 누가복음이 마가복음을 많이 참조한 것과 바울이 로마 옥에 갇힌 후에 기록한 것 등을 참작하면 주후 60~65년경에 기록된 것으로 추정한다.

누가복음의 특징은 예수의 행적을 역사적 사실에 근거한 연대기적 기사 형태로 기록한 점과 이방인에 대한 관심이 많고 인자이신 예수를 강조한 점이다.

4) 요한복음

요한복음의 저자는 예수님 행적의 목격자이며(요 1:14, 19:35, 21:24), 또한 예수의 사랑하시는 자(요 13:23, 19:26, 20:2, 21:7, 20, 24)로 소개되는 사도 요한임을 알 수 있다.

요한복음의 기록 연대는 주후 85~90년경으로 추정된다.

요한은 영지주의 사상에 근거한 예수 그리스도의 역사적 실체를 부정하는 가현설을 공박하고 정통 기독교를 옹호하고자 요한복음을 집필했다. 또 공관 복음서를 보완하고 그것을 해석하기 위해서 요한복음을 집필했다.

요한복음은 객관적 성격을 띤 전기체인 공관 복음서와 다르게 예수에 대한 주관적 해설을 그 내용으로 하며, 쉽고 단순하고 명료한 문체로 기술되어 있다.

요한복음에는 사건 자체보다 긴 강론 형식의 예수의 가르침이 강조되었다. 따라서 다른 복음서에서 찾아볼 수 없는 풍부한 교훈과 상징적 표현이 많다.

그래서 "나는 ~이다"(에고 에이미, $\epsilon\gamma\omega\ \epsilon\iota\mu\iota$)라는 표현이 여러 차례 나온다. "나는 생명의 떡이다", "나는 세상의 빛이다", "나는 양의 문이다", "나는 선한 목자다", "나는 참 포도나무다"라는 상징적인 표현이 그것이다.

또 니고데모와의 대화, 사마리아 여인과의 대화, 왕의 신하와의 대화, 중풍병 환자와의 대화, 소경과의 대화 등 개인 면담 내용이 폭넓게 나타난다.

요한복음은 흩어진 유대인을 포함하여 전 세계에 흩어져 있는 천국 백성들에게 영적 교훈을 주는 우주적 복음으로 알려졌다.

5) 사도행전

사도행전은 누가복음과 함께 누가에 의해 기록된 것으로 전해지고 있다.

사도행전에는 의학 용어가 빈번하게 사용되고 있다. 사도행전 3장 7절의 "발과 발목이 곧 힘을 얻고", 9장 18절의 "즉시 사울의 눈에서 비늘 같은 것이 벗어져", 13장 11절 "네가 맹인이 되어 얼마 동안 해를 보지 못하리라" 등의 표현이다. 이런 구절들은 의사 출신인 누가가 사도행전을 기록하였음을 뒷받침한다.

또 사도행전 속에는 바울의 선교 여행에 동참한 동반자로 "우리"(We-sections)라는 말을 여러 번 사용하고 있다. "우리가 기도하는 곳에 가다가"(행 16:16), "우리가 떡을 떼려 하여"(행 20:7), "우리가 그들을 작별하고"(행 21:1), 그리고 사도행전 27장 1절~28장 16절에도 "우리"라는 단어가 계속 나온다.

이처럼 '우리'라는 말을 쓸 수 있을 정도로 바울과 긴밀한 관계를 유지했던 동반자 누가가 사도행전의 저자임이 분명하다.

기록 연대는 사도행전에 예루살렘 함락에 관한 기록이 없는 것으로 보아 주후 70년 이전인 60~65년으로 추정된다.

누가는 데오빌로에게 하나님의 말씀이 교회를 통해 증거되는 과정과 결과를 보여주면서 기독교의 역사성과 복음의 진실성을 밝힘으로써 기독교가 참 하나님을 섬기는 종교임을 변증하기 위한 목적으로 사도행전을 기록하였다.

6) 로마서

로마서의 저자는 사도 바울이다.

로마서의 핵심 사상인 칭의(稱義)의 교리는 바울 서신으로 알려진 갈라디아서 2장 16절, 3장 6절, 11절, 그리고 디도서 3장 5~7절에도 언급되고 있다. 또 로마서 12장 5절에 묘사된 많은 지체를 가진 그리스도의 몸 된 교회 이론은 바울의 다른 서신인 고린도전서 10장 17절, 12장 12~14절, 에베소서 1장 22, 23절, 골로새서 2장 19절 등에도 일관성 있게 언급되고 있다.

또 로마서 12장 6~8절에 언급된 지체들이 몸 전체의 유익을 위해 부여된 재능을 사용해야 한다는 사실이 고린도전서 12장 15~26절, 28~31절, 에베소서 4장 11~16절에도 강조되고 있다.

이처럼 로마서와 다른 바울 서신서들 사이에 내용이 일치하는 것은 로마서가 바울의 저서임을 증명하는 것이다.

로마서를 기록한 연대는 주후 57년 말~58년 초로 본다.

로마서를 기록한 장소는 제3차 전도 여행을 끝마칠 무렵인 주후 57년경 3개월간 고린도에 머물던 겨울에(행 20:3) 기록한 것으로 추정한다.

로마서는 오순절의 성령 강림을 체험하고 돌아간(행 2:10) 디아스포라 유대인들과 소수의 이방인 신자들로 구성된 로마 교회 성도들이 수신 대상이 된다.

로마서의 기록 목적은 ① 로마 교회를 서방 세계 선교 활동 기지로 삼으려는 선교적 목적을 두고 로마 교회 성도들로 하여금 자신의 사역에 동참하도록 준비시키는 목적이 크게 작용했을 것이다.

② 당시 모든 기독교회에 가장 큰 영향을 행사할 수 있는 잠재성을 가진 로마 교인들을 올바르게 충분한 이해시킬 변증적 목적이 있었을 것이다.

③ 본 서신은 기독교 진리에 대한 체계적 교훈으로 로마 교회 그리스도인들의 믿음을 계도하고 강화시키려는 교훈적 목적이 있었을 것이다.

로마서의 특징은 ① 이신칭의(Justification by faith) ② 성화(Sanctification) ③ 하나님의 주권(Sovereignty of God) ④ 봉사의 삶 등을 대표적으로 설명하고 있다.

7) 고린도전서

고린도전서의 저자는 바울이라는 사실이 직접적으로 나타난다(고전 1:1~3, 12~17, 3:4, 6, 22, 16:21 등).

고린도전서의 기록은 16장 8절의 "내가 오순절까지 에베소에 머물려 함"이라는 문장에서 에베소가 기록 장소임을 알 수 있다. 기록 연대는 바울의 제3차 전도 여행 기간(주후 53~58) 중 에베소에서 목회하는 기간인 주후 55년 봄 무렵(고전 16:5~8; 행 20:31)으로 추정한다.

고린도전서의 기록 목적은 무엇인가?

고린도전서 1장 11절에 "내 형제들아 글로에의 집 편으로 너희에 대한 말이 내게 들리니 곧 너희 가운데 분쟁이 있다는 것이라"고 했다. 바울은 글로에의 집 사람들에 의해 전해진 고린도 교회의 여러가지 문제들에 대한 해답을 주고자 고린도전서를 기록했다.

또 고린도전서 7장 1절에 "너희가 쓴 문제에 대하여"라고 기록되었는데, 고린도 교회의 대표자들이 써 보낸 편지를 통해 거기에 제기된 몇 가지 질문에 답변을 주고자 고린도전서를 기록하였다.

결국 고린도전서는 고린도 교회의 영적, 도덕적 무질서에 대한 책망과 권면 및 교회 생활에 관련한 제반 질문 사항에 대한 목회적 답변 서신이다.

고린도전서의 특징은 다음과 같다.

고린도전서는 '교회에서 어떻게 권징해야 하는가? 교회와 사회의 교류 및 관계는 어떻게 해야 하는가? 공중 예배의 제반 원리와 성만찬의 본질 등에 대한 구체적인 적용은 어떻게 해야 하는가?' 등등 목회 활동의 제반 원리와 실제적 교훈을 제시해 준다.

고린도전서는 초대교회의 형성, 발전, 교회의 정립 등 초대교회에 관련된 여러 가지 역사적 자료들을 제공해 줌으로써 초대교회사 연구에 가장 큰 가치를 주고 있다.

8) 고린도후서

고린도후서의 저자가 바울이라는 사실이 고린도후서 1장 1절, 10장 1절에 나타난다.

고린도후서는 마게도냐 지역에서 기록한 것을 알 수 있다(고후 7:5 참조). 고린도후서는 고린도전서가 기록된 지 약 6개월 정도 경과한 뒤인 주후 56년 가을에 기록한 것으로 추정된다.

고린도후서를 기록한 목적이 무엇인가?

바울의 자서전이라고도 불리는 고린도후서에는 바울의 인간적 모습이 부각되어 있다. 그래서 고린도후서는 ① 바울 자신의 사도 직분의 정당성을 변호하고 있다(고후 1~4장, 10~13장). ② 유대주의자들의 이간질로 멀어진 바울과 고린도 교인들의 관계를 정상적으로 회복하려고 하고 있다(고후 8, 9장). ③ 예루살렘 교인들을 구제하기 위한 연보의 모금을 호소하고 있다(고후 8, 9장).

9) 갈라디아서

갈라디아는 어느 지역인가?

갈라디아 지역은 소아시아 중앙 부분에 위치한 고원 지대이다. 이곳은 역사적으로 여러 민족의 빈번한 이동과 강대국들의 각축에 의해 많은 혼란을 겪었다. 이곳은 주전 3천 년경에는 힛타이족이, 주전 2천 년경에는 헬라 사람들과 브루기아 사람들이, 그리고 주전 1천 년대에는 바벨론과 페르시아 사람들이 지배했다. 또한 주전 189년에는 로마의 장군 만리우스(Manlius Vulso)에게 정복당하였다.

주전 25년부터 주후 74년 사이에는 로마가 지배했던 행정 구역상 이곳 갈라디아 지역을 바울이 방문하였다(행 13:14~14:23).

바울이 제1차 전도 여행 때 방문하여 복음을 전했던 더베, 루스드라, 이고니온, 비시디아의 안디옥 등은 로마의 공식 행정 구역상 갈라디아 지방에 속한다. 학자들은 이곳을 지리적으로 남부 갈라디아 지방으로 분류한다.

바울의 제1차 전도 여행 시 수리아의 안디옥을 떠난 바울과 바나바는 비시디아 안디옥 회당에서 복음을 전했다(행 13:16~41).

이때 유대인들의 방해로 그곳에 오래 머무르지 못하고 이고니온에 가서 전도한다(행 13:50~14:5). 여기서도 유대인들의 핍박으로 다시 루스드라에 가서 전도하였다. 여기서 많은 개종자들을 얻게 되었다(행 14:1~7). 이곳의 유대인들은 바울을 돌로 쳐죽이려 했기 때문에 더베로 갔다(행 14:8~21).

바울이 제1차 전도 여행 때 온갖 핍박을 겪으면서 세운 교회들이 바로 갈라디아 행정 구역 내의 교회들이다.

갈라디아 교인들은 개종한 지 얼마 되지 않은 초신자들이었다. 이렇게 신앙 연륜이 짧은 초신자들에게 유대교 출신의 거짓 교사들이 복음에서 떠나 율법주의에 기울도록 하였다(갈 4:10, 5:2, 6:13). 또 자율적인 믿음보다는 구체적으로 어떤 것을 하라는 율법 조문을 추구하였다(갈 4:9, 5:4). 결국 할례와 율법을 구원의 조건으로 삼는 심각한 위험에 직면하게 되었다(갈 5:2~4, 6:12).

바울의 제1차 전도 여행 때 복음을 받아들인 갈라디아 교인들은 그 당시 침례를 받고(갈 3:27) 성령을 체험했다(갈 3:5). 그러나 그들 대부분이 본래 이교도들이었기 때문에(갈 4:8) 그들이 전에 신봉했던 율법적 의식을 결합시킨 혼합 신앙을 갖고 있었다. 게다가 예루살렘으로부터 온 몇몇 유대인들이 바울의 가르침을 잘못된 것이라고 선동하고 율법주의인 할례를 강조하였다.

갈라디아 교회는 율법과 복음을 혼동하는 대혼란이 일어나게 되었다. 이러한 소식을 들은 바울이 갈라디아 교회에 파급된 유대주의 선동가들의 해독을 제거하고 오직 믿음으로 구원 얻음을 강조함으로, 갈라디아 교인들의 순전한 신앙을 되찾기 위한 목적으로 갈라디아서를 기록하였다.

갈라디아서는 율법을 행함으로가 아니라 오직 믿음으로 의롭게 되며 구원을 받게 된다는 이신득의의 진리를 개인적인 신앙 체험에서 설명한다.

갈라디아서는 1장 1~3절과 5장 2절에서 저자가 바울 사도임을 밝히고 있다.

갈라디아서의 기록 연대와 장소를 정확히 밝히기가 어렵다. 학자들에 따라서 제1차 전도 여행 후 예루살렘 공의회(주후 49~50)가 있기 전이라는 주장과 또 제2차 전도 여행 중에 기록했을 것이라고 보는 이가 있다.

그러나 갈라디아서는 제3차 전도 여행 중에 고린도후서를 기록한 지 얼마되지 않아 마게도냐에서 급히 기록했을 것으로 추정한다. 따라서 기록 연대도 주후 55~58년 어간으로 추정한다.

갈라디아서의 특징은 다음과 같다.

① 거짓된 교리를 강하게 논박하는 성격을 띠고 있다.

갈라디아서 전반에 흐르는 과격한 분위기는 루터가 부패한 로마 가톨릭 교회에 항거하는 성격을 상기케 한다(갈 1:1, 3:1, 3, 6:17).

② 바울 서신 중 고린도후서와 더불어 바울의 자서전적 특징을 강하게 반영하고 있다.

③ 기독교 신앙의 핵심적 내용이 되는 율법과 복음의 의미와 그 관계를 명쾌하게 설명해 준다.

④ 하나님의 은혜와 구원에 대한 교리와 더불어 신앙의 실천적 요소인 기독교 윤리를 구체적으로 소개하고 있다(갈 5:1~6:10).

10) 에베소서

에베소서 1장 1절과 3장 1절에서 에베소서의 저자가 사도 바울임을 밝히고 있다.

에베소서는 빌립보서, 골로새서, 빌레몬서 등과 함께 옥중 서신으로 분류되고 있다. 아울러 에베소서는 골로새서(골 4:7, 17)와 빌레몬서(몬 1:2)와 함께(엡 6:21) 다 비슷한 시기에 기록한 것으로 볼 수 있다.

그 시기가 어느 때인가? 그것은 바울이 1차로 로마에서 가택 연금 상태로 수감되었던(엡 3:1, 4:1, 6:20) 주후 61~63년경으로 추정된다. 아울러 기록한 장소는 가택 연금 상태로 억류된 채 2년을 살았던(행 28:30) 로마 감옥이라고 할 수 있다.

에베소서는 에베소 교회를 비롯한 인근 소아시아 여러 교회들에게 회람용으로 쓰여졌다고 본다.

에베소서는 에베소 교회가 직면한 문제를 다루고 있는 것이 아니라 소아시아 지역의 모든 교회들을 위한 회람용으로 기록된 점을 감안할 때, 바울이 흩어진 교회들에게 그리스도 안에서의 통일성을 강조할 필요성에 의해 기록했다고 본다.

본 서신에서 부각되고 있는 신학적 특징은 다음과 같다.

① 하나님의 선택(election)—하나님께서는 창세전에 그리스도 안에서 선택하셨고(엡 1:4, 5), 성자께서는 보혈로 사죄하셨고(엡

1:7), 성령께서는 인치셨다(엡 1:13). 나 한 사람의 구원을 위해 성삼위 세 분께서 각각 다르게 역사하셨다.

② 화해(reconciliation)—하나님께서는 죄로 인해 하나님과 인간 사이에 막힌 담을 허시고 인간과 인간 사이에 있는 장벽도 허물도록 화해의 성령을 주셨다. 유대인과 이방인과도 예수 그리스도를 통해 화해시켜 하나의 몸이 되게 하셨다.

③ 교회(church)—교회는 그리스도의 몸이다.
그리스도는 교회의 머리시고, 성도들은 그의 지체들이다.

④ 그리스도인의 삶—모든 그리스도인은 남편과 아내, 부모와 자녀, 상전과 종의 관계에서 그리스도 안에서의 삶을 살아야 한다.

11) 빌립보서

빌립보서 1장 1절에 "그리스도 예수의 종 바울과 디모데는 그리스도 예수 안에서 빌립보에 사는 모든 성도와 또한 감독들과 집사들에게 편지하노니"라고 했다. 여기서 빌립보서 저자는 바울 사도임을 말하고 있다.

에베소서, 빌립보서, 골로새서, 빌레몬서 등과 함께 바울의 옥중 서신으로, 기록 시기는 바울이 1차로 로마 감옥에 투옥되었던(빌 1:13, 14 참조) 기간 중인 주후 62~63년경으로 추정한다.

바울 사도와 빌립보 교회는 그 어느 교회보다도 각별한 애정을 갖고 있었다. 빌립보 교인들은 바울 사도가 빌립보를 떠나 데살로니가로 갔을 때 바울을 위한 헌금을 몇 차례 보내주었다(빌 4:15~17). 그리고 바울이 로마 옥에 갇혀 있을 때도 빌립보 교인을 대표해서 에바브로디도에게 헌금을 보내왔다(빌 4:18).

바울이 평소 애정을 가진 빌립보 교인들에게 기쁜 마음으로 자기 근황을 알려주고 잘못된 유대주의자들의 미혹에 넘어가지 않도록 가르침을 주기 위해 본서를 기록하였다.

바울의 옥중 서신 중 에베소서, 골로새서는 공적이며 교리적인 성격을 띠고 있다. 그와 다르게 빌립보서, 빌레몬서는 개인적이며 윤리적인 성격을 띠고 있다.

그와 함께 빌립보서는 '기쁨'이란 단어가 16회나 반복되는 기쁨의 서신이다. 그리스도인은 고난 속에서도 그리스도 안에서 주시는 넘치는 기쁨으로 위로하고 격려해야 한다.

또 빌립보서는 2장 6~7절에 나오는 '자기를 비웠다'는 에케노센(ἐκένωσεν)에서 '케노시스론'이라는 교리를 나타내 보이고 있다.

12) 골로새서

골로새서 1장 1~2절에 바울과 디모데가 골로새에 있는 성도들에게 편지한다고 했다. 골로새서 4장 18절에도 "나 바울은 친필로 문안하노니"라고 했다.

바울은 골로새서와 함께 골로새 교회 교인인 빌레몬에게도 편지를 보냈다. 두 서신은 동일한 장소인 골로새 교회에 보내졌고, 두 서신에 나오는 동역자들은 모두 같은 사람들이다(골 4:10, 12, 14; 몬 1:23, 24). 이러한 빌레몬서와의 일치점은 골로새서가 바울의 저작임을 입증한다.

사도 바울이 골로새서를 기록하게 된 직접적인 원인은 골로새 교회의 개척자 에바브라(1:7~8)가 당시 골로새 교회에 침투한 혼합주의적인 이단들의 위험성을 보고했기 때문이다. 에바브라의 보고를 받은 바울은 이에 대한 대응책으로 골로새서를 기록하여 골로새에 보낸다.

골로새 교회에 어떤 이단 사상이 침투했는가? 골로새서를 통해 그에 대한 두세 가지 특징을 엿볼 수 있다.

① 유대주의적 요소—할례, 음식의 금기 사항, 성일의 준수 등 유대주의적 특성이 있다.

② 철학적 특성—천사 숭배, 금욕주의적 경향, 영지주의 등의 혼합주의 요소. 이들은 구원이 오직 계몽된 엘리트들에게 주어진다고 강조했다.

③ 위장된 기독교 형식주의—그리스도를 부인하지 않지만 그리스도의 주권과 지존하심을 인정하지 않는다.

외형적인 그리스인은 골로새 교회의 위험한 요소였다. 바울 사도는 이 같은 골로새 교회의 이단적 위험성에서 벗어나도록 골로새서를 기록하였다.

13) 데살로니가전서

데살로니가전서 1장 1절에서 사도 바울의 저작임을 말하고 있다.

바울 사도는 마게도냐의 첫 성인 빌립보에 복음을 전한 후 데살로니가로 갔다. 이때 바울은 세 안식일(행 17:2)에 데살로니가 교인들에게 성경을 가르쳤다고 했다.

그러나 바울 사도가 데살로니가에 머문 기간은 3주가 훨씬 넘을 것 같다. 그 이유는 바울 사도가 데살로니가에 머물고 있는 기간 동안 빌립보 교인들이 두 번이나 헌금을 보냈기 때문이다(빌 4:16). 또 많은 사람들이 우상에서 돌이켜 하나님을 섬겼다(살전 1:9).

바울이 야손의 집을 집회 장소로 시작한 것이 후에 교회가 되었다. 데살로니가 교회가 크게 부흥되자 유대인들이 시기하여 시장

속의 불량배를 이용하여 소동을 일으켰다. 바울은 시민들의 소동으로 데살로니가를 떠난다. 그리고 디모데를 데살로니가에 남겨 둔다.

바울이 고린도에 머물고 있을 때, 데살로니가 교회의 목회를 맡겼던 디모데가 데살로니가 교회의 형편을 보고한다(살전 3:6~7).

디모데의 보고를 들은 바울은 고린도에서 주후 52~53년경 데살로니가 교인들에게 그리스도의 강림에 관한 올바른 신앙 지도를 하기 위해 데살로니가전서를 기록하였다.

데살로니가전서의 중심되는 주제는 종말론이다.

예수 그리스도께서 다시 강림하실 때 그 진행 순서가 어떻게 진행되는가?

① 먼저 그리스도 안에서 죽은 자들이 부활하여 그리스도를 영접한다(살전 4:16).

② 그 후 살아 있는 그리스도인들이 공중으로 끌어올려져 주님을 영접한다(살전 4:17).

③ 그리스도 강림의 시기와 때는 아무도 알지 못한다(살전 5:1~3).

④ 그리스도 강림 때 불신자는 멸망당하고(살전 5:3), 성도는 그리스도와 함께 영원히 산다(살전 5:10).

14) 데살로니가후서

데살로니가후서 1장 1절에서 "바울과 실루아노와 디모데는……데살로니가인의 교회에 편지하노니"라고 했고, 3장 17절에도 "나 바울은 친필로 문안하노니……"라고 했다. 데살로니가후서는 바울이 데살로니가전서를 기록하고 수개월이 지난 주후 51년경 고린도에서 기록한 것으로 추정된다.

바울은 첫 번째 서신으로 데살로니가전서를 데살로니가 교인들에게 보냈다. 그 후 들려오는 소식에 의하면, 데살로니가 교회가 전보다 더 심한 핍박을 당하고 교회 내부의 신앙 문제도 더욱 악화된 상황에 놓여 있었다. 데살로니가 교인들은 그리스도의 재림이 임박했다는 핑계로 자신의 직무에 충실하지 않는 자들이 점점 더 증가하고 있었다.

바울은 미래에 다가올 하나님의 심판 때 주어질 상급과 형벌에 대해 서술함으로써 데살로니가 교인들이 고난의 상황에서 더욱 인내할 것을 권면하였다.

또 그릇된 종말관을 반박하기 위해 주의 강림 시 있을 중요한 사건들을 명백히 밝히고 있다(살후 2:1~12).

바울은 종말을 핑계로 일하기 싫어하는 사람들을 바로잡기 위해 교회가 취해야 할 자세에 대해 상세한 교훈을 주고 있다(살후 3:6~15).

15) 디모데전서

디모데전서 1장 1~2절에 사도 바울이 디모데에게 편지한다고 해서 바울이 저자임을 말하고 있다.

디모데전서는 바울이 순교하기 직전 로마의 옥중에서 주후 66년경에 기록한 것으로 추정된다.

디모데전·후서와 디도서는 목회 서신이라고 한다. 목회 서신은 형식상으로 사적 서신이지만 내용상으로는 교회의 조직과 감독, 이단에 대한 경계, 교인들을 향한 윤리적 권면 등 전반적 교회 치리에 관한 목회 지침을 담고 있다.

바울 사도는 나이 어리고 소심한 디모데에게 교회 내 이단 사상을 배척하고 복음의 순수성을 변호하며 교인들을 신앙으로 바로 세우도록 격려하기 위해 본 서신을 기록하였다.

16) 디모데후서

순교의 순간이 가까이 온 것을 깨달은 바울 사도는 그의 최후 서신을 통해 에베소에서 어렵게 목회하고 있는 디모데를 위로하고 그에게 새로운 힘과 용기를 주고자 디모데후서를 기록하였다.

특히 디모데의 소심한 성격과 연약한 육체를 걱정하면서 그에게 맡겨진 사명을 인내로 감당할 것을 촉구한다. 바울은 복음의 역군으로서 군사, 경기하는 자, 농부 등을 비유하면서 주의 사역자는 복음을 위해 온전히 헌신해야 할 것을 독려한다.

17) 디도서

디도는 그레데 섬에서 목회하고 있었다.

그레데 섬은 당시 그 주변에 만연했던 천박한 사회 풍습에 물들어 도덕적으로 문란한 상태에 있었다. 게다가 거짓 교사들에 의해 복음이 잘못 해석되어 구원은 일상생활의 행위와 무관하다는 잘못된 생각이 신자들을 지배하고 있었다.

바울은 어려운 상황에서 고군분투하고 있는 디도를 격려하고 장로로서의 그의 권위를 강화시켜 줌으로써 그레데 교회의 질서를 바로잡고 그 바른 신앙관을 정립시키기 위해서 디도서를 써 보낸다.

디도서는 주후 66년 초 마게도냐에서 기록한 것으로 추정된다.

18) 빌레몬서

골로새에 살던 오네시모는 골로새 교회의 중진인 빌레몬의 집 노예였다. 그런데 오네시모는 주인의 물건을 도적질한 후 도주하였다.

당시 사회법으로 처리한다면 오네시모는 중벌을 면할 수 없었다. 그런데 오네시모가 도주하여 바울의 영향으로 그리스도인이 되었다. 바울 사도가 전에 빌레몬의 노예였으나 이제는 그리스도 안에서 한 형제 된 오네시모를 그리스도의 신앙으로 용납하고 용서해 줄 것을 빌레몬에게 부탁하는 서신이 빌레몬서이다.

서신의 성격은 개인적이다. 그러나 빌레몬서에는 기독교의 참된 정신이 화해와 용서라는 사실을 강조하고 있다.

누구든지 그리스도의 무한한 은혜를 체험한 자는 계급, 신분, 지위, 성별, 인종적 차이와 상관없이 무조건 형제의 잘못을 용서해야 함을 일깨워 주고 있다.

빌레몬의 저자는 빌레몬서 1장 1절에서 바울 자신임을 밝히고 있다. 기록한 연대는 주후 62년경으로 추정하고, 기록한 장소는 로마 감옥임을 알 수 있다.

19) 히브리서

히브리서 저자가 누구인지는 알 수 없다. 그러나 내용은 유대교에서 기독교로 개종한 유대인 그리스도인에게 보낸 것임을 알 수 있다.

히브리서를 왜 기록했는가?

유대교에서 기독교로 개종한 유대인 그리스도인들은 많은 핍박을 받았다. 이들은 동족인 유대인으로부터 핍박을 받고, 또 로마 제국으로부터도 핍박을 받았다. 어떤 이들은 육체적으로 고통을 당했고, 집과 재산도 약탈당했다. 어떤 이들은 신앙 때문에 옥에 갇히기도 했다. 어떤 이들은 예수에 대한 믿음 때문에 대중들의 조롱거리가 되기도 했다. 이 같은 핍박 속에서도 유대인들은 역경을 기쁘게 감수하였다.

그러나 어떤 이들은 처음 신앙을 버리고 배교의 경향을 띠게 되었다. 어떤 이는 세상과 타협하고, 어떤 이는 신앙이 흔들렸다. 그래서 예배에 무성의했고, 기도를 소홀히 했고, 불건전한 교리를 유포했다. 이들 배교의 위험에 처해 있는 유대인 그리스도인들을 격려하기 위해서 히브리서가 기록되었다.

히브리서는 유대교에 대한 기독교의 우월성을 강조하는 것이 특징이다. 따라서 저자는 기독교의 우월성 강조로 모든 논리의 초점을 기독론(christology)에 두고 있다. 그래서 새로운 기독론 개념을 사용하고 있다.

① 새 제사장 개념의 기독론

이스라엘은 레위 지파의 반차를 따라 약 350년을 제사장을 계승해 왔다. 그러나 예수 그리스도는 레위 이전 아브라함 때 있었던 멜기세덱의 반차를 좇는 새 제사장이다.

② 새 계약자로서의 예수 그리스도

구약의 이스라엘 민족은 출애굽한 후에 시내 산에서 하나님과 계약을 맺는다. 그러나 예수 그리스도는 시내 산 이후에 있는 레위 계통의 계약 이전에 계약을 가진 분이다.

예수 그리스도는 과거 시내 산에서 맺은 계약과 다른 새 계약을 약속한 예레미야 31장 31~34절의 새 언약을 십자가에서 희생 제물이 되심으로 성취하셨다. 과거 시내 산의 계약은 불완전한 것이므로 새 계약이 필요했다. 하나님께서는 구약의 불완전한 계약을 신약의 예수 그리스도로 완성하셨다.

③ 새 희생 제사

옛 계약의 무효적 희생 제사는 새 계약의 중재자이신 예수 그리스도의 충분한 희생 제사로 대체되었다. 새 희생 제사는 예수께서 단번에 자신의 몸을 희생 제물로 드리신 십자가의 사건이다. 새 희생 제사로 새로운 계약 공동체가 하나님께 봉헌되었다.

과거 구약에서는 율법에 의해 희생 제사가 동물에 의해 계속 반복되었다. 그러나 예수 그리스도께서 자신의 몸을 대속물로 드린 희생 제사는 단 한 번의 희생 제사로 질적으로 탁월한 영구한 효력이 있다.

이처럼 히브리서 저자는 구약에 계시되고 신약에서 성취된 예수 그리스도의 구속 사역을 계약 성취의 최절정으로 묘사하고 있다.

20) 야고보서

야고보서는 1장 1절에서 저자가 야고보임을 밝히고 있다.

신약성경에는 네 명의 야고보가 나온다. 예수의 형제 야고보(막 6:3), 세베대의 아들 야고보(마 4:21), 알패오의 아들 야고보(마 10:3, 27:56), 12사도 중 하나인 유다의 아버지 야고보(눅 6:16).

이 중에서 주의 동생 야고보가 교회의 인정을 받는 지도자로 성경에서 계속 언급되고 있다(마 13:55; 행 1:13; 고전 15:7 등).

야고보는 예루살렘 총회 시 의장격으로 지도적 위치에서 활동하였다(행 15장). 이런 맥락에서 주의 동생 야고보가 야고보서 저자라고 믿는다.

야고보서 1장 2~12절, 5장 10~11절에 보면, 본 서신은 환난과 시험이 거듭되는 상황 속에서 기록되었다. 이것은 로마 황제 네로(Nero, 54~68) 당시 야고보가 순교당할 때의 상황과 잘 부합된다.

또 실천을 강조하는 본서의 사상(약 2:14, 17, 26)은 로마서에 나오는 바울의 이신득의 사상을 잘못 인식한 독자들에게 믿음과 행함 간의 올바른 관계를 가르치려는 데 목적이 있으므로 야고보서는 로마서 기록(주후 57년경) 이후에 기록되었을 것이다. 따라서 야고보서의 기록 연대를 주후 62년경으로 추정한다.

야고보서는 오랫동안 정경으로 받아들여지지 않았다. 그 이유는 ① 다른 신약성경과 달리 믿음의 실천을 강조하고 예수의 고난과 부활에 관해서는 거의 언급하지 않고 있기 때문이다.

② 특정한 개인이나 교회에 보내진 서신이 아니기 때문이다.

③ 저자로 언급되는 야고보가 누구인지 의문이 남아 있고, 12사도 중 어느 누구도 기록하지 않았기 때문이다.

이상의 이유로 정경으로 채택받지 못하다가 4세기 말에야 정경으로 결정되었다.

21) 베드로전서

베드로전서 1장 1절에서 본서의 저자가 베드로임을 밝히고 있다. 그리고 소아시아에 흩어진 나그네를 수신자로 지칭하고 있다.

역사적으로 "흩어진 나그네"는 주전 721년경 북왕국 이스라엘이 앗수르에 의해 멸망한 후 여러 지방에 흩어진 유대인과 주전

586년경 남왕국 유다가 바벨론에 의해 멸망당한 후 포로되었다가 귀환하지 못한 유대인들을 말한다.

이들 "흩어진 나그네"들은 디아스포라로 훗날 유대교에서 기독교로 개종한 그리스도인들을 지칭하고 있다. 따라서 수신자는 소아시아 전역에 흩어져 있던 여러 교회들의 그리스도인 전체를 가리킨다.

베드로전서 5장 13절에서 "바벨론에 있는 교회"는 어디를 말하는가?

문자 그대로 메소포타미아의 바벨론인가, 로마를 가리키는 상징적 의미인가? 여러 견해가 있다.

수신자가 소아시아 여러 곳의 그리스도인이라면 기록 장소 역시 소아시아로 추정된다.

22) 베드로후서

베드로후서 1장 1절에 자신이 "예수 그리스도의 종이며 사도인 시몬 베드로"라고 밝히고, 1장 14절에서는 자신이 곧 순교할 것이라는 그리스도의 예언을 취급하고 있다(요 21:18~19).

저자는 1장 16~17절에서 자신이 변화산에서 예수 그리스도의 변모 사건을 목격한 제자라는 사실을 밝히고 있다(마 17:5; 막 9:7).

저자는 베드로후서 3장 1절에서 "둘째 편지"라는 문구를 씀으로 저자가 첫째 편지인 베드로전서의 저자와 동일한 인물임을 밝힌다. 이 같은 이유로 본서는 베드로의 저작임이 틀림없다.

베드로전서와 마찬가지로 고난받는 성도들을 격려하고 권면하기 위해서 베드로후서도 기록하였다.

베드로전서에서는 외부로부터 오는 박해를 취급했고, 베드로후서는 내부에서 일어나고 있는 배교와 거짓 교사들을 경고하고, 그들과 맞서 싸울 수 있도록 성도들을 권면하기 위해서 기록되었다.

거짓 교사들이 어떤 면에서 문제가 되었는가?

① 종말론을 믿지 않고 주의 재림을 거짓이라고 비난했다.

② 도덕적 자유를 주장하며 방종한 생활을 일삼았다.

③ 바울 서신과 다른 권위 있는 저술들을 잘못 해석하였다(벧후 3:15~16).

이런 거짓 교사들이 성도들을 실족하게 하며 성경을 자의적으로 해석하는 위험이 있다.

23) 요한1서

본 서신과 요한복음은 내용적으로 공통점이 있다. 요한복음 1장 1, 2, 4, 10절에 "태초에 말씀이 계시니라"라는 구절과 요한1서 1장 1절의 "태초부터 있는 생명의 말씀에 관하여는……"은 내용의 공통점이 있다.

요한복음 15장 11절의 "내가 이것을 너희에게 이름은 내 기쁨이 너희 안에 있어"라는 구절과 요한1서 1장 4절의 "우리가 이것을 씀은 우리의 기쁨이 충만하게 하려 함이라"도 공통점이 있다.

요한1서와 요한복음은 이처럼 내용적으로 공통점이 있고, 또 사상적으로도 공통된 사상이 있다.

요한복음 1장 14절과 요한1서 4장 2절의 말씀이 육신이 되었다는 것, 요한복음 13장 34절과 요한1서 3장 23절의 새 계명에 관한 교훈 등은 사상적으로 공통되어 있다. 이렇게 요한복음과 요한1서가 내용적, 사상적 공통점이 있는 것은 요한복음의 저자와 요한1서 저자가 같은 요한임을 의미한다.

요한1서는 짧은 분량이지만 기독교 교리의 핵심 내용을 다루고 있다.

① 하나님의 속성—저자는 하나님의 속성으로 '빛'과 '사랑'을 강조하였다. 빛은 자신을 드러내는 성격이 있고, 사랑은 반드시 희생을 동반한다. 하나님은 빛이시기 때문에 어둠을 싫어하고, 하나님은 사랑이시기 때문에 당신의 독생자 예수를 희생하셨다(요일 3:16).

② 성육신 교리—예수는 태초부터 있었던 생명의 말씀이며, 하나님의 아들인 거룩한 존재이신데 그가 죄인을 구속하기 위하여 육신을 입고 이 땅에 오셨다(요일 4:2).

③ 구원론—죄론과 화해론으로 구원론에 역점을 둔다.

④ 종말론—하나님의 뜻을 행하는 자는 영원히 살며(요일 2:17), 마지막 때가 되면 예수를 시인하지 않는 적그리스도가 나타나는데 지금이 바로 그때다(요일 4:3).

24) 요한2서

요한1서의 축소판으로 요한1서를 보충할 목적으로 기록된 사신적 서신이다.

저자는 장로 요한(1절)으로 요한1서 저자와 동일한 인물이다.

요한2서는 하나님의 계명에 대한 순종(1~6절)과 거짓 교사들에 대한 경계(7~13절)로 내용이 구성되어 있다.

25) 요한3서

가이오는 진리 안에 거하면서 사랑을 실천하는 자였다. 그가 요한이 파송한 순회 전도자들을 영접하고 대접한 소식을 접하고 그에게 칭찬과 권면을 하고 있다(1~8절).

요한의 사도적 권위를 부정하고 그가 보낸 순회 전도자들을 대접하지 않고, 대접하는 자까지 교회에서 몰아낸 디오드레베의 악행을 정죄한다(9~15절).

26) 유다서

본서는 예수의 동생 유다에 의해 기록되었다.

본서의 기록 목적은 가만히 들어온 거짓 교사들에 대하여 강력하게 권고하기 위해서이다.

수신자들 중에는 하나님의 은혜를 도리어 방탕한 것으로 바꾸는 자들이 있었다. 이것은 거룩한 것을 매우 속된 것으로 변질시키는 행위를 의미한다. 이들은 하나님의 은혜는 어떤 죄라도 사할 수 있을 만큼 크므로 인간이 어떠한 죄를 지어도 무방하며, 죄가 크면 은혜는 더 크다는 궤변을 떨었다. 이들은 또한 육체적 범죄 행위를 정당화시켰다.

특히 "방탕한 것"으로 바꾸었다는 것은 경건한 삶보다는 쾌락주의적 생활을 추구하며 육체적 본성에 따라 사는 삶을 교리적으로 합리화시켜서 이를 다른 사람들에게 주장하였다는 의미이다. 그들은 염치도, 체면도, 부끄러움도 모르는 부도덕한 자들이었다.

그 당시 영지주의자들은 예수 그리스도의 인성을 부인하였다. 영지주의자들은 영은 선하지만 육은 악하다고 믿는 영육 이원론을 주장했다. 이런 주장으로 예수가 육신을 입고 인간으로 오셨다는 성육신 교리를 부정했다. 이 같은 영지주의자들은 그리스도의 대속 사역을 부정하였다.

이렇게 잘못된 신앙을 가진 자들을 대항하여 "믿음의 도를 위하여 힘써 싸우라"(3절)는 강력한 권고를 주기 위해서 유다서가 쓰여졌다.

유다서에 모세의 승천기와 에녹서의 내용이 9, 14, 15절에 인용되었다는 이유로 정경 채택에 많은 논란이 있었다. 그래서 4세기 말에야 정경으로 채택되었다.

27) 요한계시록

저자는 요한계시록 1장 1~2절에 자신을 예수 그리스도의 종이며 또 예수 그리스도의 증언자라고 했다. 또 1장 9절에서는 "요한은 너희 형제요 예수의 환난과 나라와 참음에 동참하는 자"라고 했다. 또한 22장 9절에서는 "나는 너와 네 형제 선지자들과……함께 된 종이니"라고 했다. 이 모든 말씀을 종합해 볼 때 요한계시록의 저자는 사도 요한이다.

요한계시록의 수신자는 소아시아의 일곱 교회들이다.

당시 소아시아에 일곱 교회만 있었던 것은 아니다. 그런데 왜 하필이면 2~3장에 소개되는 일곱 교회들에게 편지하고 있는가? 그것은 일곱 교회 지명이 갖고 있는 독특한 뜻이 있기 때문이다.

에베소라는 지명에는 '느슨해졌다'(to relax), 서머나는 '눌러 뭉갠다'(crushed), 버가모는 '결혼했다'(marriage), 두아디라는 '혼잡하다'(mass), 사데는 '탈출하다'(escaping), 빌라델비아는 '형제 사랑'(brotherly love), 라오디게아는 '평신도가 옳다'(right of laity)라는 뜻이 있다.

이 같은 일곱 교회의 지명의 뜻은 교회 역사에 그 의미가 반영될 것을 예언해 준 것이다.

사도 요한이 요한계시록을 기록하게 된 목적을 알기 위해서는 당시의 시대적 배경과 종교적인 상황을 살펴보아야 한다.

① 시대적 배경

당시의 교인들은 엄청난 박해를 받고 있었다. 박해의 시작은 칼리굴라(A.D. 37~41) 황제 때부터 시작되었다. 그는 자신의 정치적, 사상적 영향을 확산시키기 위해 황제 숭배를 강요했다. 그는 자신의 흉상을 예루살렘 성전에 안치하려고 했으나 정적들에게 살해됨으로 뜻을 이루지 못했다.

또 주후 64년 로마의 대화재 사건 때 네로 황제는 화재의 원인을 로마 정부에 비협조적이었던 그리스도인들에게 전가시켰다. 그 후 기독교와 연루된 모든 사람들을 투옥시키고 그 대부분을 원형극장에서 처참하게 죽게 했다.

황제 숭배는 도미티아누스 황제 때 다시 재개되었다.

주후 79년 베수비우스(Vesuvius) 화산 폭발로 폼페이와 헤르쿨레니움이 파괴되고, 주후 81년 로마 화재 사건과 괴질로 인하여 또 다시 폐허가 되었다. 이처럼 국내의 혼란한 상황에도 사악하고 정치욕이 강했던 도미티아누스는 자신을 신으로 경배하라고 했다.

그는 자신 이외의 신을 섬기는 집단과 개인을 결코 용납하지 않았으며, 자신의 명령에 불복하는 자들은 가차없이 처벌하였다.

이러한 시대적 상황하에서 초대 교회 성도들은 혹독한 시련과 고난 속에서 살아갔다. 이에 요한은 교회의 존립마저 위태롭게 하는 외부의 가혹한 박해로 인해 성도들이 낙담과 좌절 속에서 믿음을 잃지 않도록 권면하기 위해 요한계시록을 기록하였다.

② 종교적 상황

초대 교회는 수적으로 놀라운 성장을 계속하였지만, 주후 70년 티투스(Titus)에 의해 예루살렘이 파괴된 후 기독교와 유대교는 완전 결별하게 되었다. 또 유대교 외에 이방 종교들과 정면 대결을 피할 수 없었다.

로마 제국의 각 도시들에는 애니미즘(animism)과 같은 원시 종교와 밀의 종교들 및 각종 주술 숭배와 점성술 그리고 여러 가지의 철학적 종교들이 팽배해 있었다. 이들 이교 사상들은 기독교를 멸시하고 대적하였다. 아울러 교회 내부에서는 아시아 일곱 교회에 보낸 편지에 언급한 대로 신앙 퇴보의 징조가 나타났다.

사도 요한은 이러한 정황에서 성도들에게 순수한 믿음을 저버리지 않고 심판주로 재림하실 예수 그리스도를 맞이할 준비를 하도록 권면하기 위해서 본서를 기록하였다.

교회 역사에 보면 요한계시록에 대한 해석 방법이 네 가지로 나타난다.

① 과거적 해석법(The Preterit View)

이 방법은 요한계시록이 주후 1세기경 아시아 교회들의 역사적 상태를 서술한 것으로 보고 요한계시록에 실린 상징들을 모두 과거에 성취된 것으로 보는 견해이다.

예컨대 바벨론과 짐승들은 1세기의 로마 제국으로, 12장의 핍박받는 여인은 당시 핍박받는 교회로, 여러 가지 심판(인, 나팔, 대접)은 사도 요한 당시에 일어났던 자연적, 정치적, 종교적 재난으로 본다.

이러한 과거적 해석법은 요한계시록의 시대적 배경을 잘 인지한다는 장점은 있으나 본서가 예언적 서신이라는 요소를 무시하는 단점을 가지고 있다.

② 역사적 해석법(The Historicist View)

이 해석법은 13세기 플로리스의 요아킴(Joachim of Floris)이 처음 사용하였다.

이 해석법에 의하면, 본서는 사도 시대로부터 종말에 이르기까지 전개되어 왔고, 또 앞으로 계속 전개될 교회사의 파노라마에 대한 예언이라는 것이다. 본서의 환상들을 저작 당시로부터 세상 종말에 이르는 전 역사의 축도로 보는 해석법이다. 이 해석법에는 이것을 교회사에만 응용할 것인지 일반 역사에도 해당되는지 이견이 많다.

전통적으로 이 해석법을 따르면 본서에 언급된 적그리스도와 바벨론은 로마 제국 및 로마 교황과 관련 있다고 해석한다. 이 같은 해석은 루터, 칼빈 등 개혁자들이 지지하였다.

그러나 오늘날에는 본서에 언급된 상징적 사건을 역사의 어느 한 시절과 연관시키기 어렵다는 이유로 큰 환영을 받지 못하고 있다.

③ 미래적 해석법(The Futurist View)

이 해석법은 1~3장을 제외한 모든 내용을 그리스도의 재림을 전후한 종말의 시기에 관련되는 사항으로 보는 것이다.

본서의 내용 중 "네 본 것"(1장)과 "지금 있는 일"(2~3장)은 이미 지나간 일이고, 나머지 4~22장은 "장차 될 일"로 나눈다. 그래서 4장 이하는 아직 성취되지 않은 미래 사항이다.

여기서 4~22장을 놓고 천년왕국설과 무천년설로 나뉜다.

천년왕국설의 주장에 의하면, 그리스도의 공중 강림과 지상 재림 사이에 7년 대환난기의 간격을 두고 4~20장까지를 그 시기로 본다.

무천년설의 주장에 의하면, 그리스도의 공중 강림과 지상 재림을 동일시하고 재림 이전에 환난기를 둔다. 특히 인, 나팔, 대접의 재난은 그리스도께서 재림하시기 직전에 땅에 거하는 모든 악인에게 내릴 최후의 환난에 대한 구체적 표현이다.

이 같은 미래적 해석법은 기독교 초기 교부들(저스틴, 이레니우스, 히폴리투스, 빅토리누스)에 의해 수용되다가 중간에 사라졌다.

그 후 16세기 후반에 다시 등장하기 시작하여 오늘날 많은 복음주의자들에 의해 수용되고 있다.

④ 문학적 해석법(The Literay-Critical View)

16세기경에 시작되어 그로티우스(Grotius)의 자료 분석법, 궁켈(Gunkel)과 불트만이 대성한 양식사 방법에 이르는 현대 비평학적 방법이다.

이들은 성서의 신적 계시에 의한 기원을 무시하고, 성서를 문헌들의 한 편집으로 보고 그 자료를 어학적, 비교 종교학적, 양식사적으로 분류해서 해석한다.

이 방법이 현대 신학에 강한 영향을 주고 있으나 계시의 성격을 무시하므로 고려할 만한 방법이 아니다.

⑤ 이상주의 해석법(The Idealist View)

이 해석법은 요한계시록을 시적이며, 상징적이며, 영적인 것으로 보기 때문에 일명 영적 해석법(the spiritualist view)이라고도 불린다.

이 해석법은 고대 알렉산드리아 학파의 우화적 해석법(Allegorical Interpretation)에서 시작하여 현대에 이르기까지 광범위한 추종을 받는 학설이다.

이 해석법은 본서의 문자적 해석을 반대하고, 그 구체적 성취를 부정하며, 이를 인류 전 역사의 원리로 보는 것이다. 즉 역사를 하나님과 사탄 또는 선과 악의 투쟁사로 본다. 한때 악이 선을 능가하고 압제하나 종래에는 패망한다는 원리를 제시한다.

이 해석법은 그리스도의 재림과 종말을 부정하고 역사를 상선벌악의 끝없는 반복으로 규정한다.

이 해석법은 요한계시록에 나오는 내용을 특정한 시대의 사건들과 동일시하기보다는 하나님과 사탄 간의 싸움 및 하나님의 심판에 관한 실재를 나타내는 것으로 본다.

이 해석의 전제는, 역사는 창조주 하나님의 장중에 있는 바 그리스도의 영광의 재림을 통해서 하나님의 승리로 싸움이 종결된다는 것이다.

이렇게 요한계시록에 대한 해석법이 다양하다. 그러나 어느 해석법으로도 요한계시록의 내용을 정확하게 파악할 수 없다. 어떤 기록들은 이해될 수 있고, 어떤 상징들은 설명이 가능하나 구체적으로 무엇을 의미하는지 단정하기 어렵다.

그러므로 요한계시록의 예언을 우리 주변의 구체적 상황과 동일시하는 것은 언제나 위험하다. 그렇기 때문에 역사적 해석 방법과 미래적 해석 방법을 존중하며 해석한다면 오차를 줄일 수 있을 것이다.

이상으로 사도들이 기록한 신약성경 27권에 대한 간략한 정리를 하였다. 사도들이 기록한 신약성경은 사도들의 최대의 공헌이며, 불후의 공헌이 되었다.

2. 핍박

사도들은 교회를 세우고 신약성경을 기록하는 불후의 공적을 세웠다. 그러나 사도들의 활동에는 여러 가지 부작용도 뒤따랐다. 그것은 여기저기 교회가 탄생하여 그 당시 많은 사람들에게 영향을 미침으로 그에 따른 저항 세력이 생겨난 것이다.

사도들의 영향이 기독교 입장에서 보면 좋은 현상이었으나 반대로 타 종교나 타인들에게는 새로운 도전 세력으로 경계의 대상이 되었다. 그래서 새롭게 시작되는 기독교 세력을 갖가지 이유로 제재했다. 드디어 국가적 핍박과 제재까지 가해졌다. 이와 같은 핍박의 양상이 초기에는 국부적이었다.

예컨대, 빌립보 시에서는 바울과 실라가 단지 유대인이라는 이유로 매맞고 옥에 갇혔다(행 16:20). 고린도 시민들 중 유대인들이 갈리오 총독에게 바울을 재판에 회부하여 처결하도록 고발하였다(행 18:12~17). 에베소 시민들 중 은장색 수리공들은 자기들의 영업에 지장을 주는 바울을 재판정에 세우려고 하였다(행 19:23~41). 또 예루살렘의 유대인들 중 40여 명이 바울을 죽이기 전에는 먹지도 않고 마시지도 않겠다고 결사적으로 반대하고 나섰다(행 23:21).

초대 교회에 대한 초기의 핍박은 유대인들 또는 이해관계에 해당되는 사람들의 국부적인 핍박이었다. 그런데 교회가 확장될수록 그 핍박은 조직적이고 세계적인 것으로 확대되었다.

초대 교회가 조직적으로, 국가적으로 핍박받은 원인이 무엇이었는가? 그 원인을 살펴보자.

1) 핍박의 원인

(1) 로마의 황제 숭배(The Cult of Emperor)에 대한 교회의 반대

당시 로마는 황제를 가정의 행복뿐 아니라 제국의 평화와 번영, 전쟁에서의 승리와 법적 구현, 예술의 발달, 농산물의 풍작, 가축의 다산을 축복하는 신으로 인식하였다. 또 로마인들은 황제의 선정과 권력으로 제국의 안녕이 유지된다고 믿었다.

실제로 이들은 옥타비아누스, 클라우디우스, 하드리아누스 같은 자연인 인간 황제를 경배하는 것이 아니라 신으로 나타난 황제를 숭배하였다.

로마는 황제를 현현신(Incarnation)이라고 했고, 황제를 법과 질서의 수호자로 믿었다. 이같이 황제를 숭배하는 것은 지역의 번영과 국민 생활의 보존자에 대한 숭배였다. 황제 숭배를 거부하는 것은 반국가, 반정부의 반역자로 취급되었다.

이 당시 황제는 권력과 힘과 역사와 제국의 모든 영광이 집약된 존재였다. 황제 숭배의 깊은 뜻은 단순히 황제 경배라기보다 국가에 대한 경배를 의미했다. 황제는 국가의 존엄과 위엄과 위대함의 대표였고, 국가 그 자체였다.

이처럼 황제는 절대적 권력을 가진 존재였으므로 교회가 황제 숭배를 거부하는 것은 국가의 신을 거부하는 것이었다. 이와 같은 로마의 국가 정책에 대하여 유대교의 지도자들은 목숨을 걸고 반대하였다. 이에 로마 정부는 할 수 없이 주후 41년경부터 유대교에 대해서만은 황제 숭배 거절을 묵인해 주었다.

이와 마찬가지로 초기 기독교도들도 로마의 황제 숭배를 비롯하여 수많은 잡신들의 존재를 경멸하였다. 그러나 로마 제국은 합법적으로 공인된 유대교가 황제 숭배를 거절하는 것은 용인해 주었으나 아직 공인된 종교도 아니고 어느 특정한 국가의 종교도 아닌 기독교에 대해서는 황제 숭배를 강요하였다. 따라서 기독교를 이해하지 못하는 로마 제국은 이들 기독교도들을 비애국자 내지는 무신론자로 증오하거나 고발하고 혹은 투옥하거나 고도에 유배시켰다.

또는 광산에 노예로 보내거나 칼로 베어 죽이거나 공중 앞에서 사자에게 던지기도 하였다. 이와 같은 무서운 형벌은 제국 내 지역과 지방에 따라 달랐으나 기독교인들은 항상 위험 가운데 처하였다.

기독교도들은 이런 위험을 잘 알았지만 황제 숭배는 로마 정부와 타협할 성질의 것이 아니었다. 기독교인들은 하나님 외에 다른 신을 경배하는 것을 계명에 위배되는 신성모독죄로 간주하였다. 그렇기 때문에 황제의 동상이 있고, 황제를 숭배하는 제사가 행해지는 모든 장소를 우상의 제단으로 취급하였다.

결국 황제 숭배를 둘러싸고 일어난 기독교와 로마의 충돌은 로마 제국의 국가 정책과 정면으로 맞서는 피할 수 없는 대결이었다.

(2) 기독교를 불법적이고 부도덕한 종교로 인식함

로마 황제는 새로운 법령을 내렸다. 그것은 이미 존재하는 모든 단체들은 그 조직을 해체하고 새로운 단체는 정부의 허가를 받도록 하는 것이었다.

이 법령이 처음에는 이탈리아와 로마 안에서 시행되었다. 그러나 점점 확대되어 로마 제국 전체에 적용되었다.

기독교는 아직 유대교처럼 종교 단체로 인정을 받지 못하고 있었다. 따라서 기독교가 비밀 장소에서 예배드리고 성례를 거행하는 것은 로마 황제의 새로운 법령에 위배되는 일이었다. 로마 정부는 기독교인들이 예배를 위해 비밀리에 만나는 행위를 이해할 수 없었다.

따라서 로마의 관원들은 기독교에 대한 갖가지 오해를 하게 되었다. 기독교인들은 새로운 단체로 허가받지 않은 상태로 비밀 집회를 계속하였다. 이것이 로마 관리들로 하여금 핍박하게 하는 원인이 되었다.

(3) 기독교를 국가적 안전에 위험한 존재로 봄

로마 제국은 황제 숭배 사상으로 국민들을 사상적으로 통일시켜 나가려고 했다. 그런데 기독교가 황제 숭배를 우상 숭배라고 거부하였다.

이 같은 세력이 소규모로 제한되지 않고 갈수록 비밀 집회에 참석하는 기독교 세력이 확대되었다. 그리스도인 집단의 확대는 로마 정부에게는 부담스러운 일이었다.

그리스도인들의 세력이 확대되면서 로마 정부와의 갈등은 점점 커졌다. 많은 기독교인들이 자신들을 평화주의자라고 믿고 형제를 죽이는 군인이 될 수 없다고 믿었다. 그리고 정부 관리가 되면 황제 숭배와 로마의 우상들을 공공연하게 섬겨야 했으므로 많은 기독교인들이 정부 관리가 되는 것을 거부했다. 자녀들을 국가의 기관 학교에 보내는 것도 거절하였다. 또 기독교인들은 우상의 이름으로 제사 지내고 신들의 이름으로 맹세해야 하는 모든 국가 의식에 불참하였다.

이렇게 국가 정책에 여러 면으로 반대하는 기독교도야말로 국가의 안전을 위협하는 매우 위험한 존재라고 인식하게 된 것이다.

(4) 서로 배치되는 삶

로마 제국은 출세 지향적 목표를 추구했다. 그들은 출세를 위해서 법조인으로 정치에 나가든지, 군인으로 무공을 세우든지, 운동으로 이름을 날리든지, 검투사로 인기를 얻든지 하는 출세를 삶의 목표로 삼았다.

그런데 기독교인은 삶의 목표를 사랑의 실천에 두었다. 기독교인들은 세계의 종말이 곧 올 것이므로 모든 이를 관용하고 사랑해야 했다.

기독교인들이 과거에 노예로 천대받던 이들을 그리스도 안에서 한 형제라고 포용하는 것은 로마인들의 자존심을 몹시 상하게 하였다. 기독교인들은 제국의 법과 교회법 사이에 마찰이 생기면 교회법을 따랐다.

로마 제국은 검투사를 양성하여 계속적으로 전쟁을 일으켰다. 전쟁에서 승리하면 패전국의 많은 국민들을 로마로 끌고와 노예로 삼았다. 전쟁 승리의 전리품으로 노예가 늘어나자 노예 과잉으로 로마인 상부 가정들이 부도덕해지는 타락을 가져왔다.

로마인들 대다수는 노예를 인정하고 노예로 인한 사회 운영을 편리하게 활용했다. 그러나 기독교도들은 노예를 인정하지 않고 사랑의 대상인 형제로 삼았다.

이처럼 로마 제국 사회와 기독교인 간에는 서로 배치되는 삶이 계속되었다. 이렇게 서로 배치되는 삶으로 인해 기독교는 비사회적 제거의 대상으로 핍박을 받게 되었다.

(5) 무지와 오해

로마 제국의 상당 세력은 기독교에 대해 큰 오해가 있었다.

그들은 기독교인들이 주님의 살과 피를 마신다는 주의 만찬 의식을 사람의 살과 피를 마시는 것으로 오해했다. 또 주 안에서 만나는 모든 이를 형제와 자매라고 포용하는 것을 근친상간하는 것으로 오해했다. 매주일 예배 후에 나누는 사랑의 애찬(love feast)에 대해서는 허구한 날 먹고 마시기를 즐겨 하는 방탕한 무리라고 생각했다. 또 밤에 몰래 모이는 수상쩍은 집단이고, 옛날에는 물로 심판했으나 앞으로는 불로 심판한다고 불 심판을 조장하는 무리라고 했다.

심지어 과거 로마에 없던 지진, 질병, 기근, 홍수가 기독교 신자들의 로마 제신들에 대한 거부에서 비롯된 것이라고 하였다.

이와 같은 무지와 오해로 기독교도들은 로마 제국으로부터 공공연하게 핍박을 받았다.

2) 핍박의 과정

(1) 국부적인 핍박

A. 옥타비아누스(Octabianus Augustus Caesar, B.C. 30~A.D. 14)

누가복음 2장 1절에 "가이사 아구스도"로 소개되었다.

옥타비아누스는 시저(Caesar)가 암살당한 후 로마 공화국을 제국으로 만든 장본인이다. 그는 40여 년 동안 로마 제국을 완전히 새롭게 변혁시킨 황제였다. 그가 기독교에 간접적으로 핍박을 가한 일이 있다.

옥타비아누스는 로마 제국 전체 국민 중 특히 식민 지배를 받는 이방 민족들에게 인두세를 부과할 목적으로 호적 명령을 내렸다. 예수의 아버지 요셉은 로마 제국의 식민지령인 유대 국민이었으므로 호적을 위해 베들레헴으로 가야만 했다(눅 2:3~4). 예수의 아버지인 요셉은 아기 예수를 베들레헴에서 탄생시켰고, 베들레헴의 두 살 아래 영아들이 헤롯 대왕에 의해 다 살육당하였다. 옥타비아누스의 호적 명령은 베들레헴의 유아들을 희생시키는 간접적인 핍박을 가져왔다.

그뿐만이 아니다. 옥타비아누스가 유대 왕으로 지명한 대 헤롯은 베들레헴의 유아들을 살육했고, 또한 그의 아들 아켈라오는 잔인한 정치를 함으로 예수의 부모가 아켈라오를 피해서 나사렛에 가서 살게 되었다(마 2:22~23). 옥타비아누스는 예수님의 부모와 아기 예수를 간접적으로 핍박하였다.

B. 티베리우스(Tiberius Caesar, A.D. 14~37)

누가복음 3장 1절에 "디베료 황제"가 나온다. 티베리우스가 유대 나라 총독으로 임명한 본디오 빌라도(Pontius Pilat)가 유대 나라 총독으로 예수님을 사형케 했다(마 27:11~26).

C. 갈리굴라(Caligula, A.D. 37~41)

마태복음 24장 15절에 멸망의 가증한 것이 거룩한 곳에 선 것을 보거든 깨달으란 말씀이 있다. 갈리굴라 황제는 예루살렘 성전 안에다 황제의 흉상을 세우게 한 것으로 전해지고 있다. 갈리굴라는 모든 로마 제국 신민들에게 황제 숭배를 강요한 인물로 보인다.

D. 글라우디오(Claudius, A.D. 41~54)

사도행전 18장 2절에 글라우디오가 로마 시 안에 살고 있던 모든 유대인들이 로마 시에서 살지 못하도록 추방령을 내렸다. 이때 유대인이었던 아굴라와 그의 아내 브리스길라는 로마 시를 떠나서 고린도로 피신했다. 바울 사도는 고린도에서 이들 부부를 만나 고린도 교회를 개척하였다.

글라우디오가 로마 시에 살고 있는 유대인에게 추방령을 내린 것은 기독교와 유대교를 같은 것으로 오해했기 때문이었던 것 같다. 이 무렵에 기독교도들이 로마 시에 상당한 영향력을 끼치자 글라우디오는 유대인을 추방하는 특명을 내린 것 같다.

이상은 핍박이 국부적인 양상이었다. 즉 어느 지역은 아무 지장이 없고, 어느 지역은 핍박이 심하고, 어느 지역은 기독교에 온건했던 것 같다. 그러나 대대적이고 조직적이고 전체적인 핍박이 네로 황제 때부터 시작된다.

(2) 대대적인 핍박

A. 네로 황제(Nero, A.D. 54~68)

네로는 '글라우디오'의 의붓아들이고 갈리굴라의 조카이다. 그가 16세 때 작곡을 하고 운동에 조예가 있어 좋은 제왕이 되리라고 기대를 했다. 그러나 황제가 된 후 그는 헛소리를 잘하고 광기를 드러냈다. 그는 54년 황제에 즉위하고 그다음 해에 자기 자리를 엿본다는 의심으로 동생들의 절반을 독살하였다. 60년에는 모친과 두 아내도 독살시켰다. 그리고 곡예와 동물 경기로 국고를 낭비하기 시작하다가 나중에는 사람들을 경기와 싸움에 내세워 죽이는 것을 쾌락으로 삼았다.

네로 때의 가장 큰 사건은 주후 64년 7월 18~26일까지 로마 시를 불태운 사건이었다. 네로는 낡은 도시를 불로 제거하고 새로운 도시를 건설하겠다고 대화재를 일으켰다. 이때 대화재로 로마 14행정구 중 2구가 전소되고, 7구는 대파되었다. 다행히 기독교도들이 거주하고 있던 2구는 화재를 모면했다. 화재 진압 후 화재에 대한 국민적 원성이 빗발치자 네로 황제는 화재의 책임을 기독교인들에게 전가시켰다.

기독교에 대한 온갖 오해와 나쁜 감정이 있던 차에 로마 시 화재 책임이 기독교도에게 전가되자 이때부터 기독교에 대한 핍박이 보다 조직적이고 거국적으로 이루어졌다.

네로 황제가 기독교도들에게 특별한 박해를 시작하였다. 로마 시 화재를 기점으로 기독교도들에 대한 잔인한 박해가 계속되었다. 그는 기독교도들을 로마 경기장 안에서 사자에게 찢겨 죽게 하였고, 어린아이들을 짐승의 밥이 되게 하였다. 또 기독교 신자를 네로 궁전을 밝히는 횃불의 재료로 불태워 죽였다. 이렇게 잔인한 핍박이 계속되는 가운데 바울 사도가 네로 황제 핍박 기간에 순교당했을 가능성이 많다.

성경에 보면 바울 사도는 유대 나라 가이사랴의 벨릭스 총독과 베스도 총독에 의해 지루하게 연금 상태에 있었다(행 23:31~26:32). 바울 사도는 자기가 가이사 황제에게 재판을 받겠다고 상소한다(행 25:10~12). 그 후 바울은 죄인의 몸으로 백부장의 호송을 받고(행 27:1) 로마에 도착한다(행 28:16). 바울은 로마에서 2년여 동안(행 28:30) 연금 상태로 지낸다. 이때가 주후 60~61년경으로 추정된다.

바울이 로마에 연금되어 있을 때 기독교에 대한 로마인의 인식은 극도로 나쁜 상태였다. 바울이 연금 상태에서 풀려났다가 다시 붙잡혀서 결국 주후 64~68년경에 순교를 당했을 것으로 추정한다. 바울 사도는 로마 최악의 황제로 꼽히는 네로 황제 말년(68년)에 광기가 계속되는 기독교도들 박해 때 순교했을 것이다.

네로는 로마 시 화재로 국민들의 의심을 받기 시작했다. 그는 광기가 계속되면서 동물 경기, 투사 경기로 쾌락을 더해 갔다. 게다가 자기 동생의 처를 세 번째 부인으로 빼앗았다. 로마 원로원에서는 네로를 황제에서 축출하도록 결의했다. 이것을 안 네로는 자살함으로 모든 것을 끝낸다.

네로가 죽자 주후 68~69년에 4명의 황제가 황제 각축전을 벌인다. 제일 먼저 '갈바'(Galba)가 68년에 황제가 되었다. 그러나 다음 해 69년에 '오토'(Otho)가 황제 자리를 빼앗고, 그다음에는 '비텔리우스'(Vitellius)가 빼앗는다. 이 무렵 네로의 명으로 유대 나라 정복에 나섰던 '베스파시아누스'(Vespasianus)가 예루살렘 정복을 그의 아들 티투스(Titus)에게 맡기고 본국에 돌아와 황제가 된다.

B. 베스파시아누스(Vespasianus, A.D. 69~79)

베스파시아누스는 예루살렘 정복을 눈앞에 두고 있었다. 그가 이끄는 로마 군대는 유대 여러 지역에서 승전을 거듭하였다. 이때 갈릴리 지역 유대군 사령관인 요세푸스를 생포하여 자기 사람으로 만든다. 요세푸스는 고국과 동족을 버리고 점령군인 로마군에 협력하여 그의 아들 티투스가 예루살렘을 함락하게 하는 데 공을 세운다.

베스파시아누스는 자기 아들 티투스로 하여금 예루살렘을 정복하게 하였다. 티투스는 69년에 예루살렘 정복을 위해 발군하여 70

년 유월절 전에 예루살렘에 도착하였다. 티투스는 70년 9월에 예루살렘을 함락시킨다. 티투스의 예루살렘 함락 사건은 다음 항에서 좀 더 자세하게 다루고자 한다.

C. 티투스(Titus, A.D. 79~81)

베스파시아누스의 아들 티투스는 부친에 이어 황제가 되었다. 그는 예루살렘을 정복한 후 향후 200년간 유대인들의 예루살렘 거주를 철저하게 통제하도록 한다. 함락된 예루살렘은 로마군의 통제로 더욱더 황폐해진다. 그리고 이방인들과 타 종교가 유입되는 혼돈의 기간이 계속된다.

D. 도미티아누스(Domitian, A.D. 81~96)

디도의 동생인 도미티아누스는 초기 로마 황제들이 실시했던 로마의 각종 제신들에 대한 숭배를 장려하였다. 여기에 맞서서 저항한 것이 기독교도였다. 기독교도는 로마 황제 숭배는 물론이고 로마의 여러 제신들 숭배를 우상 숭배라고 거부했다. 이에 분개한 도미티아누스는 기독교도들에게 가혹한 핍박을 가하였다.

유대교는 성전을 파괴하고 황제 흉상을 섬기게 하는 황제의 핍박에 저항해 더욱더 율법을 강화하는 운동을 전개하였다. 그것이 주후 97년 얌니아(Jamnia) 종교 회의에서 구약성경 39권을 정경화시키는 결과를 가져왔다.

도미티아누스는 유대교가 예루살렘 성전에 내는 성전세를 국고에 귀속시키도록 하였다. 또한 황제의 친인척 중 기독교 신앙을 가진 부부(Flavius와 Domitilla)를 처형하였다. 황제의 핍박이 날로 극악해지자 기독교도들은 지하 시체 동굴인 '카타콤'(Catacomba)에 숨어서 예배드리기 시작했다.

도미티아누스는 소아시아에서 목회하던 사도 요한을 밧모 섬(계 1:9)으로 유배시킨다. 사도 요한은 밧모 섬에서 목격한 계시들을 여러 가지 상징적이고 은유적인 표현으로 요한계시록을 기록하게 된다. 도미티안의 독재와 박해가 계속 날로 더해지자 국민들은 독재자라고 반박하기 시작했다.

그는 독재자로 많은 정적들을 만들면서 군림하다가 결국 정적에 의해 궁전 안에서 암살당한다. 로마 원로원은 로마 역사에서 도미티아누스의 모든 기록을 지워 버리도록 결정한다. 그러나 후세 사가들은 그의 황제 재임 기간을 인정한다.

E. 네르바(Nerva, 96~98), 트라야누스(Trajan, 98~117)

트라야누스 황제 때 안디옥 교회 감독이었던 이그나티우스(Ignatius)가 안디옥에서 로마로 압송된 후 로마 원형 극장에서 맹수에게 찢겨 죽는다.

F. 하드리아누스(Hardian, 117~138)

이때 유대인 반란 지도자 바르 코크바(Bar Cochba) 주도하에 제2차 유대 반란이 일어난다(132~135). 하드리아누스는 반란을 진압한 후 예루살렘에 유대인 출입을 금지시켰다. 그리고 예루살렘을 로마식 도시로 재건하였다.

G. 안토니 피우스(Antonius Pius, 138~161)

그의 통치하에 서머나 교회 감독이었던 폴리캅(Polycarp)이 순교한다(155).

H. 마르쿠스 아우렐리우스(Marcus Aurelius, 161~180)

순교자 '저스틴'(Justin, 114~165)을 죽인 후 시신을 분살시켜 강에 뿌렸다.

I. 셉티무스 시베리우스(Septimus Severius, 193~211)
안디옥의 클레멘트, 오리겐의 부친, 이레니우스 등이 순교당한다.

J. 데키우스(Decius, 249~251)
오리겐을 투옥시켰고, 키프리아누스를 추방했다.

K. 발레리아누스(Valerianus, 253~260)
키프리아누스가 순교당한다.

L. 디오클레티아누스(Diocletianus, 303~311)
디오클레티아누스는 가장 극렬한 기독교 탄압자였다. 그는 재임기간 기독교 박멸을 위해 4회에 걸친 황제의 칙령을 내렸다. 그의 칙령에는 예배당의 파괴, 성경의 소각, 신자들의 분살 등이 명령되었다. 이렇게 해서 콘스탄티누스 황제가 313년에 기독교를 인정하는 칙령을 내리기 전까지 300여 년 동안 핍박이 이어졌다.

핍박이 어떻게 주어졌는가? ① 육체적, 인신 공격으로 모멸감을 갖도록 공개적으로 멸시하였다. ② 생업과 직업에 해당되는 관료, 군인, 학자, 정치 등에는 전혀 기회를 주지 않았다. ③ 배교를 종용하였다. 성경이나 성물 소지자는 배교자로 증거를 삼았다. 그에 반해 우상에게 제물을 드린 자에게는 증명서를 발행해 줘서 시련이 없게 했고, 증명서가 없는 자는 배교자로 낙인찍었다. ④ 좀 더 심한 경우에는 기존 사회에서 추방을 시켰다. ⑤ 추방령을 따르지 않는 자는 극형에 처하였다. 극형은 십자가형, 화형, 참수형, 맹수의 먹이로 제공되는 것이다.

(3) 핍박의 결과

핍박은 긍정적인 결과와 부정적인 결과를 동시에 가져왔다. 핍박의 결과를 두 가지 측면에서 살펴보자.

A. 핍박의 긍정적 결과
① 영적 영웅주의
초대 교회 때 시작된 핍박은 300여 년 동안 계속 이어졌다.
제국주의자들은 기독교 신자들을 총칼로 위협하고 화형과 참수형으로 극형에 처하면 기독교 신자가 위축될 줄로 예상했다.
그런데 기독교 신자들은 주님을 위해 죽게 되면 그것이 곧 최고의 면류관을 얻고 장차 하늘에서 더 큰 상급이 있다고 믿었다. 이 같은 영적 영웅주의는 기독교가 핍박으로 막을 수 없는 생명의 종교임을 증명하게 되었다.
② 교회의 팽창
황제들이 기독교를 핍박하면 할수록 교회는 더욱더 크고 넓게 팽창하였다. 처음에 예루살렘에서 시작된 교회는 반세기 만에 유럽 전체와 로마 제국 전역에 확산되었다.
초대 교회는 3세기 만에 로마 제국을 정복하고 기독교를 로마의 국교로 만드는 놀라운 팽창을 가져왔다. 1세기에 시작된 초대 교회는 3세기 만에 전 세계적인 교회로 확장되었다. 초대 교회는 핍박이 심할수록 더 크게 발전하였다.

③ 교회의 정화

기독교는 여러 면에서 오해를 받고 있었다. 기도교가 오해를 극복하기 위해서는 대적들보다 깨끗하고 청결한 생활로 자신들의 오해를 증명해야만 했다. 그래서 기독교도들은 성경에서 가르치는 바를 철저하게 지켜 나감으로 도덕 생활에서 현저하게 모범을 보였다. 이 같은 성서적 실천의 삶은 교회를 깨끗하게 정화시키는 결과를 나타냈다.

④ 기독교 교리의 구성

기독교를 박해하는 세력은 여러 요소들이었다. 위정자들, 무신론자들, 이교도들, 또는 사이비와 이단들 등이 각양각색으로 여러 면에서 공격하였다.

기독교도들은 자신을 박해하는 외부 세력에 자신을 변증해야 했다. 이 같은 자기 변증은 기독교 진리를 체계적으로 정리하는 좋은 결과를 가져왔다. 이와 같은 기독교 변증은 정경을 속히 형성케 하는 촉진제가 되었다. 또한 기독교 자체의 교리 구성에도 큰 공헌을 하게 되었다.

⑤ 국가와 교회의 구별

국가는 정권 유지가 최종 목표이다. 그렇기에 국가가 지향하는 추진력은 항상 유동적이었다. 그에 반해 교회의 진리는 항상 동일하였다. 따라서 국가는 세속에 바탕을 두고 변화무쌍하였고, 교회는 하늘나라에 기초하여 영원 불변하였다. 교회는 세상 국가의 흥망성쇠와 완전 별개의 독립된 추진력을 추구해 나갔다.

B. 핍박의 부정적 결과

① 지도자의 손실

핍박으로 인해 유능한 지도자들을 잃게 되었다. 훌륭한 지도자들이 중간에 꺾이지 않고 좀 더 오래 살아서 활동했다면 기독교 발전에 더 많은 기여했을 것이다. 그런데 훌륭한 지도자들이 핍박으로 인해 꺾임으로 기독교 발전에 지장을 가져왔다.

② 세상 철학이 교회에 도입됨

초대 교회 사도들은 성령에게 힘을 얻은 원색적인 복음을 그대로 전하였다. 그러나 교부들은 세상 사람들이 익히 잘 알고 있는 세상의 유명한 철학 용어나 세상 관념으로 기독교 용어를 번안해서 사용하였다.

이렇게 기독교 용어를 세상 철학 용어로 대치시킴으로 교부들 시대 이후부터는 원색적인 복음보다는 세상 철학 용어가 더 크게 사용되기 시작했다. 이 같은 세상 철학 용어로 중세기 때 스콜라 철학이라는 철학화된 기독교로 변질되고 만다.

③ 교회 의식의 성례화

초대 교회 때 사도들은 교회 의식을 의식으로만 사용했었다. 그런데 교회를 핍박하는 원수들이 기독교인들을 색출하는 방편으로 기독교 의식이 집행되는 곳을 찾아갔다. 그로 인해 기독교인들이 교회 의식을 기피하거나 거부하는 기현상이 생겼다.

로마 군대는 기독교도들을 붙잡으려고 침례 장소인 냇가나 강가를 찾아갔다. 순진한 기독교도들이 신앙고백으로 침례 의식을 순종하다가 로마 군대에 체포되는 비극이 계속되었다.

이 같은 비극을 피하고자 많은 이가 침례 의식을 기피하는 현상이 생겼다. 이 같은 기피자들을 독려하기 위해 교부들은 침례 의식이 신비한 효능이 있는 것처럼 침례 의식을 거룩한 성례로 격상시켰다. 이와 같은 의식의 성례화로 초대 교회 때 두 가지만의 의식이던 것이 중세기 가톨릭교회에서는 무려 수십 가지의 성례로 늘어났다. 그 결과 오늘날 천주교는 7가지 의식을 거룩한 성례로 지키는 결과를 가져왔다.

초대 교회의 평범한 의식이 오늘날에는 거룩하고 신비한 효력을 나타내는 거룩한 성례가 되었다.

④ 지나친 성직자 존중 제도

핍박으로 인해 지도자들이 계속 사라지게 되었다. 지도자의 품귀 현상으로 지도자에 대한 존중의 관례가 생기게 되었다. 지도자에 대한 존중은 점차 지도자에 대한 추앙으로 발전하였다. 그래서 장로와 감독이 한 사람이었던 것이 개교회 목회자인 장로와 큰 지역의 대표 목회자인 감독으로 구별되었다. 지역을 대표하는 감독은 장로보다 권한이 강화되고, 감독은 신앙만 아니라 생활까지도 관할하는 높은 지도자가 되었다.

이렇게 시작된 성직자 존중 제도는 드디어 성직자 안에서 많은 계급을 만들었다. 오늘날 천주교가 교황, 추기경, 주교, 교구장, 일반 사제 등 수많은 계급을 만든 것은 성직자 존중 제도가 가져온 유산이다.

⑤ 금욕주의

기독교 초기 300여 년은 핍박의 연속였다. 이 같은 핍박 속에서도 초대 교회 성도들은 영웅적인 순교의 길을 걸어갔다. 그리고 300여 년이 지난 후 기독교는 로마의 국교가 되었다. 로마의 국교가 된 후에는 핍박이 사라지고 국가로부터 각종 혜택을 보는 환대 받는 기독교가 되었다.

환대받는 기독교는 핍박이 없음으로 심적 갈등을 느끼고 어려웠던 과거 시절을 동경하게 했다. 이렇게 편안한 시대의 기독교는 자기 스스로를 자학함으로 정신적 위안을 얻으려고 했다. 그래서 생긴 제도들이 자신을 스스로 자학하는 금욕적 형태였다.

자신을 절제하는 수단으로 가정을 떠나서 은밀한 비밀처에서 자신을 숨기는 은둔 생활이 점차 조직화되어 수도원 생활로 발전한다. 또 수도원에서 금식 생활로 자신을 학대하고, 또 독신 생활로 금욕적 생활을 실천하였다. 이 같은 금욕주의는 중세기에 수도원 생활로 발전하였고, 그것이 오늘날 천주교 사제의 독신 생활이나 수녀들의 수도원 생활로 발전하였다.

교회는 핍박으로 인해 얻은 것보다는 잃은 것이 더 많았다. 그러나 하나님의 오묘한 섭리는 잃는 것 속에서도 결과적으로 유익하게 되는 여러 요소들을 가져오게 되었다.

3. 예루살렘의 함락

주후 70년 예루살렘 성이 로마 군대에 의해 함락되었다. 예루살렘의 함락은 여러 면에서 중대한 분기점이 된다. 유대교 신앙의 모체인 예루살렘 성전의 파괴로 유대교는 성전을 잃어버린다. 유대교는 예루살렘 성전 파괴로 성전 중심에서 회당 중심으로 신앙의 주체가 달라진다.

그뿐만이 아니다. 기독교의 모 교회가 사라진다. 예루살렘 교회의 붕괴로 기독교 모체가 사라지고 기독교의 뿌리가 사라진다. 이와 같은 비극을 이용해 로마 교회가 기독교의 뿌리요, 모 교회라는 로마 가톨릭교회의 역사적 날조가 형성되었다.

그뿐만이 아니다. 이스라엘이라는 국가의 상징적 존재 터가 사라져 버린다.

예루살렘 함락은 여러 면에서 막대한 영향을 끼쳤다. 이제 그 중대한 사건의 전말을 살펴보자.

1) 예루살렘 함락 이전

(1) 예수님의 예언

마태복음 23장 37~38절에 "예루살렘아 예루살렘아 선지자들을 죽이고 네게 파송된 자들을 돌로 치는 자여 암탉이 그 새끼를 날개 아래에 모음같이 내가 네 자녀를 모으려 한 일이 몇 번이더냐 그러나 너희가 원하지 아니하였도다 보라 너희 집이 황폐하여 버려진 바 되리라"라고 했다. 또 마태복음 24장 1~2절에서는 예루살렘 성전 건물들을 가리켜 "내가 진실로 너희에게 이르노니 돌 하나도 돌 위에 남지 않고 다 무너뜨려지리라"고 하셨다. 이 같은 예언은 누가복음 13장 34~35절, 19장 41~44절에도 예언되었다.

(2) 로마 총독과 관리들의 극심한 부패

옥타비아누스 황제는 대 헤롯의 아들 헤롯 아켈라오를 정치에 참여케 했다가 그를 추방한 후 로마 총독들로 하여금 유대 나라를 다스리게 하였다. 주후 6년부터 통치하기 시작한 로마 총독들은 70년까지 수시로 바뀌고 교체되었다. 이것은 로마 관리들이 유대 국민들로부터 불신임받은 주된 원인이었다.

참고로 예수님과 사도들 시대에 활동했던 역대의 로마 총독들을 보자.

주후 6년 코포니우스(Coponius)

10년 암비비우스(M. Ambivius)

13년 안니우스 루푸스(Annius Rufus)

15년 발레리우스 그라투스(Valerius Gratus)

26년 본디오 빌라도(Pontius Pilate, 마 27:13~31)

36년 마르셀루스(Marcellus)

38년 마릴루스(Maryllus)

44년 쿠스피우스 파두스(Cuspius Faudus)

46년 티베리우스 알렉산더(Tiberius Alexander)

48년 벤티디우스 쿠마누스(Ventidius Cumanus)

52년 안토니우스 벨릭스(M. Antonius Felix, 행 24:3)

59년 폴키우스 베스도(Porcius Festus, 행 25:1)

61년 알비누스(Albinus)

65년 게시우스 플로루스(Gessius Florus)

총독들이 왜 이렇게 자주 바뀌었는가? 표면적으로 보면 유대인들의 끈질긴 반항 기질 때문인데 유대인들은 왜 그토록 끈질긴 반항을 계속했는가? 그 원인은 총독으로 부임한 대부분의 관료들이 부패했기 때문이었다.

이들 총독이 어느 정도 부패했는가는 성경에 기록되어 있다. 사도행전 24장 26절의 벨릭스 총독은 바울을 연금해 놓고 돈을 받을까 기대를 걸고 심심하면 불러내서 심문을 했다. 또 사도행전 25장 9절에는 베스도 총독이 바울을 정당하게 재판하지 않고 바울을 증오하는 유대인들의 마음을 사려고 바울에게 예루살렘에서의 재판을 권유하는 기록이 나온다.

이 당시 총독들은 로마법의 양심적인 관리가 아니라 총독이 되기 위해 뿌려진 돈을 회수하는 데 온갖 정치력을 다 쏟았던 부패한 관리들이었다. 그래서 유대인들의 나쁜 여론에 임기 도중에 좌천되는 악순환이 계속되었다.

61년에 부임한 알비누스(Albinus) 총독은 모든 강도들을 돈을 받고 다 풀어주었다. 그래서 예루살렘은 강도들의 천지가 되었다. 감옥에는 돈을 내지 못하는 강도들만 갇혀 있고 뇌물을 바친 강도는 다 풀려났다고 한다. 그의 후임자인 플로루스(G. Florus)는 부끄럼을 전혀 모르는 악의 화신처럼 행동했다. 악한 총독에 시달리다 못한 유대인들은 전 세계로 흩어지게 되었다.

(3) 종교 지도자들의 타락

구약성경에서 유대교의 대제사장은 오직 한 사람이다(레 4:3, 16, 6:22; 출 29:7~9). 대제사장은 종신직으로 그는 이스라엘 사람 중 가장 거룩한 사람이요 회중의 정신적인 머리이며 민간인으로서 가장 높은 고위직이다. 대제사장은 오직 하나님께만 복종했다.

그런데 신약성경에 보면 대제사장이 여러 명이 나온다(마 27:1; 막 14:53; 눅 23:13; 요 18:12~24). 예수님을 심문할 때도 여러 명의 대제사장이 나온다.

예수님은 체포되어 재판을 받으실 때 맨 먼저 전직 대제사장이요, 명예 대제사장인 안나스에게 재판받으신다(요 18:12~14). 그다음에는 안나스의 사위요 현직 대제사장인 가야바에게 재판을 받으신다(마 26:57). 특히 사도행전 4장 6절에는 4명(안나스, 가야바, 요한, 알렉산더)의 대제사장이 나온다.

대제사장 안나스(Ananias, Ananus 등의 이름을 가짐)는 주후 7~14년까지 대제사장에 있다가 은퇴하고 그의 아들 엘르아살에게 대제사장직을 승계케 했다. 그러나 로마 정부는 1년여 공백 끝에 안나스의 사위 가야바를 대제사장으로 임명한다. 요셉 가야바는 주후 18~36년까지 장수 대제사장이 된다. 그 후 안나스의 네 아들이 차례대로 대제사장직을 승계한다. 요나단(36~37), 데오필루스(37~41), 맛디아스(42), 안나스(61), 그다음에는 안나스의 손자 맛디아스(65~66)가 대제사장이 된다.

과거 구약 때는 대제사장이 종신직이었다. 그런데 신약에 와서는 왜 이렇게 자주 바뀌는가?

그 까닭은 대제사장 임명권이 로마 정부에 있었기 때문이다. 대제사장이 될 수 있는 자격자보다는 로마 정부에 대한 충성도에 따라서 임명이 좌우되었다. 예루살렘이 함락되기 이전까지 계속된 대제사장의 교체는 그만큼 로마 정부에 아부하고 충성 잘하는 이가 임명이 되었다는 것이다.

이렇게 대제사장의 잦은 교체는 로마 정부의 시녀 노릇을 하는 종교계의 타락을 의미한다. 종교 지도자들이 타락함으로 백성들은 신앙적 구심점을 잃게 되었다. 이런 현상이 유대인 내의 내분을 가져왔고, 예루살렘 함락을 가져왔다.

(4) 계속된 인민들의 폭동

사도행전 5장 36~37절에 보면, 이 당시 유대인의 사회상을 잘 설명해 주고 있다. 여기에 보면 당시 유대 사회는 끊임없는 인민들의 폭동과 또 쉬지 않고 일어나는 민란들이 있었다. 성경에 설명되고 있는 두 사례를 살펴보자.

A. 드다의 폭동(행 5:36)

성경에 "이전에 드다가 일어나 스스로 선전하매 사람이 약 사백 명이나 따르더니 그가 죽임을 당하매 따르던 모든 사람들이 흩어져 없어졌다"고 했다.

여기 '드다'는 누구인가? 유대인의 역사를 기록한 1세기의 사가 요세푸스에 의하면 드다는 자칭 선지자라 하며 요단 강가에서 백성들을 모았다고 한다.

드다는 자기가 요단 강물에 명령하면 여호수아 때처럼(수 3:13) 요단 강물이 갈라져 마른 땅으로 건널 수 있다고 백성들을 선동했다고 한다. 이 같은 드다의 선동에 적지 않은 사람들이 그를 따랐다.

이때 로마 총독 파두스(Cuspius Fadus, 44~46)가 기마병을 보내어 일당을 진멸하고 드다는 목 베임을 당하였다고 한다.

유대 사회는 이처럼 초기적적 사건을 주장하며 백성을 선동하면 백성들이 이리저리 힘 있는 지도자를 찾아 몰려다녔다. 드다의 사건은 이 당시 군중들의 마음이 갈피를 못 잡고 방황하고 있었음을 말해 준다.

B. 갈릴리 유다의 난(행 5:37)

유다의 난에 관해서도 요세푸스가 설명하고 있다. 유다는 갈릴리 지방의 가말라(Gamala)라는 마을에서 태어났다.

주후 6년경 유대 땅의 일부가 수리아 관할로 넘어갔다. 그 무렵 수리아에 파견된 로마 총독 퀴리니우스(Qurinius)는 과세를 목적으로 갈릴리 주민들에게 호적 등록을 명령했다.

이때 유다는 총독의 명령에 반대하고 나섰다. 하나님의 백성은 오직 여호와에게만 제물을 바쳐야 하고, 이 세상의 통치자들에게는 납세하지 말아야 한다고 주장했다. 이 같은 유다의 주장이 순진한 백성들에게 영향을 미쳤을 것이다. 유다의 반대 운동은 그가 총독에 의해 처형됨으로 더 확대되지 않았다.

C. 4천의 자객을 거느린 애굽인(행 21:38)

요세푸스가 이 사건을 설명한다. 자칭 선지자로 주장하는 애굽인이 주후 54년경 유대인들을 충동하여 3만여 명의 유대인들을 예루살렘의 감람 산에 모았다. 이 애굽인은 자기가 명령하면 예루살렘 성벽이 무너지고 그 후에 성안으로 가볍게 쳐들어갈 수 있다고 주장했다.

이때 총독 벨릭스(Felix, 행 23:24)는 군대를 시켜 이 무리들을 진압하였다. 400명이 죽고 200명이 포로가 되자 나머지는 흩어져 도망치고 말았다. 여기서 말하는 '4천의 자객'이란 3만여 군중 속의 열심당원이었을 것으로 본다.

이상 몇 가지 사건들을 통해 당시 유대 사회의 진면모를 예상할 수 있다. 이렇게 공식적으로 알려진 유대인들의 반란과 폭동이 끊임없이 계속되었다. 1세기 당시의 사회상을 친히 체험한 요세푸스는 예루살렘의 함락은 로마 장군 티투스의 일방적인 점령에 의해서가 아니라 유대인 사회에 만연되어 있던 반란과 폭동들이 예루살렘의 멸망을 가져왔다고 설명하고 있다. 예루살렘의 함락은 수많은 반란과 폭동들이 계속된 유대인 내부 문제와 유대인의 반항을 근절시키고자 했던 로마 제국의 물리적 진압으로 이루어졌다고 할 수 있다.

2) 예루살렘 함락의 과정

(1) 가이사랴의 소란

가이사랴는 욥바 북쪽 지중해 연안에 있는 도시이다. 이곳의 옛 이름은 '스트라톤의 탑'(Straton's Tower)이었다. 대 헤롯이 주전 10~9년에 훌륭한 항구 도시를 만들고 거대한 낙성식을 했다. 이때 대 헤롯은 가이사 아구스도에게 충성을 기념하여 그 성 이름을 '가이사랴' 라고 고쳤다.

그 후 가이사랴는 정치적, 군사적으로 예루살렘을 누르게 되었다. 주후 6년 헤롯의 후계자인 아켈라오가 폐위되고 이곳 가이사랴는 로마 총독이 사는 곳이 되었다. 그리고 예루살렘에는 총독 산하의 천부장이 파견되어 주둔하고 있었다(행 25:23). 바울이 이곳 가이사랴에 2년 동안 연금되어 있었다(행 24:27).

이때 유대인과 희랍인 사이에 충돌이 일어났다. 그것은 가이사랴에 유대인 회당이 있었는데 회당 주변에 헬라인의 땅이 있었다. 유대인들은 회당 출입구가 협소함으로 헬라인의 땅을 사려고 했다. 그런데 헬라인은 땅값을 시세의 몇 갑절로 요구함으로 몇 번이나 거래가 결렬되었다. 그러던 차에 헬라인이 자기 땅에다 건물을 짓겠다고 했다.

이때 유대인들은 당시 총독인 플로루스(Gessius Florus, 65~70)에게 헬라인의 설득을 요청하였다. 플로루스 총독이 이 일에 협조하지 않음으로 유대인들이 크게 격분하였다. 유대인들이 총독을 조롱하고 비웃자 플로루스는 예루살렘의 대제사장과 세력가들에게 자신을 조롱한 자를 색출해 내라고 했다.

이때 유대인 유사들은 총독을 설득하려고 애를 썼으나 총독은 병사들을 시켜서 예루살렘 시장통 사람을 닥치는 대로 죽이라고 명령했다. 이로 인해 유대인 3,600명이 학살을 당한다. 플로루스의 학살은 예루살렘 성전을 자기 손에 넣으려는 계략이었다. 이것이 계기가 되어 열심당원들의 폭동으로 확대되었다.

그리고 같은 날에 가이사랴에 있는 헬라인들이 한 시간도 안 되는 짧은 시간에 유대인 2만 명을 학살하였다. 이때 총독 플로루스는 도망치는 유대인들을 다 죽이거나 배 젓는 노예로 만들었다.

이 소문이 전국 각지로 퍼져나가자 유대인들은 모두가 폭도로 변하여 이방인들을 닥치는 대로 살해하기 시작하였다. 이와 같은 폭동은 전국적으로 다 일어나서 팔레스타인 전체가 벌집처럼 되었다. 예루살렘 함락의 원인은 이같이 가이사랴에서 시작된 전국적 폭동이 그 직접적인 원인이 된다.

(2) 수리아 총독의 개입

유대 나라에 시작된 폭동은 팔레스타인 전 지역과 수리아 지역, 알렉산드리아 지역으로 확산되었다. 일이 이렇게 되자 수리아의 총독 케스티우스 칼루스(Cestius Callus)가 개입한다. 그는 12군단 전체와 각 군단에서 2천 명씩을 차출하여 6개 보병대와 4개 기병대를 조직하고 유대인들을 닥치는 대로 잔인하게 죽였다.

칼루스는 가이사랴, 욥바를 거쳐 예루살렘을 향해 진격하였다. 예루살렘의 열심당원들이 칼루스를 맞아 싸우는데 승기가 칼루스에게 돌아갈 즈음 칼루스는 원인 모르게 퇴각했다.

유대인 엘르아살이 지도자가 되어 각 성에 유대인을 파견해 책임을 맡긴다. 이때 요세푸스는 갈릴리 지방 사령관으로 파송되었다. 요세푸스는 군대를 로마식으로 편성하고 장교를 임명하고 훈련을 시켰다. 같은 유대인인 기스칼라 출신의 요한, 시몬 등이 많은 사람을 선동하고 세상을 어지럽히는 일이 계속되는 가운데서도 요세푸스는 군사 훈련에 주력했다.

수리아 총독 칼루스는 유대전에 참가했다가 5,300명의 보병과 380명의 기병을 잃었다. 그러고도 사태가 수습되지 않고 장기화될 것으로 판단한 칼루스는 이 사실을 로마의 네로 황제에게 보고한다. 네로 황제는 칼루스의 보고를 받고 동양의 골칫거리인 유대 나라를 정복할 적임자를 골똘하게 생각한 후 베스파시아누스(Titus Flavius Vespasian)를 선택한다. 베스파시아누스는 게르만인을 제압한 명장이요, 영국의 반란을 잠재운 역전의 경력을 가진 가장 확실한 장군이었다.

(3) 베스파시아누스의 유대 정벌

네로 황제의 명을 받은 베스파시아누스는 자신의 장남 티투스를 명하여 애굽 알렉산드리아에 주둔하고 있던 제5군단을 유대로 가게 한다. 베스파시아누스는 수리아에 도착하여 수리아의 모든 로마 군대를 이끌고 유대로 향하였다.

베스파시아누스가 유대 나라에서 요세푸스 군대와 접전하게 되었다. 요타파타 요새에서 치열한 전쟁이 벌어졌다. 천하의 명장 베스파시아누스도 몇 번이나 포기할 뻔한 난공불락의 요새였고, 막다른 골목에 다다른 유대인들의 용맹과 감투 정신으로 로마 전쟁사 그 어느 곳에서도 만나 볼 수 없었던 끈질긴 전쟁이었다.

베스파시아누스가 요타파타 성을 공격한 지 47일 만에 난공불락의 성을 함락하였다. 이때 유대인 군사는 4만 명이 전사했고, 여자와 어린아이 1,200명이 포로로 잡혔다. 네로 통치 제13년 4월 1

일(담무스월) 성이 함락되고 말았다.

이때 갈릴리 지역 사령관이던 요세푸스는 자수냐 자결이냐로 갈등하다가 로마 군단의 지휘관 중 잘 아는 친구의 설득으로 자수한다. 그리고 베스파시아누스와 그의 아들이 황제가 될 것이라는 예언을 통해 베스파시아누스의 친근한 대접과 호의로 살아남게 된다. 이로써 요세푸스는 유대인들로부터 매국노라는 악명을 들으며 살게 된다.

68년 봄에 베스파시아누스는 예루살렘을 겨냥하고 주변 도시들과 성읍들을 평정해 나갔다. 한편 예루살렘 성 안에는 열심당원들끼리 세 파로 나뉘어 패권을 다투고 있었다. 기스칼라의 요한, 거라사의 시몬, 본래부터 있던 엘르아살 이들 세 사람은 각각 다른 열심당원들을 이끌고 예루살렘 함락 때까지 싸웠다.

한편 로마 조정에서는 네로 황제에 대한 반란이 일어났다. 네로는 마침내 자살하고 만다. 네로 후에 68년 한 해 동안 3명이 황제에 오른다. 맨처음에 갈바(Galba)가 황제가 되었다. 그러나 얼마 지나지 않아 갈바가 살해되고 오토(Otho) 대제가 즉위하였다. 오토가 즉위한 후 비텔리우스(Vitellius)의 도전을 받고 서로 싸우다가 오토의 부하들이 대파하자 즉위한 지 3개월 만에 오토가 자결한다. 비텔리우스가 황제가 되었으나 게르만 군단과의 싸움에서 살해되고 만다.

베스파시아누스가 예루살렘 성을 고립시키고 성공적 공격을 가할 채비를 갖추고 있을 때 로마 원로원에서 베스파시아누스 소환령이 내려진다. 베스파시아누스는 비텔리우스 후임으로 69년에 로마 황제가 된다. 이로써 베스파시아누스의 유대 정벌은 그의 아들 티투스에게로 넘겨진다.

3) 예루살렘의 함락

(1) 티투스 장군의 예루살렘 함락

베스파시아누스는 69년에 로마의 황제가 되었다. 베스파시아누스 황제는 자기가 황제가 될 것을 예언한 요세푸스를 로마 시민으로 만들어 환대해 준다. 그리고 자기 아들 티투스(Titus)에게 예루살렘의 정벌을 명한다.

티투스는 유대 정벌을 위해 69년에 발군하여 70년 유월절 전에 예루살렘에 도착한다. 티투스는 가이사랴에서 제5군단과 12군단을 합류하였다. 또 여리고에 있는 제10군단을 재배치하여 예루살렘 공격을 준비했다.

이때 예루살렘 안에는 서로 패권을 다투던 요한과 시몬의 열심당원 군대가 불과 25,000명 정도였다. 그에 반해 로마군은 4개 군단(5군단, 10군단, 12군단, 14군단) 병력이 80,000명에 이르렀다.

로마 군대는 본진을 서편에 두고 보조 진지를 감람 산에 설치하였다. 70년 5월 20일에 북쪽의 제3성벽을, 5월 30일에는 제4성벽을 헐게 되었다.

티투스는 공격이 쉽지 않을 것을 계산하고 예루살렘 밖으로 공성을 위한 토성을 쌓고 성내의 모든 거민이 굶어 죽을 때까지 포위 작전을 계획했다.

티투스는 예루살렘 성 전체를 포위하고 밖에서 들어가는 모든 것을 차단했다. 예루살렘 성내에는 엄청나게 많은 식량을 보유하고 있었으나 시몬과 요한의 패권 싸움으로 이미 식량 창고가 불타 버린 후였다. 성안에서는 양식이 떨어져 굶어서 죽는 사람이 부지기수로 늘어갔다.

매일 죽어가는 사람들이 너무 많아서 장례를 치를 수가 없게 되었고, 시신들을 성 밖으로 내어던지는 것이 전부였다. 배고픔을 견디지 못하여 성 밖으로 탈출을 시도하다가 열심당원에게 발각되면 그대로 죽임을 당하였다.

열심당원의 비류들은 미친 개보다 더 잔인하게 굴었다. 평소 유력한 인사들을 아무든지 심심하면 끌어다가 죽였다. 돈 많은 부자들도 계속 죽임을 당하였다.

예루살렘 성민들은 굶주림에 시달리거나 비류들에 의해 계속 수난을 겪게 되었다. 그래서 죽음을 무릅쓰고 탈출해서 로마 군대의 호의를 받는 이들이 생겨났다. 이렇게저렇게 죽어서 성벽 아래로 팽개쳐진 시체가 60만 구가 넘었다고 한다. 티투스는 계속해서 예루살렘을 공격함으로 양편의 손실이 계속되었다.

티투스 역시 천하의 명장 몇 사람을 잃는 아픔을 겪게 되었다. 티투스는 요세푸스를 앞세워 유대인들에게 항복을 권고하였다. 요세푸스는 예루살렘 성민들에게 로마군으로 투항할 것을 권고해 상당히 많은 사람이 목숨을 건지게 하였다.

티투스는 성전만은 허물지 않으려고 애를 썼지만 비류들이 성전을 근거지로 하여 계속 투항하기를 거부함으로 하는 수 없이 성전에 불을 지르게 되었다. 8월 6일 마침내 성전에서 매일 드리던 제사가 끊어지고 말았다. 로마군은 성전을 장악하고 아빕월 9일에 성전을 불살랐다.

로마군은 아빕월 30일에 아랫성을 점령하였다. 로마 병사들은 사람 죽이는 데 신물이 나서 늙고 병든 이만 죽이고 젊고 쓸모 있는 사람들은 잡아다가 포로로 삼았다.

그 후 윗성에 버티고 있던 열심당원을 다 소탕하는 데 1개월이 더 걸렸다. 그래서 70년 9월에 예루살렘이 완전히 로마군에게 정복당하고 만다.

(2) 예루살렘 함락 후의 결과

A. 대대적인 인명 피해

70년 4월에 시작된 예루살렘 공격은 9월에 끝이 났다. 이 전쟁으로 유대인은 대대적인 인명 피해를 입었다. 유대인으로 사망한 자가 110만 명에 달했고, 포로로 붙잡힌 수가 9만 7천 명에 이르렀다. 유대의 열심당원을 이끌고 로마군에게 저항하던 지도자 기스칼라의 요한은 로마군에게 사로잡혀 종신형을 받았고, 거라사인 시몬은 끝까지 투항하다 붙잡힌 후 한동안 승리의 증표로 남겨두었다가 처형당한다.

B. 예루살렘 성벽의 파괴

예루살렘 성벽은 다윗 왕 때 수축된 헤브론 높은 산지 위의 요새지였다. 그런데 로마군은 이 성벽을 다 헐어 버렸다. 유일하게 서쪽의 성벽만은 제거하지 않았다. 이곳 서쪽의 성벽에 유대인들이 메시아를 갈망하며 통곡하는 기도를 드림으로 이 성벽을 '통곡의 벽'이라고 부르게 되었다.

C. 예루살렘의 지도력 상실

예루살렘은 다윗 왕 이래 천여 년 동안 정치, 종교, 문화 등 유대인의 모든 것의 중심이 되었다. 그러나 예루살렘 함락 후 예루살렘의 지도력이 상실되었다. 유대교는 유대교의 상징인 성전이 사라졌고, 기독교는 초대 교회 출발지인 예루살렘 교회가 사라졌다.

D. 마사다의 최후 항거

예루살렘이 멸망할 때 그곳을 피한 열심당원들은 헤롯 왕이 구축한 천연의 요새지 마사다에서 최후 항거를 계속했다. 이들의 수는 불과 960명에 불과했다. 이들을 공략하기 위해 동원된 로마군은 4만 6천 명이나 되었다. 960명의 열심당원들은 로마군이 점령하기 전날 밤에 전원 자결하고 만다.

E. 예루살렘의 멸망을 가져온 열심당원들의 내분

요세푸스가 전하는 예루살렘의 멸망은 로마 장군 티투스의 공격이 주된 원인이 아니다. 앞서 설명한 것처럼 열심당원들이 패권을 다투는 내분으로 인해 이미 멸망해 가고 있었다.

4) 예루살렘 함락 후의 유대인들

(1) 유대인 석학 바 아키바의 반로마 운동

예루살렘이 멸망된 지 60여 년이 흘렀다. 당시 유대인의 석학 바 아키바는 유대인의 탈무드를 집대성한 학자였다. 바 아키바를 따르는 제자들이 3만여 명에 이르렀다. 그가 '바 코크바'(Bar Kokhba, 132~135)를 내세워 로마와의 투쟁을 목적으로 병사를 모으니 40만 명이 일어났다.

이들은 로마군을 격파하고 예루살렘을 비롯하여 50여 개의 요새와 95개의 촌락을 탈환하였다. 이것은 국토의 70%를 회복하는 결과였다. 이러한 소식이 로마에 전달되자 로마에서는 '율리우스 스웰스'를 파견하여 유대인들을 공격하기 시작하였다. 135년 바 코크바 유대 군대는 로마군에게 섬멸되었다. 바 코크바는 자살하고, 바 아키바도 체포되어 처형되고 말았다. 이 전쟁에서 유대인이

50만 이상이 희생되었다고 한다.

주후 135년 이후 예루살렘은 '에이리카 카피톨리나'로 불리면서 완전히 이방인들의 도시가 되었다. 이때부터 유대인들은 온 세상에 흩어져 세상 모든 이들로부터 온갖 박해를 받게 되었다. 그들은 유럽과 아프리카에 흩어져 살게 되었다.

(2) 계속된 예루살렘의 변화

예루살렘은 역사 속에서 계속 수난을 거듭한다. 하드리아누스 황제(117~138)가 주피터 신 중심의 예루살렘을 재건하였다. 콘스탄티누스 황제(주후 330년)가 기독교식의 예루살렘 도시로 바꾸었다. 614년 페르시아 군대가 정복했다가 629년 헤라클라스 황제가 다시 기독교 도시로 만들었다. 지금도 예루살렘에 가면 멀리서도 확연하게 보이는 황금 사원(Dome of the Rock)을 볼 수 있다.

638년 제2대 이슬람의 칼리프인 '오마르'(Omar)가 이끄는 이슬람 군대가 예루살렘을 점령하고 예루살렘을 이슬람의 제3성지로 삼았다. 그 후 다마스커스에서 통치하던 '옴마야드'(Ommayards)가 660년부터 옛날 아브라함이 이삭을 제물로 바치려 했던 곳이고 솔로몬 성전이 세워졌던 그 터 위에다 이슬람의 사원 '알 아크사 사원'(Al Aksa Mosque)를 짓기 시작하였다. 이 사원은 31년이 지난 691년에 완성되어 오늘까지 이르고 있다. 이렇게 된 후 예루살렘을 두고 유대교와 이슬람 간에 끝없는 분쟁이 계속되어 오고 있다.

(3) 십자군전쟁으로 인한 예루살렘의 회복

11세기에 셀주크 터키족(The Seljuk Turks)이 서방 로마 가톨릭

교회 교인들의 예루살렘 성지 순례를 방해하였다. 이때 로마 교황 우르반 2세(Urban 2)가 전 유럽 나라에 성지 회복이라는 명분을 내세워 십자군전쟁을 일으켰다.

십자군전쟁은 1096년에 시작되어 1270년까지 약 8차에 걸쳐 200여 년간 계속되었다. 그동안 뺏고 빼앗기기를 반복하는 동안 예루살렘은 전쟁터가 되었다.

(4) 오토만 제국(Ottoman Empire) 시대(1517~1917)

이집트의 맘루크스(Mamlucks) 왕조가 십자군을 퇴각시킨다(1244). 그다음 오토만 터키 제국이 이집트 맘루크스를 패배시키고 (1517), 오토만 제국이 팔레스타인과 애굽을 지배한다.

이 오토만 제국이 예루살렘을 점령하여 500년간(1917년까지) 유대인을 지배한다. 이 기간 동안 유대인들은 수많은 핍박과 부당한 억압을 당한다.

이때에 '헤르즐'(Theodore Harzl)이란 젊은 유대인 언론인이 1876년에 《유대 국가》(The Jewish State)라는 소설을 발간하여 전 세계에 흩어진 유대인들에게 고국 팔레스타인의 회복을 촉구하는 '시온 운동'(Zionist Movement)를 전개한다. 그 후부터 전 세계 유대인들이 팔레스타인으로 귀국하기 시작한다.

이렇게 해서 1914년까지 유대인 4만 5천, 아랍인 2만 5천 명이 살게 되었다. 제1차 세계대전이 발발했을 때 오토만 터키 제국은 독일과 동맹하였다. 여기에 영국이 터키군과 싸워 1914~1917년 전쟁 후 영국이 승리함으로 팔레스타인은 오토만 제국에서 영국 군정 통치로 넘어간다.

(5) 영국 군정 통치하의 예루살렘(1917~1920)

영국은 전 세계 유대인들에게 유대인의 팔레스타인 조국 건설을 약속하는 '벨푸어 선언'(Belfour Declaration)을 하였다. 영국군 예루살렘 지구 사령관 '로널드 스톨스'(Ronald Storrs)는 예루살렘에 두 가지 법령을 공포하였다.
① 역사적 건물들을 헐지 못한다. ② 예루살렘 성내에서는 돌들로만 건물을 짓고 시멘트나 철근을 사용하지 못한다. 이 같은 방법으로 예루살렘에는 돌집만 생기게 된다.
유대인들의 본토 귀환은 제1차 세계대전 당시 약 7만 정도였던 것이 제2차 세계대전 직전까지 40만으로 늘어난다. 그런데 유대인들의 팔레스타인 귀환을 강력하게 반대하는 아랍인들이 계속하여 유대인들을 죽이고 박해했다. 그래서 유대인 약 4천 명이 팔레스타인을 떠나게 된다.

(6) 영국 민정 시대(1920~1948)

제1차 세계대전이 끝난 후 영국은 예루살렘에서 민정 시대를 이끌어 갔다. 이 무렵에 유대인들과 아랍인들이 팔레스타인에 홍수처럼 밀려 들어왔다. 이들 유대인과 아랍인들 간에 갈수록 충돌이 격화되므로 영국은 팔레스타인 문제를 유엔으로 이첩하였다.
1947년 5월 유엔은 팔레스타인을 분할 통치하도록 결의하였다. 이때 유대인들은 유엔 결의안에 찬성했으나 아랍 위원회(이라크, 사우디아라비아, 시리아 등)는 유엔 결의안에 반대하였다. 1948년 1월부터 5월까지 이스라엘과 아랍 간의 군사적 충돌이 계속되었다.

(7) 이스라엘의 독립 선언(1948년 5월 14일)

이스라엘에 머물러 있던 영국군이 1948년 5월 14일에 철수함과 동시에 이스라엘은 일방적으로 독립국가를 선언하였다(1948. 5. 19). 이스라엘의 독립선언을 반대한 이집트, 이라크, 시리아 군대가 예루살렘을 포위하고 4주간 전쟁이 계속되었다.

1948년 6월 11일 양측 간에 휴전이 이루어졌다. 그 뒤로 1949년 아랍과의 전쟁에서 이스라엘이 승리하고, 1956년 중동전쟁, 1967년 6일전쟁으로 이스라엘군은 시나이 반도와 골란 고원 전투에서 이집트와 시리아군에 완전 승리하였다. 이때 이스라엘 정부는 서예루살렘과 동예루살렘을 합병시켰다.

그 후 1973년 10월 6일 이집트 군대가 시나이 반도 사막을 건너 이스라엘을 공격하였다. 10월 14일 이집트군은 시나이 반도에서 패배하고 이스라엘군은 수에즈 운하 서부 지역까지 점령하였다.

그로부터 5년 후 미국 카터 대통령이 이스라엘 베긴 수상과 이집트 사다트(Sadat) 대통령을 워싱턴으로 초청하여 1978년 두 나라는 평화 협정에 조인한다. 그리고 이스라엘군은 시나이 반도에서 철수하였다.

예루살렘은 이토록 수많은 풍파 속에서 오늘에 이르게 되었다.

제7장
위장된 문서

1. 외경
2. 위경
3. 디다케
4. 사도신경
   1) 사도신경의 역사
   2) 사도신경의 내용 분석
   3) 새로운 제언

우리는 우리의 신앙과 행위의 유일한 근거로 신·구약성경을 가지고 있다. 그런데 다 같은 기독교 이름 아래 신앙과 행위의 근거가 성경만이 아닌 다른 문서들을 갖고 있는 종교 단체가 있다.

대표적인 예를 들면 프로테스탄트 개신교는 신·구약성경으로 66권을 정경으로 믿고 있다. 그에 반해 로마 가톨릭교회는 신·구약성경 이외에 외경 14권(또는 15권)을 정경으로 믿고 있다. 또 희랍정교회는 신·구약성경 이외에 외경 4권을 정경으로 믿고 있다. 여기서 과연 성경이 66권이 맞는 것인가, 77권이 맞는 것인가, 하는 현실적 문제가 생긴다. 이 문제는 교회사에서 그 진실성 여부가 가려져야 한다.

그 외에도 신앙생활에 도움이 된다는 위경이 있고, 또 교회 의식에 혼란을 가져온 디다케(12사도 교훈집)가 있고, 또 신앙 고백인지 기도문인지 헷갈리게 하는 사도신경이 있다.

이상 여러 가지 문서는 사도의 이름으로, 또는 교회회의 이름으로 권위를 주장하는 위장된 문서들이다. 여기서 위장된 문서들의 진실성 여부를 확인해 보도록 하자.

1. 외경(Apocrypha)

1) 외경(外經)의 역사

외경이란 말은 헬라어 '아포크뤼파' ($α π ό κ ρ υ φ α$)에서 비롯된 말인데, 그 뜻은 '숨겨진 책들' 또는 '감추어져 있다' 는 희랍어 중성 복수 형용사다. 이 책들 속에는 지혜가 숨겨져 있기 때문에 일반인들에게는 공개되지 않았던 책들이라는 의미를 담고 있다. 이러한 의미에서 외경이란 말이 처음에는 명예로운 명칭이었다.

외경이 처음에는 책 안에 내재해 있는 비밀의 교의가 특별한 권위를 가진 것으로 여겨졌다. 이처럼 높이 평가되는 작품 중에는 외경뿐 아니라 희랍의 영지주의적 작품과 유대교의 묵시 문학적 작품도 있었다. 그러나 주후 70년 예루살렘의 파멸 이후 묵시 문학들은 유대교에서 불법적인 것으로 간주되기 시작하였다.

이와 함께 외경도 '거짓' 또는 '이교적'이란 뜻으로 달라지게 되었다. 그 까닭은 묵시 문학적 비밀의 지혜가 묵시 문학이 이해가 안 되는 사람들에게는 기독교에 해를 끼치는 이교적 교훈으로 받아들여졌기 때문이었다. 그래서 주후 90년경 유대교 랍비들은 얌니아 공회에서 외경을 제외시킨 구약성경만을 정경으로 채택하였다.

그 이후로 이단적 성격을 띤 외경은 기독교 내에서 이단적인 것으로 간주되어 공적으로 낭독되거나 개인적 교화를 위해 읽혀지는 일이 금지되었다. 알렉산드리아의 정통 교부 아타나시우스(373년 사망)와 루피누스(410년 사망)는 외경이라고 하면 이런 의미로 사용하였다.

그런데 외경의 개념이 달라진다. 그것은 헬라어 70인역 성경을 라틴어 벌게이트(Vulgate)로 번역한 제롬(Jerome, 346~420)에 의해서다. 그는 구약 히브리어 성경에는 포함되어 있지 않으나 70인역(주전 150)에 포함되어 있는 외경을 자신이 번역한 벌게이트 라틴역 성경에다 포함시켰다.

이때 제롬은 라틴역 성경에는 포함되어 있으나 히브리 정경에 포함되지 못한 것을 외경이라고 설명하였다.

그리고 제롬은 이러한 외경 같은 책들은 교회의 교리를 확증해 주는 것이 아니라 단지 교회를 위한 것으로 사용되어야 할 뿐이라고 하였다. 제롬 때부터 외경은 이교적인 작품이 아니라 비 정경으로 정경 이외의 참고 서적이라는 뜻으로 통용되기 시작하였다.

그 후 외경의 개념이 또 달라진다.

1546년 트리엔트 총회에서 외경을 정경과 같은 것으로 채택한다. 외경은 1546년 트리엔트 총회 이후로 로마 가톨릭의 정경이 되었다.

한편 프로테스탄트는 1618년 개혁파 중심의 도르트 회의와 1643년 장로파 중심의 웨스트민스터 회의에서 외경은 정경이 아니라는 반대 결의를 하였다.

희랍 정교회에서는 1672년 예루살렘 회의에서 외경 중 4권(솔로몬의 지혜서, 벤시락의 지혜서, 토비트서, 유디트서)을 정경에 포함시켰다.

외경은 개혁자들의 입장에 따라 또다시 그 인식이 달라지게 되었다.

중세기 오랜 기간 동안 외경에 대한 태도는 외경을 참고용으로 인정한 제롬의 견해를 넘어서 구약성서와 동등하게 취급하였다. 그런데 종교개혁자 루터는 그의 독일어 성경 번역에서 외경을 구약성서와 분리시켰다. 또 위클리프의 영어 성경(1382년판)에도 오로지 히브리 정경만 취급하였다. 루터는 1534년 독일어 성경 번역시 외경을 성서와 동등한 것으로 여기지는 않으나 읽기에는 유익하고 좋다는 표제하에 외경을 구약성서 끝에 수록하였다. 이것이 프로테스탄트가 외경을 성서로 인정하지 않는 발단이 되었다.

그 뒤 불어 성경 번역, 스칸디나비아역, 영어역 등 대부분의 영어 성경들은 루터의 독일어 성서 순서를 따랐다. 바로 이 무렵(1626) 영어 성경에서 아예 외경을 삭제해 버린 KJV 성경이 출현하였다. 그 뒤 영국과 미국에서는 성서공회에서 외경을 영어 성경 속에 포함시키지 않겠다는 성명서를 발표하였다(1827).

현재 로마 가톨릭 교회에서는 1546년 트리엔트 공회에서 외경을 정식 정경으로 공포하였고, 그 뒤 바티칸 공의회(1870)에서 비준

되었다. 로마 가톨릭교회는 외경을 제2의 정경으로 지칭하고 있다. 반면, 프로테스탄트에서는 어떠한 교단도 외경을 정경으로 받아들이지 않고 있다. 그러나 외경에 대한 가치 인정에서는 프로테스탄트 교단마다 약간씩 다르다.

영국 고백 교회는 외경이 하나님의 영감에 의해 쓰여진 것은 아닐지라도 교훈적이며 유익하다는 사실을 인정하고 있다. 한편, 오늘날 대부분의 프로테스탄트들은 칼빈주의적 견해에 따라 외경이 교회 안에서 아무런 권위도 지니고 있지 않으며 배척되어야 한다는 견해이다. 이것은 웨스트민스터 신앙 고백서(1647)의 제3항에 분명하게 명시되어 있다. 그런가 하면 최근에 외경을 주의 깊게 세밀히 조사하고 있는 성서학자들도 있다.

외경은 분명 하나님의 영감으로 기록된 작품이 아니다. 외경의 기록자들이나 내용이나 영향력 등이 그것을 증명한다.

외경은 대략 주전 2세기로부터 주후 1세기 어간에 기록된 유대 문헌으로, 외경을 통해 큰 구원의 역사가 일어났다는 기록이 없다. 따라서 참고도서는 될지언정 정경 채택은 도에 지나치다.

2) 구약 외경

구약 외경은 모두 15권이 있다. 흠정역(KJV)에는 예레미야 서신을 바룩서에 덧붙여 놓아서 14권이 되고, 예레미야 서신을 따로 독립시켜 구분한 표준개역성경(RSV)에는 15권이 된다.

(1) 에스드라 제1서(The First Book of Esdra)

에스드라는 에스라를 가리킨다. 에스드라 제1서는 유대 민족이 바벨론 포로로 잡혀갔다가 페르시아 왕 고레스의 칙령으로 포로에서 귀환하여 성전을 건축하고 개혁을 단행하고 율법을 공포한 사실을 기술하고 있다.

에스드라 제1서는 역대하 33장 1절~36장 23절과 에스라서 전체, 그리고 느헤미야 7장 73절~8장 12절의 내용이 설명되고 있다. 본서는 주전 150년경에 저술된 것으로 본다.

(2) 에스드라 제2서(The Second Book of Esdra)

주전 1세기 말경 로마 황제 도미티아누스 치세 중(81~96) 요한계시록이 기록된 시대에 집필된 일종의 묵시록이다. 환상을 통해 유대인의 고난과 하나님의 공의를 에스라에게 임한 일곱 계시로 묘사한다. 에스라의 유대교적 입장에서 기술했다. 본서는 주후 70~135년경에 저술된 것으로 본다.

(3) 토비트(Tobit)

경건한 유대교 청년 토비트가 살만에셀(주전 721)에 의해 니느웨에 포로로 잡혀가서 겪었던 경험을 주제로 한 종교 소설이다. 이 책에서는 토비트의 경건한 신앙과 도덕을 피력하고 있다.

주전 3세기 말에 쓰여진 것 같고, 처음에는 아람어로 기록된 듯하고, 현재는 희랍어 사본으로 남아 있다. 본서는 주전 250~175년 작품으로 추정된다.

(4) 유디트(Judit)

유디트는 유대인 부인이다. 앗시리아가 유다를 침공해 왔을 때, 유대인 과부인 유디트가 배반을 가장하여 적의 막사로 들어가 앗시리아 장군 홀로페르네스(Holofernes)를 유혹하여 그를 암살하고 도시를 건져냈다는 이야기다.

본서는 주전 175~110년경 작품으로 본다.

(5) 에스더 부록(The Additions to the Book of Esther)

현재 우리가 갖고 있는 구약 에스더서는 10장 3절로 끝이 났다. 에스더서 추가는 끝 절 10장 3절에 연결되는 것이 아니라, 여러 시대 동안 에스더서 속의 몇 군데를 가필한 것을 일괄하여 추기라고 불렀다. 현재의 에스더서 외에 하나님, 기도, 신앙, 헌신, 경건 등을 내용으로 하는 107절이 첨가되어 있다.

이 첨가물이 남아 있는 것은 제롬이 이룩한 업적이다. 그는 먼저 히브리어 구약성경을 라틴어로 번역한 다음 헬라어와 라틴어 필사본에 있는 몇몇 부분을 자신의 번역서 말미에 추가하였다.

본서는 주전 180~145년경 작품으로 본다.

(6) 솔로몬 지혜서(The Wisdom of Solomon)

솔로몬의 작품으로 되어 있으나 그의 작품이 아니라 알렉산드리아의 한 유대인의 작품이다. 한 유대인이 애굽, 헬라 등 도처에 살고 있는 유대인들에게 이방 풍습에 젖어들지 않도록 유대교 신앙을 권면하는 내용의 교훈서이다. 이 작품은 주전 150~주후 40년경 작품으로 본다.

(7) 벤 시락의 지혜서(Ecclesiasticus)

외경 중에서 최대의 문서인데 희랍어역 사본에는 '시락의 아들 예수의 지혜'(The Wisdom of Jesus the son of Sirach)로 되어 있다. 라틴역에는 'Ecclesiasticus'라는 표제가 붙어 있다. 시락의 자손이자 예루살렘의 경건한 유대학자 예수에 의해 기록된 책으로 구약의 잠언과 같이 사교상의 방법, 처세 지식, 율법 생활의 지침 등을 다루는 한편 지혜의 덕을 찬양하고 있는 윤리적인 교훈서이다.

본서는 외경 중에서 가장 긴 책이며, 저자가 알려져 있는 유일한 책이다. 가장 긴 단편 부분인 44~50장에서는 위대한 신앙인들을 찬양한다.

여기에는 에녹, 노아, 아브라함에서부터 스룹바벨, 느헤미야를 거쳐 동시대인이며 자신의 친구인 대제사장 시몬에 이르기까지 유명한 유대인의 특성을 간결하게 묘사하고 있다. 이 작품은 주전 190년경 작품이다.

(8) 바룩(The Book of Baruch)

바룩은 예레미야 시대의 예언자이자 예레미야서의 필기자였다. 본서는 바벨론 체재 중의 바룩이 예루살렘이 함락되던 해부터 5년 후 (주전 581)에 바벨론의 포로로 있는 동포에게 하는 격려의 말, 기도, 찬가로 되어 있다. 본서는 주전 200년~주후 70년경 작품으로 본다.

(9) 예레미야의 서간(The Letter of Jeremiah)

예레미야의 이름으로 미상의 작가에 의해 쓰여진 책이다. 이 편지는 73절로 된 1장뿐이다. 그 내용은 예레미야가 바벨론 포로로 이주하는 유대인들에게 강력한 우상 숭배를 배격하도록 당부하는 것이다.

작가는 예레미야 11장 10절에 근거하여 우상의 무력함을 장엄한 설교조로 기록하고 있다. 본서는 주전 317년경의 작품으로 본다.

(10) 아사랴의 기도와 세 청년의 노래(The Prayer of Azariah and The song of the Three young men)

다니엘서에 기록된 내용을 좀 더 추가하고 있다. 시리아의 에피파네스가 유대교를 탄압할 때 마카비 가문에서 반란을 일으켰다. 이때 다니엘 3장 23~24절 사이에 삽입시킨 다니엘의 세 친구(하나냐, 미사엘, 아사랴 : 사드락, 메삭, 아벳느고)가 격렬한 풀무불 가운데서 드린 기도와 그 구원 사건과 그들의 하나님께 대한 찬송을 기록하고 있다. 본서는 주전 167~163년경 작품으로 본다.

(11) 수산나 이야기(The History of Susanna and Daniel)

이것 역시 다니엘서의 추가 작품이다. 저자가 누군지 알 수 없는 작품으로, 바벨론 포로 당시 수산나라는 정숙하고 아름다운 여인이 그녀에게 음욕을 품은 자들로부터 모함을 당한다. 그러나 수산나의 기도를 통해 누명을 벗는다는 이야기다.

본서는 주전 100년경 작품으로 본다.

(12) 벨과 용(The Story of Bel and the Dragon)

이것 역시 다니엘서의 추가 작품이다. 바벨론 포로 당시 다니엘의 지혜로 바벨론의 두 우상 '벨(Marduk)과 용'(Dragon)을 쳐부순다는 이야기다.

우상의 무력함을 조롱하고 그 헛됨을 나타내 보이기 위해 쓰여진 책이다. 본서는 주전 150~100년경 작품으로 본다.

(13) 므낫세의 기도(The Prayer of Manasses)

전체가 15절로 된 회개의 기도 내용이다. 유다의 악한 왕 므낫세가 바벨론에 사로잡혀 가 그곳에서 비로소 자기가 통치할 때 저지른 우상 숭배 죄와 온갖 악행을 회개한다는 내용이다. 므낫세의 작품은 아니고 주전 2세기경에 시리아에서 쓰여진 것이다. 외경 중 가장 종교적인 경건의 분위기를 나타내는 우수한 작품으로 평가된다. 본서는 주전 150~50년경 작품으로 본다.

(14) 마카비 제1서(The First Book of the Maccabees)

헬라 시대 안티오쿠스 에피파네스(Antiochus Epiphanes)가 시리아의 왕위에 오른 때(주전 175)로부터 유대 마카비 가의 한 사람인 시몬(Simon)이 세상을 떠난 때(주전 135)까지 40년 동안의 유대 역사를 기록한 책이다. 유대인 역사가 요세푸스는 이 책의 초반 부분을 그의 저서의 자료로 사용하였다.

본서는 주전 103~63년경 작품으로 본다.

(15) 마카비 제2서(The Second Book of the Maccabees)

마카비 제1서와 같은 시대에 기록된 글이나 그 내용은 연속성이 없는 독립된 책이다. 여기서는 유다 마카비 가문의 독립 운동을 높이 평가하고, 그에 대한 하나님의 기적적인 개입을 찬송하고 있다. 그러나 마키비 제2서는 마카비 제1서에 비해 역사성이 결여되어 있다. 본서는 주전 100년경 작품으로 본다.

이상 15권이 구약 외경이다. 로마 가톨릭교회는 1543년 트리엔트 공회 이후 이 15권의 구약 외경을 구약 39권과 똑같은 정경으로 받아들이고 있다.

3) 신약 외경

구약의 외경은 대략 주전 2세기로부터 주후 1세기까지의 유대 문헌들이다. 이 책들은 히브리 정경 원전에 포함되지 않았으나 70인역과 라틴어 벌게이트역에 포함되었다. 그래서 구약 정경 이외의 외경이란 말이 생겨났다. 그러나 신약의 외경은 경우가 다르다.

신약의 외경은 주후 2세기 이후부터 오늘에 이르기까지 기록된 신약 정경 이외의 모든 책들을 총칭하는 말이다. 따라서 신약 외경에는 구약 외경의 '비밀의', '숨겨진' 이란 뜻의 '아포크리파'(Apocrypha)라는 용어가 적당치 않다.

신약에서 외경이라고 하면 '위조된', '거짓' 이란 의미가 강하다. 실제로 신약의 외경들을 보면 그 저작 동기가 신앙을 고양하고 기독교 신앙을 강조하려는 순수한 목적이 아닌 것이 많다. 신약의 외경들은 비정통 기독교 분파나 집단들이 신약 정경에 없는 것을 자기들 교리에 맞게 정경 대용물로 각색한 것들이 상당수이다.

따라서 엄밀하게 말하면 신약 외경이란 신약 정경에 들 수 없는 초기 교회 당시의 각종 문헌들을 가리키는 말이다.

그렇다고 신약 외경이 전혀 가치 없는 문헌은 아니다. 이 작품들은 초대 교회 당시의 상황 및 당시 기독교인들의 신앙과 사상 기호 등을 파악하는 데 값진 정보를 제공하고 있다.

그뿐만 아니라 신약성경이 네 가지 성격으로 나타나고 있는 것처럼 신약 외경도 복음서, 행전(역사서), 서신서, 예언서(묵시서) 등 네 가지 양식을 따르고 있다.

이들 신약 외경은 이미 정경으로 주어진 신약성경에 언급되었거나 암시된 문제들을 더 자세히 부연 설명하거나 윤색해 놓은 것들이다. 참고로 신약 외경들의 책명을 살펴보자.

(1) 복음서

유년 예수의 아라비아 복음서
유년 예수의 아르메니아 복음서
동정녀 마리아 승천기
바돌로매 복음서
바돌로매(사도)의 그리스도 부활서
바실리데스 복음서
에비온 복음서(Gospel of the Ebionites) : 2세기 전반에 쓰여진 유대적 그리스도교 복음서
이집트인 복음서
히브리인 복음서
야고보 원복음서

목수 요셉 전기
마르키온 복음서
마리아 탄생 복음서
맛디아의 복음서(Gospel accord to Matthias) : 3세기경 애굽에서 성립된 영지주의 복음서
나사렛인 복음서
베드로 복음서
위 마태 복음서
도마 복음서
니고데모 복음서
요셉 복음

(2) 행전서(역사서)

안드레 행전
안드레 단편 설화
안드레와 맛디아(마태)의 행전
안드레와 바울의 행전
바나바 행전
야고보의 승천기
요한 행전
브로고로의 요한 행전
마태의 순교사
바울 행전(Acts of Paul) : 바울을 경배하는 저자가 신도의 교회를 위해 내세 구원을 제시
바울 수난사

베드로 행전(Acts of Peter) : 베드로와 마술사 시몬의 논쟁
베드로 수난사
베드로의 전도 설교집
베드로와 안드레의 행전
베드로와 바울의 행전
베드로와 바울의 수난사
빌립 행전
빌라도 행전
다대오 행전
도마 행전

(3) 서신서

아브가루스와 그리스도의 서한집
사도들의 서한(Epistle of the Apostles) : 슈미트가 1895년 카이로에서 발견
고린도 3서
라오디게아서
렌툴루스의 서신
바울과 세네카의 서한집(Correspondence between Seneca and Paul)
바나바 서신
디도서(외경)

(4) 예언서(묵시서)

야고보의 묵시서

바울의 묵시서(Coptic Apocalypse of Paul) : 예수가 여리고에서 바울에게 준 계시

베드로의 묵시서(Apocalypse of Peter) : 애굽에서 135년경 천국과 지옥을 극적으로 묘사

스데반의 계시록

도마의 묵시서

동정녀의 묵시서

(5) 영지주의적 작품들

알로게네스 슈프림 문서

도시데우스의 묵시서

유그노스토스 서신

예수의 지혜서

요한 외전

메소스 묵시서

베드로와 12제자의 행전

주님과 제자들의 담화집

실루아노의 교서

조스트리아누스의 묵시서

(6) 관련된 작품들

아그라파(Agrapha) : 정경 4복음서에 전승되지 아니한 예수의 어록

사도 헌장과 사도 교회 법규

케린투스의 복음서(Gospel of Cerinthos) : 영지주의파 문서

멜콘

옥시린쿠스 예수 어록(Oxyrhynchus Papyrus) : 그렌펠(Grenfell)과 헌트(Hunt)가 1905년 옥시린쿠스에서 발견한 한 장의 양피지 사본. 4~5세기경 예수와 대제사장 사이의 문답을 기록

피스티스 소피아(Pistis Sophia) : 영지주의적 계시서

이 외에도 수없이 많은 신약 외경들이 계속 발견되고 있다. 그런데 복음서라는 이름이 붙어 있기는 하지만 그 작품들에는 예수의 생애나 선교 활동이나 그의 죽음과 부활에 대한 기사가 전혀 내포되어 있지 않다.

외경의 행전들은 사도행전에 기록된 기사들 간의 공백을 메우고 더 상세한 정보를 제공할 목적으로 쓰여졌다. 그러나 묵시록에는 다시 문제가 제기되고 있다. 이들 중 몇몇 작품은 예언을 가장하여 역사에 대한 개관을 제시하고, 어떤 묵시록은 지옥의 무서움을 나타내 보여주고, 어떤 묵시록은 우주론적이며 구속론적인 작품도 있다. 외경이 이렇게 성격이 다 다름으로 통일된 정경과는 비교할 바가 못 된다.

우리는 신약 외경을 계시된 경전이 아니라 그 시대를 이해하는 참고 교재로 이해하는 것이 무난할 것 같다.

이 같은 신·구약 외경들은 정경을 사칭한 위장된 문서들이다. 신약 외경은 별로 문제되지 않으나 구약 외경을 정경으로 채택하고 있는 가톨릭 교회는 성경을 77권으로 믿는 잘못된 현상을 만들어 내고 있다.

2. 위경(Pseudepigrapha)

위경이란 주전 200년경부터 주후 200년경 사이에 쓰여진 유대 문헌 중 구약 정경이나 외경에 포함되지 않는 유대교의 문서로 유익하다고 인정된 것이다.

이 문헌들은 대체로 히브리어, 아람어, 그리고 희랍어 등으로 기록되었는데 묵시 문학, 역사, 전기, 시편, 지혜 문학 등이 중요한 내용을 형성하고 있다.

그 저자로 모세, 아담, 에녹, 이사야 등의 이름이 붙어 있으나 이것은 가상적인 것에 지나지 않는다. 그리고 '위경' 이란 말의 헬라어 '프슈데피그라파' ($\psi\epsilon\upsilon\delta\epsilon\pi\iota\gamma\rho\alpha\phi\alpha$)는 '가짜 표제' 란 뜻이나 내용적으로는 '허구적 인물의 이름으로 기록된 문헌들' 이란 뜻이다.

그러나 위경(僞經)이라고 해서 전부 다 가명만 있는 것은 아니다. 그래서 유대교 랍비들은 외경과 위경이라고 구분하지 않고 외경과 위경을 다 포함해서 정경에 들어가지 못하는 모든 책들을 '바깥 책들'(Outside Books), 즉 '경외서'(經外書)라고 불렀다. 집필 장소에 따라 유대 본토에서 기록된 팔레스타인 위경과 알렉산드리아에서 기록된 위경으로 구분한다.

1) 팔레스타인 위경(경외서)

12족장의 유언
솔로몬의 시편
예언자들의 생애 : 주후 1세기경 히브리어로 집필된 히브리 예언자들의 전기
요벨서

욥의 유언 : 주전 1세기경 아람어로 기록

에녹서

이사야의 순교 : 주전 1세기경 아람어로 기록, 므낫세가 이사야를 나무 톱으로 토막내었다.

예레미야의 전기 : 주후 1세기경 아람어로 기록된 전기

아담과 하와의 생애 : 주후 1세기경 아람어로 기록

모세의 승천기

바룩의 묵시서

2) 알렉산드리아 위경(경외서)

아리스테아스 서간

시빌 신탁 : 15권으로 이루어진 신탁집으로 600여 년에 걸쳐 유대인과 기독교인들이 그리스 로마 세계의 시빌 신탁을 모방하여 희랍어로 저술한 신탁집. 3, 4, 5권은 유대교적 기원을 9, 10, 15권은 기독교인의 필치로 기록됐다.

제3마카비서 : 주전 1세기 말경 희랍어로 기록. 유대인들이 외국 왕의 군대에게 승리한 것을 이야기하고 있다. 본서는 마카비 가문과 아무 관련이 없지만 마카비 독립 전쟁 당시의 사정과 흡사한 상황을 묘사하고 있기 때문에 마카비서라고 불렸다.

제4마카비서 : 본서는 헬레니즘 영향을 받은 정통 유대 교인이 희랍어로 쓴 일종의 철학적 논술문이다.

슬라브어 에녹서 또는 에녹 2서 : 에녹의 비밀서라고 불리는 이 책은 1세기에 알렉산드리아에서 희랍어로 저술된 묵시주의적 작품이다. 여기서 에녹이 7하늘을 통과한 승천과 하나님의 명령으로 그에게 계시가 주어졌다.

희랍어 바룩 묵시서 또는 바룩 3서.

3) 쿰란에서 발견된 위경(경외서)

1947년 쿰란 동굴 제1과 11에서 발굴한 경외서다.

요벨서 : 이 작품의 사본 다섯 개가 확인되고 있으며, 하나는 파피루스이다. 언어는 히브리어로 쓰여졌고, 보존되어 있는 장은 1~2장, 21~23장, 32~40장이다.

에녹서 : 이 작품은 8개 사본이 전부 아람어로 기록되어 있다.

다메섹 문서 : 제4동굴과 제3동굴에서 이 작품의 몇몇 단편들이 발견되었다. 이들은 1896년 카이로에 발견된 게니자 본문과 광범위하게 차이가 난다.

레위의 유언 : 제1동굴과 제4동굴에서 나온 몇몇 아람어 단편들에 실려 있다.

이 외에도 알려지지 않았던 경외서로 창세기 아포크리폰(Apocryphon), 위-예레미야 저작, 묵시주의적 작품들이 있다.

이와 같은 감추어진 위경들이 주후 90년 얌니아 회의에서 금서로 규정되었다. 그 한 가지 이유는 수없는 묵시 문학적 위경들이 주후 70년 예루살렘 함락으로 묵시주의적 메시지를 무의미하고 부질없는 것으로 만들어 버렸기 때문이다. 그리고 보다 큰 이유는 기독교인들이 묵시적 내용을 자기의 견해에 맞도록 개조한 것이 더 큰 거부 이유가 되었을 것이다.

3. 디다케(Didache)

헬라어 '디다케' ($\delta\iota\delta\alpha\chi\eta$)는 '가르침'이란 뜻이다. 이 작품의 표제가 "12사도의 가르침"이라고 되어 있으며, 부제가 "12사도를 통해서 이교도에게 주신 주의 교훈"이라고 쓰여 있다.

이 문서는 1873년 희랍 정교회 주교인 필로데우스 브리에니우스(Philotheus Bryennius)가 콘스탄티노플의 예루살렘 도서실에서 발견하였다. 그로부터 10년이 지난 후 출간됨으로 세상에 알려졌다.

이 작품의 기록 연대는 대략 1세기 말로 추정되고, 기록 장소는 안디옥 부근의 시리아인 것 같다.

이 문서를 제일 먼저 인용한 사람은 알렉산드리아의 클레멘스인데 그는 3장 5절을 인용하였다.

또 역사가 에우세비우스에 의해 기록된 "사도들의 교훈서"가 곧 디다케를 가리키는 것으로 본다.

이 디다케에 관한 본문의 역사, 그리고 그 의의 등에 관해서는 현재까지도 학자들 간에 상당한 불일치를 보고 있다. 디다케에 관한 문제들에 대해 아직까지 일치된 견해는 없다.

디다케는 "12사도 교훈집"이라는 이름에 걸맞지 않게 다양한 자료들로부터 편찬된 것이다. 편집자의 공헌은 다양한 자료들을 별 다른 수정 없이 배열해 놓은 것뿐이다.

디다케는 모두 16장으로 구성되어 있다. 1~6장에서는 주로 윤리적인 문제를 취급하고 있다. 여기서 '두 갈래 길'을 제시하였다. 하나는 생명의 길이요, 다른 하나는 죽음의 길이다. 여기서 유대인의 문답 형식으로 윤리적인 교훈을 제시하고 있다. 초기 그리스도교에서 개종한 이방인의 교육을 위하여 구두에 의한 것이든 문서에 의한 것이든 문답 형식으로 가르치는 데 사용되었을 것으로 보인다.

7장에서는 주로 침례에 관하여 다루고 있다. 침례는 삼위일체의 이름으로 행해져야 하며, 가능하다면 흐르는 차가운 물에서 행해져야 한다고 지시하고 있다. 물의 공급이 제한되어 있는 경우에는 머리에 물을 붓는 관수식도 허용된다고 하였다. 침례 전에는 하루 또는 이틀간 금식이 요구된다고 기술하고 있다.

8장에서는 금식에 관해 언급하고 있다. 바리새인들이 월요일과 목요일에 금식하는 위선적 금식에 반해 기독교인들은 수요일과 금요일에 금식할 것을 권고하고 있다. 또 주기도문은 하루에 세 번씩 암송하도록 되어 있다.

9~10장에서는 교회에서 공동 식사 전후에 드릴 감사 기도문을 기술하고 있다. 이 기도문은 유대교의 축복 형식을 기독교적인 것으로 변경해 놓은 것이라고 볼 수 있다.

11~13장에는 예언자와 사도들이 전하고 가르쳐 준 것을 어떻게 받아들이느냐에 관한 논의로 차 있다. 교회에 갑자기 방문한 영감 받은 설교자들(사도들과 예언자들)을 어떻게 영접할 것이며, 어떻게 시험하며, 어떻게 대접할 것인가에 대해 논의하고 있다.

여기서 시험이란 당시 지도자들 가운데 사기꾼 같은 사람이 있어서 그가 영적 은사를 받았는지 안 받았는지 알 수 없는 것을 시험하는 논의이다.

14~15장에는 주일(土日)에 정기적으로 주의 만찬 예식이 있어야 한다고 지시하고 있다. 또 예언자들과 교사들의 수가 부족할 경우 이 직무를 수행할 인물로 주 앞에 부끄럼이 없는 감독들과 집사들을 지명하는 것에 관해 지시하고 있다.

성찬은 말라기 1장 11, 14절의 예언의 성취인 희생 제물로서 의미를 갖는다. 성찬에 참여하기 전에 상호 간에 죄를 고백하도록 되어 있다. 16장은 주의 재림의 징조들에 관해서 쓴 묵시적 경고로 되어 있다. 디다케의 저자는 끝맺음을 위해서 마태복음 24장, 데살로니가전서 4장 16절, 데살로니가후서 2장 9절로 그의 자료들을 보충하였다.

이와 같은 '디다케'(12사도 교훈집)는 저자를 알 수 없는 가운데 12사도의 이름으로 전해지고 있다. 이렇게 12사도의 이름으로 영적 교훈이 제시되고 있으므로 디다케가 성경의 진리를 잘못된 것으로 오도하는 데 이용되었다.

우리는 디다케가 성경과 다르게 오도한 몇 가지 사례를 쉽게 찾아볼 수 있다. 하나는 7장에서 언급되고 있는 관수에 관한 의식 문제다. 성경에는 의심할 것 없이 물 속에 잠기는 침례였다(마 3:16; 행 8:36~39; 롬 6:3~5). 그런데 '디다케'에서는 물의 공급이 제한되어 있는 곳에서는 물을 머리에 붓는 관수식으로 침례가 약식으로 바뀌는 것을 볼 수 있다. 침례가 관수의 약식으로 약화되더니 그다음에는 물을 뿌리는 세례로 더 약화된 것은 매우 자연스러운 역사적 산물이라고 할 수 있다.

두 번째로 디다케 14~15장에 언급하고 있는 주의 만찬을 희생 제물로 이해하고 있는 문제이다.

성경에서 주의 만찬의 의미는 무엇인가? 예수님께서 주의 만찬을 제정하시는 것이 복음서에 나타나고 있다(마 26:26~28). 주께서 제정하신 주의 만찬은 바울 사도가 기념하는 의식으로 설명하고 있다(고전 11:24~25). 주의 만찬은 주님의 몸과 살이 우리의 죄를 대속하기 위한 죽으심을 기념하는 것이다. 그런데 주의 만찬을 말라기 1장 11, 14절의 희생 제물로 이해하는 것은 주님이 주의 만찬을 제정하신 것이나(복음서) 사도들이 적용하는 것(고린도서)과 아무 상관이 없는 임의적인 해석이다.

오늘날 로마 가톨릭교회가 주의 만찬을 성찬식으로 이해하는 것이나 성체로 이해하는 것은 여기 언급하고 있는 위장 문서인 '디다케'의 영향을 받은 것임을 알 수 있다.

여기서 '디다케'는 이름하여 '12사도의 교훈'이다. 그러나 그 내용은 12사도의 교훈과 상관이 없는 내용들이 많다. 이렇게 이름은 화려하나 속 내용은 이름만큼 알차지 못한 것들이 너무 많다. '디다케'도 알차지 못한 위장 문서 중 하나라고 결론내릴 수 있다.

4. 사도신경(Apostolic Creeds)

필자는 1991년에 《새 교회사》 I 권(규장문화사)을 발표했다. 여기서 필자는 사도신경의 역사와 내용에 많은 문제점이 있음을 밝힌 바 있다. 그로 인해 소규모의 잔잔한 파문이 일어났다가 잠식되었다.

이제 필자는 좀 더 소상하게 사도신경을 설명하려고 한다. 필자가 사도신경을 다시 설명하려는 데는 확실한 목적이 있다. 그것은 평생 동안 사도신경을 신앙고백이라 믿고 사용해 온 기성세대에게는 희망을 가질 수 없다. 그러나 앞으로 자라나는 새로운 세대들에게는 사도신경의 정체를 바르게 가르쳐 줌으로 세상에 떠돌아다니는 출처 불분명한 주장들에서 바로서기를 바라는 희망이 있기 때문이다.

필자도 미국에 유학 가기 전(1978년 이전)에는 사도신경을 열심히 암송하고 그것이 모든 신앙의 기본이 된다고 믿었다. 그런데 미국 유학 중에 이 같은 신념이 무너졌다.

그 후 한국에 귀국하여 1982년부터 2012년까지 30여 년 동안 각 신학교와 일반 대학에서 교회사를 강의를 하고 있다. 필자는 강의를 준비하기 위해 사도신경에 관한 수많은 글들을 찾아 공부하게 되었다. 여기서 깨달은 바가 있다.

첫째, 사도신경은 누가 만들었는가?
사도신경의 기원을 설명하는 것이 저자들마다 달랐다. 여기서 필자는 사도신경에는 불확실한 역사 설명이 있음을 알게 되었다. 필자가 공부한 다양한 역사 설명을 소개하고자 한다.

둘째, 사도신경의 내용이 무엇인가?
필자가 접한 바 사도신경에 대한 내용 이해가 로마 가톨릭 입장은 한결같으나 개신교 지도자들의 소위 사도신경 강해는 저자들마다 달랐고, 그 이해가 모두 주관적이었다. 즉, 여기서 사도신경이 한국 교회에는 공중에 떠 있으며, 어느 누구도 뚜렷하게 이것이라고 주장할 만한 핵심 내용이 없었다. 따라서 이 문제 역시 한국 교회는 각자 편한 대로 믿고 있는 지극히 주관적인 상황임을 깨닫게 되었다.

셋째, 사도신경을 어떻게 받아들여야 하는가?
어떤 이는 신앙고백이라고 주장한다. 어떤 이는 초기 수많은 신조들 중 대표적인 신조라고 한다. 어떤 이는 기도문의 모범이라고 한다. 이 부분에서도 한국 교회는 통일성이 없다. 교회 지도자가 사도신경을 어떻게 믿느냐에 따라서 저마다 다른 이해를 하고 있다.

필자가 보기에 사도신경은 문제가 많은 대상이다. 한국 교회에 이 문제가 분명하게 밝혀져야 한국 교회 미래의 기초가 바로 될 것이라고 생각한다.

여기서 필자의 제한된 능력으로는 사도신경 정체를 정확하게 밝힐 수 없다. 사도신경과 초기 종교 회의 때 제정된 모든 신조들은 헬라어나 라틴어로 만들어졌다. 필자는 라틴어를 소화할 능력에 한계가 있다. 그래서 원문에서 영어로 번역된 번역본 중심으로 설명을 할 수밖에 없다. 바라기는 앞으로 후학들께서 영역본에 자극받아 필자보다 더 완벽한 연구가 나옴으로 혼란스런 한국 교회를 바로 세울 수 있기를 기대한다.

이런 마음으로 필자가 지금까지 배우고 깨달은 바를 그대로 밝히고자 한다.

1) 사도신경(使徒信經)의 역사

(1) 사도신경의 기원

사도신경의 기원에 관해서는 세 가지 견해가 주장되고 있다.

첫째, 사도들이 만들었다는 견해이다.

이 주장의 근거는 '로렌조 발라'(Lorenzo Valla, 1406~1457)라는 이탈리아의 문헌학자이자 수사학자에게서 비롯되었다. 발라는 생애 마지막 10년을 로마 교황 '니콜라우스 5세'를 위해 봉사하였다.

그는 로마 교황청의 바티칸에 있는 장서들을 이용하여 몇 권의 저술을 남겼다.

"라틴어의 세련미"(Elegances of the Latin Language, 1441), "가짜 콘스탄티누스 증여 문서에 관한 선언"(Declamation concerning the False Donation of Constantine, 1440)이 그것이다.

여기서 발라는 콘스탄티누스가 주후 330년 로마 제국의 수도를 이탈리아 로마에서 콘스탄티노플로 천도하면서 이탈리아 교황령의 땅들을 당시 교황에게 기증했다는 역사는 8세기 로마 가톨릭교회의 위조 문서였다는 것을 밝혔다. 이 같은 로렌즈 발라의 저작이 당시 성직자들에게 큰 노여움을 일으켰다.

그러나 로렌조 발라의 저작은 큰 영향을 못 미쳤다. 왜냐하면 교황들은 자신들의 권력 주장의 근거를 문서에 두지 않았기 때문이다. 그런데 이 로렌조 발라가 사도신경에 관한 것을 밝혔다.

로렌조 발라가 연구한 문헌 자료를 이용한 존 리스(John H. Leith)가 쓴 "Creeds of Churches"(1963)와 헨리 벤턴슨(Henry Bettenson)이 쓴 "Documents of the Christian church"(Oxford, 1973)에 의하면 11제자가 예수님이 승천한 후 10일이 지나서 성령에 영감되어 사도신경을 작성했다고 한다.

또 주후 6세기에 발굴된 갈리칸 성례집(Sacramentary Gallican)과 갈라디아 감독 안시라(Galatia a bishop of Anccyra)의 헬라어 사도신경 사본에 의하면 사도신경이 12사도의 작품이라고 했다. 여기서 보면 예수님 승천 후 마가의 다락방에서 예수님의 어머니 마리아와 예수님의 동생들과 여성도들이 12사도와 함께 기도에 힘쓰고 있었다. 이때 베드로를 비롯하여 12사도가 한 절씩 신경을 공헌하여 12절의 사도신경을 작성하였다고 한다.

또 다른 주장은 사도신경은 사도들이 직접 기록한 것이 아니라, 사도들의 신앙 고백이었다는 구전(口傳 : tradition)과 교부들의 증언과 교회들의 신앙 고백에 의해 이루어졌다는 것이다.

사도신경에 대한 가장 오래된 주장은 12사도들이 주후 55년경 마가의 다락방에서 제정했다는 것이다. 그래서 사도신경이라고 한다는 주장이 있다. 그보다 조금 완화된 주장은 사도신경은 사도들이 직접 제정하지는 않았지만 사도들의 신앙 고백이었다는 구전에 근거해서 사도신경이라고 한다는 것이다.

이 같은 주장을 수용하는 이들은 사도 제정설이나 사도들의 신앙고백설을 믿고 따르는 부류들이다.

둘째, 5세기에 완결된 사도신경이 생겼다는 견해이다.
이 주장은 튀빙겐 대학 신학부 교의신학 교수였던 한스 큉(Hans Küng) 신부가 주장하는 견해다. 그는 "CREDO, Das Apostolische Glaubensbekenntnis-Zeitgenossen erklärt"에서 이렇게 말하였다. "사도신경은 400년경 처음으로 '사도신경'(Symbolum Apostolorum)이라는 이름과 사도적 기원에 관한 설화가 생겨났고, 5세기에 비로소 오늘날과 같은 완결된 형태를 가지게 되었고, 10세기에 오토 대제(Otto 1, 912-936~973 재위)에 의해서 니케아 신경이나 콘스탄티노플 신경 대신 세례식 때 사용되는 사도신경이 도입되었다." 가톨릭계의 대표적인 신학자요, 교회일치연구 소장이기도 한 한스 큉 신부는 5세기설을 주장한다.

셋째, 8세기에 완성되었다는 견해이다.
이 주장은 세계적인 교회사가인 필립 샤프(Philip Schaff, 1818~1893)의 주장이다.
스위스에서 목수의 아들로 태어난 샤프는 튀빙겐 대학, 할레 대학, 베를린 대학에서 공부하였다. 1844년 미국 펜실베이니아 주 머서즈버그에 있는 독일 개혁교회 신학교의 교회사 및 성경 문학 교수로 초빙되었다. 1870년부터 죽을 때(1893)까지 뉴욕 유니언 신학교 교수로 지냈다.
여기서 그는 유명한 《기독교 교회사》(A History of the Christian Church) 7권을 1858~1892년에 발표했다. 그리고 《기독교 신조들》(The Creeds of Christendom) 3권(1877)과 그 외 많은 저술을 남겼고,

1888년 미국교회사협회(American Society of Church History)를 설립하여 초대 회장을 지냈다.

샤프는 사도신경이 주후 750년경 로마 가톨릭교회가 여러 차례의 첨가를 한 뒤 현재와 같은 사도신경으로 완성하였다고 했다.

이와 같이 사도신경의 역사성에 관해서는 크게 세 가지 주장이 소개되고 있다. 이 같은 세 가지 주장에 대해 한국 교회 지도자들은 대체로 첫째 주장을 따르는 견해가 많다.

한국 교회 지도자들은 어떤 주장을 따르는가?

김의환 교수는 그의 저서 《기독교회사》에서 샤프의 《기독교 신조들》(The Creeds of Christendom)의 내용을 그대로 따르고 있다. 그리고 이재철 목사가 쓴 《성숙자반》에서 그는 사도신경의 유래를 설명하면서 2세기 고대 로마 신조는 문답형 신조였고, 4세기 때의 신조는 고백형으로 바뀌어서 주후 750년경 확정된 "공인 원문"(Forma Recepta)이 현재 로마 가톨릭교회와 영국 국교회(성공회), 그리고 모든 개신교들이 공동으로 사용하고 있는 것이라고 했다. 그리고 이재철 목사는 사도신경이란 사도들이 신경을 만들었다는 말이 아니라 사도들의 신앙 고백과 그들이 전해 준 복음에 뿌리를 둔 신경이라는 뜻이라고 했다. 그는 사도들의 신앙 고백으로부터 우리가 사용하는 신앙 고백이 시작되었다고 했다.

조영엽 박사의 주장은 좀 다르다. 그는 《사도신경 변호》라는 방대한 책에서 사도신경은 사도들의 합작(Symbolum Apostolicum)으로 12사도들이 작성한 것이라고 하였다. 그리고 사도들이 합작했다는 주장이 맨 처음 암브로스(Ambrose, 340~397)에서부터 시작되어 제롬(Jerome, 345~419)에 이어졌다고 했다.

그 외에도 "사도신경 강해"가 많이 나와 있다. 한경직, 손봉호,

곽선희, 나채운, J. M. 로호만 저, 오영석 역, G. Rayn 저, 김용상 역, W. Von Loweuich 저, 최도종 역 등 수많은 사도신경 강해가 있다.

이 같은 사도신경 강해들은 대체로 사도들에게서 그 기원을 보는 것 같다. 그러나 필자는 1991년 《새 교회사》 I 권(규장문화사)을 발표했을 때 샤프 교수의 주장을 따라 주후 750년 완성된 것임을 밝힌 바 있다. 그 이유는 무엇인가? 첫째는 사도신경 내용은 여러 단계의 발전을 거치면서 내용이 다듬어지고 첨가된 것이 역사적 사실이기 때문이다.

둘째는 사도신경 내용은 처음 만들기 시작해서 최종 완성한 주체가 로마 가톨릭교회다. 로마 가톨릭교회가 자체 교회 교리 보호를 위해 만든 내용을 만든 사람들의 의도와 다르게 개신교가 주관적으로 해석하는 것은 본말이 전도(本末顚倒)된 현상이다. 따라서 필자는 이 사실을 밝힐 필요를 절감한다. 진실을 규명하는 역사학도 입장에서 이를 살펴보고자 한다.

(2) 사도신경의 발전 과정

로마 가톨릭교회는 사도신경이 구전과 전승을 근거로 주후 55년 예루살렘의 마가의 다락방에서 12사도가 한 구절씩 공헌하여 합작을 했다고 한다. 사도신경이란 사도들이 믿었고, 사도들이 신앙 고백했고, 사도들이 만들었기 때문에 사도신경이란 이름이 붙여졌다는 것이다.

이런 주장은 전혀 근거 없으며 사실이 아니다. 사도신경은 사도들과는 전혀 무관한 개인적 신앙 고백에서 시작해서 공의회에서 틀이 만들어지고 공의회에서 제정된 여러 신조들을 첨가하여 완성한 것이다.

또한 사도신경의 내용은 개신교 지도자들이 알지 못하고 있는 가톨릭의 신학들이 전체 속에 포함되어 있다. 이 같은 사실을 하나씩 증명해 보도록 한다.

A. 개인적 신앙 고백서의 등장

역사 속에 '사도신경'이란 용어 자체가 언제 등장했는가? 사도 시대에는 등장하지 않았다는 것이 분명한 사실이다. 만약 사도 시대에 사도신경이 합작되어 만들어졌다면 그 근거가 있어야 할 것 아닌가? 우리는 사도들이 기록한 신약성경을 가지고 있다. 그러나 사도들이 신약성경 이외에 사도신경과 비슷한 것을 만들었다는 아무 근거가 없다.

역사적 문헌에 의하면, 공의회에서 제정한 니케아 신조(Nicea, 325), 콘스탄티노플 신조(Constantinopolitan, 381) 이전에 개인적인 신조들이 있었다는 것은 증거되고 있다. 여기서 개인적인 신조들의 몇 가지 사례를 살펴보자.

① 저스틴 마터(Justin Martyr, 100~165?)의 신앙 고백서

저스틴 또는 유스티누스는 에베소와 로마에서 기독교를 오해하고 조롱하는 2세기의 사람들에게 기독교를 열심히 변호한 기독교 변증가였다. 그가 저술했다는 "제1변증서"(First Apology, 152년경)와 "제2변증서"(Second Apology, 153년경), 그리고 "트리포와의 대화"(Dialogue with Trypho) 등의 작품이 구드너프(E. Goodenough)의 "The Theology of Justin Martyr"(1923)과 바너드(L. W. Barnard)의 "Justin Martyr: His Life and Though"(1967)에 발췌, 소개되고 있다.

이들에 의하면 저스틴은 초대 교회인 안디옥 교회가 공예배 시에 사도 신조를 고백하였다는 것을 말했다고 한다. 그러나 안디옥 교회가 고백했다는 사도 신조의 내용이 무엇이며, 그것이 현재 어떻게 존재하느냐에 대한 대답은 하지 않는다.

그들은 베드로가 마태복음 16장 15~16절에 고백한 짧은 고백이나, 나다나엘의 고백(요 1:49), 마르다의 고백(요 11:27) 등이 아니었겠는가라고 추측할 따름이다.

고로 이 시기에도 사도신경은 나타나지 않았다.

② 히폴리투스 문서(Canons of Hippolytus, 160?~236경)

히폴리투스는 로마 교회의 장로였다. 그런데 칼리스투스가 217년 로마 교황이 되었다. 이때 히폴리투스는 스스로 대립 교황으로 자처함으로 많은 박해와 추방을 당하였다. 그가 쓴 "모든 이단 논박"(Reputation of all Heresies), "사도적 전통"(Apostolic Tradition), "Philosophoumena" 등이 C. 워즈워스(Wordsworth)의 "Saint Hippolytus and the Church of Rome"(1853)에 소개되고 있다.

히폴리투스의 문답식 신조(Interrogatory Creed of Hippolytus, 215)는 침례 문답 때 수세자(침례 받는 이)가 물에 내려가면 시세자(침례 베푸는 자)가 침례 받는 사람에게 문답한 후 머리 위에 안수하였다.

제1문 시세자 : 그대는 전능하신 하나님 아버지를 믿습니까?(Do you believe in God the Father All Governing?)

수세자 : '나는 믿습니다라' 고 대답하면 수세자를 물 속에 한 번 잠갔다 세웠다.

제2문 시세자 : 그대는 성령으로 말미암아 동정녀 마리아에게 나시고 본디오 빌라도에게 고난을 받으시고 죽으셨다가 사흘 되는 날 죽은 자 가운데서 다시 살아나시고 하늘에 오르사 아버지 우편에 앉아 계시다가 죽은 자를 심판하러 오실 하나님의 아들 그리스도 예수를 믿습니까?(Do you believe in Christ Jesus, the son of God, Who was begotten by the Holy Spirit from the Virgin Mary, Who was Crucified under pontius pilate, and died (and was buried) and rose the third day living from the dead, and ascended into the heavens, and sat down on the right hand of the Father, and will come to judge the living and the dead?)

수세자 : '나는 믿습니다' 라고 대답하면 두 번째 물속에 잠갔다 세웠다.

제3문 시세자 : 그대는 성령을 믿으며 거룩한 교회와 몸의 부활을 믿습니까?(Do you believe in the Holy Spirit, in the Holy Church, and in the resurrection of the body?)

수세자 : '나는 믿습니다' 라고 대답하면 세 번째 물속에 잠갔다 세웠다.

이렇게 침례 문답할 때 시세자가 수세자를 물 가운데 세워 놓고 묻고 답하는 형식의 신앙 고백을 실시했기에 이것을 '침례 신조'(Baptismal Creed)라고 했다. 이 같은 내용은 켈리(J.N.D. Kelly)의 "Early Christians Creeds"(1972)에 소개되고 있다.

③ 테르툴리아누스(Tertullianus, 160/170?~220?)

테르툴리아누스 또는 터툴리안은 북아프리카 카르타고에서 태어났다. 그는 문학, 수사학, 그리고 법률을 공부한 사람 같다. 그는 이교 문화 속에서 자랐으나 기독교 아내와 결혼한 후 기독교 신자가 되었다. 아내가 죽자 몬타누스주의자로 재혼을 거부하고 평생을 기독교 변증가 신학자로 31편의 저술을 남겼다.

그의 저술 중 분실된 부분이 많고 논쟁적, 변증적 저서들이 일부

남아 있다. 그의 저서로 《변증》(*Apology*, 197년경), 《순교자에게》(*To the Martyrs*, 197), 《영혼의 증거》(*Testimony of the Soul*, 198), 《이단자의 취득 시효》(*Prescription of Heretics*, 203), 《영혼》(*The Soul*, 206년경), 《마르시온 논박》(*Against Marcion*, 207/208년경), 《프락세아스 논박》(*Against Praxeas*, 210년경), 《우상 숭배》(*Idolatry*, 197), 《군인의 화관》(*The Soldiers Carland*, 208), 《핍박에서 도피》(*Flight in Persecution*, 208), 《참회》(*Penitence*, 200), 《정결》(*Purity*, 210), 그리고 최초의 주 기도문 해설인 《기도》(*Prayer*)와 논문 〈침례〉(Baptism) 등이 있다.

바네스(T. D. Barnes)의 "Tertullian : A Historical and Literary Study"(1971)와 로버츠(R. E. Roberts)의 "The Theology of Tertullian"(1924)에서 그의 저술과 사상들이 소개되고 있다.

테르툴리아누스 역시 그의 신앙을 진술한 내용이 소개되고 있다. 그 내용을 보면 "……한 전능하신 하나님 세계의 창조주를 믿사오며 그의 아들 예수 그리스도를 믿사오니 이는 동정녀 마리아에게 나시고 본디오 빌라도 하에 십자가에 죽으시고 3일에 죽음에서 부활하시고 천국에 오르사 성부의 우편에 앉아 계시며 또한 산자와 죽은 자를 심판하러 오시리라"고 되어 있다.

라틴어로 저술된 것을 영어로 옮기면 다음과 같다.

"……believing in one God Almighty, Maker of the World, and in his son Jesus Christ, born of Mary the Virgin, crucified under pontius pilate, the third day raised from the dead, received in the heavens, sitting now at the right hand of the Father, about to come to judge quick and dead through the resurrection also of the flesh."

이 내용은 윌리엄 바클레이(William Barclay), "The Apostles

Creed"(Westminster, John Knox Press, 1998)에 소개되어 있다.

④ 가이사랴 에우세비우스(Eusebius of Caesarea, 325)

일반적으로 유세비우스로 알려졌다. 팔레스타인의 비천한 집안에서 태어난 에우세비우스(265?~339?)는 314년에 가이사랴 감독에 선출되었다. 331년 안디옥 총 대주교직을 제의받았으나 거절하였다.

그는 325년 최초의 동·서방 교회 회의인 니케아 공회(Nicea, 325)에서 다수의 온건파를 대표하여 니케아 신조 초안을 작성하였다. 콘스탄티노플에서 열린 교회 회의(336)에서는 검사장이 되어 마르켈루스를 심문하였다. 에우세비우스의 저작으로는 《연대기》(Chronicon, 328)가 있고, 그의 대표적인 저작은 325년에 10권으로 완성한 《교회사》(Historia Ecclesiastia)다. 그 외에도 변증서들과 《콘스탄티누스전》(Life of Constantine), 《팔레스타인 순교자전》, 《디오클레티아누스 시대의 박해 이야기》 등이 있다.

에우세비우스가 만든 개인 신앙 신조를 보자.

"우리는 모든 것을 주관하시며 보이는 것들과 보이지 않는 모든 것들의 창조주이신 한 분 하나님 아버지를 믿사오며 한 분 주 예수 그리스도, 하나님의 말씀, 하나님으로부터 나오신 하나님, 빛에서 나오신 빛, 생명에서 나오신 생명, 유일한 독생자, 모든 창조의 먼저 나신 자, 모든 시대들 전에 아버지의 독생자, 그로 말미암아 모든 것들이 창조되고, 그는 우리의 구원을 위하여 육신을 입으시고 사람들 가운데 사시고 고난받으시고, 삼 일 만에 부활하시고, 성부께로 승천하시고, 산 자와 죽은 자를 심판하시기 위하여 영광 중에 다시 오실 것을 믿사오며, 우리는 또한 성령을 믿나이다."

이것을 영어로 번역하면 다음과 같다.

"We believe in one God, the Father All-Sovereign, the maker of things visible and invisible: And in one Lord Christ, the Word of God, God of God, Light of Light, Life of Life, Son only-begotten, Firstborn of all creation, begotten of the Father before all the ages, through whom also all things were made; who was made flesh for our salvation and lived among men, and suffered, and rose again on the third day, and ascended to the Father, and shall come again in the glory to judge the living and dead; We believe also in one Holy Spirit."

이 같은 고대의 개인 신조들을 살펴보면 현재 개신교들이 사용하고 있는 사도신경 이전에 불완전한 형태로 틀이 형성되어 있음을 알 수 있다. 이런 불완전한 개인 신조들이 드디어 전체 공의회에서 보다 보완된 내용으로 발전하게 됨을 발견할 수 있다.

⑤ 앙키라의 마르켈루스(Marcellus of Ancyra, 336년경~374년경)
마르켈루스 또는 마르셀리우스는 갑바도기아 앙키라(Ancyra) 혹은 안시라였다. 마르켈루스는 감독 율리우스 1세(337~352)에게 보낸 편지를 통해 알려졌다.

그는 가장 오래된 희랍어로 된 고대 로마 신조와 가이사랴의 에우세비우스를 반박한 단편적 논문들이 있다. 니케아 공회의(325)에서는 아타나시우스의 동일 본질파(호모우시오스) 입장을 지지하였다. 그것이 빌미가 되어 콘스탄티노플 교회회의(336)에서 감독직을 면직당한다.

유배를 당한 마르켈루스는 로마로 가서 로마 감독 율리우스(Julius)에게 은신처를 찾는다. 그는 끝내 유배지에서 사망하였다.

마르켈루스가 만든 개인적 신조가 전해진다. 원문은 헬라어로 되어 있는 것을 영어로 번역하면 다음과 같다.

1. I believe in God, All Governing
2. And in Christ Jesus His only begotten son, our Lord,
3. Who was begotten of the Holy Spirit and the Virgin Mary,
4. Who was Crucified under Pontius Pilate and buried,
5. Who rose from the dead on the third day,
6. ascending to the heavens and
7. taking his seat at the Father's right hand,
8. Whence He shall come to judge both living and dead;
9. And I believe in the Holy Spirit,
10. the holy church
11. the forgiveness of Sins
12. the resurrection of the body, life everlasting.

이 외에도 개인적인 신앙 고백 신조는 많이 있다. 예루살렘의 키릴루스(Cyril of Jerusalem, 310~386?)가 썼다는 25개 "요리 문답"(Catecheses) 속에 그의 신조가 있다. 베들레헴의 제롬(Jerome) 또는 히에로니무스(Hieronymus, 345~419?)의 개인 신조가 있고, 예루살렘의 루피누스(Rufinus Tyrannius: 345~410)의 신조도 있다. 그 외에 6세기에 프랑스의 갈리아(Gallican)에서 만들어졌다는 갈리칸 신경(Gallican Creed)도 있다.

이런 개인적 신조는 전체 종교 회의에서 제정되는 공의회 신조의 등장으로 자취를 감추게 된다.

B. 공의회 신조의 등장

개인적 신조들이 2세기부터 4세기까지 여기저기서 산발적으로 만들어졌다. 그러나 개인적 신조들은 공적 권위를 가질 수 없는 지역적 신조에 불과했다.

주후 313년 기독교가 로마 국교로 선언되면서 황제들이 중심된 기독교 지도자 회의가 계속 열리게 된다. 최초의 종교 회의를 소집한 콘스탄티누스 대제(Constantine the Great, 274~337)는 니케아 공의회를 소집하여 니케아 신조를 채택하게 하였다. 니케아 신조는 최초로 공인된 공적 신조였다. 이때의 장면을 간략히 살펴보자.

① 니케아 신조(The Creed of Nicea, 325)

니케아는 소아시아 비티니아 도 니케아 시(오늘날 터키의 이스니크)에 모였다. 니케아 공의회(Council of Nicea)는 5월 20일에 개최되었다. 여기에 참석한 주교는 모두 318명이었는데 그중에 서방 교회 주교는 서너 명에 불과했고, 대부분 동방 교회 주교들이었다.

이 회의에 니코메디아의 에우세비우스가 제출한 아리우스주의는(로고스가 피조되었다) 부결되고, 온건파인 가이사랴의 에우세비우스가 자기 교회에서 사용하던 세례 신조를 제출하였다. 가이사랴 에우세비우스 신조가 토대가 되어 안디옥 교회와 예루살렘 교회의 신조들이 종합되어 니케아 신조(Nicene Creed)가 채택된다.

여기서 예수 그리스도는 하나님과 동일 본질(homoousios)이라는 개념이 주된 의제였다. 니케아 신조를 설명한 자료는 많이 있다.

A. E. Burn, "An Introduction to the Creeds and to the TeDeum(1889) and The Nicene Creed", 1909.

J. N. D. Kelly, "Early christian Creeds", 1950.

Stuart G. Hall, "Doctrine and Practice in the Early Church", Michigan, Grand Rapids: William B. Eerdmans publishing Company, 1992.

Chr. Wordsworth, "A Church History to the Council of Nicae A. D. 325", Oxford and Cambridge: Rivingtos, 1883.

니케아 신조는 기독교가 탄생된 후 최초로 공식 제정한 신조이다. 앞서 소개한 개인적 신조들은 단지 참고 자료에 불과하다. 그러나 니케아 신조는 우리 조상들이 함께 만나서 서로 의견을 조율하며 만든 그 당시로서는 가장 대표적 신조라고 할 수 있다.

니케아 신조가 오늘날 사도신경과 어떻게 다른가 비교해 보자.

〈니케아 신조〉

"우리는 모든 것을 주관하시며 보이는 것들과 보이지 않는 모든 것들의 창조자이신 한 분 하나님 아버지를 믿사오며 한 분 주 예수 그리스도, 하나님의 아들, 성부로부터 나신 독생자 곧 성부로부터 나신 본질(실체), 하나님으로부터 나신 참 하나님, 빛에서 나신 빛, 참 하나님으로부터 나신 참 하나님, 창조되지 않고 나시고, 성부와 한 본질(본체)이시며, 그로 말미암아 하늘과 땅에 있는 모든 것들이 존재하게 되었고, 그는 우리 사람을 위하여 그리고 우리의 구원을 위하여 내려오시고, 도성인신하시고, 사람이 되시고, 고난을 받으시고, 사흘 만에 부활하시고, 승천하시고, 산 자와 죽은 자를 심판하시기 위하여 오실 것을 믿사오며, 성령을 믿나이다.

그러나 그가 계시지 않은 때가 있었다고 말하거나, 그가 나시기 이전에는 계시지 않았다거나, 그가 무(無)에서 나왔다거나, 또는 하나님의 아들이신 그가 다른 실체나 본질에서 유래되었다거나, 또는 그가 피조물이라거나, 또는 변화 또는 변질될 수 있다고 말하는 자들은 하나인 사도적 교회가 저주하는 바이다.

니케아 신조는 325년에 제정된 후 로마 가톨릭 교회, 그리스 정교회, 영국 국교회 그리고 독일의 루터 교회들이 이 신조를 신앙고백으로 사용하고 있다.

개신교 중 제한된 교단 사람들만이 사도 신조가 사도들의 신앙고백이었다고 믿고 오직 사도 신조만을 신앙 고백이라고 믿는다. 그러나 그 외의 다른 교단들은 니케아 신조도 사도 신조와 똑같이 사용한다. 이 같은 사실은 한국의 여러 천주교회를 확인해 보면 금방 알 수 있다.

필자가 만난 천주교 신자의 경우 자기 교회에서는 니케아 신조를 사용한다고 했고, 또 다른 천주교 신자는 개량된 사도 신조를 사용한다고 했다.

여기서 필자는 니케아 신조가 영문으로 번역된 것을 소개하고자 한다. 영문 니케아 신조와 영문 사도 신조를 비교하면서 살펴본다면 많은 차이점을 발견하게 될 것이다. 그 이유가 무엇인가를 제대로 알아야 사도신경을 제대로 알게 되는 것이다.

⟨The Creed of Nicaea⟩

"We believe in one God, the Father All Govening, Creator of all things visible and invisible;

And in one Lord Jesus Christ, the Son of God, begotten of the Father as only begotten, that is from the essence of Father, God from God, Light from Light, true God from true God, begotten not Created of the same essence as the Father, through whom all things came into being, both in heaven and in earth; Who for us men and for our salvation came down and was incarnate, becoming human. He suffered and the third day he rose, and ascended into the heavens, And he will come to judge both the living and the dead.

And We believe in the Holy Spirit.

But, those Who say, Once he was not, or he was not before his generation, or he came to be out of nothing, or Who assert that he, the Son of God, is of a different hypostasis or ousia, or that he is a creature, or changeable, or mutable, the Catholic and Apostolic church anathematizes them."

이것이 최초의 공식적 신조인 니케아 신조(325)의 내용이다. 니케아 신조가 얼마나 불완전한 신조인가 하는 것은 오늘 우리가 접하고 있는 사도 신조에 비해 그 내용이 매우 빈약하고 또한 자기들과 다르다고 믿는 자들을 저주하고 있는 것으로 알 수 있다.

이렇게 불완전한 니케아 신조가 채택되어 잘못된 주장을 하던 아리우스주의자들은 이단으로 규정되어 직분을 박탈당하였다. 니케아 회의에서 아리우스파를 정죄했던 콘스탄티누스 황제가 죽은 후 콘스탄시우스가 황제가 되었을 때는 이단으로 정죄했던 아리우스파가 다시 복직된다.

아리우스파의 재등장으로 니케아 신조가 또 문제화된다. 그래서 아리우스파 논쟁을 종식시키려고 381년 콘스탄티노플 회의가 소집된다. 여기서 다시금 콘스탄티노플 신조가 생긴다.

② 콘스탄티노플 신조(The Constantinople Creed, 381)

콘스탄티노플 공의회는 여러 차례 모였다. 그래서 381년 회의는 제1차 콘스탄티노플 공의회(First Council of Constantinople, 381)라고 하고, 그다음 553년 회의는 제2차 콘스탄티노플 회의, 그리고 680년에 제3차 콘스탄티노플 회의, 869년에 제4차 콘스탄티노플 회의에서 동서 교회는 서로 갈라진 회의를 열게 된다.

제1차 콘스탄티노플 회의는 황제 테오도시우스 1세가 소집하였다. 이 회의에 참석한 150명의 주교들은 대부분 동로마 교회 주교들이었다.

여기에서 불완전한 니케아 신조가 보완된다. 그리고 콘스탄티노플 교회가 로마 교회 다음으로 2위 교회의 영예를 얻는다. 새로 보완된 콘스탄티노플 신조의 내용을 보자. 먼저 콘스탄티노플 신조를 한글로 살펴보자.

〈콘스탄티노플 신조〉

"전능하신 하나님 아버지시여 천지와 가시적이며 불가시적인 만물을 만드신 창조주이신 한 분 하나님을 우리가 믿사오며, 만세 전에 아버지에게서 나신 하나님의 아들, 독생자이신 한 분, 주 예수 그리스도를 믿사오니, 이는 빛에서 나오신 빛이시요, 참 하나님에게서 나오신 참 하나님이시요, 나셨으며 창조되지 않으셨고 아버지와 동질(호모우시오스 : ὁμουσιος)이시며, 그를 통하여 만물이 있게 되었습니다.

그는 우리 인간을 위하여 그리고 우리의 구원을 위하여 하늘로부터 내려오셔서 성령으로 동정녀 마리아에게서 육신이 되시고 사람이 되셔서 우리를 위하여 본디오 빌라도 아래서 십자가에 못 박히시고 고난을 받으셨으며 장사지낸 바 되었다가 성경에 기록된 대로 사흘 만에 다시 살아나셔서 하늘에 오르사 아버지의 우편에 앉아 계시다가, 영광 중에 산 자와 죽은 자를 심판하러 다시 오실 것이며, 그의 나라는 영원할 것을 믿습니다.

주님이시요 생명을 주시는 성령을 믿사오니 성령께서는 아버지에게서 나오셨으니, 아버지와 아들과 더불어 예배와 찬송을 받으시며 선지자들을 통하여 말씀하신 분이십니다.

하나의 거룩한 보편적이며 사도적인 교회를 믿습니다.

우리는 죄 사함을 위한 침례를 고백하며, 죽은 자의 부활과 내세의 영생을 믿나이다."

여기 콘스탄티노플 신조는 니케아 신조에 비해 예수 그리스도의 생애를 더 구체적으로 설명하였고, 성령이 성부, 성자와 함께 예배의 대상임이 진술되었다. 그리고 교회와 침례, 죽은 자의 부활과 내세 영생에 대한 믿음이 첨가되었다. 콘스탄티노플 신조를 영문으로 살펴보자.

〈The Constantinololitan Creed〉

"We believe in one God, the Father All Governing, Creator of heaven and earth, of all things visible and invisible; And in one Lord Jesus Christ, the only-begotten Son of God, begotten from the Father before all time, Light from Light, true God from true God, begotten not created of the same essence[reality] as the Father through whom all things came into being, Who for us men and because of our salvation came down from heaven, and was incarnate by the Holy Spirit and the virgin Mary and became human.

He was crucified for us under Pontius Pilate, and suffered and was buried, and rose on the third day, according to the scriptures, and ascended to heaven, and sits on the right hand of the Father, and will come again with glory to judge the living and dead.

His Kingdom shall have no end[telos].

And in the Holy Spirit, the Lord and life-giver, who proceeds from the Father, who is worshiped and glorified together with the Father and Son, who spoke through the prophets; and in one, holy, Catholic, and apostolic church, We look forward to the resurrection of the dead and the life of the world to come. A-men."

콘스탄티노플 신조에 관한 참고 문헌은 브라이트(W. Bright)의 "Notes on the Canons of the First Four General councils"(2nd ed. 1892)와 켈리(J. N. D. Kelly)의 "Early Christian Creeds"(1960) 등에 소개되어 있다.

이렇게 다수의 감독들이 함께 모여서 공식적으로 만든 공의회 신조는 점차 권위가 인정되고 개인의 신조들은 차츰 사라지기 시작한다.

③ 칼케돈 신조(The Creed of Chalcedon, 451)

칼케돈(Chalcedon)은 소아시아에 있다. 이곳에서 동로마 황제 마르키아누스(Marcianus, 392-450~457 재위)에 의해 제4회 세계 교회 회의가 열렸다.

회의가 열리게 된 이유는 직전 제3회 대회였던 '에베소 회의'(449)에서 그리스도의 단성론(單性論)을 주장하는 네스토리우스파가 자기들을 지지하는 이들끼리 먼저 회의를 열어 결정한 도적 교회 회의 결정을 취소하기 위해서였다.

이 회의는 451년 10월 8일에서 11월 1일까지 630명의 감독과 주교가 참석하여 열렸다. 이때 로마 교황 레오 1세(Leo 1, 440~461)가 사절 2인과 함께 보낸 그의 서신(레오의 교서)이 지침이 되어 칼케돈 신조가 제정된다.

칼케돈 신조의 특성이 무엇인가? 앞서 에베소 회의 때 그리스도의 신성의 우위를 주장한 것을 단성론이라고 배격하고, 그리스도가 신성과 인성을 완전하게 겸비했다는 것을 결정한다. 그리스도의 신성과 인성의 양자 관계는 "혼합도 없고, 변화도 없고, 분리도 없다"는 표현이 신조로 규정된다.

칼케돈 신조는 '신인 이성 일인격'(神人二性一人格)이라는 결론을 내린다. 이 칼케돈 신조로 기독론 논쟁의 종지부를 찍고 이때 채택된 삼위일체 신앙은 7세기 이후 교회에서 더 이상 전개치 않기로 결의한다.

이렇게 해서 칼케돈 공의회 신조는 그 이후로 로마 가톨릭교회와 동방 정교회의 교의(敎義)의 근간을 이루어 전해져 왔다. 여기에 대한 참고 문헌은 다음과 같다.

T. H. Bindley & F. W. Green, "The Oecumenical Documents of the Faith", 1950 ed.

A. Grillmeier, "Christ in Christian Tradition", ET. 1965.

R. V. Sellars, "The Council of Chalcedon", 1953.

필자는 오늘날 사용되고 있는 사도신경이 어느 때에 만들어졌는가 그 기원을 찾아보려고 하였다. 사도신경이 사도들의 합작으로 만들어졌다는 주장은 한낮 구전이나 전설일 뿐, 사도들에 의해 그것이 만들어졌다는 근거가 없다. 혹자는 사도신경의 원본이 구약, 신약의 원본처럼 상실되어서 오늘 우리가 구약, 신약의 사본들에 의해서 성경을 갖고 있는 것처럼 사도신경도 사본들만 남아 있다고 한다. 그렇다면 그 사본이 어떤 것이냐 하는 것이 성경처럼 밝혀져야 할 것이다. 그런데 지금까지 사도신경의 사본이라는 것이 나타나지 않고 있다.

(3) 사도신경의 역사성

A. 사도신경은 사도들의 합작으로 제정했다

이 주장은 전혀 역사성이 없는 설화나 전설에 해당되는 주장이다. 이 같은 주장이 맞지 않는 것은 사도행전 12장 1~2절에 보면 알 수 있다. 즉 주후 45년경 12사도 중 하나인 요한의 형제 야고보 사도가 헤롯에 의해 순교당하였는데, 주후 55년에 12사도가 한 절씩 봉헌해서 사도신경을 완성했다는 주장은 지나친 과장이고 근거 없는 주장인 것이다.

B. 사도신경은 5세기 이전까지 만들어지지 않았다

필자는 개인이 신앙 고백했던 개인 신조들로부터 최초의 종교회의인 니케아 공의회(325) 신조, 콘스탄티노플 신조(381), 그리고 칼케돈 신조(451)까지 살펴보았다. 이들 신조는 사도신경에 비해 매우 불완전하다. 그럼에도 불구하고 최초에 만들어진 신조라는 권위 때문에 가톨릭교회와 그리스 정교회와 영국 국교회, 그리고 독일 루터란 교회가 이들 신조를 사도신조와 똑같이 고백하고 있다. 그러나 이렇게 권위를 가진 초기 신조들 속에 사도신조의 기본 틀은 나타나지만 오늘날 같은 사도신조 내용과는 다른 신조들이었다.

C. 현재의 사도 신조(신경)는 8세기 로마 가톨릭교회가 완성한 것이다

앞서 살펴본 니케아 신조(325)나 콘스탄티노플 신조(381) 속에는 오늘날 사도신경 속에 나타나는 "He descended into hell"(음부에 내려가셨다 또는 저승에 가셨다)이라는 구절이 나타나지 않는다. 또 두

개의 신조에는 "거룩한 가톨릭교회"(The Holy Catholic Church)란 말이 쓰여지지 않았다. 그뿐만이 아니다. 두 개의 고대 원시 신조에는 "성도가 서로 교통하는 것"(the Communion of Saints) 이란 구절이 없다.

그뿐만이 아니다. 고대 원시 신조인 니케아 신조(325), 콘스탄티노플 신조(381), 칼케돈 신조(451)에는 없는 구절들이 현재의 사도신조에 첨가되었다.

이것은 무엇을 뜻하는가? 사도신조는 고대 원시 신조들이 만들어진 이후에 누군가가 조금씩 여러 구절들을 첨가시켰다는 것을 의미한다.

그렇다면 고대 원시 신조가 제정된 이후에 누가 어떤 내용을 어느 때 첨가시켰단 말인가?

여기에 대해 세계적인 교회사가인 샤프(Schaff)는 "Creeds of Christiandom" Ⅱ권에서 다음과 같이 주장한다. 즉 360년경부터 아리안(Arian)들이 공적 신앙 고백을 하기 시작하였고, 650년에 "거룩한 가톨릭교회"가 첨가되었고, 650년 이후에 또 "성도가 서로 교통하는 것"이 첨가되었으며, 750년에는 "음부에 내려가사"가 첨가되었다는 것이다.

이 같은 내용을 첨가시킨 주체자가 누구인가? 이런 내용이 첨가됨으로 자기들에게 유익할 것을 믿은 사람들이다. 그들이 누구인가? 첨가된 내용들로 인해 혜택받고 있는 바로 로마 가톨릭교다.

따라서 사도신경을 누가 만들었는가? 교회 역사가 증명하는 것처럼 로마 가톨릭교가 만들었다.

그렇다면 왜 '사도 신조'인가? 사도들이 최초의 저자라고 주장해야 권위와 신뢰를 얻을 수 있기 때문이었다.

그래서 그들은 주후 55년 12사도들이 한 구절씩 공헌하여 오늘의 사도신경을 합작으로 만들었다는 전설을 만들게 된 것이다. 참으로 믿어지지 않는 사실이 아닌가?

한국 교회의 탁월한 지도자였던 분들의 "사도신경 강해"가 시중에 소개되고 있다. 그분들의 인격과 학문적 소양과 지도력은 필자로서 족탈불급이다. 그러나 사도신경을 설명한 이 부분에서만은 필자는 견해를 달리한다.

이제 사도신경의 역사에 대해 새롭게 이해하기 바란다. 필자는 사도신경을 로마 가톨릭이 제정했다는 역사적 사실을 사도신경의 내용을 분석함으로 그 증거를 제시해 보고자 한다.

2) 사도신경의 내용 분석

사도신경은 주후 750년경 로마 가톨릭교에 의해서 최초로 제정되었다. 최초의 사도신경은 라틴어로 된 것이었다.

라틴어로 만들어진 최초의 사도 신조와 그것을 번역한 영문 신조와 그것을 한국어로 번역한 세 단계의 사도 신조를 비교해 보자. 여기서 현재 한국 교회가 사용하고 있는 한글판 사도 신조의 문제점을 볼 수 있기 바란다.

(1) 최초의 라틴어 사도신조

이 내용은 한스 큉 신부가 저술한 《현대인을 위한 사도신경 해설 – 믿나이다》(분도출판사, 2006)의 문헌에서 발췌하였다.

⟨Symbolum Apostolorum⟩

Credo in Deum Patrem Omnipotentem

Creatorem Coeli et terrae.

Etin Iesum christum

Filium eius unicum, Dominum nostrum

qui conceptus est de Spiritu Sancto

natus ex Maria Virgine

Passus sub Pontio Pilato

Crucifixus, mortuus et Sepultus

descendit ad infernos

tertia die resurrexit a mortuis

ascendit ad Coelos

Sedet ad dexteram Dei Patris Omnipotentis

inde venturus est

indicare vivos et mortuos

Credo in Spiritum Sanctum

Sanctam Ecclesiam Catholicam

Sanctorum Communionem

remissionem peccatorum

Carnis resurrectionem

et vitam aeternam

Amen.

라틴어 "심볼룸 아포스톨로룸"이란 사도들의 상징, 징표라는 뜻이 신조, 신앙 고백으로 쓰여졌다.

〈사도신경〉
전능하신 천주 성부
천지의 창조주를 저는 믿나이다.
그 외아들 우리 주

예수 그리스도님

성령으로 인하여

동정 마리아께 잉태되어 나시고

본시오 빌라도 통치 아래서 고난을 받으시고

십자가에 못 박혀 돌아가시고 묻히셨으며

저승에 가시어

사흘날에 죽은 이들 가운데서 부활하시고

하늘에 올라

전능하신 천주 성부 오른편에 앉으시며

그리로부터 산 이와 죽은 이를

심판하러 오시리라 믿나이다

성령을 믿으며

거룩하고 보편된(가톨릭) 교회와

모든 성인의 통공(通功)을 믿으며

죄의 용서와

육신의 부활을 믿으며

영원한 삶을 믿나이다

아멘.

이 내용을 보면 현재 한국 교회가 사용하고 있는 사도신경과 그 내용이 전혀 다른 구절 몇 곳을 발견하게 된다. 그것은 "저승에 가시어"와 "거룩하고 보편된 교회"와 "모든 성인의 통공을 믿으며"라는 구절이다. 이 구절이 원시 고대 신조에는 들어가 있지 않는데 650~750년 사이에 로마 가톨릭교회가 첨가하였다는 주장이 사실임을 알 수 있다.

(2) 영문으로 된 사도신경

사도신경은 우리가 사용하는 찬송, 성경 표지 안에 그 내용이 수록되어 있다. 그중에서 특별히 원시 고대 신조에 없는 구절을 750년경 가톨릭교회가 첨가한 내용만 살펴보자.

영문 사도신경에 "He descended into hell"이 있고, "I belive the Holy Catholic Church"가 있고, "I believe the communion of Saints"가 있다.

(3) 한글 사도신경

라틴어 원문 신조에 있고 영문 신조에 있는 "He descended into hell"이 빠져 있다. 또 라틴어와 영어에 있는 "거룩하고 보편된(가톨릭) 교회를 믿습니다"라는 구절이 한글에는 "거룩한 공회"로 바뀌었고, 또 라틴어 원문에 있는 "모든 성인의 통공을 믿습니다"가 한글에는 "성도가 서로 교통하는 것"으로 바뀌었다.

한국인들이 마치 성경 전체 사상을 요약해 놓은 핵심처럼 믿고 있는 사도신경이 이 정도로 허술하다. 원문에 있는 내용이 빠져 있고, 원문에 표현된 내용이 자기 식으로 바뀌었다.

이렇게 역사적으로 사도들의 저작이 아니라는 사실이 밝혀지고, 내용에 온갖 가톨릭교 사상이 가득 차 있는데도 이것을 사도신경이라고 믿고 고백을 해야 하겠는가?

이제 필자는 사도신경의 내용을 좀 더 구체적으로 살펴보고자 한다. 사도신경 내용을 본래 만든 사람들의 의도와 그들이 믿었던 신앙고백이 무엇이었는가, 본래 제정자들의 의도를 바로 알아야 한다.

한국 교회 지도자들 가운데서 필자가 이해되지 않는 부분이 있다. "사도신경을 처음 만든 사람들이 어떤 의도로 어떻게 만들었든지 그 사실은 중요하지 않다. 우리는 우리 식으로 믿고 은혜가 되면 된다"고 아주 그럴듯한 논리를 펴는 것이다. 그러나 그렇게 궤변을 늘어놓는 이들에게 묻고 싶다. '우리는 성경을 기록한 저자들의 본래 의도와 그들이 주장하려고 했던 최초의 뜻을 알 수도 없고 알 필요도 없다. 우리는 어떤 식으로든 은혜만 받으면 된다' 이렇게 주장하는 것이 신앙 양심에 옳은 태도인가? 그렇지 않다.

우리는 성경 저자들의 본래 의도와 그들이 전하고자 하는 핵심이 무엇인가를 정확하게 알아야 메신저(messenger)의 사명을 제대로 할 수 있는 것이다. 이런 뜻에서 사도신경 본래의 뜻을 알아보자.

A. 동정녀 마리아에게서 나셨다(and was born of The Virgin Mary)

이 구절은 성경에 나와 있는 내용이다. 그러나 고대 원시 신조인 니케아 신조(325)에 없고, 콘스탄티노플 신조(381)에 있고, 칼케돈 신조(451)에는 없는 구절이다. 이 구절이 최초로 표현된 것은 북아프리카 테르툴리아누스(220?)의 개인 신앙 고백에 "born of Mary the Virgin"으로 나온다. 개인 신앙 고백서는 참고는 되나 공의회 제정 신조에 비해 공신력이 떨어진다.

그런데 이 내용이 750년경 사도신조에 다시 들어가 있다. 성경에 있는 내용이니 문제될 것이 없지 않으냐고 생각할 수 있다. 그러나 성경에 기록된 내용과 사도신경은 그 내용도 강조점도 다르다는 사실을 알아야 한다. 먼저 성경의 내용을 살펴보자.

동정녀 탄생을 기록한 최초의 성경은 이사야 7장 14절이다. 이 말씀은 이사야 선지자가 주전 750년경 당시 유다 왕 아하스에게 주는 표징에 대한 예언의 말씀이다.

이 말씀은 당시 믿음 없는 아하스 왕에게 준 내용이다, 훗날 메시아의 예언이다 하는 해석을 놓고 자유주의와 보수주의 간에 견해가 다르다. 그러나 중요한 것은 이사야 7장 14절을 8세기 후인 신약성경의 마태가 메시아 예언으로 해석했다는 사실이다(마 1:23).

필자를 비롯한 모든 그리스도인들은 예수 그리스도의 동정녀 탄생 신앙에 의심하지 않는다.

학자들 간에는 여기 쓰인 "처녀"라는 단어를 놓고 이견들이 있다. 즉 이사야 7장 14절의 "처녀"란 히브리어는 '알르마'(עלמה)이다. 그런데 이 단어가 성 경험이 없는 숫처녀라는 단어 '뻬툴라'(בתולה)라고 쓰이지 않고 젊은 여자라고 할 수 있는 '알르마' 로 쓰인 것에 의심을 한다. 구약성경에 '알르마' 라는 단어가 7회 사용되었다.

창세기 24장 43절 "젊은 여자", 출애굽기 2장 8절 "소녀", 시편 68장 25절 "처녀", 잠언 39장 19절 "여자", 아가서 1장 3절 "처녀", 아가서 6장 8절 "시녀" 그리고 이사야 7장 14절의 "처녀"가 모두 '알르마' 로 쓰였다. 여기 이 구절을 놓고 영어 성경은 다 각각 다르게 번역해 놓았다. 영어 성경 중 최고의 권위를 가진 성경은 1611년의 킹 제임스 성경(King James Version)이다. K. J. V 성경은 케임브리지 대학, 옥스퍼드대학, 웨스트민스터 대학 등 3개 대학의 학자들 54명이 4년(1607~1611)에 걸쳐 번역한 가장 권위있는 성경이다. 이 K. J. V 성경에서는 히브리어 원문 "하알르마"(העלמה)를 "한 처녀"(a Virgin)이라고 번역했다.

그 후 1974년 가톨릭교회가 4세기 라틴어역인 불가타(Vulgate)를 대본으로 The New American Bible에서 이 구절을 "the Virgin Mary"라고 했다. 여기서 "한 처녀"가 아닌 "그 처녀"로 바뀌어졌다.

그 후 1978년 보수적인 입장에서 번역했다는 The New International Version(속칭 NIV) 성경에도 가톨릭 견해를 따른 "the Virgin Mary"라고 했다.

이렇듯 우리는 성경 번역이 시대마다 달라지는 것을 보게 된다. 영어 성경이 이렇게 다르게 번역된 것은 번역자들의 신학이 작용됐기 때문이라고 본다.

그러나 구약성경은 이삭과 결혼할 리브가에게 창세기 24장 43절에서는 '젊은 여자'라는 뜻의 '알르마'를 썼고, 똑같은 창세기 24장 16절에서는 '쁘툴라'라고 교호적으로 사용하였다.

그리고 주전 150년경 히브리어 구약성경을 헬라어로 번역한 랍비들이 70인역 성경에서 숫처녀를 의미하는 '파르데노스'(παρθήνος)라고 번역했다. 그 같은 신앙이 주후 60~70년경 마태에게 작용하여 마태복음 1장 23절에서도 숫처녀라는 '파르데노스'를 썼다.

성경 저자인 이사야나 마태의 관심은 처녀가 하나님의 능력으로 잉태되었다는 하나님의 능력에 초점을 맞춘 것이다.

그러나 교회 역사는 성경의 의도와 다르게 빗나가기 시작한다.

앞서 소개한 대로 주후 220년경 테르튤리아누스는 개인 신앙 고백서에서 처녀인 마리아에게서 예수가 나셨음을 말하였다. 여기까지는 그런 대로 용납할 수 있다. 그다음부터가 문제다.

5세기 알렉산드리아의 대주교였던 키릴루스(Cyrilus, 376?~444?)가 마리아를 '테오토코스'(Theotokos), 즉 하나님의 어머니(God-bearer)라는 주장을 한다. 이 주장은 431년 에베소 회의에서 거친 반대에 부딪혔고, 그의 주장이 종교 회의에서 공식적으로 부결되었다.

그런데 부결된 주장을 또다시 주장하는 무리가 있었다. 그들을 5세기의 '네스토리안'(Nestorianism)이라고 한다. 이들은 신인(神人) 예수는 하나는 인간이고, 하나는 신인 두 개의 다른 구별된 인격이 하나로 합쳐졌다고 주장함으로 이단으로 정죄 받았다. 이들 네스토리안들은 마리아를 '크리스토토코스'(Christotokos)라고 주장했다. 그러나 이단으로 정죄 받은 자들의 주장이었으므로 무시하고 넘어갔다.

그런데 이 마리아가 하나님의 어머니라는 주장이 8세기에 다시 나타난다. 가톨릭교 안에서 주장된 이 주장은 750년경 사도신경에 반영된다. 가톨릭은 성경에 강조되는 하나님의 능력에 대한 처녀 탄생 기사를 인간 마리아의 위대함으로 바꾸어 놓았다.

가톨릭이 마리아 개념을 바꾼 근거가 무엇인가? 이사야 7장 14절의 원문은 분명하게 "한 처녀"(a Virgin)이다. 그런데 가톨릭 교회는 오직 마리아에게만 해당되는 "그 처녀"(the Virgin)라고 했다. 그래서 사도신경에서는 이를 따라 오직 마리아에게만 해당 되는 "The Virgin Mary"라고 했다.

성경에 기록된 말씀은 하나님의 능력에 의해 처녀가 잉태할 수 있음을 강조하였다. 그러나 사도신경에서는 하나님의 능력은 사라지고 마리아가 하나님을 낳은 위대한 인물로 부상되었다.

이 같은 마리아 신앙은 5세기 때부터 시작되어 8세기 경에 사도신경에 반영된다. 그 후에 1445년경 이탈리아 플로렌스 산 마르코 수도원의 한 벽에 그려진 프라 안젤리코(Fra Angelico)의 "마리아의 수태 고지"가 나온다.

1585년 교황 식스투스 5세는 매년 11월 21일을 마리아 봉헌 축일로 선포한다. 1854년 교황 피우스 9세는 마리아의 무 원죄 잉태

교리를 칙서로 공포하였다. 1950년 교황 피우스 12세는 성모 마리아가 죽지 않고 산 채로 승천했다는 성모 마리아 승천 교리를 공포하였다.

필자를 비롯해서 모든 그리스도인들은 예수님께서 하나님의 능력으로 처녀 마리아의 몸을 빌려 세상에 오셨음을 믿는다. 그러나 똑같은 내용 같지만 가톨릭교는 예수님을 태어나게 한 마리아에게 초점을 맞춘다.

그것이 오늘날 성당 앞에 세워진 마리아상의 배경이다. 가톨릭 교도들은 하나님도 믿고, 예수님도 믿는다. 그런데 그들이 믿고 있는 예수님관은 무엇인가? 그들은 산 자와 죽은 자를 심판하러 오실 무서운 예수님관을 갖고 있다.

중세기 가톨릭 교도들은 전부가 예수님을 무섭고 두려운 심판자로 믿었다. 그래서 두렵고 무서운 예수님께는 직접 다가갈 수 없고 예수님을 낳으신 어머니 마리아를 통해서 예수님께 다가갈 수 있다고 믿었다. 가톨릭의 이와 같은 마리아 신격화는 어떤 결과를 가져왔는가? 그들은 마리아가 예수님을 낳은 후에 아무도 낳지 않고 끝까지 동정녀로 살았다고 한다.

마태복음 13장 55~56절에 나오는 예수의 모친과 예수의 동생들 5~6명은 친동생이 아니라 사촌동생들이라고 믿는다. 그들은 성경보다 교부들의 전통이나 해석을 더 신뢰한다. 우리는 이런 내용을 알고 사도신경을 사용해야 한다.

B. 본디오 빌라도에게 고난받으셨다(Suffered Under Pontius Pilate)

이 구절이 최초의 신조인 니케아 신조(325)에는 나타나지 않는다. 그런데 두 번째 신조인 콘스탄티노플 신조(381)에서 나타난다.

우리가 신조에 영향을 받고 있는 것은 사실이다. 우리가 예배 때마다 사도신경을 암송하면서 '본디오 빌라도에게 고난받으셨음'을 반복해서 고백하고 있다. 그러다 보니 성경 내용보다 신조 내용이 더 사실인 것처럼 착각하고 있다. 이것은 잘못된 신앙이다. 사도신경은 사람들이 제정했다. 그러나 성경은 하나님의 계시에 의해 기록된 하나님의 말씀이다. 사도신경이 성경보다 더 큰 영향을 미친다면 이는 잘못이다.

성경에 근거하여 판단해 볼 때 예수님을 죽인 원인범이 누구인가? 사도신경의 영향 때문에 선뜻 본디오 빌라도가 예수님을 죽인 원흉인가? 결코 그렇지 않다.

빌라도는 예수를 심문한 후 그에게 아무 죄가 없음을 알고 있었다(눅 23:4). 또 빌라도의 아내 역시 예수가 옳은 사람이므로 그에게 해되는 일에 상관하지 말라는 전갈을 보낸다(마 27:19). 빌라도 자신은 예수를 죽일 만한 죄가 없으므로 이 일에 무관함을 내세운다(마 27:24).

성경에 기록된 바에 의하면, 빌라도가 예수 죽인 장본인은 아니다. 굳이 빌라도의 책임을 묻는다면 당시 사형 결정권자가 로마 총독이었으므로 끝까지 거부하지 않은 그의 우유부단함에 책임이 있다고 하겠다.

그리고 빌라도가 꼭 예수의 죄목을 찾는다면 당시 로마 제국 황제하에 있는 유대 나라에서 예수가 유대인의 왕(마 27:11)이라고 한 것이 정치범으로 죄가 형성될 소지가 있다고 근거를 말할 수 있을 것이다. 그러나 사도신경처럼 빌라도가 예수를 죽인 원흉이 아닌 것은 확실하다. 그런데 우리는 사도신경의 그릇된 신앙 고백 때문에 예수 죽인 모든 잘못이 빌라도 한 사람에게 있는 것처럼 잘못 오도되고 있다.

성경에 기록된 예수님을 죽게 한 범죄자는 누군가? 예수를 판 가룟 유다인가? 그도 아니다.

성경에 기록된 예수님을 죽게 한 원인 제공자는 유대인들이다 (마 27:25). 그리고 예수님을 죽이는 데 앞장선 사람들은 대제사장과 백성들의 장로들이었다(마 27:1).

그리고 예수님이 빌라도 앞에 가기 전에 산헤드린 공회를 통해 재판한 유대인 종교법으로 책임을 가진 전직 대제사장 '안나스' (요 18:12~14), 그리고 현직 대제사장인 '가야바'(마 26:57~68)가 직접적인 책임자다. 성경에 기록된 예수 죽인 실제적, 법적 책임자는 안나스(Annas)와 가야바(Caiaphas)다.

우리는 성경을 믿고 신앙생활을 해야 확실한 기초 위의 신앙이 된다. 성경에서 벗어난 사도신경을 믿고 신앙생활을 한다면 우리는 잘못된 길로 가고 있는 것이다. 이런 점에서 정직한 지도자라면 이것을 교육하고 사도신경을 사용하지 않는 것이 올바른 태도라고 본다.

필자는 이 사실을 교회사적 입장에서 한번 고려해 볼 가치가 있다고 본다. 교회사에서 제1회 니케아 회의(325), 제2회 콘스탄티노플 회의(381), 제3회 에베소 회의(431), 제4회 칼케돈 회의(451), 제5회 2차 콘스탄티노플 회의(553), 제6회 3차 콘스탄티노플 회의(680), 제7회 니케아 회의(787), 제8회 회의는 동·서방 교회가 따로 모인다(869와 879). 그 후 제9회 1차 라테란 회의(1123)부터 지금까지 로마 가톨릭교회만이 계속 종교 회의를 진행해서 제21회 2차 바티칸 회의(1962~1965)까지 이어오고 있다.

여기서 눈여겨볼 사실이 있다. 현재 사용되고 있는 사도신경은 750년경 로마 가톨릭이 완성했다고 했다. 750년경에 어떤 일이 있었는가?

이 무렵은 동방 그리스 정교회와 서방 로마 가톨릭교회가 수위권을 놓고 싸우던 시기였다. 즉 가톨릭은 로마 교회가 모든 교회의 기원이고, 사도 베드로를 계승한 장자 교회라고 주장하였다. 그에 반해 동방 그리스 정교회는 당시 로마 황제가 주재하고 있는 콘스탄티노플 교회가 당연히 수위 교회가 되어야 한다고 주장하며 로마 교회의 주장을 거부하고 무시했다. 이런 싸움이 해소되지 않고 계속되다가 드디어 860~870년경에 두 교회가 완전 분리된다. 사도신경이 완성되는 750년경은 동, 서 교회가 수위권을 놓고 치열하게 싸우던 시기였다.

로마 가톨릭교회는 로마 교회 수위권을 아주 오랫동안 계속 주장하였다. 레오 1세(Leo 1, 440~461)는 최초의 교회가 예루살렘 교회가 아니라 수사도 베드로가 주후 45~68년 사이에 세운 로마 교회라고 했다. 로마 교회는 수사도가 세운 수위 교회라는 것이다.

그 후 그레고리 1세(Gregory 1, 590~604)는, 로마 교회 감독은 모든 교회들과 군주들을 다스릴 수 있는 그리스도의 대리자 즉 교황(Universal Father)이라고 주장했다. 이와 같은 서로마 교회의 일방적 주장에 대해 동방 그리스 정교회와 애굽의 콥틱(Coptic) 정교회 등은 반대해 왔다.

이 같은 역사적 갈등이 동, 서방 교회의 신앙에도 작용한다. 지금까지 그리스 정교회와 시리아 정교회 그리고 애굽 콥틱 정교회 등은 니케아 신조, 콘스탄티노플 신조, 칼케돈 신조만 인정한다. 그뿐만 아니라 750년 서방 로마 가톨릭이 제정한 사도신경은 인정하지 않는다.

이 같은 동·서 교회 간의 갈등이 드디어 신조에 반영된 것이 아닐까? 이것은 어디까지나 필자의 추측에 불과할 따름이다. 동방 교회가 서방 교회를 인정하지 않으니까 서방 교회가 동방 교회에서 최초로 언급한 콘스탄티노플 신조(381)의 '본디오 빌라도 고난'을 포용하려는 정치적 의도가 작용한 것이 아니었을까? 로마 가톨릭은 수많은 역사를 조작하기 때문에 그런 상상을 해본다.

이것은 역사학도의 상상에 불과하다. 그러나 분명한 것은 성경이다. 성경에서 예수님을 죽인 원흉은 빌라도가 아닌 유대인들이었음을 증언하고 있다.

C. 그가 지옥(음부)에 내려가셨다(He descended into hell)

사도신경 원문에는 라틴어로 "descendit ad infernos"로 되어 있다. 이것을 가톨릭교회는 저승에 가시었다고 고백한다. 그리고 영어권에서는 "He descended into hell"이라고 해서 그리스도께서 십자가에 죽으시고 무덤 속에 사흘 동안 계시는 사이에 음부 또는 지옥에 내려가셨다는 대목이 확실하게 나오고 있다.

그런데 유독 한글 사도신경에는 이 구절이 빠져 있다. 한국 장로교 선교사 언더우드(H. G. Underwood)가 1894년에 창간한 "찬양가"에는 "디옥에 누리샤"가 있고, 1905년 장로교선교사협의회에서 발간한 "찬셩시"에는 "음부에 누리셨더니"란 구절이 포함되어 있다. 그런데 1908년 장로교, 감리교가 합동으로 출간한 "합동찬송가"에는 이 구절이 빠져 있다. 이것은 미국 감리교가 1792년부터 이 구절을 뺀 사도신경을 사용해 오던 전례에 따라 감리교 선교사들의 영향이 한국 교회 사도신경에 미친 것으로 추정된다.

그렇다면 이 구절이 최초의 교회 회의에서 제정한 고대 신조들 속에 들어 있는가? 그렇지 않다. 니케아 신조(325), 콘스탄티노플 신조(381), 칼케돈 신조(451) 등 모든 초창기 고대 신조에는 이 구절이 아무 데도 나타나지 않는다. 그런데 역사가 샤프(Schaff)는 이 구절을 750년에 로마 가톨릭교회가 사도 신조라고 명명하며 첨가했다고 했다.

가톨릭교회는 왜 그리스도께서 죽으신 후 음부(지옥)에 가셨다는 구절을 첨가했을까? 그 대답은 간단하다. 그들의 연옥(煉獄 : Purgatory) 교리를 합법화시켜서 모든 이들로 하여금 연옥을 믿게 하기 위한 지극히 지능적인 결정이었다고 본다.

전 세계에서 사도신경을 사용하는 모든 교회들은 반드시 이 구절을 암송하며 그렇게 믿고 있다. 그런데 유독 한국 교회 사도신경에만 이 구절이 빠져 있는 것은 초창기 선교사들의 의도적인 삭제라고 추측된다.

여기서 말썽이 되고 있는 음부 또는 저승은 무엇인가? 우리가 알고 있는 바와 같이 가톨릭교회는 '연옥'을 믿는다. 연옥의 성경적 근거가 어디 있는가?

고린도전서 3장 13~15절의 불이 각 사람의 공적을 시험한다, 에베소서 4장 9절의 땅 아래 낮은 곳으로 내리셨다, 디모데전서 3장 16절의 만국에서 전파되시고 영광 가운데 올려지셨다, 베드로전서 3장 18~19절의 영으로 가서 옥에 있는 영들에게 선포하셨다, 베드로전서 4장 6절의 죽은 자들에게도 복음이 전파되었다, 그리고 외경 마카비 2서 12장 39~45절 등을 근거로 연옥의 교리가 만들어졌다.

교부들 가운데도 연옥의 개념을 말한 사람들이 있다. 2세기 말엽 알렉산드리아의 클레멘스(Clemens of Alexandria, 150~215)는 임종 때 참회해서 생전에 지은 죄가 용서받을 여유가 없는 사람들에게는 내세에 가서 정결케 하는 불로 거룩하게 될 것을 암시했다.

오리겐(Origen, 185~254)도 모든 사람들이 세상에서 죄를 짓고 살다가 죽음으로 매우 적은 소수만이 죽은 후 천국에 직행한다고 했다. 모든 인간은 불로 연단하는 연단장(Training School)에 간다. 그곳에서 세상 죄를 불로 태우면(고전 3:13~15) 한 단계씩 천국으로 승급해 올라간다고 하였다.

아우구스티누스(Augustine of Hippo, 354~430) 역시 내세에서 고통을 통하여 정결케 되는 것을 가르쳤다.

이와 같은 연옥의 교리는 그레고리 1세가 발전시키고 대중화시켰으며, 중세기 대표적인 가톨릭 신학자 토마스 아퀴나스가 더욱 정교하게 교리화시켰다.

현재 로마 가톨릭교회는 연옥(Purgatory)의 교리가 공식적 교리다. 그들은 도덕적 죄에 대한 영원한 형벌과 죄책은 고해성사로 사면되지만, 보속(保贖 : Satisfaction)과 잠벌(暫罰 : temporal)의 요구는 없어지지 않는다고 한다. 생시에 지은 죄를 고해로 사면받고 적절하게 죄의 대가를 치르는 보속을 치르지 않았다면 죽은 뒤에 반드시 보속을 치러야 한다는 것이다. 죽은 뒤에 보속을 치르는 곳이 연옥이며 연옥은 지옥이 아니다. 가톨릭교회는 이런 천국과 지옥의 중간 지대인 연옥을 믿는다. 연옥은 그곳에서 잠정적인 형벌을 받으면서 천국을 향해 승급해 올라가는 곳이라는 것이다. 이 같은 연옥 사상이 사도신경에 들어 있다.

여기서 개신교는 연옥 사상이 성경적 진리가 아니라는 확실한 해명이 선행되어야 하겠다. 그리고 이 같은 연옥 사상이 들어 있는 것이 본래의 사도신경이니 한국 교회에서 이 부분만 제외시킨 상태에서 사도신경을 신앙 고백이라고 믿는다는 것은 불완전한 신앙 고백의 무의미한 반복일 뿐임을 알아야 할 것이다. 이 부분에 대한 한국 교회의 명쾌한 해명이 반드시 주어져야 한다고 믿는다.

D. 나는 거룩한 공회를 믿습니다(I believe in The Holy Catholic Church)

사도신경에서 가장 취약점은 교회론이 명확하지 않다는 사실이다. 니케아 신조에서부터 시작된 모든 신조들은 기독론의 주된 신조로 구성되어 있다. 이것은 기독교회가 정착되기 위한 첫 단계로 기독론이 주된 교회 흐름의 시대였기에 그럴 수밖에 없다고 인정된다. 그러나 모든 기독교인들의 신앙의 공통 분모가 될 신앙 고백치고는 교회론이 턱없이 반영되어 있지 않다.

기껏해야 여기 소개되는 "나는 거룩한 교회를 믿습니다"라는 한 구절밖에 교회론이 언급되지 않는다. 그리고 이것마저도 매우 불확실한 교회론에 불과하다.

먼저 "거룩한 교회"라고 할 때 초대 교회가 거룩한 교회였다는 뜻인지, 역사 속에 진행되어 온 교회들이 거룩한 교회라는 뜻인지, 가톨릭 교회가 거룩한 교회라는 뜻인지 본문을 놓고서는 그 누구도 이해하기 어렵다. 사도신경의 원문은 가톨릭교회가 거룩한 교회라는 뜻으로 제시되고 있다.

여기서 두 가지 개념이 정확하게 정리되어야 한다. 하나는 "거룩한 교회"라는 말이 무슨 뜻인가가 주관적 해석이 아닌 성경적 개념에서 밝혀져야 한다. 두 번째는 "거룩한 가톨릭교회"라는 말이 바르게 밝혀져야 한다. 필자는 이 두 가지 개념을 밝혀 보고자 한다.

① 거룩한 교회

교회가 거룩한가? 여기서 교회가 거룩하다는 의미를 이해하기 위해서는 '교회가 무엇인가' 라는 교회관이 바르게 규명되어야 한다.

교회라면 사도 이래 역사 속에 계승되어 온 교회를 말하는가? 아니면 어느 때든지 죄인이 회개하여 예수님을 영접한 성령님 모신 구원받은 영혼을 말하는가? 교회 개념에 따라서 '거룩한 교회'란 말의 뜻이 달라진다.

역사 속에 계승되어 온 교회들은 결코 거룩한 교회가 아니었다. 역사 속에 나타난 교회들은 죄 많고 추악한 교회였다. 기독교 2천 년의 역사는 죄악의 역사였다. 수를 헤아릴 수 없는 그릇된 결정과 파행적인 발전, 그리고 불완전한 인간들의 꼴사나운 범죄 행각들, 교권자들의 탄압과 박해, 이단의 이름으로 억울하게 죽어 간 의인들과 박해자……이루 말할 수 없는 죄악의 역사를 지나온 교회를 거룩한 교회라고 말할 수 없을 것이다.

교회는 추상적으로 존재하지 않고 구체적으로 존재한다. 죄인들로 이루어진 과거의 교회는 죄스러운 교회였다.

그렇다면 "거룩한 교회"란 무슨 뜻인가? 신약성경 어느 곳에도 거룩한 교회라고 말한 곳이 나타나지 않는다. 굳이 거룩함을 언급한 것은 거듭난 그리스도인으로 성령님 모신 성도들을 향해 거룩한 성도라고 하였다(고전 3:17; 롬 6:19; 살전 4:3).

신약성경에서 거룩하다는 말은 '하기아스모스'(αγιασμός)로 하나님에 의해 또는 하나님을 위해 특별히 분리되어 있음을 뜻한다.

이렇게 정리해 보면 성경에서 '거룩하다'는 말은 조직 집단의 교회가 아니라 구원받은 새 생명 가진 생명체를 의미한다.

이 같은 개념으로 '교회관'을 설명한 필자의 교회관을 참조하기 바란다. 개혁자들이 말하는 보이는 조직체 교회(visible organization church)는 결코 거룩한 교회가 아니다.

② 거룩한 가톨릭교회

사도신경에는 성경 그 어느 곳에도 교회를 거룩하다고 언급하지 않았는데도 자기 교회를 거룩한 가톨릭교회라고 규정하였다. 그리고 더욱 혼란스러운 것은 로마 가톨릭교회가 말하는 가톨릭이라는 개념과 개신교 지도자들이 이해하고 있는 가톨릭 개념이 너무 상이하다는 것이다.

여기서 로마 가톨릭교회가 말하는 가톨릭 개념부터 살펴보자.

'Catholic'이라는 말은 헬라어 '카토리코스'(κατορικος)에서 나왔다. 이 말의 뜻은 'universal'하다, 'general'하다는 뜻이다. 이 말은 신약, 구약 성경 어디에도 사용되지 않았다. 이 말을 최초로 사용한 이는 안디옥 교회 이그나티우스(Ignatius, 98?~117) 감독이었다. 그는 안디옥 교회 감독이었다가 로마로 무장 호송되면서 도중에 여러 교회들의 영접을 받고 로마에 도착하여 순교한다. 그는 호송 도중 여러 교회들을 역방하면서 듣고 보고 느낀 것을 7교회들에게 편지로 전하였다. 그 편지 내용은 가현설, 유대주의가 뒤섞인 영지주의를 경계하고 교회 감독들에게 충성하고 순종하라는 내용이었다. 여기서 그는 교회를 헬라어로 'κατορικος'라고 하였다.

이 말은 보편적(universal), 일반적(general)이란 뜻이다. 지금도 가톨릭 교회에서는 가톨릭이 보편적이란 뜻이라고 주장한다. 그러나 가톨릭 교회는 이 말의 뜻을 점점 발전된 개념으로 확대시켜 왔다. 가톨릭이란 말이 보편적에서 세계적인 뜻으로 발전하였다. 그리고 종교 개혁 이후에도 유일한(unique)이란 뜻으로 발전했고, 또 성스러운 뜻에다 수 사도 전래된 교회라는 의미로 발전되었다.

가톨릭교회가 "나는 거룩한 가톨릭교회를 믿습니다"라고 고백할 때 그 뜻이 보편적인 교회라고 이해하는 것은 너무 순진한 이해이다. 가톨릭의 모든 이에게 물어보라. '가톨릭'이 보편적이란 뜻이라고 믿느냐고. 그러면 그렇다고 대답할 것이다. 그러나 가톨릭이란 보편적, 일반적, 세계적이라고 하던 개념이 점차 발전되어 니케아 신조, 콘스탄티노플 신조를 믿는 전 인류를 위한 유일(唯一)한 교회, 성스런 교회라고 믿는 것으로 발전되었다.

이에 대한 사실은 한국교육문화사가 발행한 《세계대백과사전》의 가톨릭교회에 대한 설명을 보면 확인할 수 있다.

"나는 거룩한 가톨릭교회를 믿습니다"(I believe in The Holy Catholic Church). 이 말은 나는 거룩한 가톨릭교회가 지상에서 유일한 교회임을 믿는다는 말이다. 가톨릭 이외의 교회들은 가톨릭에서 분열되어 나간 교회이므로 분파 교회일 뿐 참 교회는 아닌 것을 믿는다는 말이다. 그렇게 믿으며 사도신경을 고백한다는 것이다.

우리는 사도신경을 만든 가톨릭교회가 어떤 뜻으로 그것을 만들었는지 본래의 뜻을 정확하게 아는 것이 중요하다. 사도신경을 만든 가톨릭교회는 사람들이 신앙 고백을 하면서 가톨릭교회가 지상의 유일한 교회임을 믿고 자부심을 갖도록 그렇게 만들었다.

그런데 참으로 개탄스러운 것이 한국 교계의 실정이다. 한국 교회는 사도신경의 내용 중 연옥의 교리로 의심될 부분인 "He descended in to hell"이란 구절은 빼버렸다. 그리고 "The Holy Catholic Church"를 "거룩한 공회"라고 바꾸었다. 한국 교회의 사도신경은 이처럼 빼버리고 바꾼 채로 100년이 넘게 계속되고 있다.

"공회"(公會)라는 말이 무슨 뜻인가? 한글 사전에 보면 '공사(公事)로 인한 모임, 공중의 모임'이라고 설명했다. 그렇다면 "거룩한 공회"란 거룩한 공중(公衆) 모임이란 말인가? 어떤 분은 공회를 공교회라고 이해하는데 그렇다면 사교회도 있단 말인가? 어떤 분은 "쌍땅 에클레시암 카똘리깜"(Sanctam ecclesiam Catholicam)이란 뜻이 가톨릭 교회는 우주적, 보편적 교회란 뜻이라고 한다. 어떤 분은 공회가 산헤드린 공회를 연상케 하는 부적절한 개념이라고 한다. 필자가 30여 년 동안 여러 대학교와 신학대학에서 강의하면서 "거룩한 공회"에 대한 개념을 물었을 때 그 대답은 다 달랐다. 이

것이 한국 교회 실상임을 절실하게 느꼈다.

사도신경이 우리의 신앙고백의 표준이라고 한다. 그런데 모든 이가 한결같은 신앙고백을 하는 것 같은데 그 속의 내용은 사람마다 모두 달랐다.

그리고 사도신경을 만든 가톨릭교회는 사도신경을 고백하며 가톨릭이 유일한 교회라고 자부심을 갖게 해주고 있다. 그에 반해 개신교의 사도신경은 저마다 다른 개인적 상상을 하고 있다. 이것이 한국 교회 100년이 넘는 현주소란 말인가? 필자의 단학으로도 이렇게 엄청난 것을 발견하는데 왜 다른 이들은 이 사실을 발견하지 못하는가? 필자는 매우 짧은 학문으로 이 사실을 밝히면서 앞으로 좀 더 많은 후학들이 이 문제를 바로 정립할 수 있기를 기대한다.

E. 나는 성도가 서로 교통하는 것을 믿습니다(I believe in the Communion of Saints)

이 구절 역시 사도신경을 만든 가톨릭의 진의를 먼저 알아야 한다. 이 구절이 니케아 신조(325)나 콘스탄티노플 신조(381)에는 나타나지 않고, 또 칼케돈 신조(451)에도 나타나지 않는다. 이 구절은 가톨릭교회가 650년 이후에 가톨릭의 교리를 삽입시킨 구절이다.

그렇다면 가톨릭교회는 이 구절을 어떤 의미로 삽입시켰는가? 여기서 사도신경의 원문의 뜻을 바로 알아야 이 구절을 이해할 수 있다.

원문은 "상또룸 꼬무니오넴"(Sanctorum Communionem)이다. 이 말의 정확한 뜻은 "모든 성인(성자)의 통공(通功)을 믿습니다"라는 뜻이다.

무슨 말이냐 하면, 잘 아는 바와 같이 가톨릭 교회에는 수많은 성인(聖人 : Saints) 또는 성자들이 있다. 가톨릭이 성인으로 믿는 마태오, 마르코, 루가, 요한, 바울로, 베드로가 최초의 성인이 되었다. 중세기에는 아우구스티누스, 토마스 아퀴나스, 프란체스코, 자비엘 등 계속 성인들이 늘어난다. 이렇게 해서 현재 성인의 수는 수만 명에 이른다.

이들 성인들은 살아생전에 큰 덕행을 보였거나 전교(선교)를 위해 순교한 사람들이다. 이들의 공적은 하늘나라에 보화로 축적되어 있다는 것이다. 가톨릭은 성인들의 축적된 보화(The Treasure of church)의 교리를 믿는다. 하늘나라에 축적된 성인들의 공적이 기도를 통해서 살아 있는 사람에게 통할 것을 믿는다.

현재도 이 구절을 가톨릭은 "모든 성인들의 통공을 믿습니다"라고 고백한다. 라틴어 '꼬무니오넴'(Communionem)은 영어로 'communion'으로 번역했다. 이 말은 '함께 나누어 가지다', '영적 교섭', '교감을 가지다', '친교' 라는 뜻이 있다. 가톨릭에서는 성인들과 영적 교감을 함께 나누어 가진다고 이 구절을 만들었고 지금도 그렇게 믿고 있다.

그런데 'communion'을 개신교에서는 친교, 교제, 함께 사귀는 것으로 이해했고, 또 성인(聖人 : Saint)을 성도(聖徒 : Christian saint)라고 이해했다. 이것은 사도신경을 만든 가톨릭과 전혀 상관없는 개신교인 주관적인 추측일 뿐이다.

한번 이 사실을 비교해 보자.

사도신경을 암송하는 가톨릭 신자들은 사도신경을 암송하면서 기도하는 그 순간 성인들이 쌓아 놓은 하늘의 공적이 자기에게 미칠 것을 믿고 기대하며 기도한다. 그에 반해 한국 개신교 신자들은 사도신경을 암송하면서 자기와 함께 신앙생활하는 성도들과의 교제가 축복될 것을 기대하며 기도한다. 둘 중에 어느 것이 신앙 고백의 효력이 있다고 믿겠는가? 당연히 가톨릭 신자들이다.

한국 교회는 신앙 고백이라는 사도신경 하나가 통일되어 있지 않다. 어떤 구절은 빠져 있고, 어떤 구절은 잘못된 뜻으로 이해하고, 어떤 구절은 완전히 다른 뜻으로 바꾸어 버렸다.

한국 교회가 왜 이렇게 잘못된 길을 가고 있는가? 그 근본 원인은 가톨릭 교회에서 개혁의 기치를 내걸고 개혁해 나온 개혁자들에게 있다. 종교 개혁을 했다는 루터 교회가 사도신경을 그대로 계승했다. 칼빈 역시 그의 《기독교 강요》에서 사도신경을 기독교 기본 신앙처럼 설명했다. 이 불완전한 개혁자들의 잘못 세워진 기초가 수백 년이 지난 지금처럼 돌이키기 힘든 먼 각도로 빗나가게 만들고 말았다.

이제라도 한국 교회는 사도신경에 대한 바른 이해를 노력해야 한다. 우리가 경계해야 할 사실은 사도신경 호도자들의 궤변이다. 그들은 사도신경이 가톨릭이 어떻게 믿든지 간에 우리는 우리 식으로 사도신경을 통해 은혜를 받고 있다고 말한다. 그와 같은 궤변을 말할 바에야 차라리 한국식 새 사도신경을 만드는 것이 보다 정직한 신앙인의 자세가 아니겠는가?

3) 새로운 제언

사도신경은 여러 가지 문제점을 가지고 있다. 여기서 필자는 보다 발전적인 우리 후손들의 신앙을 위해서 몇 가지를 제안하여 문제가 해결되기를 기대해 본다.

(1) 내용의 부실

사도신경은 그 내용이 부실하다. 우선 역사적으로 사도들의 저작도 아니고 사도들의 신앙 고백도 아니다. 사도신경은 교회 역사 속에서 점진적으로 발전되어 최종적으로 로마 가톨릭교회가 자체 교회를 선양하려는 동기에서 만들었다. 그렇기에 가톨릭 사람들의 신앙 고백용으로는 문제가 없지만 가톨릭과 신앙이 다른 개신교에는 걸맞지 않다.

다음으로 사도신경의 내용이 부실하다. 창조주 하나님, 성자 예수님의 생애와 미래의 심판주, 성령, 사죄, 부활, 영생 등의 언급이 전부이다. 신앙 고백 내용치고는 예수님의 생애를 다룬 기독론에 치우쳐 있다. 이 정도의 신앙 고백서로는 우리의 신앙을 총체적으로 표현할 수 없다. 현재의 사도신경에 부족한 내용 몇 가지를 지적해 보고자 한다.

A. 정확한 삼위일체 신앙 표현이 없다

현재 우리가 믿고 있는 삼위일체 신앙은 칼케돈 회의(451) 때 결정된 내용이다. 그런데 그 이후에 만들어진 사도신경은 삼위일체를 확실하게 알 수 있도록 설명하고 있지 않다.

B. 교회론이 빈약하다

"거룩한 가톨릭교회"란 가톨릭 선교적 개념이다. 교회론이 빈약함으로 종교개혁자들이 새로운 교회관을 내놓았다. 그것은 보이는 교회(visible church)와 보이지 않는 교회(invisible church) 개념이다. 이런 교회관은 개혁자의 의도와 다르게 눈에 보이는 예배당, 교파, 조직 등이 교회인 것처럼 믿게 하는 교회관의 혼란을 가져왔다. 성경의 교회관은 구원받은 생명체요, 구원받은 생명체들이 함께 섬기고 봉사하는 공동체요, 장차 하늘나라에서 다 같이 만나는 우주 연합체다. 이런 생동감 있는 교회관이 신앙 고백으로 나타나서 교회관의 가치를 극대화시킬 수 있는 신앙 고백이 나와야 한다.

C. 성도의 의무와 사명이 없다

현 사도신경에는 성도가 교통하고 교제하는 것만 설명되고 있다. 성도가 된 자는 마땅히 선교하고, 이웃에 봉사할 수 있는 성도의 의무와 사명이 고취되는 신앙 고백이 되어야 한다. 그래서 신앙 고백을 통해 새로운 의무와 사명을 일깨워 줄 수 있는 내용으로 바뀌어야 한다.

D. 초대 교회 성도들이 가졌던 천국 소망의 확신이 부족하다

초대 교회 성도들과 핍박받는 성도들에게 미래 천국에 대한 확고한 종말관은 신앙생활 전체에 활기와 용기를 북돋아 주었다.

현 사도신경은 무서운 심판주로 오실 주님만 있을 뿐, 상 주시고 (히 11:6) 세상 끝 날까지 항상 함께 있을(마 28:20) 소망의 주님에 대한 내용이 부족하다.

(2) 세계적인 추세

지금 사도신경을 사용하는 사람들은 어떤 사람들인가? 로마 가톨릭 교회, 영국 국교회(성공회), 독일 루터 교회, 그리고 개신교들 일부가 사용하고 있다.

그에 반해 그리스 정교회(Greek Orthodox Church)를 비롯한 러시아 정교회, 루마니아, 불가리아, 핀란드, 알바니아, 폴란드, 체코슬로바키아, 미국, 일본 정교회들은 사도신경을 따르지 않는다. 그들은 종교 회의에서 제정한 니케아 신조(325), 콘스탄티노플 신조(381), 칼케돈 신조(451)를 신앙으로 고백한다.

그뿐만이 아니다. 전 세계 개신교 신앙을 가진 신자들의 절반 가량이 사도신경을 사용하지 않는다. 미국 장로교, 연합 감리교, 미국 모든 침례교, 미국 성공회, 복음주의 루터교, 하나님의 성회, 개혁교, 커뮤니티 교회, 형제 교회, 캐나다의 연합 교회, 침례교, 성공회, 하나님의 성회, 형제 교회, 독일의 복음주의 루터 교회, 복음주의 개혁교회, 프랑스의 복음주의 루터 교회, 개혁교회, 이탈리아의 침례교 연맹, 복음 감리교, 네덜란드의 복음 개혁교, 복음 감리교, 스위스의 구 가톨릭, 영국의 침례교 연맹, 영국 감리교, 연합 개혁교, 오스트레일리아의 성공회, 연합교회, 그리스도교, 뉴질랜드의 침례교 연맹, 감리교, 장로교 등 이 모든 교회들이 사도신경을 사용하지 않는다.

이 모든 교회들이 왜 사도신경을 사용하지 않는가? 전에는 교회 목회자, 지도자들이 전수해 주는 신앙대로 아무 비판 없이 사도신경을 자연스럽게 사용해 왔다. 그런데 젊은 지도자들이 외국 유학을 통해 열려 있는 학문으로 과거사를 공부하는 도중에 사도신경이 로마 가톨릭의 제정임을 깨닫게 된다. 이렇게 새 사실을 깨달은 이들이 점점 많아져 가면서 사도신경 사용을 중지하는 것이 세계적인 추세다. 지도자들이 사도신경을 아무리 호도하고 변명해도 역사적 사실을 막을 수는 없는 일이다. 이는 갈수록 더 확산될 전망이다.

(3) 새로운 것의 창출

역사의 흐름이 이럴진대 우리는 가만히 앉아서 관망만 해서는 안 될 것이다. 기왕 우리 신앙의 핵심을 요약한 신앙 고백이 필요하다면 보다 알차고 혁신적인 새로운 신앙 고백서가 창출되었으면 좋겠다.

현재의 우리는 불완전한 개혁자들인 루터나 칼빈 그리고 영국 국교회에 의해서 가톨릭 교회가 자기 교회 강화를 위해 만든 사도신경을 잘못 사용해 오고 있다. 그러나 과거의 잘못된 역사 인식은 반드시 새롭게 수정되어야만 미래가 희망이 있다.

루터나 칼빈은 사도신경이 사도들의 저작이라는 믿음 위에서 출발하였다. 그들 개인의 잘못된 역사 인식이 수백년 동안 수많은 이들을 오도해 오고 있는 것이다. 그러나 앞으로는 반드시 달라져야 한다. 그래야 후손들에게 떳떳한 조상으로 존중받을 수 있다.

사도신경은 사도들의 저작이 아니다. 사도신경은 교회 역사 속에서 발전되어 최종적으로 가톨릭교회가 만들었다. 사도신경은 성서적 개념이 아닌 가톨릭 교리들이 섞여 있다. 그러므로 마땅히 비판받아야 하고, 이 사실이 만천하에 알려져서 하루속히 청산되는 광명한 날이 와야 한다.

❍ 초대 교회 형성 전후 연대표

B.C. 5000	이집트 민족
3000	가나안족, 수메르족(고대 메소포타미아 후에 바빌로니아)
1446	출애굽
1406	창세기, 출애굽기, 레위기, 민수기, 신명기
1100	여호수아, 사사시대
1050~1010	사울 왕
1010~ 970	다윗 왕
970 ~ 930	솔로몬 왕
930 ~ 913	남 르호보암, 북 여로보암 930~910
871 ~ 847	여호사밧, 아합 874~853
841	요엘서
791 ~ 739	웃시야 여로보암 2세 793~753
790 ~ 722	호세아, 요나서, 욥기
760 ~ 745	아모스
739 ~ 680	이사야
728 ~ 687	히스기야 사마리아 함락 722
725 ~ 697	잠언, 아가
700	미가
627 ~ 580	예레미야
612 ~ 589	하박국
612	신 바빌로니아 제국 네브카드네자르 2세 (느부갓네살 왕, 605 ~562)
605	느부갓네살 왕 다니엘 포로(605~530) 다니엘서
593 ~ 570	느부갓네살 왕 에스겔 포로, 에스겔서

586	느부갓네살 왕 예루살렘 멸망
550	페르시아 키로스 2세(고레스 왕, 559~529)
535	페르시아 왕 유대인 포로 해방 선언
520	유대인 포로 제1차 귀환(스룹바벨 총독)
520	학개
520 ~ 518	스가랴
458	유대인 포로 제2차 귀환(에스라)
450	말라기
435	유대인 귀환(느헤미야)
333	페르시아 멸망, 헬라 제국
250 ~ 150	히브리어 구약성경을 헬라어로 번역(70인역)
167 ~ 37	마카비 가문(하스몬 왕조) 통치
	유대교 분파(바리새인, 사두개인, 에세네) 시작
200 ~A.D. 200	위경(Pseudepigrapha)
100 ~A.D. 100	외경(Apocrypha)
64	헬라 제국 멸망, 로마 제국 지배
37 ~A.D. 4	대 헤롯(마 2:1~22; 눅 1:5)
27 ~A.D. 14	아우구스투스 황제
A.D. 1	침례 요한, 예수 그리스도 탄생(눅 2:1, 아구스도 천하 호적령)
14 ~ 37	티베리우스(Tiberius) 황제(눅 3:1, 침례 요한 사역 시작)
30	예수 그리스도의 사역 시작(마 4:23; 막 1:14~15; 눅 4:14)
33	오순절 예루살렘 교회 탄생(행 2:1)
37 ~ 41	갈리굴라(Caligula) 황제
41 ~ 54	클라디우스(Cladius) 황제(행 18:2, 유대인 로마 추방령)

43 ~ 44	안디옥 교회 설립(행 11:22~26, 최초의 그리스도인)
46 ~ 49	바나바, 바울의 제1차 전도 여행(행 13~14장)
49	예루살렘 총회(행 15장)
50 ~ 53	바울, 실라의 제2차 전도 여행(행 16~18장)
	빌립보, 데살로니가, 베뢰아, 아덴, 고린도 교회
53 ~ 56	바울의 제3차 전도 여행(행 19장)
	에베소 교회
54 ~ 68	네로(Nero) 황제
55	에베소에서 고린도전서
56 가을	에베소에서 고린도후서
57 겨울	고린도에서 로마서(행 20:3)
58 봄	바울의 체포(행 21:27~26:32)
59 ~ 60	바울의 로마 이송 후 투옥(행 27:1~28:16)
60 후반	히브리서
60 ~ 70	누가복음, 사도행전
62	야고보서
62 ~ 63	로마 옥에서 에베소서, 골로새서, 빌립보서, 빌레몬서
64	네로의 로마 시 방화
64 ~ 65	로마 옥에서 디모데전서, 디도서
64	베드로전서
66	디모데후서
66 ~ 67	베드로후서
67	바울의 순교
67 ~ 70	마가복음
69 ~ 79	베스파시아누스(Vespasianus) 황제
70	티투스 장군에 의해 예루살렘 함락

70 ~ 80	마태복음
79 ~ 81	티투스(Titus) 황제
81 ~ 96	도미티아누스(Domitian) 황제
85 ~ 90	요한복음
90	대교 랍비들 얌니아(Jamnia) 회의에서 구약 39권 정경 채택
90 ~ 95	밧모 섬에서 요한계시록(계 1:9)
98	사도 요한 죽음. 이로써 사도 시대 종결
	사도 시대 이후 교부 시대로 계승
98 ~ 117	이그나티우스(Ignatius) – 안디옥 감독
160 ~ 220	테르툴리아누스(Tertullianus) – 아프리카 카르타고 신학자
185 ~ 254	오리겐(Origen) – 알렉산드리아 신학자
200 ~ 258	키프리아누스(Cyprianus) – 카르타고 주교
313	콘스탄티누스 황제 밀라노 칙령
325	콘스탄티누스 황제 니케아 공의회, 니케아 신조
330	콘스탄티누스 황제 콘스탄티노플 천도
345 ~ 419	제롬(Jerome) 라틴어 벌게이트(Vulgate)역
354 ~ 430	아우구스티누스 힙포 주교, 《하나님의 도성》
381	테오도시우스 황제 콘스탄티노플 공의회, 콘스탄티노플 신조
397	카르타고(Carthago) 종교 회의에서 신약성경 27권 정경 채택
476	서로마 제국 멸망
590	그레고리 1세 최초 교황 제도 시작
750	사도신경 완성
867	동 그리스 정교회, 서로마 가톨릭교회 분열

◇ 참고 문헌

[사전]

1. The New Encyclopedia Britannica in Volums 15th Ed, 1982.
2. Websters Seventh New Collegiate Dictionary, 1976.
3. 《기독교 대사전》, 대한기독교서회, 1960.
4. 《그리스도교 대사전》, 대한기독교서회, 1972.
5. 《성서사전》, 류형기 편저, 1960.
6. 《기독교 대백과사전》 16권, 기독교문사, 1985.
7. 《신약성서 신학사전》, 요단출판사, 1989.
8. 《성구사전》, 이성호 편저, 2000.
9. 《세계 대백과사전》 전 32권, 한국교육문화사, 1994.
10. 《교회사 대사전》, 기독지혜사, 1994.

[주석]

1. 《칼빈 주석》
2. 《풀핏 성경 주석》, 보문출판사, 1981.
3. 《베이커 성경 주석》, 기독교문사, 1988.
4. 《헨드릭슨 성경 주석》, 아가페 출판사, 1983.
5. 《신약성서 주해》(이상근) 전 12권, 예장총회교육부, 1970.
6. 《반즈 신·구약성경 주석》, 크리스챤 서적, 1991.
7. 《렌스키 주석》
8. 《바클레이 주석》
9. 《매튜 헨리 주석》
10. 《호크마 종합 주석》 전 30권, 기독지혜사, 1997.
11. 《그랜드 종합 주석》 전 20권, 제자원, 1997.

12. 《트리니티 말씀대전》 전 30권, 도서출판 달산, 1998.

13. 《옥스퍼드 원어성경대전》 전 130권, 제자원, 2006.

[교회사 자료]

• 국내 자료

1. 《기독교회사》, 김의환, 성광문화사, 1982.

2. 《교회사》, 송락원, 부산리건사, 1981.

3. 《초대교회사》, 박용규, 총신대학출판부, 1996.

4. 《초대교회사》, 곤잘레스 저, 서영일 역, 은성출판사, 1988.

5. 《초대교회사》, 채드윅 저, 서영일 역, 기독교문서선교회, 1989.

6. 《기독교사》, 레토래토 저, 윤두혁 역, 생명의말씀사, 1989.

7. 《기독교회사》 Ⅰ, 손두환 저, 총신대학출판부, 1990.

8. 《세계 기독교회사》, 워키 저, 강근호 역, 기독교서회, 1989.

9. 《세계 기독교회사》, 카이퍼 저, 김해연 역, 성광문화사, 1990.

10. 《세계 교회사》, 김수학 저, 보문출판사, 1990.

11. 《세계 교회사》, 맨슈랙 저, 최은수 역, 총신대학출판부, 1991.

12. 《기독교회사》, 휴튼 저, 정중은 역, 나침반사, 1990.

13. 《교회사(초대편)》, 완드 저, 이장식 역, 기독교서회, 1989.

14. 《최신 교회사》, 어드맨 편, 김해연 역, 맥밀란, 1987.

15. 《세계 교회사Ⅰ》, 이형기, 한국장로교출판사, 1996.

16. 《교회사》, 샤프 저, 서영일 역, 은성, 1993.

17. 《교회사》, 차종순, 한국장로교출판사, 1993.

18. 《신약 교회사》, 럭크만 저, 말씀보존학회, 1997.

19. 《간추린 교회사》, 고현봉, 기독교문서선교회, 1991.

20. 《인물 중심의 교회사》, 모이어 저, 곽안전 역, 기독교서회, 1990.

21. 《초대 교회 집중 연구》, 주승민, 이레서원, 2000.

22. 《초대 교회 형성사》, 김명혁, 성광문화사, 1995.

23. 《교회사 핸드북》, 라이온사 편, 송광택 역, 생명의말씀사.

24. 《순례하는 교회》, 브로우벤트 저, 전도출판사, 1990.

25. 《고대 기독교 사상》, 한철하, 대한기독교서회, 1978.

26. 《이야기 교회사》, 김기홍, 두란노, 1992.

27. 《고대 기독교 교리사》, 켈리 저, 김광식 역, 맥밀란, 1983.

28. 《사도신경 변호》, 조영엽, 큰샘출판사, 2004.

29. 《믿나이다》, 한스 큉 저, 이종한 역, 분도출판사, 2006.

30. 《가톨릭 교리서》, 분도출판사.

31. 《이야기 교회사》, 이성덕 저, 살림출판사, 2007.

• 외국 자료

1. *A History of Christianity*, Ed. by Clyde L. Manschreck, C.L.A Michigan: Baker Book House, 1964.

2. *Atlas of Christian Church*, Ed. by Henry Chadwick G. R. Evans: Eguinox, 1987.

3. *Documents of the christian church*, Ed. by Henry Bettson, London, Oxford, New York Oxford University Press, 1943, 1967.

4. *Early Christian Writings*, Trans. by Maxwell Staniforth, Penguin Books, 1968.

5. *Readings in Church History*, Ed. by Colman J. Barry, O. S. B Paramus, N. J. New York, Newman Press, 1960.

6. *A History of Christianity*, 2 vols., Tr. by J. L. Schawj, Philadelphia: Fortress Press, 1980.

7. *The Church in History*, by John E. Booty, New York: The Seabury Press, 1979.

8. *A History of the Christian church*, Michigan Zondervan, 1981.

9. *The Story of the Christian church*, J. L. Hulbut, Michigan Zondervan, 1918, 1970.

10. *A History of the Christian church*, 8 Vols., Ed. Phillio Schaff, New York, 1910.

11. *A History of the Christian church*, Williston Walker, New York, 1910.

12. *A History of the Christian church*, Lars Qualben, New York, Thomas Nelson Sons, 1933.

13. *A Manual of Church History*, 2 vols., Albert H. Newman, Chicago: American Baptist Publication Society, 1931~1933.

14. *The Church History*, Arthur W. Nagler, New York: The Abingdon Press, 1929.

15. *History of the Church*, 10 vols., H. Jedin Dolan Eds, New York, 1965~1981.

16. *Christianity and History*, E. Marris, Harbison, Princeton University Press, 1964.

17. *Early Christianity and Society*, Rovert Grant, San Francisco, 1970.

18. *The Early Church*, W. H. C. Frend, Minneapolis: Fortress Press, 1994.

19. *Early Christianity*, Roland H. Bainton, Princeton: D. Van Nostrard co., 1960.

20. *The History of Christian Doctrines*, Louis Berkhof, Grand Rapids, 1937.

◎ 색인

가나안	40, 97, 128, 129, 130, 131, 132, 133, 135, 149, 152, 193, 224, 453
가이사랴 교회	32, 230, 231
갈라디아 교회	93, 228, 238, 322
갈라디아서	225, 317, 320, 322
거룩한 교회	412, 442, 443
개인적 신앙 고백서	410
개혁자들의 교회관	13
계몽주의	48, 49, 50
고린도 교회	90, 103, 106, 120, 121, 122, 249, 250, 264, 266, 267, 268, 269, 270, 271, 283, 286, 291, 319, 455
고린도전·후서	267
골로새 교회	222, 273, 292, 293, 294, 295, 300, 325, 326, 330
골로새서	290, 293, 295, 317, 323, 324, 325, 326, 455
공동체	31, 32, 33, 35, 66, 67, 89, 90, 119, 178, 186, 308, 332, 449
공의회 신조	416, 423, 424
구브로 교회	234
구약 외경	385, 391
누가복음	111, 246, 257, 315, 316, 349, 350, 362, 455
니케아 신조	410, 414, 417, 418, 419, 420, 421, 422, 425, 426, 431, 435, 438, 439, 442, 444, 446, 450, 456
데살로니가 교회	90, 120, 251, 253, 254, 256, 257, 258, 325, 326, 327, 328

데살로니가 전·후서	326, 327
동정녀 마리아	392, 411, 413, 421, 431
디다케	212, 382, 400, 402, 403
디모데전·후서	328, 329
라틴어 사도신조	427
로마 가톨릭교회	12, 13, 18
로마 교회	90, 120, 122, 287, 289, 290, 291, 308, 318, 361, 411, 421, 438
로마서	289, 290, 291, 455
로마 제국	186
마가복음	121, 257, 314, 455
마카비 혁명	160, 163, 165, 166, 170, 171, 175, 177, 178, 193
마태복음	33, 85, 87, 110, 182, 210, 257, 313, 350, 362, 402, 411, 433, 435, 456
문자적 교회 개념	19
민족사관	56, 58, 59, 63, 64, 66, 67, 70, 80
민중사관	67, 70
바벨론	39, 128, 133, 137, 140, 141, 142, 143, 144, 145, 146, 147, 149, 150, 151, 152, 153, 154, 155, 156, 157, 162, 163, 174, 193, 307, 308, 320, 334, 340, 341, 388, 389, 390
바벨탑	131, 140, 143
바사(페르시아)	128, 137, 144, 152, 153, 154, 155, 156, 193, 301
베드로전·후서	333, 334
베뢰아 교회	258, 259
본디오 빌라도	411, 413, 421, 435, 436, 439

빌레몬서	223, 295, 323, 324, 325, 330, 455
빌립보 교회	90, 120, 222, 242, 243, 244, 250, 300, 324
빌립보서	94, 243, 248, 249, 323, 324, 325, 455
블레셋	128, 129, 133, 134, 193
사관의 영향	70
사도신경 내용	409, 430
사도신경의 발전 과정	409
사도신경의 역사	403, 408, 425, 427
사도행전	20, 21, 22, 86, 90, 93, 95, 98, 103, 104, 105, 116, 117, 118, 119, 120, 201, 206, 210, 211, 212, 213, 214, 217, 218, 219, 222, 223, 224, 235, 237, 238, 240, 244, 246, 247, 249, 252, 257, 259, 261, 262, 268, 274, 276, 286, 289, 290, 291, 292, 299, 315, 316, 317, 351, 363, 364, 365, 396, 425, 455
사마리아 교회	32, 220, 221, 222, 223, 231
선교사관	59, 62, 63, 64, 65
성경적 교회 개념	12, 22, 23
성도의 교통	446
새로운 제언	448
생명체	28, 30, 31, 32, 33, 35, 61, 62, 89, 199, 443, 449
수메르	128, 131, 132, 141, 152, 193, 453
순환사관	47, 48
신약 교회 사관	2, 4, 38, 70, 81, 82, 84, 94, 309
신약 외경	391, 392
안디옥 교회	32, 86, 90, 93, 99, 115, 225, 226, 227, 228, 229, 235, 236, 238, 355, 410, 417, 444, 455

앗수르	128, 136, 138, 141, 142, 145, 146, 148, 149, 150, 151, 152, 193, 221, 333
애굽	21, 40, 69, 92, 97, 128, 129, 130, 131, 134, 135, 136, 137, 138, 139, 140, 142, 146, 149, 152, 154, 157, 158, 160, 162, 163, 166, 180, 182, 193, 234, 272, 282, 284, 307, 308, 331, 367, 370, 377, 387, 393, 395, 432, 438, 453
에베소 교회	90, 120, 122, 271, 273, 274, 283, 323, 455
에베소서	14, 21, 22, 31, 32, 274, 277, 278, 279, 280, 281, 295, 317, 318, 323, 324, 325, 455
에클레시아	19, 20, 21, 22
야고보서	332, 333, 455
역사의 뜻	38
연합체	33, 35, 89, 449
영문 사도신경	430
예루살렘 교회	32, 87, 90, 117, 119, 120, 206, 209, 210, 213, 214, 218, 219, 220, 221, 226, 227, 228, 312, 361, 374, 417, 438, 454
예루살렘 함락 과정	368
예루살렘 함락 이전	362
예루살렘 함락 후의 유대인들	375
요한 1, 2, 3서	335, 336
요한계시록	90, 122, 144, 147, 206, 273, 297, 303, 304, 305, 307, 338, 339, 340, 342, 343
요한계시록 해석방법	340
요한복음	27, 28, 31, 111, 122, 234, 257, 273, 280, 315,

	316, 335, 456
유대교의 종파	172
유물사관	50, 53, 77
위경(경외서)	397, 398, 399
전래된 교회 개념	17, 19, 27, 89
지옥(음부)에 내려가셨다	439
진보사관	48, 49, 50
칼케돈 신조	423, 424, 425, 426, 431, 438, 439, 446, 450
콘스탄티노플 신조	410, 420, 421, 422, 423, 425, 426, 431, 435, 438, 439, 444, 446, 450, 456
핍박의 결과	357
핍박의 과정	349
핍박의 원인	345
헤롯 왕조	179, 185
헬라	40, 117, 128, 131, 133, 135, 137, 138, 155, 156, 158, 160, 161, 162, 163, 164, 165, 166, 167, 168, 170, 171, 174, 175, 180, 184, 193, 194, 221, 235, 236, 240, 252, 282, 285, 299, 305, 306, 320, 387, 390, 454
히브리서	21, 330, 331, 332, 455
한글 사도신경	430, 439
Nationalism	56, 57

```
판 권
소 유
```

신약 교회 사관에 의한
초대 교회사

2012년 10월 30일 인쇄
2012년 11월 5일 발행

지은이 | 정수영
발행인 | 이형규
발행처 | 쿰란출판사

주소 | 서울 종로구 이화동 184-3
TEL | 02-745-1007, 745-1301~2, 747-1212, 743-1300
영업부 | 02-747-1004, FAX / 02-745-8490
본사평생전화번호 | 0502-756-1004
홈페이지 | http://www.qumran.co.kr
E-mail | qrbooks@gmail.com
            qrbooks@daum.net
한글인터넷주소 | 쿰란, 쿰란출판사

등록 | 제1-670호(1988.2.27)

책임교열 | 최진희 · 박은아

값 20,000원

ISBN 978-89-6562-369-4 94230
     978-89-6562-368-7 (세트)

* 이 출판물은 저작권법에 의해 보호를 받는 저작물이므로 무단 복제할 수 없습니다.
  잘못된 책은 교환해 드립니다.